U0931320

# 大明

## 权力场

阮景东 著

台海出版社

**图书在版编目（CIP）数据**

大明权力场 / 阮景东著 . -- 北京：台海出版社，2018.9

ISBN 978-7-5168-2085-8

Ⅰ . ①大… Ⅱ . ①阮… Ⅲ . ①中国历史—明代—通俗读物 Ⅳ . ① K248.09

中国版本图书馆 CIP 数据核字（2018）第 203012 号

**大明权力场**

著　　者：阮景东

责任编辑：武　波　童媛媛　　装帧设计：末末书装

版式设计：书情文化　　责任印制：蔡　旭

出版发行：台海出版社

地　　址：北京市东城区景山东街 20 号　邮政编码：100009

电　　话：010-64041652（发行，邮购）

传　　真：010-84045799（总编室）

网　　址：www.taimeng.org.cn/thcbs/default.htm

E-mail：thcbs@126.com

经　　销：全国各地新华书店

印　　刷：天津中印联印务有限公司

本书如有破损、缺页、装订错误，请与本社联系调换

开　　本：710mm × 1000mm　　1/16

字　　数：350 千字　　印　　张：20.5

版　　次：2019 年 1 月第 1 版　　印　　次：2019 年 1 月第 1 次印刷

书　　号：ISBN 978-7-5168-2085-8

定　　价：49.80 元

# 前言

当历史学家发现中国的明王朝具备许多无与伦比的特点的时候，他们便对这个王朝给予了更多的关注。

的确，明朝是中国农耕文明发展的巅峰王朝。这里有成熟完备的政治体制——内阁，这里有颠覆农业文明的商业文明，这里有空前繁华的市井文化，这里有意志决绝的士大夫，这里有激烈辩论开放式的儒学思想，这里有孤独无助的君主，这里有与命运抗争的底层人物，这里还有东方第一位开眼看西方的人物——瞿太素，这里还有中国第一位启蒙思想家——王艮，这里更有东方的布鲁诺——何心隐……

一个将儒家文明推向极致的王朝，一个严格遵循儒家行为规范的王朝，一个商业文明极度发展的王朝，一个产业时代来临的王朝，一个各项指标在农耕时代达到临界点的王朝，为何会在1644年轰然倒塌？历史留给我们的究竟是什么？

历史上总有一些不为人知的事情，会影响整个历史的进程。846年，只是历史上一个渺小的点。在这一年，唐朝持续了40年的牛李党争以李党的失败而告终。从此，中国进入了文官政治时代。对于古代中国这样一个庞大而复杂的帝国来说，文官政治无疑是灾难性的。从牛李两党对于藩镇的不同观点，就可以看出贵族与平民在政治决策上的全局性与局部性的区别。同样，现在看来，1449年也是明王朝的政治分水岭。在这一年，经历土木堡之变，帝国的勋贵折损殆尽，帝国重回文官政治运行的模式。就这样，在经过大明王朝81年的统治后，历史终于又回到了它本来的运行轨道。从此，一个既强大又

虚弱、既意志决绝又精神涣散的大明王朝呈现在我们面前。

本书力求以客观、凝重的笔法和别样的视角展现一个真实而磅礴的明朝时代，并从体制和经济角度探讨王朝兴衰和明王朝灭亡最本质的原因。本书将写作焦点放在君臣斗争方面，特别是嘉靖和万历两朝会着墨较多。

朱元璋创立明帝国并非想象中那么艰难，前面已经有许多英雄人物做了铺垫。有感于元朝思想领域的混乱，朱元璋在夺得天下后开始用理学来禁锢人们的思想。他的理想是通过抑制豪强还给天下一个自耕农社会。洪武皇帝是一个偏激而纯粹的人。在他的治理下，帝国僵硬而沉闷。官僚们都在等着他死。洪武皇帝的尽快死去成了这个时代官僚们的唯一希望。

建文皇帝朱允炆是按照儒家伦序原则继承皇位的。这个不懂事的孩子在几个腐儒的唆使下盲目削藩，最终葬送了自己的帝位。帝国的第三任皇帝是太宗文皇帝朱棣。外藩继位的身份一直是他心中永远的阴影。为了昭示他的伟大，他开始折腾这个国家和人民。如果帝国在朱棣的统治期间灭亡，那么他在历史上的名声将会跟隋炀帝一样糟糕。

朱棣的死是帝国的转折点。从这之后，帝国结束了洪武、永乐的那种扩张态势，开始一意主守。在这个过程中，权力开始从皇帝手中向官僚手中转移。洪熙、宣德两位皇帝在位的时候开始对洪武、永乐的一些政策进行调整。但宣德皇帝仍是一个生气勃勃的人。他能够压制住那些跃跃欲试的文官。

宣德的死亡标志着君主与官僚的融洽关系再也无法成为可能。为了压制住日益崛起的文官集团，正统启用宦官王振。王振试图将天下拉回洪武时代，但这是全体官僚所不允许的。帝国在王振的主持下在一些政务上产生了偏差，不仅搞得人怨沸腾，而且还对蒙古实行了强硬政策。这最终导致了土木堡事件的爆发，帝国从此进入动荡期。

再次继位的英宗皇帝开始变得成熟了。他并没有因为自己的苦难而报复他人。他任用贤臣、能臣，同时他开始躲在幕后，以一双阴鸷的眼睛盯着那些勋贵和官僚。这个皇帝已经不信任任何人，他不会因为你帮助他而感谢你，也不会因为你对不起他而报复你。

英宗皇帝的继任者成化皇帝是一个很木讷的皇帝。他迷恋他的保姆万贵妃，并且信奉道教和方术，经常绕开内阁直接发旨。成化王朝无疑是整个明朝时代的转折点。从这个时期开始，帝国的官僚政治正式进入成熟时期，皇帝开始“垂衣拱手而治”，商业与思想领域也开始松动。

从洪武到成化，我们所关注的是帝国封建体制的推进。元朝时，帝国体制开始向具备明朝特色的体制方面转变。帝国的内阁开始成熟，制约内阁的司礼监也正在形成。帝国开始依靠两套班子来运作：一套文官班子，一套宦官班子。这一切都已经程序化。所有的政务最终都是依靠文牍来处理。这种程序化使得任何一个环节出了问题政务都会因此受阻。但是，这的确是一种优越的政治制度。它能够保证帝国即便在没有君主的情况下也能够按照惯性平稳地运转多年，并杜绝了一切不稳定因素的干扰。它不需要能人、强人，所需要的只是技术官僚，但是它阻碍变革的力量又是那么强大。一些早已程式化或者惯性化的东西又将会束缚帝国的发展，并最终在一些技术条件达不到的情况下使得大明帝国轰然倒塌。

从弘治开始，明王朝表现出来的突出特征是文官开始兴起。以嘉靖朝的大礼议事件为标志，明王朝的文官集团全面崛起，并在万历晚期达到了最高峰。

在奉行儒家文化的古代中国，政治权力终将落入文官手中，政治益发依赖娴熟的官僚集团来运作，而不再是英明的君主。这是各种因素综合发展的必然结果。其中，贵族的没落，官吏的选拔日益依赖科举，印刷术的发展导致受教育人口增多，商业发展，财富积累，市民意识的觉醒，后世君主对权力的淡薄等都是不容忽视的因素。这种文官政治对于小国寡民的西方来说没有什么，但对于复杂而庞大的东方帝国来说往往会带来消极影响。因为文官政治运行的结果往往是私有制的盛行，中央集权的削弱，财富日益向士绅集中，这些都会使一个庞大国家在面对大的突发事件时显得捉襟见肘。这一点在晚明时期显得尤为突出。

弘治皇帝被认为是一位严格遵循儒家行为规范的君主。他主政的18年是皇帝与文臣关系最融洽的时期。虽然如此，弘治时期的18年本质上说仍然是平平淡淡的18年。他的继任者正德最反感儒家的说教，而且正德是一个活泼好动的人。从正德开始皇帝与文官的矛盾开始成为帝国政治运行的主要特点，并一直持续到明朝灭亡。正德时期中国的商业和思想文化进一步发展，唐寅和王守仁都是这个时期的代表人物。在这个时期中国的心学也发展到了顶峰。

接下来是嘉靖时期。嘉靖被认为是明朝最糟糕的一个皇帝，明朝由盛转衰的拐点就在这个时期。嘉靖对文官的憎恨达到了极点，他非常喜欢看文臣们斗

来斗去。这个时期虽然商品经济进一步发展，但明王朝面临着建国以来最大的一次军事危机，那就是倭寇问题。嘉靖时期也是明王朝仅次于万历的一个重要时期，因为嘉靖皇帝御极45年，仅次于万历皇帝的48年，这45年也是明朝党争开始和各种社会矛盾开始爆发的45年。

嘉靖的继任者为隆庆皇帝。隆庆普遍被人们认为是一个无能且受人操纵的皇帝，但事实上这只是一种表象。隆庆皇帝虽然安居幕后，但隆庆在位的这7年是中国明王朝政府政治决策最好的7年，它甚至能够跟宣德、弘治相媲美。隆庆皇帝有着寻常人看不出来的政治运作艺术。他能够在不做任何事情的情况下实现自己的一切政治目标，并使得帝国安静、宁和，不再那么无聊地吵闹。隆庆时期我们还可以看出朝中清流的虚伪与狡诈。为了达到目的，清流也是不择手段。隆庆死后，这种宁和、安详的氛围便不复存在了。

万历朝是明代最重要的一个时期。这不仅仅是因为万历是明代御极时间最长的一个皇帝，还因为这是中国农耕文明的巅峰时代，所有的指标在这个时期达到了临界点。资本主义雇佣关系开始出现，无产阶级运动正式发端，工会组织开始形成，基督教传入中国，启蒙思想进一步发展，白银成为唯一流通的货币，市井文化进入成熟期，海外贸易空前活跃，党社运动在民间蔓延，参政群体日益扩大，舆论开始民间化，士大夫的活跃也达到了历史的顶峰，皇帝与文官的矛盾更是空前激化，商业文明与农耕文明的矛盾同样空前尖锐……所有的这一切都在这个伟大的时代上演。

万历皇帝跟明代的大多数皇帝一样并不是一个有为的君主。这正像我们前面讲的，政治的发展使得帝国日益依靠娴熟的官僚和平衡的体制，而不再是君主的个人意志。无论君主在这里扮演何种角色，最终要么将问题弄糟，要么就是无功而返。朱元璋强大的个人能力都未能对历史产生任何改变，更别说后世的君主。所有这一切又都只能在因循中度过，这种因循最终会导致整个国家或政权都无法运转。而这个时候皇帝与官僚的矛盾又会变得更加突出。皇帝这个时候的专制绝不是胡来，而是为了这个国家。在这个过程中我们会看到许多人虚伪的嘴脸。

万历皇帝10岁登基，前10年外廷有张居正，内廷有李太后、冯保。当张居正已死、冯保被贬黜、李太后不再管事的时候，皇帝发觉自己仍然无法亲自实施政务，因为有一个强大的官僚集团在前面，皇帝只用执行礼仪上的程序即可。但是，他渐渐地发现单纯的垂衣拱手也不可以，因为君主考虑的是整体，而官僚考虑的是局部，况且，明帝国是一个复杂而庞大的农耕国家，不能像英国那样完全将权力交给士绅去打理。所以，我们看到万历后期皇帝与官僚们的矛盾已经不可调和。

万历中期帝国出现了一个新的流派——东林党。这个党派的特点是抵制一切非本党人士。他们蹦得很高，拿道德文章替自己涂脂抹粉。更为要命的是这个党派的成员大多出身于缙绅和资产阶级家庭，他们自然要代表本团体的利益。万历增加商业税收的命令就遭到了这个党派的一致抵制。从这里我们可以看出，资产阶级柔性革命在帝国已经成功。这个党派的结局并不好。在下一个阶段，在魏忠贤的打击下他们集体噤声。魏忠贤死后他们又死灰复燃，并最终将帝国推向灭亡。清朝入关后，他们很快跟这个新兴政权合作。所以，对于他们来说，实际上并无国家、民族和道德的观念，他们所关心的只是本团体的利益。

万历晚期，努尔哈赤统一了女真各部。在这个过程中，明帝国并没有进行干涉。其原因在于努尔哈赤对帝国表现得十分恭顺，万历也希望他能够约束其他部落，且不要对明朝边境实行骚扰。但当连年的雪灾、荒灾沉重地打击这个可怜的部落，以及明廷加大对女真各部经济封锁的时候，情势已经不再那么美妙。在饥饿和绝望面前，努尔哈赤开始铤而走险。这种铤而走险无疑是成功的，在几十年后他因这绝望而建立了一个新的帝国。

万历王朝是本书的描写重点，而我们的讲述也主要放在国本之争上。这是万历朝的一件大事，体现了本朝的政治特点和官僚矛盾。而在这件事情的背后则是整个帝国潮流的涌动。

万历死后，他那可怜的长子朱常洛终于登上了皇位。但身体不好的朱常洛只在位一个月便死掉了。他的长子朱由校登上了皇位。在朱由校刚刚主政的那段时期，重返朝政的东林党继续揪住三案不放，将三案的污水向万历和郑贵妃身上泼。这引起了朱由校的愤怒，东林党的表演再次弄巧成拙。天启四年是天启王朝的分水岭。从这一年起，皇帝开始任用一些新的官员来排斥东林党人。也就是从这之后，皇帝开始隐居在幕后。

天启王朝是意志决绝的。它至少没有像崇祯王朝看起来那么散乱，皇帝仍然坚持征收商业税。另外，君臣保持了空前的团结，它不像前几朝那样叽叽喳

喳。天启皇帝的治国手段是高明的，他以很小的代价就实现了嘉靖所期待的那种治国效果，既没有让群臣争来争去，也没有让群臣骂来骂去，帝国一扫万历朝的那种混乱局面，一下子得到了安宁。

天启的继任者是崇祯皇帝朱由检。在崇祯手里帝国最终进入无法挽回的境地。这一方面是因为自然灾害的加重，另一方面是由于崇祯皇帝混乱无序的性格。崇祯皇帝最初想重用东林党人，但是，当他发现这个党派排除异己的时候，便开始任用新的阵营的人。在温体仁、周延儒的辅助下，中枢保持了稳定，但对于一般的人事任用，皇帝显得急躁而混乱。

崇祯皇帝渐渐地发现这些科举出来的人大多只会夸夸其谈，并无治国的才能，他便想打破这种科举选才的制度。但是，旧的体系被打破，新的体系又没有建立起来。崇祯轻易用人，轻易罢人，其结果只能是导致帝国的政坛越来越混乱。

崇祯朝的最大问题是皇帝在一切问题上显得急切而冒进。他完全不顾帝国已处于疲弱的状态。一旦问题得不到解决，崇祯就会显得急躁而不安，甚至迁怒他人。不仅如此，文官制度的那种僵硬性流程也不符合明末的实际情况。帝国的一些僵硬政策仍在执行，尤其是在跟满洲人议和问题上。所有人都不愿意为一些灵活的政策而担负责任，这其中包括好面子的皇帝。

但此时那种能够稳定局势的文官政治已经不复存在，更加激烈的党争开始了。破产的财政使得帝国失去了军队的指挥权，军阀政治重新出现。但是，帝国并没有鼓励地方豪强参与镇压农民军或者抵御清兵。实际上无论是农民军还是清兵来得都很迅猛。

当时间进入晚明，财富日益向少数人集中，帝国的征税权被这些新兴的资产阶级分子所抵制。再加上延绵70年的北半球气候冰河期，过度的商业化导致粮食减产，这些都使得明王朝的继续已经不可为。

但实际上最根本的问题还是那种儒家思想的死结禁锢了帝国。它甚至需要引入部落民族的新风或者西方的某种主义来破解晚明迷局。

大明权力场

# 目录

## 第一章 明帝国的建立：洪武、建文、永乐



## 第二章 体制的成熟：洪熙、宣德、正统、景泰、天顺、成化

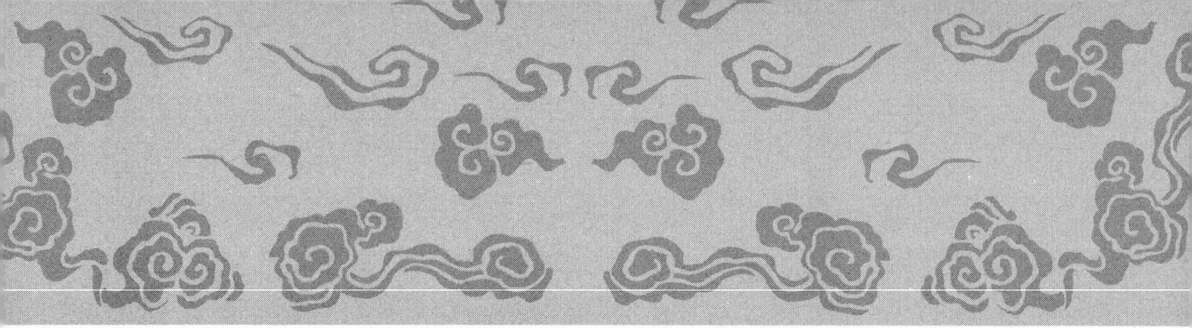

# 第一章

# 明帝国的建立：洪武、建文、永乐

这一章讲述洪武、建文、永乐三位皇帝。他们是大明开国时期的三位帝王。他们的主要功绩是开创和巩固了明王朝。

朱元璋是农民出身。这类帝王通常倾向于推行过于理想化的治国模式。他们注重道德、节俭，排斥财富与才子、佳人。朱元璋在执政的30年中，主要做了两件事情：一件是清除淮西集团；另一件是进行制度建设。军户制度，成年皇子必须离京，以文驭武，皇室只能跟平民联姻，遍布帝国的御史分巡道制度，内阁雏形，这些都是为了实现这个国家的安定而设计。

俗话说，物极必反。矫枉过正，又要重新矫枉。建文皇帝在尚未掌握权力的情况下，就跌入腐儒的陷阱，盲目削藩，鼓捣复古，与贵族、武将离心离德，最终葬送了帝位。

还有一类皇帝会给国家带来副作用，就是那些继位不正的皇帝。这类皇帝非常注重声誉——朱棣就是这样的人。在他主政时，编纂《永乐大典》、开通运河、修长城、迁都、五征漠北、郑和下西洋等，现在看来皆是面子工程。洪武王朝的底子到了永乐朝已经被折腾得山穷水尽，唐赛尔起义就是信号。

## 朱元璋的成功秘诀

在反元的各路英雄豪杰中，没有人会注意到朱元璋，没有人认为他会崭露头角。朱元璋出生于濠州县（今安徽凤阳县）的一个穷苦家庭。这没什么，那个年代的英雄人物大都如此。一个底层人物为什么能够崭露头角，为什么能够在仅有二十几人的情况下收编数万人，历史的答案究竟是什么？

这是一个相貌英武的人，这是一个有王者气质的人，这是一个能给人以希望的人，这才是周围人效忠他的原因，也是郭子兴将义女嫁给他的原因。他不需要一种才干，需要的只是一种先天优势，一种别人认可的优势。占据南京后的朱元璋有着极强的优势。东面是不思进取的张士诚，西面是搞内讧的陈友谅，北面的刘福通挡住了元军主力，朱元璋利用这个当隙加强根据地建设。但是，无论如何建设，依然弱小。此刻他还不知道腥风血雨的主力会战是怎么回事。

龙凤八年（1362 年），安逸的生活结束了。察罕帖木儿打败了北方的几十万红巾军。察罕帖木儿的继承者王保保就要带兵南下了。此时的南方正是一片散沙。更为要命的是官军一旦南下，首当其冲的就是朱元璋。面对前途，朱元璋开始忧心忡忡。

怎么办？朱元璋首先想到的是保住自己。他最大的敌人仍然是朝廷。于是他开始主动向元廷示好。此时的朱元璋并不是元廷的主要威胁。元廷的主要威胁仍然是继承南方红巾军主力的陈友谅。所以，一纸行省平章的敕书飘到了朱元璋的面前，矛盾又暂时缓和了。但对于朱元璋来说，真正的危局开始了。

一场导致大元覆灭的真正变局开始了。大元两大军事统帅王保保、孛罗帖木儿开始了火并。两个人的矛盾实际上是父辈的延续。两个人在宫外对打，元惠宗的儿子们在宫内对打。王保保打赢了孛罗帖木儿后，又跟李思齐打了起来。他们两个没打完，大明兵已经北上了。他们在北方打得热乎，南方的朱元璋却急得如热锅上的蚂蚁。

过去有刘福通罩着，陈友谅和张士诚都不敢拿朱元璋怎么样。现在刘福通死了，元军又暂时无法南下，朱元璋的危机真正开始了。东面的方国珍、张士诚、陈友定，四川的明玉珍都是没有想法的人，西边的陈友谅属于有想法没有行动的人，而朱元璋属于既有想法又有行动的人。此时南方的三大诸侯陈友谅、朱元璋、张士诚，还数朱元璋的力量最为薄弱。朱元璋明白，再不行动，很快就会被吃掉。

但摆在他面前的是先打西，还是先打东的问题。一旦征东，陈友谅一定会扑过来。如果征西，张士诚是否会扑过来呢？朱元璋认为张士诚不会扑过来，因为此时的张士诚已经混成了陈叔宝，每日在艳词、歌舞中度过。朱元璋明白只要打败陈友谅，就会取得天下。既然目标已经明确，接下来那就是

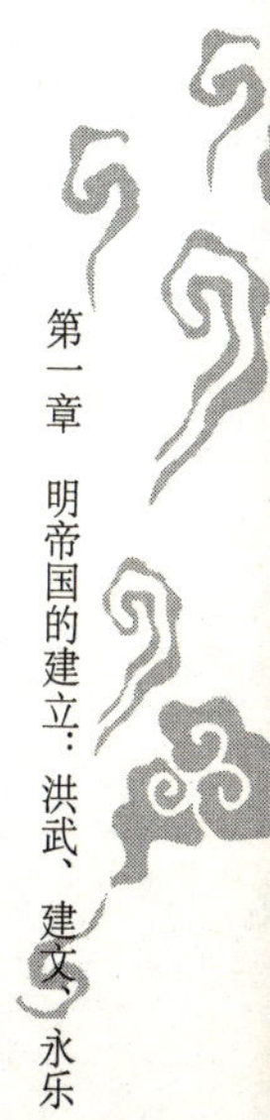

如何打的问题。

早在龙凤六年（1360 年），陈友谅大军就攻占了南京外围的太平、采石。可是陈友谅的舰队行驶到这里就按兵不动了。朱元璋也十分奇怪，看来陈友谅真是一个有想法没行动的人。陈友谅为什么没有动？因为他的心里没有底，他在犹豫。朱元璋并没有实力跟陈友谅硬拼。朱元璋的做法是引诱陈友谅深入。朱元璋的水军刚露头，陈友谅就方寸大乱，直接退到了九江。从这里就可以看出，此时的陈友谅心中根本没有一个消灭朱元璋的明确的作战计划，难以应对突发事件的发生。朱元璋虽然胜利了，但他的实力仍旧无法跟陈友谅抗衡，双方开始了拉锯战。

三年后，最后的决战终于到来。双方各自带上自己的全部家当，决战于鄱阳湖。人类历史上最大规模的一次水战爆发了。陈友谅这边有 20 万人马，数百艘战舰。朱元璋这边有 10 万人马，数十艘从陈友谅处俘获的战舰，外加数百条渔船。双方的实力悬殊。当朱元璋看见陈友谅那如山一般屹立在湖面上的战舰时，他蒙了。但他很快镇定了下来，思索着破敌计划。

水战中的关键因素往往不是战舰的体积，而是战舰的灵活性。一旦对方的阵型被打乱，那么对方的战船就会开始自相攻击。200 年后李舜臣发动的鸣梁海战正是如此。水战中战船的数量同样也不是关键因素，一旦起火，连带着其他战船也被点燃。1000 年前的赤壁之战据说也是如此。很快赤壁之战、鸣梁海战将会在这里同时上演。

朱元璋十分清楚，这是一场决定命运的战斗。一旦失败，他将一无所有，甚至会赔上自己的生命。而此时的陈友谅却没有这种感觉。他认为这是一场必胜的战斗。这不仅是一场影响了朱元璋、陈友谅和未来帝国走向的战斗，还是一场影响到了生活在 21 世纪你我的战斗。

既然硬打不可能，朱元璋采取的措施是用十几条小船围攻汉军的一条大船。眼看一艘艘战舰被围困，陈友谅想出一个令人毛骨悚然的主意。他将一排排战舰用铁链连接起来。这些铁链事先都是准备好的。大概他早就有了这个主意。这时候《三国演义》还没有手抄本。《三国演义》手抄本是 20 年后的事。历史上的赤壁之战陈友谅不可能不知道。他既然用铁链把战船连接起来，就说明真实的赤壁之战并非《三国演义》所描绘的那样。罗贯中大约在写《三国演义》的时候，把鄱阳湖的水战搬进了小说中。

当朱元璋看到汉军战舰都一排排地被连起来时，他大概比看到察罕帖木儿突然死亡还要高兴。朱元璋知道机会来了。最后的结局就是无数燃烧的渔船冲向汉军战舰，陈友谅大败，最后被乱箭射死。陈友谅的部队全部投降了朱元璋。此时的朱元璋终于从后台走向了前台。他已经不可能再躲藏了，必须要背负责任与压力。

接下来朱元璋开始东征。方国珍、张士诚、陈友定的部队在朱元璋摧枯拉朽般的攻势下被打垮。已完全占据东南一隅的朱元璋开始了长达 22 年的统一帝国的战争。

此时朱元璋的敌对势力有北方的大元、两广的元军、四川的明玉珍和云南的段氏家族。朱元璋充满雄心壮志地准备北伐。其实他不知道真正的劲敌却在西南。朱元璋制定的是南北并举的方针。

元朝的统治者很奇怪，你不知道他们在干什么。他们没有明确的治国思路。从他们对待南方义军的态度就可以看出来，能镇压就镇压。镇压不了，就走吧，还有一个退路，那就是草原。治理国家对于他们来说是一种负担，也许只有在草原上自由地奔驰才是他们的精神所在。元帝国统治的重心一直在黄河以北。至于黄河以南，元帝国一直采取的是间接统治的办法，县级以下从来没有深入。能够证明帝国存在的大约便是四通八达的驿站。帝国对于手下的大将也无从控制。王保保和孛罗帖木儿、李思齐的吵闹也不是皇帝能够左右的。元末的惠帝已经渐渐迷上了木匠活。当大明兵北上后，大元统治者未作任何抵抗便出逃。似乎出逃是早已设计好的，他们一直在等待这一天的到来。治理国家对于他们来说太累了。所以我们看到除了王保保和李思齐在西北有一些像样的抵抗外，在整个北方我们看不到元军像样的抵抗。当王保保带着没有进行大规模的战斗反而蒙受损失的蒙古军队退入草原后，这批军队便成了日后随时威胁明帝国的基础。

解决了北方问题后，在明帝国成立后的第三年，朱元璋发动了进攻西南的战争。四川一直是由明玉珍占据的。明玉珍在这里建立了大夏政权。明玉珍本是徐寿辉的部下，因不满陈友谅杀害徐寿辉而进入四川。这跟后来出走的石达开有些类似。明玉珍带着部队击溃了四川的元军建立了大夏政权。刚刚建立政权的明玉珍踌躇满志。但是，当他进攻云南的军队被镇守云南的蒙古梁王和大理段氏击败后，便

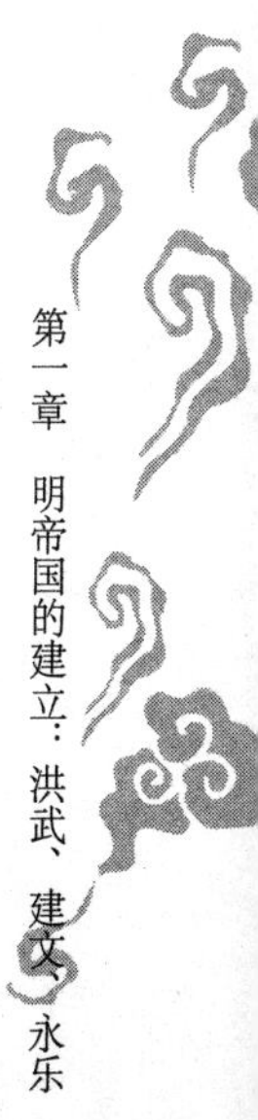

开始了偏安一隅的生活。当大明兵准备进入四川的时候，明玉珍已经逝世。大夏政权由明玉珍幼子明昇继位，其母摄政。大明兵由北路和东路攻入四川。北路从甘肃南下，进攻成都。东路由长江三峡挺进，进攻重庆。夏国的大部分兵力集中在都城重庆。双方的决战在瞿塘峡爆发。

东路军由汤和、廖永忠率领。瞿塘峡的战斗打得异常艰苦。夏兵不要命地往上填人。明昇孤儿寡母抵抗意志异常坚决，打得明军想撤退。经过数月的攻打，瞿塘峡终于被攻破。大明兵抵达重庆后，明昇投降。投降后的明昇被送到南京跟陈友谅的儿子陈理住在一起。两个人经常在一起发牢骚，后被朱元璋送去高丽。相比之下，张士诚的后人就没有这样的待遇了。

解决了四川问题后，朱元璋又将目光放向了北方。这次他想把广大的蒙古地区纳入明王朝的版图。虽然明军数次深入蒙古腹地，斩获颇多，但一系列的失败使朱元璋最终放弃了这个努力。王保保带入草原的军队最终保住了北元政权。看来蒙古人的逃跑策略还是有效的。征讨蒙古的失利也使得朱元璋意识到只能依靠长城来防守了。

在北征蒙古受挫的情况下，大明帝国再次将眼光放到了西南。这次要进攻的是非汉族统治地区——大理。大理从秦代起就开始了它的文明，一直到元代才被中央王朝所征服。但元朝统治者是将大理和宋的传统区域分割来治理的。此时的大理依然没有纳入汉文明。大理虽然被征服，但元朝对大理的管理只是象征性的。管事的依然是大理段氏家族，梁王把匝剌瓦尔密负责的是军事。当年大理国抵抗忽必烈进攻的决心异常坚决。此时，面对大明兵的进攻，大理的抵抗依然坚决。

洪武十四年（1381 年），朱元璋命傅友德为征南将军，蓝玉、沐英为副将，率军进滇。一年后，蒙古梁王投滇池而死，大理段氏家族仍旧在抵抗。两年后，大理平，段氏家族被朱元璋迁到北方居住。朱元璋封沐英为镇国公，世代镇守云南。随后大批的汉人军民和犯人迁入云南，进一步加大了云南的汉化进程。这种进程对大理文化的毁灭也是空前的。用大理白文记载的书籍几乎全部被焚毁，以至于今日研究大理文化是一件非常费劲的事情。中华人民共和国成立后，云南白族的族权才得以确认，白文也开始恢复。

大明兵平滇后，沐氏家族取代段氏家族，开始了在云南的统治，一直到沐天波陪着永历帝度过了最后的孤寂岁月。沐氏家族在云南的治理相当成功，使云南度过了近300年的平静岁月。

云南平定后，明帝国最后将目光转移到了辽东。此时的辽东仍然处在北元的统治下。洪武二十年（1387年）辽东平定。到了洪武二十二年（1389年）帝国疆土奠定。此时的疆土已经达到了帝国统治的极限。明王朝在历史上首次实现了对辽东、云南、贵州的有效统治，并在这些地方设省。明王朝版图的有效控制面积不仅超过了汉唐，更是让失去达430年的幽燕之地重回汉族政权手中。朱元璋从一介平民历经36年的征战终于统一了天下。那么，他成功的秘诀是什么呢？他的成功就在于隐藏与忍耐，以及对于时局的正确判断。以前有刘福通给他做挡箭牌，后来有陈友谅给他做挡箭牌。当他不再需要挡箭牌的时候，就意味着他已经成功了。元末那场轰轰烈烈的红巾军起义，打废了多少英雄豪杰。余下来的陈友谅、张士诚、明玉珍，包括大元的统治者对于战争都已经疲倦了。而此时的朱元璋却刚刚开始。统一大业必须由他来完成。如果没有朱元璋，余下的张士诚和陈友谅能不能完成统一还是个疑问。届时，中国的分裂局面还将继续，或者会被元廷完全镇压下去。

明帝国的建立使汉文明得以延续。元朝末年，汉族的一些上层精英分子已经开始主动胡化，说胡语、穿胡服、改胡姓。朱元璋对于胡化的禁止也标志着明王朝的建立带有强烈的民族复兴味道。明帝国的建立从此一改1127年以来汉文明的积贫积弱局面，重归本土文化治国，在赵宋的基础上再次将汉文明推向了高峰。

由此我们也可以看出，强大需要的是破局，强大需要的是来自底层民众的呐喊。

此时的朱元璋面对新兴的明帝国，他又该如何治理呢？

## 明朝的治国模式

朱元璋的治国理念是复杂的。他是法、道、儒一起上。面对宋元以来天下纲纪松弛的局面，朱元璋制订了一套严刑峻法，以此来惩治那些不符合他的理念的官员。为了恢复农业生产，他制定低赋税政策。为了统驭亿万兆民，他用道德的力量

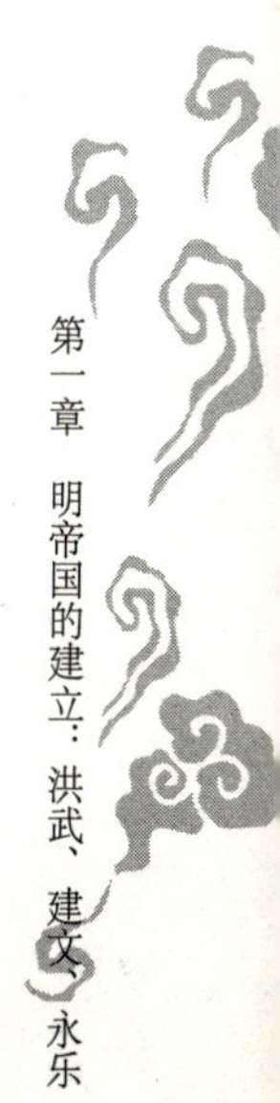

治理乡村。帝国的每个村庄由村中德高望重的长老治理。

让我们还是回到帝国最初的治理阶段。面对百废待兴的新王朝，头等大事就是农业生产。

恢复农业生产首先要应对的是流民问题。如何将农民束缚在土地上是当务之急，为此洪武朝编制了黄册和鱼鳞图册。黄册就是今天的户口本，上面不仅记载了个人的详细资料，更是规定了世袭的职业，且世代不许换籍。鱼鳞图册相当于今天的土地证。全国所有的黄册都被集中放在玄武湖，所以明代200多年，玄武湖一直是皇家禁地。除了黄册的编立，朱元璋还设立了里甲和粮长制度，进一步加大了对农民的人身束缚。帝国还同时限制僧人数量和没收寺院的土地，40岁以上的妇女禁止当尼姑，20岁以上的男子若想为僧还要通过帝国的考试。在加大对农民的人身束缚的同时，也奖励耕种。

为了加大边疆农田的开垦，帝国实行了开中法。也就是如果有商人运粮去边疆充实那里的军粮，就会获取一定的盐引，即买卖食盐的专利。这种政策实施的结果就是大量的商人开始雇用劳动力去边疆垦荒。到后来，将北疆的骏马贩到关内也可以获取盐引，这又增加了帝国拥有的战马数量。为了鼓励农民种粮的积极性，赈济、免除赋税和收取低额的税率也成了帝国的国策。明帝国对于垦荒者不仅给予土地所有权和免除赋税，而且还免费发给耕牛、农具和种子。但明帝国对于撂挑子的农民则处以极为严厉的刑法。洪武朝还把南方大批的人口迁到北方地广人稀的地方垦荒。

跟垦荒相对应的是军屯和兴修水利。为了减轻农民负担，各地卫所的军士开始主动屯田，战时作战，闲时种地。大规模的兴修水利使得普通农民能够在水利建设中成为主角。毕竟实践者最有发言权，他们几十年来的农垦经验都在这个过程中得以采纳，这无疑提高了他们的主人翁意识。明帝国一方面加强了对农民的人身约束，另一方面却放松了对手工业者的控制。轮班制的实行使得工匠有闲暇时间来从事其他事情，这大大提高了工匠的劳动积极性。

抓农业生产的同时，洪武也开始了对豪强富户的打击。这次主要是针对江南的富户。这些富户在元末已经把持了地方政治，元帝国也对他们束手无策：一方面百姓交纳赋税，另一方面政府税收却不见起色，可见天下财富都到了江南豪绅的手里。明帝国建立后，这些江南豪绅仍想抗争，但在强势的洪武面前，江南豪

绅的这些抗争显得尤为苍白，他们能够保住性命已经不错了。皇帝没收全部江南豪绅的土地，发给自耕农，并将江南豪绅迁到京畿居住，割断他们与地方官府的联系。

行伍出身的朱元璋在逐步取得天下的过程中加大了对文人的任用。文人集团设想把朱元璋改造到他们所希望的轨道上去，但这是不可能的事情。帝国建立后，监察的加强充分展示了朱元璋对文官的不信任，御史、给事中的设立标志着帝国开始用位卑权重的官吏来制衡文官。朱元璋是一个纯粹的人，帝国按照他那纯粹的理想治理。在他的眼里，所有官员都应该奉行孔孟之道、廉洁奉公、体国察民，所以他对稍有不法情事的官吏处罚是极其严厉的。洪武朝的官吏在这种沉闷的气氛下也全都是战战兢兢。

中国古代帝国的治理体系通常是由帝王、文官、胥吏三级构成。除了奉行孔孟之道的文官集团，还有大量的基层胥吏。对于百姓来说，数目庞大的胥吏才是政府的代言人。

元代统治者由于不熟悉儒家文化，便将胥吏提拔到一定的高度。到了明初，胥吏仍旧跋扈异常，发生数起胥吏殴打上司的事情。虽然朱元璋对跟他理念不符的文官采取了极端的方式，但对数量众多的胥吏却无可奈何。朱元璋为了对付胥吏，发明了一种崭新的方式，那就是允许农民绑架为非作歹的胥吏进京城，且沿途官员不许拦截，还要负责进京农民的饭食。在朱元璋的支持下，帝国很快出现了两位农民对付胥吏的主角。

在朱元璋亲自用口语化风格编写的《大诰三编》中，记载了这样一件事情：赵罕晨是北平布政使司辖区的一个农民，一天他和当地的三四十个农民把乐亭县的主簿汪铎，还有一些其他官吏捆绑押送南京。原来这个汪铎设计了一个项目，向农民摊派。行到半路上，王铎向赵罕晨求情，述说自己的痛苦往事和艰辛的奋斗过程，但是赵罕晨并不懂这些东西。农民对帝王是信任的。到京后，朱元璋砍了这些官员的脑袋，血腥的场面震慑了官吏，也震慑了这些农民。这些农民明白了，如果自己不好好种地，其结果也跟这些官吏一样。

第二位主角是江苏农民陈寿六。陈寿六受到当地官吏顾英的迫害，于是陈寿六手持朱元璋亲编的《大诰三编》将顾英抓起来押送京师。沿途拦截陈寿六的官吏后来也受到朱元璋的处罚。朱元璋赏了陈寿六衣服和钱，并免除了他三年徭役，还

亲颁圣旨，对陈寿六进行人身保护。同时，朱元璋也警告陈寿六，不许借此嚣张跋扈。从此陈寿六成了帝国只受朱元璋领导的新型农民，并成为帝国千万农民的楷模。

洪武十八年（1385 年），皇帝颁布《大诰三编》赋予了农民新型权力，但整个洪武十八年（1385 年）并没有出现朱元璋预期的效果。洪武十九年（1386 年），朱元璋采取了更为激进的农民激励措施。在朱元璋的鼓动和明星农民的榜样下，帝国开始出现朱元璋预期的效果，但随后出现的过激行为导致朱元璋陷入了深深的思索。皇帝亲自处罚了因为不愿意种地而自残身体的农民和为了逃避赋税、徭役而鞭打官吏的农民。然而，事与愿违，在《大诰三编》颁布后逃税、逃役的农民越来越多，更有一些农民开始无端地冲击地方官府，朱元璋也逐渐陷入地方农民一些鸡毛蒜皮的扯皮中。这时，朱元璋开始动摇了——因为在胥吏和民众之间他无法找到一个令人满意的平衡点。

在发展农业的同时，洪武朝实行了海禁，民间海外贸易被禁止。事实证明，民间海外贸易的禁止对帝国的稳定有着良好的促进作用。它不仅避免了外部文明对明帝国的干扰，还可以保证充足的农业人口数量，同时也避免粮食作物被大规模地改种成经济作物，稳定了帝国的农业生产。此时明帝国的海外贸易是以官方朝贡贸易的形式进行的。但方明珍的海上余党和始于元代的倭寇在海上的骚乱使得帝国关闭了明州和泉州的两处市舶司，这两处市舶司主要负责日本与琉球的官方贸易。明帝国只保留了广州市舶司，用于跟东南亚朝贡国的交往。

民间海外贸易的禁止和朝贡贸易的缩减一方面稳定了帝国的农业生产，另一方面也巩固了海防，使帝国能够腾出手来应对北方的战事。

朱元璋有感于宋元以来纲纪的松弛，在帝国建立后开始逐步加强了皇权。中书省、御史台、大将军都督府相继被撤，行政、监察、军事权力被分散。在改革中央权力机构的同时，朱元璋也对地方权力机构进行改组。地方的行中书省同样被一分为三，分为承宣布政使司、按察使司、都指挥使司，组织结构扁平化。这样帝国的权力从中央到地方都掌握在皇帝的手中。但是，权力的高度集中也渐渐使得朱元璋处理政事有些力不从心。

洪武十三年（1380 年），他设置了四辅官。四辅官全部是由年事已高的乡间老儒组成，这些老儒提供更多的是顾问服务。皇帝既想有人来承担政务，又不想赋予过多的权力，但这些老儒很显然达不到皇帝的要求。洪武十五年（1382 年），皇帝又设置了内阁大学士，内阁大学士仍然充当的是咨询角色，军政大权仍旧掌握在皇帝手中。洪武十五年（1382 年）的内阁也就是后来内阁的雏形。行政权力的变更始终没有达到皇帝满意的效果，军权的分散也在帝国形成了将不知兵、军无常将的局面。

## 帝国的奠基石：李善长

整个洪武朝，我们关注的焦点还是皇帝跟李善长的关系。可以说朱李二人的矛盾斗争体现了整个帝国初期的政治脉络。整个洪武时代朱元璋所关注的最大一件事情就是如何清除以李善长为首的淮西集团。

李善长本是朱元璋的乡谊。李善长虽然有志官场，奈何天赋不高，无法在科举中胜出。李善长到了不惑之年依然一事无成，但长期的隐忍早已使得李善长内心波澜不惊。到了天下大乱的时刻，李善长或许是意识到他的机会来了，他选择了朱元璋。他为什么选择了朱元璋？有的说辞是他看中了朱元璋，但我想更合理的原因大概是他无法在其他诸侯那里找到位置。

李善长的淮西人身份和处事稳重的特点很快就博得了朱元璋的信任。他开始替朱元璋打理内务，总管钱粮、赋税、田土、人口。他能够把每一件事情处理得天衣无缝，令朱元璋无后顾之忧。李善长具备的是经世济用之才，但经天纬地之才在王朝的开创过程中并没有那么大的作用。李善长的淮西身份和非士子身份使他能够跟朱元璋的武将打成一片，从而形成了一个盘根错节的淮西集团。无论这个集团看起来多么松散，它都是那么牢不可破。这个集团成就了一代帝王，也束缚了一代帝王。

大明开国后，李善长被任命为中书省左丞相，位居人臣第一。从这里可以看出李善长的功劳与威望。朱元璋跟李善长的关系从何时开始微妙我们无从所知，但李善长位列中枢后无疑使这种关系变得更加微妙。

历史上皇权与相权的矛盾一直都存在。从汉代至宋代，皇帝们都是采取提高内

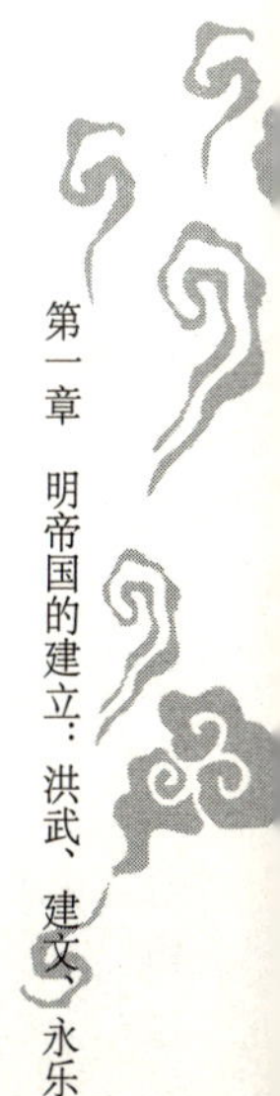

侍或其他平行机构的地位来削弱相权。到了元代，相权又有所加强。明初承元制，中书省总揽一切权力，且中书省的级别高于当时的大都督府和御史台。由于担任右丞相的徐达常年在外，帝国的权力就集中在了李善长的手里。这是制度的结果，不是个人的结果。只要制度在那里，皇权被抑制已是必然。此时的朱元璋已经开始产生不快，但统一帝国的战争仍在继续，朱元璋只好将削弱相权的事情先放一放。

李善长坐上了这个位置后，开始培植淮西势力。这样一来众人纷纷走李善长的门路，甚至到了后期，面对朱元璋的嗜杀猜疑，文臣武将也去早已致仕的李善长那里倾诉心肠。这些都被朱元璋看在眼里。

虽然明初李善长已经位列人臣第一，但朱元璋已经对李善长显示出了一定程度的冷漠。这种冷漠当事人当然是清楚的，此时，李善长已经敏感地意识到自己该离开庙堂了。洪武三年（1370年），在外领兵打仗的将军们都回来了，按例封赏晋爵，坐镇后方的李善长也被封为韩国公，位列将军们之上。从这个微妙的举动我们可以看出洪武皇帝已经忌惮李善长了。一个令帝王忌惮的人终将离死亡不远。相反，一个令君主不断欺负的人却有着大好的前程。

李善长终于明白皇帝要赶他走了，但他在临走前把胡惟庸安插进了中书省。这表明他并不想彻底离开庙堂，他想退居幕后遥控一切。

我想这个时刻洪武已经动了杀机。李善长到底缺乏处理复杂而微妙的政治哲学问题的智慧，他的悲剧是自己造成的。

10年的时间，皇帝虽然不断地处罚不符合他的标准的官吏，但手中的刀始终没有向李善长挥去。他在忌惮，他在等待。10年后皇帝的这把刀终于砍倒了胡惟庸，也砍向了李善长。接下来又是一个10年，大批李善长的人马因为各种原因遭到诛杀。到了最后时刻洪武皇帝仍在犹豫，那就是对李善长的最终处理问题。我们看到了一个皇帝20年的隐忍，我们看到了一个皇帝抉择的痛苦。毕竟对方在帝国的创建中立下了不朽功勋，毕竟对方在皇帝创业时期就陪伴在皇帝身边。

此时的李善长已经是风烛残年，此时的朱元璋也是风烛残年。朱元璋不知道李善长会不会死在他的前面，朱元璋看到的是李善长依然有着影响力和号召力，朱元璋看到的是在他的重压下越来越多的人内心向那个忠厚的长者靠近，朱元璋看到的是即使李善长死后他的后代依然具备号召力。朱元璋闭上了眼睛，心想，还是你死吧，你死了，我才放心。

人们都知道“功高震主”，但却不知道“功高未必震主”；人们也知道“狡兔死，走狗烹”，但却不知道“狡兔死，走狗未必烹”。

中国士子既讲入世，也讲出世，以出世之心做入世之事，此乃人生之最高境界。唐朝李泌是这方面的代表。李泌 7 岁时即被玄宗召入宫中作诗，后来因作诗讽刺杨国忠、安禄山而被贬。安史之乱爆发后，李泌主动去向刚刚继位的唐肃宗陈述治乱方略，深得肃宗赏识。肃宗本想授予李泌官职，但李泌只愿意以一个宾客的身份参与朝廷决策。李泌在收复长安、洛阳等方面立下功劳，后来却遭宦官李辅国嫉妒，为了避祸，李泌退出朝廷争斗的漩涡，隐居衡山。唐德宗在奉天时，又召李泌赴行在，授左散骑常侍。纵观李泌一生，历仕三朝，实际地位和作用相当于宰相，这给他施展政治才能提供了极好机会。但他能审时度势，当朝廷出现危机时他再度出山，一旦功成又隐退保身，可见李泌是聪明的，政治观是成熟的，他将中国古代那种士子之心发挥到了极致。他在年轻的时候写过一首诗：“一丈夫兮一丈夫，平生志气连良图。请君看取百年事，业就扁舟泛五湖。”这首诗可以说是他一生的写照。

如果李善长能够彻底、干净地离开庙堂，结局也许会是另外一番景象。

## 最后的丞相胡惟庸

洪武一朝很多事情都是谜，时至今日我们都无法得到确切的答案，但确切的答案似乎已经不那么重要。不管汪广洋也好，杨宪也好，胡惟庸也好，都可以看作朱元璋为了削弱李善长势力所做的努力。其实整个洪武一朝，朱元璋所做的最大一件事情就是如何削弱以李善长为首的淮西集团，而胡惟庸的被杀可以看作这种削弱的开始。虽然李善长走了，但胡惟庸坐在那个位置上跟李善长坐在那个位置上并无区别。

其实胡惟庸无论在朱元璋打天下的时候，还是帝国建立以后都是一个小人物，朱元璋并没有把他当作宰相，天下的人也没有把他当作宰相。胡惟庸并没有飞扬跋扈，相反，他一直是战战兢兢，如履薄冰。胡惟庸是有才能的，他是一个干吏，能

够把事情做得滴水不漏。可以说他的风格跟李善长有些相似，但在政治场上都需要一股力量来压制他们。朱元璋找了十几年，找了刘伯温，找了杨宪，找了汪广洋，都不行。那得了，我自己动手吧。

洪武十年（1377 年），在汪广洋终于发动对李善长的唯一一击后，朱元璋将汪广洋第四次，也就是最后一次调入中书省。汪广洋一如既往地萎缩，但此时的朱元璋已经完全放弃了对汪广洋的期望。他要靠自己，能依靠的力量只有检校。

洪武九年（1376 年），朱元璋将自己的女儿嫁给李善长的儿子，这是朱家给李家最后的殊荣。洪武十年（1377 年），朱元璋已经开始了动作。他成立了一个新的机构——通政使司，规定所有奏章送交通政使司，然后由通政使司直接送交皇帝。这样就越过了中书省。此时的胡惟庸不知道屠刀已经临近。

朱元璋并不满足于此。大批的检校监视着中书省，时刻等待着胡惟庸犯错，可小心翼翼的胡惟庸始终让他们无法抓到把柄。洪武十二年（1379 年）九月，占城国使者进京，但是，中书省并没有把这件事情报告给朱元璋，胡惟庸自己处理完事情后便打发使者回国。检校们把这件事情报告给了朱元璋。按理说这等事情属于可报告可不报告之列，可朱元璋似乎要做文章了。

朱元璋将礼部官员和胡惟庸、汪广洋都叫来，现场质问。胡惟庸被搞得措手不及，他不明白皇帝为什么要突然纠缠这件小事。他很快推给了礼部官员，礼部官员也毫不示弱，把这件事推给了中书省。朱元璋当场把负责此事的礼部官员下狱，并令检校彻查此事。

朱元璋认为查出的结果一定是胡惟庸，但他错了，检校们查出来的结果是汪广洋。朱元璋惊愕了。并不是检校们背叛了朱元璋，这个结果说明一个问题，胡惟庸的势力大到检校们查不出真实的结果来。朱元璋意识到，不用查了，他需要的就是一位大臣揭发胡惟庸谋反，然后直接抓人。

说胡惟庸谋反，朱元璋自己肯定不能这样说，最好是有一名御史出面上书。朱元璋找来找去，找到了御史中丞涂节。这涂节本来跟胡惟庸是一伙的，不知道朱元璋给涂节许下了什么好处，或者涂节跟胡惟庸有什么过节，再或者涂节已经嗅到了政治气候的变化，他开始酝酿发动弹劾。

既然事情已经布置下去了，那必须先稳住胡惟庸，以免胡惟庸提前出招，打乱计划的部署。为了稳住胡惟庸，朱元璋最后一次将汪广洋贬到广东。朱元璋被逼到这一步并不是他所希望的，他更希望的是汪广洋能够搞掉胡惟庸。朱元璋身为九五之尊，如此硬出手是很没面子的事情。他对汪广洋希望了 9 年，也失望了 9 年，终于希望与失望都变成了怒火。他又追加了一道诏命将走到半路上的汪广洋赐死。

洪武十三年（1380 年）正月，在毫无预兆的情况下，帝国风暴正式开始。御史中丞涂节突然上书朱元璋，声称胡惟庸谋反。正月初六，胡惟庸以通倭罪被处死。十一日，朱元璋连发两道圣旨：废除中书省和大都督府。整个帝国的官僚都被打蒙了。但朱元璋对于废除中书省和大都督府后的有序安排表明了计划酝酿的长期性。

朱元璋对于胡惟庸的处理只是砍向李善长的第一刀，从此正式拉开了帝王与李善长势力集团的争斗。后人总认为胡惟庸一案是洪武朝的大案，实际上胡惟庸一案只是采摘李善长这根大树的第一片叶子，等到所有的叶子都采完，就到该砍树的时候了。

胡惟庸死后，朱元璋用了 10 年时间来不断地清洗李善长的人，依靠的力量就是检校以及后来的锦衣卫。当时，数千人被处死，数以万计的人遭到调查、关押或流放，帝国的政治气氛顿时变得异常紧张。许多官员战战兢兢，不知道何时锦衣卫会冲进自己的家门。

胡惟庸一案基本上改变了洪武年间的政治风格。监视和恐怖活动加剧的年代到来，洪武皇帝的辣手开始显现。洪武皇帝开始以日益激进的手段实现他的治国理想。

## 忠诚而纯粹的武将们

国初是朱元璋一个人的舞台，无论文臣还是武将都没有太多的个性色彩，以至于今人研究起来只能从一些琐碎的事例中寻找文臣武将耐人寻味的东西。国初的武将是低调的，是朴素的，是老实的，他们忠于皇命，冲锋在最前面。无论是北方的大漠之地，还是南方的烟瘴之地，都充满了他们奔波的身影。在长期的征战中，帝国的将军们大都早死，盛年而衰。徐达、常遇春、李文忠、邓愈、汤和尽皆如此。

如果说李善长是明帝国的第一文臣，那么徐达就是第一武臣。徐达可以说是韩信与卫青的集合体，他既有韩信的谋略也有卫青的低调。明初的大部分战争以及所有关键性战役都是在徐达的直接指挥下进行的。朱元璋对徐达是放心的，在徐达平定北方的战争中并没有派出监军。徐达也是争气的，他也不需要谋士。身兼谋士和武将双职的徐达始终向人们诠释一个全才的概念。

天下平定后，徐达便在北平驻扎守卫北疆。在此期间，徐达重点修建了山海关，从此北平附近的居民再也不受游牧民族的骚扰之苦。徐达是一个完美的人，完美到你挑不出他的任何毛病。出身贫苦的徐达并没有读过多少书，但他不断地向儒士请教奠定了他谋略的基础。

如果说徐达善于指挥、带队和大规模的步兵兵团作战，那冲锋最厉害的就是常遇春了。常遇春开始是刘聚的麾下，因看不惯刘聚的所作所为便投奔了朱元璋。从此在进攻陈友谅和张士诚的战争中，常遇春始终冲在前面。常遇春跟徐达一前一后的运动模式奠定了帝国的版图。

常遇春是帝国最勇猛的人，他这一生没有打过一场败仗。中国冷兵器时代有十大战将：薛仁贵、霍去病、常遇春、史万岁、斛律光、苏烈、狄青、冉闵、项羽、杨再兴，常遇春名列其中。常遇春是一个纯粹的人。如果说徐达的忠厚后面还有他的心思，那么常遇春的内心就像一张白纸。他的一生只有一个目标，那就是忠于他的使命。洪武二年（1369 年）七月，常遇春从蒙古上都班师回来，行走到河北地境累死。

帝国武将除了徐达、常遇春，第三号人物就是李文忠。李文忠用兵的特点就是快。跟其他战将一样，李文忠依然有着辉煌的战绩。在常遇春死后，帝国对于北方的战事就交到徐达和李文忠手里。但今天看来李文忠的武将身份并没有给他带来太多的亮点，他的亮点就在于他是当时军队中唯一的文人。

李文忠本是洪武的外甥，从小聪明伶俐，甚受洪武喜爱。李文忠从北方回来后，洪武帝曾让其执掌大都督府。李文忠退休后便过起了儒生的生活。披上战袍是武将，脱下战袍是儒生，帝国也只有李文忠能够实现如此华丽的转身。

赋闲在家后，李文忠便整日与一批儒生谈古论今、吟诗作赋。有些人想给皇帝劝谏，走不了马皇后的渠道，便开始走李文忠的渠道。李文忠数次上书朱元璋，虽然最后遭朱元璋斥责，但终归是对朱元璋施加了影响。洪武十七年（1384 年），李文忠病死。

除了这三位将领外，还有一位冯胜也值得介绍。冯胜的亮点就在于洪武五年（1372年）的一场战役。这是明帝国的一场关键性战斗，在这场战斗中王保保取得了第一次胜利，徐达和李文忠遭受了从军以来的第一次大败。这场战斗也是明帝国建立以来的第一次大败，而冯胜却在这场战斗中胜了。

为了彻底肃清草原势力，经过两年的酝酿，明军又一次对草原发起了冲击。此次的布局显示了朱元璋的决心。全军一共15万人，中路军由徐达率领，李文忠率领右路军，冯胜率领左路军，三路大军一起向漠北草原奔去。此次三路大军的主力是徐达和李文忠。既然主力是徐达和李文忠，那么对方对付的重点也是他们两个。此次王保保学会用计了。而从徐达和李文忠的进攻特点来看，两人由于之前一直胜利而明显有些轻敌。

徐达和李文忠被元军引诱深入，虽然中了埋伏，但这些对强大的帝国正规军来说算不上什么。很快徐达和李文忠带着各损失了1万人马的队伍退出了战场。

而西路军冯胜的表演则刚刚开始。冯胜和傅友德率数万人马在整个西北七战七胜，彻底肃清了元军在西北的势力，也结束了元军在西北的骚扰。

此次出征没有达到预期目的，朱元璋对蒙古的进攻开始暂停，而蒙古也转向防御。但是，从此次事件中我们可以看出冯胜的战力。

明初的武将都有一个特点，那就是早死。从常遇春、李文忠，再到邓愈、汤和，都是盛年而衰。其实这也可以从侧面说明一个问题，那就是明初的一系列战事过急、过猛，另一方面也说明了明初战将的性格特点，那就是忠于王命、使命。明初的武将是伟大的，也是可爱的，他们为帝国打下了一个不朽的江山。大多数武将并无私欲，且出身贫苦；他们勇猛、品性优良，在帝国这个舞台上将武臣演绎到了完美。

经过数十年的征战，帝国的战将们逐渐谢幕。朱元璋也没有亏待他们，他们大都被封了爵位，子孙也得到了荫泽。但也有一些武将因为跋扈、犯事或者不符合朱元璋的心意而受到残酷的株连。

明初是朱元璋一个人的舞台，没人能够影响到他。在整顿完了文官队伍之后，洪武皇帝又把矛头对准武官，蓝玉是一个切入点。

蓝玉在开国功臣中算不上是有影响的人物，他是常遇春的内弟。蓝玉第一次走

上帝国的舞台是洪武十四年（1381 年）征讨云南的战争，走上人生的顶峰是洪武二十一年（1388 年）的一仗。这一仗明军一直打到贝加尔湖，彻底打垮了成吉思汗的黄金家族。此后，蒙古高原再次进入成吉思汗统一蒙古前的混乱状态，各部为了汗位而相互仇杀。

洪武二十一年（1388 年）的这一仗也是继洪武五年（1372 年）徐达、李文忠北征蒙古失利后对蒙古的决定性一仗，这一仗也给朱元璋培养了一个像李善长那样的棘手人物——蓝玉。

洪武二十一年（1388 年）这一仗后，蓝玉变得越发骄纵。他在军中安插私人、畜养家奴、侵占田亩，这些都触动了朱元璋的神经。如果说胡惟庸案是对不法文官的清洗，那么蓝玉案则是对不法武官的清洗。从洪武三年（1370 年）李善长告病起，朱元璋就已经开始酝酿对文官的整治；而洪武二十年（1387 年）朱元璋颁布《大诰武臣》，实际上就是酝酿对武官的整治。当你搞清楚《大诰武臣》的背景就知道了。

洪武朝军中已经开始出现很多弊端，军官冒领军饷，侵占军田，虐待士兵，导致军士逃亡。朱元璋颁布的《大诰武臣》正是在这种背景下诞生的。《大诰武臣》虽然颁布了，但并没有制止住军中的违规行为，朱元璋开始酝酿采取其他办法来惩处军中的违规行为。

蓝玉事件不过是洪武整治军队的一个借口。《大诰武臣》中列举的军队犯罪案件皆是触目惊心、令人发指。无论有没有蓝玉，洪武朝对军队的整治都会发生，只是蓝玉的骄纵使得整治集中在一点而爆发。

整个蓝党一案，被杀、被流放、被关押、被刑处的一共是 1.5 万人。洪武二十六年（1393 年）四月份案发，当时捉拿的是 1000 人。短短 5 个月涉案人数就达 1.5 万人。当然，这其中大部分是家族人员被牵连。这可以说明一个问题，跟胡惟庸一案相比，锦衣卫的办案效率大大提高。锦衣卫的办案效率为什么会大大提高？这里有两点原因：一是锦衣卫在数年前已经开始对有关人员进行监控；二是定罪的随意性，也就是罪名大都是罗织的，不像胡惟庸一案还要消耗大量的时间寻找罪证。朱元璋为了证明蓝玉一党确实有罪，还亲自编了一本《逆臣录》，但这本《逆臣录》漏洞百出。

锦衣卫的办事效率引起了朱元璋的恐慌。跟胡惟庸一案相比，整个帝国无人敢吱声，更是引起了朱元璋的恐惧。锦衣卫办案的波及面早已超出了朱元璋所圈定的范围。朱元璋意识到这种疯狂行为必须停止。因此，洪武皇帝中止了蓝党一案的调查，大部分在押人员被释放，经办此案的锦衣卫人员也被朱元璋处理。

“蓝玉案”基本上结束了朱元璋那个纯粹的理想。锦衣卫们的办案风格和官员们的唯唯诺诺，让朱元璋有了改变治国方略的想法，所以他对后继人表达了宽刑法的思想。无论朱元璋杀了多少人，处罚了多少文臣武将，这些都是徒劳的——它既不能使帝国变好，也不能使帝国变坏。

## 高压统治下的士大夫

有一种现象不得不引起我们的注意，那就是皇帝与元末明初士大夫们的那种微妙关系。这种关系表面上看是见微知著，实际上却潜移默化地影响到了整个明初的政治运行脉络。国初虽然一切都是如火如荼，但这些都不干士大夫们的事情。士大夫们对这个新兴政权并没有表现出多么热衷，甚至骨子里异常排斥。他们不仅为元朝唱赞歌，而且还为元政权殉节、断指、断腕或隐居。这的确是一种奇怪的现象。但这些都好理解，因为元政权符合他们的利益。

在士大夫看来，一个政权应该是宽松、和蔼的，能够保护士绅们的田产。很显然元政权符合他们的标准，甚至比宋政权更符合他们的标准，也很显然明政权不符合这个标准。蒙古人是好糊弄的，而朱元璋是不好糊弄的。他们不明白这样糊弄下去只能是政权的崩溃，政权崩溃后他们的田产也得不到保留。明初士大夫可以分为三类：第一类是喊出“我生为皇元人，死做皇元鬼，誓不从尔贼”的吴德新；第二类是跟明政权若即若离的刘伯温；第三类是跟明政权保持亲密合作以获取最大利益的李善长。

对于第一类人和第三类人无须赘述。我们这里就对第二类人进行一下分析，选取两个例子——刘伯温和高启。

刘伯温是一个矛盾的人，他的一生都是在矛盾中度过的。刘伯温是忠于元廷

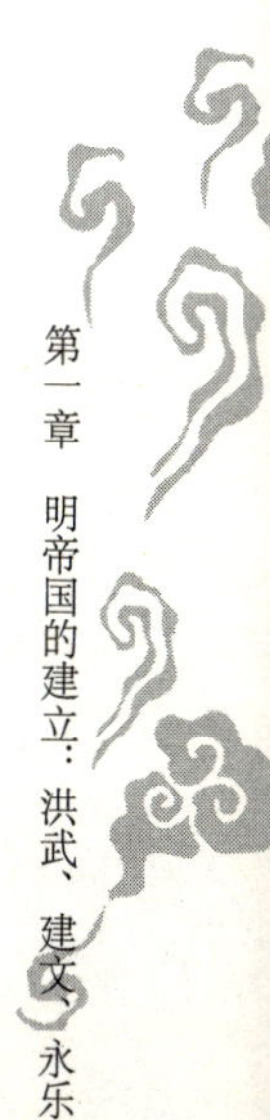

的，奈何他无法在元廷造成多大的影响，也长期得不到重用。元末红巾军起事后，刘伯温举乡兵进行镇压。虽然刘伯温有功于朝廷，但仍旧得不到重用，忧愤之下辞职隐居。虽然是隐居，但刘伯温心中仍旧是波涛澎湃。他已经对元廷彻底失望，于是，他在暗中观察，观察着新的力量。

但从镇压反叛者到投靠反叛者，这毕竟得有一个转变，刘伯温开始做理论上的准备，他在青田隐居期间写下了《郁离子》。《郁离子》等同于宣言书，宣布刘伯温跟元廷彻底决裂，也是刘伯温向四方新贵释放出的暗示。

后来刘伯温虽然投靠了朱元璋，但他对洪武皇帝是鄙夷的，对于这个由中国底层民众建立起来的政权是鄙夷的。朱元璋自然清楚这一点。朱元璋需要刘伯温这个花瓶，以此来笼络天下士子之心。刘伯温的气质跟这个新生的明政权格格不入，这个新生的明政权也跟他格格不入。洪武四年（1317 年），刘伯温告退，与其说是避开李善长的锋芒，更不如说是对自己失败的人生的一种顿悟。

如果说刘伯温代表了这第二类人，那么高启则是这第二类人中的典型。

**文皇在御升平日，上苑宸游驾频出。**

——《听教坊旧妓郭芳卿弟子陈氏歌》

**我生幸逢圣人起南国，祸乱初平事休息。从今四海永为家，不用长江限南北。**

——《登金陵雨花台望大江》

这两句诗分别摘自诗人高启所作的两首诗，第一句是给元王朝唱赞歌，第二句是给明王朝唱赞歌。对于这类人朱元璋是不喜欢的。

高启是由于明代的一些事情而留声后世，但他实际上是元代的诗人，他所活动的时间段和所作的大部分诗集都是在元代，他对大元是忠诚的。上面列举的《听教坊旧妓郭芳卿弟子陈氏歌》作于至正十九年（龙凤五年，1359 年），当时正值天下大乱，韩林儿的龙凤政权发展到巅峰，三路北伐军一路高歌猛进。在那个年代，高启的心也是跟随着大元王朝一样风雨飘摇。

时值元大都的杂剧演员宜时秀来到江南演出。这宜时秀是已故著名杂剧演员郭芳卿的弟子，而郭芳卿是前任元朝皇帝文宗皇帝的座上宾。宜时秀一曲终了，高启联想到文宗皇帝在世的时候大元王朝的那种斋斋皇皇的景象，再联想到今日时局，不由感慨万千，写出了“文皇在御升平日，上苑宸游驾频出”的诗句。高启对元王朝的赞叹是由衷的。

《登金陵雨花台望大江》是高启于洪武二年（1369年）作于南京，此时诗人正受洪武皇帝之邀修《元史》。从全诗的那种悲凉氛围我们可以明显看出诗人对于明王朝的不热衷，只是在最后一句上或许由于现实的原因而极为勉强地奉承了一句。朱元璋看到了这首诗，自然感到不快。

高启在朱元璋手下做官是不快的，他对朱元璋的高压手段也是不认同的，所以当朱元璋提出授予高启户部侍郎一职时高启坚决辞受，洪武皇帝顿时觉得很没面子，他认为高启看不起他。我想此刻的皇帝已经动了杀机，但大面上还得过得去。皇帝没说什么，还送了高启川资，让他回家。

事情并没有解决，朱元璋时刻盯着高启的一举一动，看他还有什么表现来印证自己的看法。果然，高启不愿去抱皇帝的大腿，反而去抱苏州知府魏观的大腿。这进一步印证了洪武皇帝认为高启看不起自己的论断，他终于下定决心杀掉高启。

魏观是一个文人，具备文人的一切特质。相比洪武皇帝，高启更喜欢跟这样的人交往。高启并没有什么过错，不买皇帝的账并不意味着要死亡，所以洪武皇帝只能盯着魏观来找高启的错误。

机会终于来了。苏州府衙本是以前张士诚的皇宫，张士诚死后，皇宫被明军焚毁。大明建国后，苏州知府一直在废墟上办公，所以魏观一直想重修知府衙门。到了上大梁那天，魏观特意让高启写了一首《上梁文》。时至今日，这首《上梁文》已经失传，里面具体写了些什么，我们已经无从得知，但高启在《上梁文》中形容苏州府衙是“龙盘虎踞”。要知道这里昔日是张士诚的府邸，不管高启是无心还是有心，我们都可以看出高启的狂妄。魏观和高启尽皆被杀，其中高启还是腰斩而死。后来朱元璋为魏观平了反，承认魏观是冤枉的，但对高启却并没有平反。

国初此类的例子比比皆是。草莽出身的朱元璋非常在乎文人对他的看法，他常常从文人留下的作品的字里行间捕捉文人的思想脉络，结果表明洪武皇帝是自寻烦恼。的确，国初的文人由于怀念元王朝和张士诚那种宽松的统治氛围，所以大多在诗词中对明政权表达了不满。洪武皇帝去跟这些过了气的文人计较，其结果只能是给自己留下闲言碎语。

高启一案是洪武皇帝对那些不肯合作的文人发出的一个明确信号。在洪武皇帝的高压下，举国文人战战兢兢。沉闷的政治环境掐灭了文人的创作热情，无论这些文人是高尚还是卑下，他们的结局都是一个时代的悲剧。

## 建文改革引发的动荡

洪武中的“洪”字代表宏伟、雄大的意思，“武”字代表以武建国、以武治国的意思，这个词的确符合朱元璋。“建文”顾名思义就是以文治国，朱允炆确实在跟他的爷爷唱对台戏。从小在儒家文化熏陶下成长起来的一代君主的确跟上代君主在气质上截然不同。

洪武皇帝一旦死去，继位的建文皇帝迫不及待地纠正了洪武皇帝的一系列错误做法。他平反冤案，被关押的犯人相继被释放，被流放的家属也都回来了，减刑法、宽赋税也在进行中。大明帝国的儒生们在这种新气象中看到了他们的前途。

他们欢呼雀跃：“朱允炆！你是好样的，我们需要的就是像你这样的君主。”

朱允炆也在心中呐喊：“我的老师们，这个国家我已经没有依靠的对象了，我能依靠的只有你们。”

建文之治没进行多久就出现了问题，建文皇帝被他的老师方孝孺带入到复古的彀中。两个人成天在宫里鼓捣如何恢复井田制，如何把各个州县的名字、各个街道的名字、所有文武官职的名字、宫殿内每个宫门的名字都复原到周代的标准，哪怕是在北方战事如火如荼的时刻，两个人依然闷在宫里搞这些无聊的事情。

方孝孺是个复古的狂热分子，言必称三代。在他眼中只有周代是最好的，不仅礼乐应该恢复到周代，人们的思想，土地所有制度，甚至政权的组织形式都应该恢复到周代。无独有偶，董仲舒、王莽、王安石、朱熹这些大儒都是井田制的倡导者。建文皇帝和方孝孺的日益偏激化引起了藩王和武将们的不满。

建文王朝并没有改变洪武王朝的那种不稳定性，不安的骚动正弥漫着整个大明帝国。人们对于未来都有一致的看法，那就是洪武皇帝封藩会给帝国带来动荡。

始皇嬴政统一天下后，并没有实行分封制，而是实行郡县制。事实表明，这一制度实行过急。因为经过周代近八百年的分封制，各地的贵族依然权力巨大，天下一乱，这些贵族首先起来造反。汉吸收秦的灭亡教训，实行郡县和封国并存的制度。事实表明，这种制度到了那个时代已经失去了存在的历史土壤。那么，朱元璋为什么又捡起了历朝历代早就丢弃的分封制度呢？我认为这里有三个原因。首先要声明的是朱元璋的分封制跟前代已大不相同，实际上实封的就是北边的几个藩王，其他的都是虚封。

封王戍边的原因，一个是因为京城离边塞太远，封王戍边刚好可以起到让藩王守边的作用；二是这一行为体现了朱元璋的朴素和小家的思想，他认为老子打了天下就应该让子孙们帮着一起守；三是为了避免争权夺利，嫡长子一旦被立为太子，其他皇子就必须离京，而封藩则可以在异地解决他们的身份问题。所以，洪武皇帝的封藩制既有不利的一面，也有有利的一面。

在洪武皇帝还没有死的时候，朱允炆已经开始思考如何对他的这些叔叔下手了。建文时代，围绕在建文帝身边的就是方孝孺、齐泰、黄子澄这三名儒臣。跟方孝孺鼓捣建文帝复古不同的是，齐泰、黄子澄鼓捣的是削藩，齐泰建议先削燕王，而黄子澄建议先削势力弱小的藩王。建文帝最终采纳了黄子澄的意见。实际上，先削谁、后削谁都已经不重要，关键的是削藩此举既违背洪武宪法，又不得人心。

建文皇帝的第一刀挥向了周王朱橚。周王是朱棣的同母弟弟，处理了周王就等于剪除了燕王的一只臂膀。建文帝的动作相当快，朱元璋死了一个月，他就动手了。周王痴迷于医学，他自己种植植物园，自己品尝药材。建文帝拿下周王后将他发配云南。云南这个边远的地方给周王的医学研究以很大的便利，那里有丰富的物种、有奇花异草、有烟瘴、有长期患病无法得到医治的民众。周王到了云南便联合当地的医官开始研究医药、著书。虽然朱棣夺得皇位后给了周王自由，但周王的一生都在钻研医学的抑郁中度过。

周王被削后，湘王、齐王、代王、岷王又进入了建文皇帝的视野。厄运很快降临到湘王朱柏头上。朱柏跟周王朱橚一样也是个文化人，解缙对他的评价相当高，说他“幼而美异，长而通明，温恭粹德”。朱柏除了文采好，武功也不错，他还是个虔诚的道教徒。跟朱元璋和朱棣一样，他也寻访过张三丰。

建文元年（1399 年）四月，建文帝以谋反罪和私印钞票罪着有司兵马逮捕朱柏进京询问。朱柏为了免受刀笔小吏之辱，全家自焚而死，时年 28 岁。

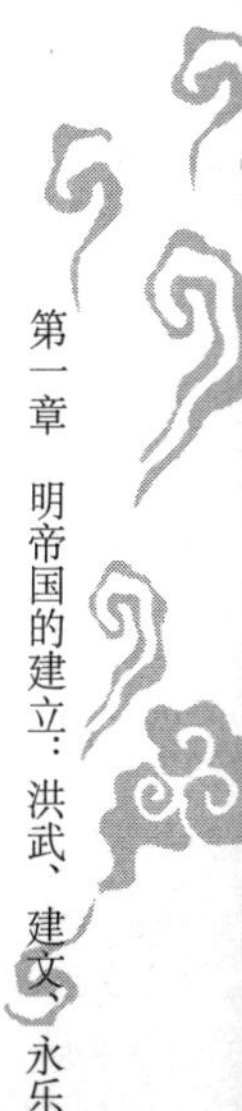

即使是建文帝这样的仁君，在面对政治斗争的时候依然是毫不手软。而以黄子澄、齐泰为首的削藩者，打着儒教、礼治的旗号，在面对自己的利益受威胁时仍旧是行霸道、走诈术。我们可以很明显地在这里看到双重标准。

建文帝可不是一个简单的孩子，如果你认为他老实，那你就错了。在洪武三十一年（1398 年），建文帝刚处理完周王，对其他四个藩王的处理还没有开始的时候，对燕王的处理就已经开始了。从洪武三十一年（1398 年）十一月起，大批的军队和锦衣卫被派往北平监视朱棣。

在建文帝削藩如火如荼的时候，朝中的不同声音一直没有断过。建文帝也曾犹豫过，但都被齐泰、黄子澄硬顶了下来。从建文元年（1399 年）开始，北平与南京之间消息不断，气氛一天比一天紧张。到了六月，燕王的左护卫百户倪琼进京被锦衣卫捕获，供出了燕王准备谋反的情况。建文帝得知后只得提前动手。

建文帝首先动手了，派去捉拿燕王的军队反被燕王府的卫队打败。接着，燕王的卫队乘势夺取了北平九门，控制了北平防务。燕王若想南下，还必须控制整个北平的外围，这样才能有一个稳固的后方。于是燕王便率领王府的卫队和从外地奔来的燕王卫队迅速扫荡了北平的外围，控制了整个北平周围要地的防务。内战终于爆发了。

燕王已经营北平多年，手下燕军已经是帝国战斗力最强的军队。在燕王的攻击下，北平周围中央军的迅速溃败也就不难理解。而且，因为燕王的人脉熟络，还有不少中央军投降燕军，进一步增大了燕军的实力。

燕王既然要谋反了，总要找一个谋反的理由吧。其实理由很好找，翻翻史书就找到了。对于燕王其实不需要翻史书，翻翻《明皇祖训》就知道了。朱元璋为了防止后世子孙变质，专门刊印了《明皇祖训》。《明皇祖训》中记载了这样一条，如果朝中出现奸佞，各地藩王有权力带兵进京勤王。朱元璋封王除了戍边外，也是为了防止江山变色，可这条记录却给朱棣的谋反提供了借口，而且还是合法的借口。的确，朱元璋在世的话也会支持朱棣这样做，黄子澄、齐泰的做法已经超出了一个人臣的本分。建文帝刚即位，大明皇族便已是刀光剑影，这虽然出自建文帝的圣裁，但齐泰、黄子澄的推波助澜也不无作用。

建文元年（1399 年）七月，燕王朱棣打起了“靖难”的大旗，并发布对建文帝本人和黄子澄、齐泰一系列的指责。这些指责在当时看起来似乎比黄齐的削藩和方孝孺的周礼更能争取人心。的确，从那个时期起，人心便已开始微妙地向燕王转移。

为了平叛，建文帝启用了老将耿炳文。建文帝为什么要用耿炳文？因为建文的姐姐嫁给了耿炳文的儿子。建文帝将平叛权交给耿炳文后，便接着跟方孝孺鼓捣复古改制了。对于建文帝来说，燕王造反也是好事，因为他也可以名正言顺地处理燕王了。

双方在北平附近进行了一场主力会战。耿炳文失败后，在黄子澄的推荐下，建文帝启用了李景隆接替耿炳文指挥。李景隆从山东德州挥师进攻北平，而此时大明辽东军开始破关南下，攻打永平府。永平是一个非常重要的地方，是北平的东门户，一旦永平被攻下，辽东兵就可以随时攻打北平。此时的形势对于燕王朱棣来说已是危如累卵，南边有李景隆的几十万大军，东边有已经破关的辽东军，燕王朱棣陷入夹击之中。此刻正是燕王朱棣一生中至暗时刻，但他很快冷静了下来。他知道对付李景隆的大军最好的办法是拖，已经入关的辽东兵才是最大的威胁。燕王朱棣将一部分军队留下守城，自己带着精锐去驱赶辽东军。为了提高防守的效率，他撤除了北平城外的一切守军，集中力量防守北平，并把守城的任务交给了长子朱高炽，自己带着次子出发。燕王朱棣的这一防守策略十分正确。

燕王朱棣的心里也没有底，但他只能这么办。他寄希望于儿子朱高炽能够守住北平。历史总是惊人地相似，朱高炽守北平的局势跟当年朱文正守洪都的局势如出一辙。无论燕王朱棣如何的心乱如麻，此刻的他只有冷静下来稳扎稳打。朱棣迅速击退了南下的辽东兵，这时候北平的攻防战打得正激烈。当朱棣得知他的儿子对北平严防死守时，朱棣又做出一个大胆的决定：他带着军队往北奔袭至关外的大宁，收缴宁王朱权的军队。那里有精锐的朵颜部蒙古骑兵。

朱棣带着宁王的军队轻而易举地击溃了已经攻城三个星期的李景隆大军，此时的他已经有了完全可以对抗朝廷的本钱。

李景隆兵败后退回了德州，双方歇息了近半年。建文二年（1400 年）四月，李景隆率 30 万军队再次北上。护国军和朱棣的 10 万叛军在白沟河展开了最大规模的一场主力会战，李景隆再次败北，退到德州。这次朱棣开始了穷追不舍，李景隆退到济南，朱棣又追到济南。在济南朱棣遇到了真正的对手——都指挥使盛庸和布政使铁铉。朱棣围城三个月，却无法破城。这是一种奇怪的现象。为什么奇怪？因为对于朱棣这个反叛者，明帝国竟然没有增派军队来围剿。这也就说明朱允炆能控制

的资源其实就是济南城的守军。朱棣越打越胆寒，这时候他做出了一个愚蠢的举动，退回了北平。

朱允炆立即任命盛庸为平燕将军，总督平叛兵马。盛庸随即跟朱棣大战于东昌，朱棣再次战败。从建文元年（1399 年）七月朱棣起兵以来，一直到建文三年（1401 年）底，朱棣一直在北平附近晃悠，打不开局面。朱棣本来的策略是稳扎稳打，拿下山东后，再南下安徽攻取南京，可几年下来，朱棣明白如果继续这样搞下去，不仅济南打不下来，就是德州也拿不下来。而一旦建文帝醒悟过来，征调各地人马围剿，自己将死无葬身之地。如今只有一个办法，那就是越过山东，直取南京。

朱棣在赌，他赌的就是帝国的军队不插手这件事。朱棣在三年的战争中已经捕捉到了这一点，所以他才敢这样做。

从建文四年（1402 年）正月起，朱棣率领不足 10 万的人马开始从北平出发，绕过德州渡过黄河进入徐州。驻扎在山东境内的中央军得知消息后，开始在后追赶。双方在安徽境内大战一场，中央军失利。接着，燕军攻破淮河上的盛庸防线，强渡淮河，进入南方，接着攻下扬州，抵达浦口。此时盛庸的水军正在长江上布置防线跟燕军对峙。

很不妙的是盛庸手下的都督佥事陈瑄叛投燕王，保卫南京的最后一条防线不攻而破。此时南京城内有两种不同的声音，黄子澄和齐泰力主守城，李景隆和兵部尚书茹瑺力主谈判。已经到了这个时候还怎么可能谈判呢？

最终李景隆打开了城门，迎接燕王入城。李景隆为什么要打开城门？因为没有办法，此时各地的兵马已经不愿意拱卫南京，建文帝只能在南京附近招募义兵守卫南京。这些毫无作战经验的新兵如何能够守卫南京？

就这样，朱棣进入南京承继大统。

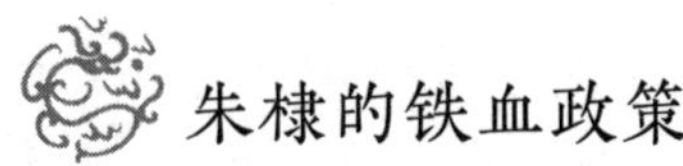

## 朱棣的铁血政策

当朱棣进入南京城后看见的是熊熊大火，建文皇帝的结局究竟如何已经不再重要，明朝的文官们试图改造中枢的努力只能是以失败而告终。明王朝的政治在一定程度上重回洪武之治的轨道。

建文帝失败的原因不是由于燕王朱棣多么睿智，也不是由于燕军战斗力多么强，而是由于建文帝手中掌握的资源太少，无人愿意帮助他平叛。虽然李景隆、盛庸带兵平叛，但他们更多的是出于道义上的帮助，真正对建文帝忠心耿耿的大约便是那帮文臣。

从持续四年的内战可以看出，建文帝能够调动的也就是李景隆和后来盛庸率领的那支军队。当朱棣的一支孤军从北平南下的时候，竟然没有一支勤王之师前来拦截，这就说明这些将领都在隔岸观火。

所以削藩先削谁，后削谁已经不重要了，复古不复古已经不重要了，井田制究竟要不要恢复也不重要了，重要的是对于一个继任者来说如何快速地掌握兵权，让各地的驻军统帅忠于自己。建文帝一系列的政策失误最终葬送了自己。

建文帝的削藩跟汉景帝的削藩有异曲同工之处，都是在形势还不成熟的情况下受到文臣的蛊惑，但汉景帝手中掌握的资源要比建文帝多得多。汉景帝有梁王做屏藩，有周亚夫、李广等平叛大将。建文帝跟汉景帝在削藩前后的态度也惊人地相似，先是锐意削之，待天下突变又优柔寡断。可以说这两位皇帝时而积极，时而消极。

封藩跟儒家的礼治是相抵触的。儒家奉行干涉主义，主张通过维护君主的权威来实现干涉主义，而藩王制度恰恰影响到了儒家的干涉主义。这也是汉明两代儒臣皆力主削藩的原因。

“夫抱火厝之积薪之下而寝其上，火未及燃，因谓之安，方今之势，何以异此。”贾谊的《治安策》深刻地论述了这种盛世下由于藩王制度而潜伏的末日危机。

不光如此，苏轼也针对削藩问题发表了一番议论。苏轼在《晁错论》的开篇提到世上最难办的事情是表面上一片太平，暗地里却埋藏着隐患，实际上就是指封藩。接下来苏轼指出，要想成功地削藩必须具备三个前提条件：第一，要把削藩这件事情搞清楚，也就是要对敌我双方的力量进行科学评价，要清楚削藩的后果；第二， 一旦由于削藩而带来了后果，就不要害怕；第三，削藩要讲究循序渐进。苏轼在提出这三个条件的基础上也点明汉代的晁错是不适合做这件事情的人。

建文皇帝在没有掌握军权的情况下过急过快地削藩，是建文皇帝失败的根本原因。无论你承认不承认，朱棣的造反是被建文皇帝所逼迫。造成此种局面的责任在建文帝而不在朱棣。虽然建文皇帝失败了，但建文皇帝的仁政、礼治在明初的政坛上留下一抹余晖。这对朱棣日后的施政也产生了深远的影响。

虽然朱棣取得了这场战争的胜利，但他依然纠结。他纠结的是如何对建文皇帝定位的问题。在明代实录中，建文皇帝被定义为一个昏聩、残害手足、不遵循洪武皇帝遗愿的人——建文皇帝篡夺了本应该属于永乐皇帝的皇位。如此一来，朱棣的靖难之役似乎名正言顺。光有这些还不够，建文时代大多数文献被焚毁，以至于今人研究建文一代的历史是那么艰难。虽然没有过多的史料对建文皇帝进行描述，但我们透过历史的脉络依然可以看到一个温文而又残酷、意志决绝而又步履维艰的皇帝孑然的落寞。

永乐皇帝开始不遗余力地展示他的正统性。他开始重新修建大报恩寺，这确实有欲盖弥彰之嫌。朱棣对此也很清楚，他要的就是堵天下悠悠众口。不光如此，更加残酷的还在后面，让我们还是回到南京城破的最初阶段。

南京城破在文人心目中不亚于一场改朝换代。对于一些人来说，建文四年（1402 年）南京城破，跟弘光元年（1645 年）的南京城破没有任何区别。的确如此，在那个年代，为此殉节的大有人在，甚至有跟此事无关的农民投身水中。在他们心目中，那个好皇帝不见了；在文人心中，他们的那个政治梦想破灭了，在南京城熊熊的大火中无情地破灭了。

洪武皇帝虽然没有给他的孙子留下一帮武将，但是留下了一帮铮铮铁骨的文臣。如果你看一下名单，就会发现这是一个多么豪华的阵容。

黄子澄、齐泰、方孝孺、景清、连楹、卓敬、练子宁、铁铉、暴昭、陈性善、王彬、宋忠、崇刚、陈迪、黄魁、颜伯玮、王省、胡闰、高翔、王度、戴德彝、谢升、丁志方、甘霖、董镛、陈继之、韩永、叶福、王艮、高逊志、廖升、魏冕、邹瑾、龚泰、周是修、程本立、黄观、王叔英、林英、黄钺、曾凤韶、王良、陈思贤、龙溪六生、台温二樵、程通、黄希范、叶惠仲、黄彦清、蔡运、石允常、韩郁、高贤宁、王琎、周缙、牛景先、程济。

这批文臣不仅是明帝国最后的绝唱，更结束了中国古典意义上的士大夫精神，此后的士大夫们从气质上来说都跟前代不同。这场政治变动在士大夫的眼中丝毫不亚于宋元两朝的灭亡，他们心目中的那个明王朝的确已经灭亡了。

很快，明王朝历史上最震撼的事情发生了：这批儒生要么被处死，要么自杀殉节。朱棣不知道这些大儒是整个民族的灵魂，大儒杀之不祥。在洪武的那个恐怖年代，朱元璋也对这些大儒礼敬有加。虽然悲剧发生了，但这些儒生在国初的舞台上进行了一次精彩的表演：他们终于有机会来诠释心中的理想与信念。

无论朱棣如何地遮掩，如何地粉饰，他都逃不过一个“篡”字。华夏最核心的思想就是正统，一个庞大而复杂的国度需要的不是英明睿智的领袖，而是能够保持稳定的传承秩序。如今的永乐皇帝却打破了这种秩序。面对儒生的反对，他没有像他的后世子孙万历皇帝那样消极应对，而是以铁血的政策来镇压。

《礼记·檀弓下》有记载：

公仪仲子之丧，檀弓免焉，仲子舍其孙而立其子，檀弓曰：“何居？我未之前闻也。”趋而就子服伯子于门右，曰：“仲子舍其孙而立其子，何也？”

伯子曰：“仲子亦犹行古之道也。昔者文王舍伯邑考而立武王，微子舍其孙腯而立衍也。夫仲子亦犹行古之道也。”

子游问诸孔子，孔子曰：“否，立孙。”

这是《礼记·檀弓下》中的记载，意思是公仪仲子的长子逝世，仲子不立其孙而立其另一个儿子。檀弓就此问伯子，伯子拿文王和微子来举例证明仲子的决策是正确的。但孔子却说出截然相反的观点，那就是立孙乃是符合正统的决策。

《礼记》乃儒家十三经之一，从这里可以看出孔子对于在嫡长子不在的情况下立嫡孙问题给予了明确答复。

朱棣的行为有违华夏正统，它只能在帝国的运行中偶尔为之。这种行为不可以成为国家政治运行的常态，一旦成为常态只会让国家陷入无休止的纷争中。

# 第二章

# 体制的成熟：洪熙、宣德、正统、景泰、天顺、成化

从洪熙皇帝朱高炽至成化皇帝朱见深，这63年中国发生了许多大事情，但总体较安静。后世那种激烈的党争、生产关系的裂变还没有发生。这63年主要是在推进文官制度上的成熟。内阁决策，司礼监审议，六科执行，一切都已程序化。即便没有君主，它也能够平稳运转。

洪熙皇帝身体肥胖，并且努力按照一个仁德之君的标准要求自己，但是这样也无法换来文官的完全赞同。宣德皇帝朱瞻基无疑是一个皇帝的楷模，他既仁慈又霸道，既对文官给予自由，又对他们压制。但可惜历史只给了他10年的时间。正统、景泰、天顺三朝严格起来说，只有一朝，因为中间发生了土木堡之变，景泰皇帝是靠这个插曲上位，后来英宗皇帝朱祁镇复位。

英宗是一个复杂的人。在被俘之前，可以用懵懂来形容他，但在成为阶下囚的日子，或者回宫后被软禁的日子，他都不慌不忙，以一颗平常心对之。在他第二次君临天下后，他也并没有表现出太多的欣喜。人生经历过大喜大悲，已没有任何事再能激起他心中的波澜。对于英宗来说，皇宫就是一个囚笼，他的一生就是一个囚徒。

成化皇帝，他肥胖、木讷，迷恋保姆万妃。这是一个阴沉的皇帝，喜欢与民间术士搅在一起，也是大明朝第一位不理政的皇帝。与之对应的是，成化王朝的各项制度正式成熟，这才使得皇帝的垂衣拱手而治成为可能。成化王朝也是明朝唯一一个历史分水岭——自此之后，明朝的思想开始松动，商品经济开始活跃。

## 洪熙皇帝的怒火

永乐二十二年（1424 年），我们的朱棣皇帝在最后一次北征的途中死去。从此大明王朝结束了一个扩张的年代，迎来了内敛而自省的年代。

无论永乐时代强势扩张的形势下掩盖着多少虚弱与孤寂，这都是一个给后世留下宝贵遗产的时代。迁都北京、重修万里长城都使得这个王朝能够有效地应对来自北方的攻击，从而延续帝国的国祚；漕运的开通使得南北连贯起来，帝国成为一个整体；郑和下西洋，精神上的遗产远大于物质上的遗产。所幸的是明王朝的后世君主们继承了这些遗产，在一定程度上保持了帝国的平稳运转。

中国的文官们历经国初三朝才使得整个王朝开始向自己设计的体系方面运转。洪熙皇帝虽然在位 10 个月，但他作为太子监国长达 20 年。在永乐王朝还没有迁都北京的前 19 年，朱棣的大部分时间都是在北京度过的，留在南京处理政事的就是朱高炽。迁都北方后，朱棣出征在外，留守监国的仍然是后来的洪熙皇帝。对于皇储身份的洪熙皇帝来说，这 20 年无疑是难熬的 20 年。朱棣不喜欢朱高炽，虽然朱高炽被立为太子，但这个位置从来没有稳当过，不知道什么时候会被拿去。朱棣无时无刻不在监视朱高炽。朱高炽一直小心翼翼，如履薄冰，纵是如此也经常换得父亲的无端指责与谩骂。朱高炽不敢跟任何大臣亲近，亲近朱高炽的大臣被朱棣关进诏狱，朱高炽也是眼睁睁地看着，无能为力。现在朱棣死了，朱高炽终于可以按照自己的意愿做事了。

朱高炽一旦登上大宝，便开始大刀阔斧地对永乐时代的政策进行修正。反对朱棣北征的夏原吉被释放，跟朱棣走得近而受迁怒的黄淮、杨溥也被释放。这些人分别被委以重任，成为洪熙、宣德两朝的重臣。不仅如此，跟建文帝有牵连而被处理的官员全部被平反，他们的家属后代都从流放的边疆回到了南京，而且很多被授予官职。从这两件事情上我们迅速联想到一个人，那就是建文皇帝。的确，洪熙的所作所为跟他的哥哥建文帝如出一辙，但洪熙皇帝对朝政的大规模调整还在后面。

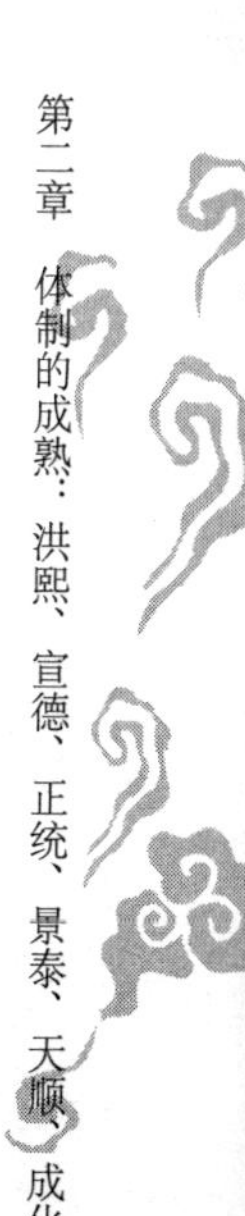

从元至正年间到明永乐年间，战争、修堤、迁徙、运输、伐木、营造、疏通等劳役繁重，天下的百姓早已不堪重负，民力已经用到了极限。洪熙皇帝继位伊始就下令：停止各地太监的采购项目；所有在建和没上马的工程全部停止；取消郑和下西洋的一切事项；派出调查组前往各省调查减税和赈灾情况。但还没有等到各地调查组的反馈，洪熙皇帝就已经离去。虽然如此，但终是给宣德皇帝开了一个好头。

除了这些事情，还有一件事情萦绕在洪熙皇帝的心头，那就是把都城迁回南京。在南方长大的朱高炽并不适应北方的气候和生活习惯，他更思念那个飘洒着雨丝的南方城市，那丝竹琴声、秦淮河畔、吴侬软语。我们的朱高炽似乎下定决心跟他的父亲决裂，连迁都北京这样的大事都要废除。

洪熙皇帝对迁都北京如此不乐意，但在永乐朝他从来没有表露出来。的确，20年来朱高炽都是这样度过的，没有人知道他内心的凄苦，大概只有他的儿子朱瞻基默默地陪着父亲承受着这一切。朱高炽几次大的危难靠的都是文臣以极其隐讳而坚决地面对朱棣的方式化解。这里虽然有文官支持的因素，但更为重要的是朱高炽的那种坚忍的性格。朱高炽深深地知道在这种微妙的时局下只能以不变应万变，将自己深深地埋藏起来，一切都要等到自己登上皇位再说。政治需要的是等待，只有经过漫长的等待后才会开花结果。

朱瞻基也跟他的父亲一样处于内心的煎熬之中。他深深地知道如果父亲的皇位不保，那么自己也终将一无所获。父子俩终于熬过了那艰难的岁月，但此时的洪熙皇帝已经是身心疲惫。

对于将首都迁回南京的事情，朱高炽态度明朗。他将郑和派往南京任守备，将北京改为行在，派长子朱瞻基去南京打前站。朱高炽回都南京除了个人原因外，更深层次的原因是从大明王朝的成本开支来考虑。迁都北京后大量的人力聚集北方，而粮食、物资都需要从南方转运，这些无疑加大了整个国家的财政开支，同时也跟明仁宗的行事方略不相符合。但朱高炽只是看到了局部，他没有从全局和更高的战略角度来考虑。回都南京虽然会减少行政开支，但无疑会削弱整个帝国的国防。如果当时真的回都南京成功，那么用不着等到崇祯十七年（1644年），明王朝就会出现跟南宋一样的局面。

洪熙一朝在我们今天看来都是对前朝政策的调整，但有两件事情值得我们的关注：那就是派郑和任南京守备，还有李时勉事件。虽然洪熙一朝只有短短10个月，但这两个事件向我们揭露了洪熙朝一些潜在的东西——皇帝与文官的关系并不像表面上看起来那么融洽。

洪熙皇帝跟建文皇帝是不一样的。他不像建文皇帝那么单纯，20 年的隐忍表明他是一个坚定、复杂的人，他按照自己的方式做事，没有人能够影响到他。当我们打开《仁宗实录》时会看到他对于武官、勋贵、宦官的重用。在用人方面，他似乎依然延续着永乐时代的主线。文官与皇帝之间的关系似乎也开始微妙起来，终于在李时勉身上爆发出来。

李时勉是御史，属于言官体系，对问题的看法通常比较偏颇。这是一个好冲动的人。李时勉曾因为反对迁都北京在永乐朝受到了处罚。到了洪熙朝李时勉虽然被释放出来重新授予官职，但他对皇帝重用宦官表示了明显的不满，而且对皇帝的个人生活也表示了浓厚的兴趣。洪熙皇帝对于这个人表示出了比永乐皇帝还要大的愤怒，对于他的处罚也比永乐皇帝更甚。

李时勉的行为虽然只是一个个案，但他显然代表了当时一部分文官的看法。这些文官已经对皇帝的私生活表示出了兴趣。通观正德和万历朝，我们会知道这只是一个开始。不仅如此，李时勉对于皇帝任用宦官表示出了异议，这更说明文官想把一切都纳入自己的模式。虽然洪熙皇帝在处罚了李时勉后就突然死去，但我们可以预见的是如果皇帝不死，他跟文官之间的矛盾有扩大化的趋势，届时大明王朝的政治模式向何处运转我们不得而知。但无论是洪熙、宣德，还是朱家的后世子孙都明白这样一个道理，那就是对于文官这个团体不能赋予太多的信任，既要提高他们的地位来使他们更好地为帝国服务——毕竟历史的惯性最终需要赋予他们更多的责任，但也要对他们保持压制，以使朝政取得平衡。

对于洪熙皇帝移都南京，文官和勋贵的态度如何，历史并没有明确表明。史书上对于这个问题既然没有记载，那么就说明移都南京一事并没有遇到太大的阻力，抑或还没有展开，洪熙皇帝就已经离去。

洪熙元年（1425 年）皇帝的死给历史留下一个谜团，史书并没有明确记载原因，只能依靠后人的推测。洪熙皇帝身体肥胖，喜静不喜动，大概患有心血管、足疾等病。加上洪熙皇帝长期抑郁，洪熙元年（1425 年）李时勉的上书责难导致皇帝动怒，或许血压急剧升高导致脑溢血也不是没有可能。

洪熙皇帝隐忍了这么多年，终于到了实现自己理想的时候了。的确永乐皇帝一

死，他就把这些想法付诸实施。他等待的时间太久了，他希望能给人们树立一个仁德之君的形象，但李时勉的上书无疑击碎了他的这种想法：无论他做得多么好，也不能令所有人满意。李时勉的上书是对洪熙皇帝的一次试探，是对洪熙之治的一次压力测试。皇帝顶住了，他发了有生以来的第一次火，几十年的怒气、怨气，终于在这一刻爆发了。李时勉付出了自己的生命。从这件事情我们也可以看出明仁宗的另一面，他实际上是一个气量狭小的君主。

## 宣德的王道和霸道

洪熙皇帝死去，“好圣孙”朱瞻基登上历史舞台。这是一个伟大的时代。我需要告诉读者的是，宣德皇帝朱瞻基是明朝历史上最好的皇帝。宣德皇帝在任的10年是明王朝最好的时期。

朱瞻基不似他的先祖们专制、冷酷，也不似他的后世子孙们懦弱、消极，他是一个既对文官推崇，又对文官压制的君主。仁德之君并不是好皇帝的标准。因为我们的帝国是一个形势复杂的帝国，既要面对来自北方部落民族的攻击，又要面对水患、流民问题。一个既行王道又行霸道的君主可以被称英明，在这方面宣德皇帝无疑是出色的。

我们可以发现朱瞻基从小就身体健壮。他很少生病，他生得虎头虎脑，颇有英气；他的性格沉稳、自信；他有自己的想法，但从不轻易表露出来。朱棣很欣赏他，经常带他狩猎，北征蒙古也把他带在身边，并且选用帝国最优秀的文人来给他授课。

朱瞻基从小就在北方长大。相对于南方那个陌生城市，朱瞻基更喜欢北平的空旷，那种习武的战场。他善骑马，能拉开大码弓。有一张著名的图片就是描绘朱瞻基骑射的，朱瞻基骑在马上自由洒脱，神采飞扬。

朱瞻基无疑是崇尚武力的。在朱棣死后他仍然保持着经常狩猎的传统，他甚至带着几个侍卫深入北京附近的山中打猎。他也曾经亲自率领3000精骑从喜峰口出关进攻兀良哈所部可怜的牧民。

除了对军事活动发生兴趣外，我们这位皇帝还工于绘画。跟历史上其他皇帝一样，我们的这位皇帝也对动物画感兴趣。朱瞻基的画作明亮、生动，善于表现动物的情感。

我们的这位皇帝不仅工于绘画，而且还精于其他乐艺，他甚至喜爱蟋蟀。他是明代第一位开始享受宫廷生活的皇帝。的确，经过明初几位皇帝的励精图治，此时的大明朝已经政通人和，人民安居乐业。我们的朱瞻基已经有条件享受这种宫廷生活，宫廷画家的笔触也向我们生动地展现了这一宫廷生活的情趣。朱瞻基乐而不嬉、欲而不淫、威而不苛。从他的那种自信而自乐的气质来看，他更有魏晋名士风范。

朱瞻基对于宫廷生活的眷念并没有妨碍他关注民生。在出游途中，他遇见耕地的农夫。朱瞻基拿过犁推了几下，便已感到很吃力。朱瞻基问道："你们平日有空闲时间吗？"

农夫答："春天耕种，夏天除草培土，秋季收获。"

"那冬天呢？冬天有闲吗？"朱瞻基继续问道。

"冬天还要服力役。"农夫答道。

听了农夫的话，朱瞻基感慨万分，回去作了《耕夫记》，记载了这次谈话的内容。朱瞻基还作了反映农妇劳动的《织妇词》。无论是《耕夫记》还是《织妇词》都反映了朱瞻基对底层劳动人民的关切。

宣德八年（1443 年）正月，皇帝下令全国延长假日，从初一放到正月二十五。皇帝命令将皇宫内的灯笼全都点亮，他还下令百姓也可进宫观看灯展。消息传出，京城百姓扶老携幼，熙熙攘攘地进入皇宫看灯展。百姓们看着一辈子也看不到的无与伦比的宫灯惊叹到了极点。

朱瞻基力图塑造亲臣爱民的贤君形象，终是招致汉王朱高煦的不满。他开始上书指责朱瞻基重用文臣，乱了祖宗章法。汉王的上书使得朱瞻基和文臣们不安起来。因为朱高煦的上书影响到了文臣的利益，群臣劝说皇帝除掉这个不尊重他们的藩王。

皇帝对他的这位叔叔一直很警觉。在他还是太孙的时候，他就开始跟他的叔叔针锋相对。朱高煦并不是一个多坏的人，朱瞻基登基后，他还经常向皇帝提一些治国的建议。朱高煦虽然被封在山东安乐这个小地方，但是他的心中依然装着天下苍

生。在朱瞻基入继大统后，汉王跟朱瞻基仍然时常保持联系，经常派人进京联络，但这些都被文官们解释为打探消息。

文官们开始不断地给皇帝灌输历史重演论、斩草除根论。大学士杨荣第一个跳了出来，劝皇帝亲征，以避免当年李景隆平叛不利的局面。皇帝终于带着大军向山东安乐进发，围城数日后朱高煦开城投降。朱高煦被带到北京囚禁起来，跟朱高煦有牵连的文臣武将共有 600 多人被处死，流放的达 2000 多人。事情并没有完结，数年后朱瞻基前往看望朱高煦，愤怒的朱高煦踢了朱瞻基一脚。朱瞻基让人找来一只铜鼎将汉王罩在了里面，天生神力的朱高煦竟将铜鼎举了起来。大惊失色的朱瞻基赶忙让人将鼎重新压了下去，并在鼎四周架上柴将朱高煦炙死在里面。我们英俊神武的汉王殿下就这样殒命，告别了这个世界。这段戏剧性历史的真实性已经无从得知，但事后，汉王的子孙全部被斩杀。

史书对于这段历史的记载是轻描淡写的，但其血腥程度不亚于朱棣的靖难之役。此次政治事件导致汉王朱高煦一脉尽诛。这在建文、永乐朝也是没有的事情。以仁德著称的朱瞻基杀起人来也丝毫不手软，洪武皇帝的《皇明祖训》并没有起到应有的作用。而在明初的这两场血腥同宗残杀中，中国的文官两次扮演了不光彩的角色。

宣德一朝各项事业都处于收缩阶段，后人称宣德皇帝为守成君主。但“守成”不应该作为一个贬义词而存在。因为我们这个帝国过于庞杂，光关注于内部就够这个帝国疲于奔命。

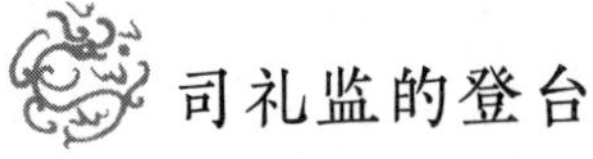

## 司礼监的登台

国初五朝最值得研究的就是宣德朝，我们拓宽历史的视角，从更宏观的角度来看，可以得出两条结论。

第一，宣德皇帝朱瞻基试图还给天下百姓一个宽松的环境；第二，皇帝试图从体制上来保持政治上的平衡和大明王朝的长治久安。

宣德王朝像文官所预计的那样，一切都沿着洪熙王朝的轨道向前滑行。但宣德

王朝还是跟洪熙王朝不一样。从深层次来说，宣德皇帝具备洪武、永乐那种强悍的品质，但历史滑行到了今天，已经不是洪武和永乐朝代的土壤，宣德皇帝更注重将他的这种品质发挥在体制上。他不仅将巡抚这一临设机构正常化，而且将内阁这一机构长期化，并新成立一个机构——司礼监——来制衡它。

君主受制于个人精力的有限，不可能将所有的政事揽于一身。所以聪明的君主懂得如何既放权又控权。秦汉是三公九卿制度，决策权、审议权、执行权都在丞相手中。隋唐将相权一分为三。宋朝情况特殊，将财权从相权中分离出来。到了元朝，中书省又总揽一切大权。到了朱元璋，废除丞相，将决策、审议权控制在自己手中。从朱元璋设立内阁起，内阁就只有建议权，没有决策、执行权。永乐年间内阁渐渐地有了决策权。随着时间的推移，虽然律法没有赋予内阁决策权，但实际上内阁已经掌握住了决策权——因为一切政事都要通过内阁，内阁的建议通常都会被采纳。到了宣德朝，皇帝已经明白，内阁已经成了帝国不可缺失的因子——倒不是因为洪武的祖训在那里，而是因为这一制度成功解决了相权问题。

宣德赋予内阁决策权，使内阁更加制度化、长期化，但它毕竟不是律法赋予的常设机构，皇帝明白对于这一机构必须有人来制衡它。皇帝这回选中的是太监。

宣德一朝并不是像永乐皇帝那样简单地赋予宦官某种官职，而是将司礼监提到内廷之首。更为重要的是他在大内设置内书堂，并由翰林院学士教授太监们读书习字，从此帝国多了一群能以极高效率办事情又忠于皇帝的准官僚。宣德皇帝这一行为无疑是英明的、及时的，它成功地保持了大明王朝的稳定，如果推后一朝或两朝再实行这一举措所面临的阻力无疑会大大增加。

帝国的权力分为两部分：内阁用蓝笔在奏章上写下决策意见，名曰“票拟”；皇帝用红笔在奏章上写下“照准”，名曰“批红”。如此一来此项决议便生效，可以通发六科执行。宣德朝批红还由皇帝亲批。正统年间批红便由太监代理，但太监绝对是在执行皇帝的意思。或许是皇帝设定一个更为宏观的框架，在这个框架下一些无关紧要的事情太监便没必要报之皇上了。

至此，也许士大夫们开始发现，我们的这位皇帝并不是他们想象的那样。只是他们不知道他们与后世皇帝们的矛盾才刚刚开始。斗争已经开始，我们的士大夫们准备好了吗？

宣德一朝太监的活动范围明显大大超过了永乐朝。宣德皇帝不仅提高了司礼监

的地位，还赋予镇边太监统领火器部队的职责，甚至在皇帝巡边的时候留守京城的官员对于大事还要跟太监们商量，最后帝国的太监还插手了瓷器、木材生产。皇帝的推崇和纵容使得太监们提前跋扈起来，也使得对于太监的清洗提前到来。的确，洪武、永乐两朝的清洗都没有针对宦官，而此次宣德皇帝却将刀挥向了他们。在宣德六年（1432 年）年底不到一个月皇帝连杀十几名高级宦官。整个宫内一片肃杀，也许连皇帝也被此种气氛所感染。宣德七年（1433 年）的新年刚过，皇帝就安抚了宦官。宦官们明白一切都已经过去了，终于可以吐口气了。皇帝并不想将宦官们整死，之所以要处理违规的宦官只是想让他们更好地为帝国服务。

宣德皇帝对宦官的力推是显而易见的。他向后世子孙明确地发出一个信号，那就是这伙人也是帝国的一分子。

## 明朝的老人政治

宣德十年（1436 年）正月，皇帝突然死去，时年 37 岁。皇帝的死去使得刚刚上了轨道的大明政治戛然而止。大明这个帝国似乎重心不稳，没人知道它将要滑向何方。

皇帝的死因至今没人能解释清楚，一说死于仙丹中毒，一说外出巡游着了风寒。无论何种缘由，这个皇帝的确已经离去了，留下来的政治真空又由何人填补?

仁宗和宣宗两朝被后世冠以“治世”的名号。在中国历史上能够称为“治”的就说明王朝在这个阶段治理宽松。大明开国以来经过洪武、永乐两朝的开拓，帝国已经进入了稳定期。洪武时期的那种严厉，永乐时代的那种巨额开支，使得这个国家已经无法向前运转。朱高炽、朱瞻基两任皇帝上任后平冤狱、消刑法、减赋税、从安南撤军、停止下西洋和采办，这些都使得我们这个国家能够平稳地向前运转。

仁宣两朝的 10 年的确是明王朝最好的 10 年，是明王朝的黄金时期。与前朝比，这 10 年没有严苛的政治，没有劳民伤财的重大工程。与后朝比，这 10 年没有后世那种尖锐的君臣冲突，也没有大规模外患和流民问题，党争还没有出现，农业的基础地位依然稳固，但潜藏的危机已经昭示着宣德朝以后的走向。被洪武、永乐

强行按下去的土地兼并、官吏腐败、流民问题正在这个古老帝国重现。宣德皇帝当然知道这些，他也明白解决这些不能永远靠君主的个人能力，因为后世君主不一定有那样的能力。他更期待从制度上找到答案。但无论是强势君主还是制度，都无法改变历史的规律。周期性的震荡已成了封建王朝必修的功课。

宣德五年（1431 年）的清明节，朱瞻基和文武大臣一齐陪着太后张氏前往万寿山拜谒朱棣和朱高炽的陵寝。这是大明王朝最大的一场盛会。沿途的百姓纷纷前来一睹皇帝和太后的尊容。他们看见一个英武的年轻人骑着高头大马在前面引导着太后乘坐的辇车。当百姓们得知这位年轻人是天子的时候，他们被皇帝那种孝心所感动。众人一起跪下来高呼万岁。整个场面令人震动。这些百姓的下跪和呼喊是发自内心的，人们发自内心地对君主尊重，它使得这个国家君主与人民的融洽达到了极致。此后的君主被文臣限制出宫，再也没有出现这等令人感动的场面。

百姓们跪拜的场面是乱糟糟的，动作是笨拙的，但这却显示出了真实。太后很高兴。当太后看见大人、小孩都围拢在辇车周围，看着四周百姓脸上洋溢着真挚而幸福的表情时，我们的这位太后也被感染了。她由皇帝搀扶走下辇车，走到百姓中间，并让随行人员将财物、锦帛、糕点发给这些百姓。百姓们看着这些御用之物高兴得手舞足蹈，人们纷纷分享着这些财物，其乐融融。帝国的荣耀终于达到了它的顶点。

太后拉着朱瞻基的手，跟他信步来到路边的一户农户家，并跟这家人以及围过来的百姓拉起了家常。百姓们甚至将自家的食物和酿造的酒拿过来给太后和皇帝品尝。太后出身平常人家，对这些食物不嫌弃。她对朱瞻基说道："这是农家食，你当知道。"但朱瞻基却难以下咽。在这里没有身份的尊卑，没有官吏的呵斥，没有百姓的哭诉，有的只是这个帝国温情的一面。这种温情在朱瞻基死后仍然由这个女人延续着。

朱瞻基盛年离世，留下了 8 岁的朱祁镇。未成年皇帝在这个王朝提前到来。所幸的是在 15 世纪初期的中国有一个庞大而稳定的摄政团，他们共有 8 人组成，太皇太后张氏，内阁三杨，宦官金英、范弘、王瑾，资深元老英国公张辅。内阁和司礼监代表一对合作又矛盾的关系，太皇太后与英国公互为表里保持政治结构的稳定性。这是由皇室、文臣、宦官、贵族组成的一种复杂的政治机构，它成功地保证了这个帝国在宣德皇帝死后的政治稳定性。但明王朝不可避免地滑向了老人政治。

纵观整个明王朝我们可以看见除了文官集团外，没有太多跋扈的人物，太后、皇后、皇妃、外戚、宦官、武将、贵族都是极其内省而自律的人。前朝的很多事情都在本朝得以避免。很显然我们的这位太皇太后张氏也是一位内敛而自律的人，她从不干涉朝政，娘家的人也没有因为她而获取殊荣。张氏一生的亮点就在于朱瞻基想换皇后的情况下给予了支持。朱瞻基换皇后这一举措跟华夏的礼法大大不符，太后心中大约也不乐意，但她还是给予了支持。她是从这个国家考虑，从江山社稷考虑。她很清楚地明白皇帝要做什么。一旦皇帝的心愿没有得到支持，将会给这个国家带来什么。太后张氏无疑避免了宣德朝的一场潜在危局，甚至是可能出现的立储危局。

三杨指杨士奇、杨荣、杨溥，这三人都是建文时代的人，五朝元老。杨士奇是江西泰和县人，人称西杨，建文元年（1399 年）以举荐方式进入仕途。杨士奇行事标准，精于内政，在永乐至宣德三朝中发挥着稳定器的作用。杨荣是福建建安人，建文二年（1400 年）进士，人称东杨，精于边事，朱棣数次北征杨荣都是随从。杨溥是湖北石首人，建文二年（1400 年）进士，人称南杨，永乐时代为太子冼马。杨溥并不像东西二杨一样显赫，他是以低调闻名，生怕踏错一步。其实其他二杨又何尝不是如此。

三杨之所以能历五朝，跟他们的保守与谨慎是分不开的。他们知道更多的是如何与君主保持合作关系，而君主也知道如何利用他们的谨小慎微来压制整个文官集团。

金英、范弘、王瑾作为宣德朝的三位资深太监，跟很多宦官一样从安南而来。他们不仅在宣德六年（1404 年）的清洗中得以保全，而且在宣德七年（1405 年）更进一步。但他们属于拎得清的人，称得上正直。他们已经开始把自己当作帝国的一分子，而不仅仅是家奴，家事、国事、天下事都操之于心。甚至在三杨死后，这些太监迅速弥补了文臣的空缺来应对突发事件。

英国公张辅已经成了帝国最元老级的人物。他经历了从永乐至正统朝的一切大事。作为河间王张玉的长子，他随父参加了靖难之役。父亲在东昌会战中战死，张辅继承了家族的一切荣誉。朱棣登上皇位后，张辅迅速被派到安南战场。朱能死后，张辅冲锋在帝国的最前线。随后他又随同皇帝几次北征漠北，宣德年间又参与了对汉王朱高煦的进剿，最终于正统十四年（1449 年）以 75 岁高龄殒命土木堡。

明王朝不可避免地滑入老人政治，但老人政治能够使仁宣两朝的政策得以延续，能够使政局平稳。同时，它也不可避免地带来一系列的执政危机。那就是面对一些潜在问题时它使得我们这个帝国步履蹒跚，而不再那么决绝。

无论是太皇太后、张辅，抑或内阁和司礼监都失去了革新的动力。有了前朝血淋淋的教训，以金英、范弘、王瑾为首的宦官集团不敢对朝局有大的变动。三杨已至暮年，对于大明王朝的国事已是有心无力。三人经常举办一些小型聚会，不求菜肴精致、饮酒多少，只求兴致所致。在这种小型聚会上，三老依托“台阁体”创作了一些平淡、乏味且歌颂太平的诗词。兴致、恬淡后面是三老深深的无奈与消极。

老人政治已成了落日余晖。它已经显得跟这个时代是那么的不合拍。所有人都知道新生力量即将破土而出，所有人对帝国的命运也开始忧心忡忡。

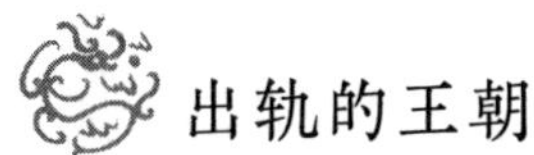

## 出轨的王朝

明代的划分如果按照时间段来说可以分为初期、中期和晚期，正统年间标志着明王朝已经进入了中期，万历三大征的结束基本标志着明王朝驶入了它的晚期。这是从时间段来划分。如果从君臣关系来划分，明王朝也可以分为三个时期：洪武到永乐是文臣被压制的时期，仁宣两朝是君臣融洽的时期，从正统年间开始一直到明王朝灭亡，这一大段时间都是君臣斗争的时期。

正统初年的一切虽然都按照仁宣两朝的惯性往前走，但我们的王朝已经偏离了它的轨道。也许多年后人们仍在思索造成这种偏差的缘由究竟是什么，是皇帝的教育问题，还是三杨的无能，或者是小皇帝的天性？或许这些都不是主因，宣德朝以后文官行为方式的变化才是主因。

正统年间是帝国的转折点，皇帝与文官的矛盾在此后全面爆发。三杨在世的时候尚能维持一种平衡，三杨一死局面再无挽回的可能。

我们的宣德朝在它的表面平静下实际上已是危机四伏。吏治腐败，军队退化的战斗力，周边民族的虎视眈眈，土地兼并，流民四起，这些问题在宣德末年已经出现。宣德皇帝虽然也曾整治过此类问题，但他更试图通过制度安排来解决诸如此类

问题。而且我们的这位宣德皇帝似乎对宫廷生活的关注更多。通过这些，读者可以感受到仁宣两朝的平静是暂时的。洪武、永乐两任皇帝过分压制的问题在后世宽松的环境下必然又将出现。而这也清楚地表明宣德朝以后的政治走向似乎又将重回洪武与永乐的政治脉络。

面对吏治腐败、军事危机、土地兼并、流民问题三杨自然无能为力。无论是杨士奇，还是杨荣、杨溥，他们只能在太平盛世的时候辅以润滑的作用，到了政治出现拐弯的时候他们却手足无措。有才干的一代文臣皆在靖难之役中死去，永乐时代留下的皆是一帮平庸之辈，而三杨以后的文官又皆是矫揉造作、文过饰非之人。可以说当朱棣带着他的队伍进入南京城的时候就标志着这是一个精英已死的时代。

三杨既然无能为力，后辈又是自以为是之人，稳定帝国政治的这个重任就落在了两个愤青身上。他们是大愤青王振和小愤青朱祁镇。

王振是这个时代的佼佼者。王振是山西人，在当地大约是一个县治下的教谕。朱棣在位的时候为了给宫女授课说服了一批儒生净身入宫，王振便是其一。王振的身上集中了一些特殊的基因，这种基因甚至影响到了小皇帝朱祁镇，最终使得我们帝国的脉搏居然也随同跳动。

王振来源于底层，体会到了底层民众的艰苦。他对这个世道有了更多自己的看法，那就是愤世嫉俗。他不喜欢文人政治，他更推崇洪武、永乐的那种武人政治。他对洪熙、宣德两朝的政策也很不以为然，他认为吏治要严，刑法要苛。对于明朝势力从安南撤退更是他所不能认同的。虽然王振怀揣着伟大的理想抱负，但作为教谕他却不具备实现这些理想的条件。为了实现这些抱负，他最终走上了这条路。入宫后，他抓住了一个能实现此等理想抱负的救命稻草，那就是皇太子朱祁镇。王振负担起了小皇子的教育问题。他便在潜移默化中灌输着他的思想与理论。

明代有“经筵”一说。“经筵”就是让有名望的大儒担当皇子的教育。这既是帝国的一件大事，更是儒生的一件大事。天朝的儒生们挖空心思也要把这一工作控制在手中。因为只有这样才能够让皇位的继承人在很小的时候就接受儒家文化的熏陶，从而使得他们在成年后跟他们保持一致。很不幸，朱祁镇的教育问题文人没有控制住，反而被宦官王振抓住了。从这一刻起明王朝的政治轨道开始偏离文人政治的方向。无论后世之人如何辱骂三杨，我们的帝国都不可避免地出现了偏差。

小小的朱祁镇对三杨的讲课丝毫不感兴趣。他更喜欢王振给他讲外面的世界，讲民间的生活，他更喜欢王振带着他骑马射箭。而我们的王振同学也若有若无地告诉皇帝，你要掌握住兵马，文官并不可信。而掌握兵马最好的方式就是经常狩猎，经常出巡，经常巡阅军队，乃至亲征。

英宗朱祁镇登基后，王振看到实现他的理想与抱负的这一天到来了。他要凭一己之力扭转仁宣两朝的政治走向。他要用他的辣手重新还给大明王朝一个朗朗乾坤。无论这种朗朗乾坤是属于他自己的，还是属于这个王朝的，我们这位宦官的确这样做了。

太皇太后和英国公张辅对于政事撒手不管，三杨对于政事又是消极应付，所有的一切都压在了王振的头上。从正统元年（1436 年）起这位宦官似乎就开始在帝国扮演重要角色。

王振做的第一件事情就是停派宫内宦官前往各地采购。我们知道宣德皇帝是个好玩的皇帝。他曾让宫中太监前往各地搜集珍奇的玩意儿，也为此杖毙了一些为非作歹的太监。而英宗登基后，王振开始禁止宫内太监从事这些采购，成功地将宣德朝的这一弊病消弭于无形之中。

面对权力出现了真空的情况，王振开始主导官吏的任用。针对三杨即将退去的情况，王振也有考虑。王振曾征询三杨，谁能接替他们的位置。三杨举荐了陈循、高谷、苗衷三人，王振对此也欣然接受。但这三人也皆是平庸之辈，在历史上没有留下什么显赫的政绩。王振对于干练的官吏也多赏识、提用，对于出现问题的官吏处罚起来也毫不留情面。可以说正统初年在王振的主政下政局并没有出现大的动荡。但我们的王朝毕竟出现了宦官干政的局面，这跟我们的礼法不容。

王振既是宦官，又有文化，这是他的双重优势。在英宗很小的时候，宣德皇帝就派王振入东宫担当起小皇子的教育问题。王振对英宗的要求很苛刻，他不允许其他太监跟英宗过分玩耍，也一再告诫英宗应以学业为主。而英宗对王振却颇为忌惮，他不敢在王振面前公开玩耍。当他玩耍被王振发现时，他会低下头表示认错。

我们的英宗皇帝非常单纯，非常善良。他没有洪武、永乐的那种手腕，也没有建文、洪熙、宣德的那种心思。他废除了殉葬制度，也正因为他是那么单纯，所以

显得信心不足。他能依靠的只有王振。如果没有王振，我们的这位小皇帝真不知道会怎么过。

不仅如此，王振还让小皇帝告诉太皇太后不要经常去佛堂，最好将佛像供奉在宫里面。王振对于阁臣极为尊敬，每次去内阁都是让别人叫了几遍才进去，进去后也是恭恭敬敬地站在那里。三杨的建议王振也大多能接受。无论是太皇太后，还是三杨，似乎对王振都能接受。他们也需要王振充当一个稳定器的作用。

但这些光景都是短暂的。持续不断的灾荒、农民起义、边境战争，很快把正统初年的安静打破了，帝国进入震荡期，以至于后来的学者研究起来都对明王朝能从那种危局中走出来而没发生大的动乱而感到惊讶。

## 土木堡事变考

当永乐皇帝在北征蒙古途中死去的时候就标志着这个帝国放弃了它的干涉主义。但仅仅过了10年，漠北形势就已经是风起云涌。

国初蒙古部落一分为三，从东到西是兀良哈、鞑靼、瓦剌。挨着喜峰口的兀良哈三卫内附大明朝。另外就是东面的鞑靼部和西面的瓦剌部。鞑靼部继承了铁木真的黄金家族血脉，仍旧以游牧为主，保持着蒙古人的传统习俗。西面的瓦剌属于山地森林蒙古族，以渔猎为主。大明建国后仍是把成吉思汗的黄金家族作为打击的对象。无论是朱元璋还是朱棣最害怕的事情就是黄金家族重新统一蒙古，所以黄金家族一直是明王朝打击的目标。到了宣德年间，奄奄一息的黄金家族再也承担不起振兴蒙古的责任。

螳螂捕蝉，黄雀在后。在明王朝对黄金部落进行持续不断地打击时，瓦剌部却在积蓄力量。从宣德年间起瓦剌部的杰出领袖脱欢就逐渐蚕食瓦剌各部，接着又将手伸向了鞑靼部。而宣德年间明廷已放弃了永乐时代的那种对外扩张政策。明廷对于脱欢的这种行为并没有表现出过强的干涉。脱欢的最终目的是想统一蒙古各部重建铁木真的辉煌。但蒙古人只承认黄金家族，在他们眼里铁木真只有一个，黄金家族只有一个。在此种形势下脱欢必须找一个人，一个能号召全局的人。他找到了脱

脱不花。

脱脱不花是大草原上黄金家族的继承人。脱欢依靠他重新号令整个漠北高原，不仅控制了鞑靼与瓦剌，更控制了兀良哈三卫和东北女真各部，以松散的方式建立了一个东达朝鲜、西抵青海的大帝国。其控制的领土面积竟也不亚于明王朝，并在甘肃设置行省。大元王朝似乎依然存在。的确，它依然存在。在新一代的领袖人物脱欢的领导下，它竟然一步步地强大起来。

我们必须要清楚一点，纵使脱欢重新控制了蒙古各部，但这依然是一种松散的联盟，跟铁木真时代不可同日而语。脱欢更多的情况下是依靠一种强大的、经过整合后的力量向明王朝施压，以换取贸易上的平等化。

蒙古部落作为典型的游牧部落是以肉食为主。过多的食用肉食积累的脂肪在体内无法消化，这就需要用茶叶加以分解。而茶叶只产于关内。另外，食盐和铁器也是蒙古人需要的东西，这些草原也没有。除此之外，蒙古贵族也需要丝绸和瓷器。这些都导致蒙古部落需要依靠关内的物资来生存。而明王朝为了抑制蒙古人势力过大，故而对此类物资严格控制。蒙古人的需求在得不到满足的情况下往往以战争的方式来解决。所以我们纵观整个明朝时代，可以清晰地看见关内关外贸易正常化或活跃的情况下，鲜有战事。而一旦双方贸易陷入梗死，则多会引起战火。

正统年间的土木堡之变就是发端于双方的贸易问题。

明廷跟蒙古的贸易以三种形式进行。第一种形式是通贡。蒙古方面派使团来朝，带来马、牛羊、兽皮等物，换取丝绸、布匹、药材、瓷器、茶叶或金银。明廷回馈物品的价值一般高于贡使朝贡物品的价值。历史教科书中对此称作“朝贡贸易”。此种厚彼薄此的朝贡贸易既能满足异邦对中原王朝的物资需求，又能满足天朝的心态。但天朝又对朝贡贸易的次数和规模进行严格的限制。如果不进行严格的限制，通常是此批使者未回，下批使者又来。而我们将要论述的土木堡之变就是由朝贡贸易引发的。

此种通贡贸易更多的是满足蒙古统治者的需求。更多的蒙古牧民的需求还是要通过互市和私市满足。明王朝对互市也是严格限定的，每年只能开那么几次。互市是以官方贸易为主，明廷通常委派宦官监督。易货的物资是茶马，因为高大的骏马通常都产于高寒之地，关内养不出好的战马。在通常情况下，一匹马只能换 100 斤茶叶。蒙古人辛辛苦苦养大的马匹只能换 100 来斤茶叶，而且是又黑又苦又涩的茶

砖。这显然不是一种公平的贸易。就是在这种情况下，明朝政府对于边市也是时关时开。坚固的长城和沿长城一线部署的百万大军似乎还不如给蒙古人一点茶叶和粮食。

正统四年（1439 年），北元丞相脱欢死去，其子也先继位。也先雄心则有，但才具不足，缺乏乃父统驭全局的能力。也先称太师，自封淮王。其在主政期间跟明廷在通贡问题上的摩擦越来越大。

从正统元年（1436 年）起，也先麾下的蒙古部落来明朝朝贡的人数和规模、频率越来越高，从最终的几人发展到上千人，从最初的一年一两次发展到最后的一月一次。这边使团还没有走，那边使团又来了。这些人来到关内从礼部到地方都要热情接待。因为涉及外交问题，无人敢怠慢他们。但这些人来到关内时常滋事，而且夹带私货跟边境的军队做生意，通过马匹、兽皮换取硬弓和刀剑。这些都被王振侦知。王振心理自然有数。

到了如今，蒙古人的朝贡问题已经成了帝国一个令人头痛的难题。蒙古人的胃口越来越大，每次朝贡规模越来越大，逗留时间越来越长，甚至秋天来，第二年春天才离去。朝贡已明显给明王朝带来了负担。朝贡也成了帝国继天灾、起义、滇乱之后的第四大问题。但也先在关外始终是大兵压境，保持着咄咄逼人的态势，而明英宗和王振都是忍了。他们宁愿多花些钱省去兵灾。毕竟这个时候帝国还没有从南面的问题中腾出手来。但正统十三年（1448 年）的到来使得这一切都明朗化了。

明朝与蒙古之间通贡还隐藏着一个问题，就是蒙古人虚报朝贡人数，以骗取更多的赐品。对于这些问题户部官员并没有认真核实。王振得知后于正统六年（1441 年）对户部官员刘中敷、吴玺、陈瑺进行了责罚。到了正统十三年（1448 年）的时候，北方的灾情有些减缓，南方的义军虽然没有彻底剿灭但已无大碍，云南麓川战役已近尾声。此时的明英宗和王振已开始酝酿解决蒙古的朝贡问题。

在蒙古朝贡这个问题上英宗与王振隐忍了十几年，终于到了要爆发的时刻。正统十三年（1448 年）十二月，最大的一次朝贡到来了。此次也先报了 3598 人。王振突然让负责接待的会同馆核查人数，结果查出实际人数为 2524 名，虚报人数 1074 人。王振立即以此为借口削减马价。也先被搞得措手不及。他不明白王振为什么突然如此行事。本来我也先来朝贡虚报点人数，你天朝多给点东西，大家都相安

无事。为何你王振突然如此行事？也先的心中也明白这对于蒙古来说是一个可怕的开始。一旦王振的这一行为没有被抵制住，那么明朝方面将会产生连锁反应。比如限制使团规模，乃至取消朝贡，关闭边境集市。这都是极有可能发生的。而这些一旦发生，那么对于蒙古来说都是灾难性的。

战争即将开始，我们的王振难道不害怕吗？他当然不害怕，他巴不得呢。

也先的叩关似乎是所有人都预料到的。但它还是迟来了半年的时间。因为也先需要积蓄力量。

明王朝277年虽然发生了许多故事，但究其重要的历史事件也就三件，这就是土木堡之变、大礼仪事件、万历朝的国本之争。这三件事情背后的实质都是反映了皇帝与文官之间的矛盾。可以说这三件事基本上耗尽了帝国的精力，最终使皇帝与文臣对立起来。我们的明王朝也就在这种内耗中走向了灭亡。

从正统十四年（1449年）元月开始一直到七月，史书上再也没有也先使团来朝贡的记录。停留在内地的使团也陆续被打发回去。我们的太师也先的心已经凉到了底。他望着那道高耸的城墙，大约那堵墙再也不会为他打开。昔日骑着高头大马，带着自己的族人浩浩荡荡地开进大明吃喝玩乐的日子似乎一去不复返了。这些都怨那个该死的太监王振。我要打他，打到他疼为止。

从七月份开始，也先四路大军开始叩关。一路由也先率领进逼大同，蒙古汗王脱脱不花率军进逼辽东，知院阿剌率兵进逼宣府，还有一路大军进逼甘肃张掖，四路大军形成威逼之势。也先希望通过这种方式迫使王振就范。但此时的王振兴奋异常，因为所有的一切都开始朝他设计的轨道上运转。王振感到属于他的巅峰时代终于来临。

王振作为一个底层人物，放弃儒生身份，净身入宫，就是为了实现他的以武治国的梦想。他希望年轻的英宗皇帝也能像他的祖辈们一样亲自带兵巡视关外，甚至是亲自带兵出征。至此正统之治终于拉开了全貌。那就是王振企图带着英宗像洪武皇帝那样跟整个历史惯性作对抗。王振企图将帝国拉回洪武、永乐时代。但他不知道历史滑行到今天已经不是洪武与永乐时代的土壤。一个细小的偏差都会毁了全盘计划。

面对也先在关外叫骂，七月十一日，大同右参将吴浩率兵出关与也先激战猫儿庄。出塞明军全部战死。消息传来，英宗命大同总督宋瑛、驸马都尉井源、大

同总兵朱冕、左参将石亨各领万人在长城边沿的阳和口抵御瓦剌骑兵。阳和口是瓦剌人进入关内的必经之路。皇帝与王振试图以此 4 万人的兵力暂时挡住瓦剌人的进入。

实际上也先的军队主要是在关外形成威逼之势，其目的还是逼迫明廷同意朝贡而已。只要明军严守边塞，也先的军队是进不来的。何况京城还有十几万的京营，只要严令各要塞城堡严守不许出击，事情就解决了。但王振显然不希望这样。他想做的就是带着皇帝出塞巡视，重新恢复以武治国的传统。

其实我们可以感觉到，这十几年来王振一直在皇帝面前进言，让皇帝找个恰当的时机亲征，其主要目的还是针对文官。正统年间文官已经渐渐掌握了权力，这种现象在高层还不是太明显。在民间我们已经可以清楚地看到朱元璋所建立的那种自耕农社会已经渐渐滑入士绅手中。对于我们的帝国在未来会由文官与士绅掌控这一趋势，王振已经表现出了担忧。而正统十四年（1449 年）的也先犯边给王振提供了一个机会。他想让皇帝带着大军出塞巡视，吓退也先。这一行动会增加皇帝跟军队接触的机会，会重塑君主的权威，会进一步增强武将和贵族在帝国的地位。其政治意义明显大于军事意义。

但皇帝亲自带兵出征跟儒家礼法不符。因为皇帝亲自带兵是那么明显地将文官撇开，这会让帝国的文官们情何以堪。对于他们来说帝国的一切事情都要经过其手，因为他们才是帝国的中枢。无论是皇帝统兵，还是重用宦官，此类跟文官无关的事情，他们都是激烈反对。甚至皇室内部的家务事他们也要干涉。

我们的英宗皇帝在朝堂上抛出了他要带兵亲征的想法理所当然地遭到了群臣的反对。永乐皇帝、宣德皇帝经常带兵出塞是他们所不赞同的。他们认为皇帝就应该待在宫里，按照儒家礼法行事，不要到处跑，既不能亲近百姓，更不能亲近武将。永乐皇帝和宣德皇帝是他们所控制不了的，但到了英宗这一代无论如何再也不能走老路。对于王振的跋扈文官们忍住了，但在这个大是大非问题上再也不能后退了。

吏部尚书王直领衔群臣上奏曰：“自古边境有事皆是靠忠兵猛将守卫，陛下应当选派良将，增派劲兵，赏赐将士，并严令将士以防守为主，待到敌军人困马乏之际出兵可获全胜。如今正是七月天，天气炎热，水草还不丰盛，水源也不足，一旦天子在外，四方有紧急情况而不得知。况且天子乃宗庙、社稷之主，万邦之主不可

孤身犯险，只需坐镇指挥即可。”

按说文官们说得在情在理，尤其是“天气炎热，水草不丰，水源不足”这几条说到了点子上，但英宗和王振显然不会理会这些。英宗说道：“朕明白众卿之言皆是忠君爱国的意思，但虏寇逆天悖恩，犯边杀掠军民，朕不得以才要亲率大军剿之。”

朱祁镇这番话说得其实并不令人信服。如果强调“朕冲年即位毫无建树，趁此机会重塑先祖的雄风”等诸如此类说辞似乎更堂而皇之一些。皇帝与群臣之间空对空，没有任何意义。

此次皇帝的出征实际上并没有遇到太大的阻力。因为所有的人都认为皇帝只不过是出塞巡游一下而已，没有人意识到会出问题。这跟正德年间皇帝要出塞文官的那种疯狂是不可同日而语的。

王振调动了神机营、五军营、三千营共 17 万军队，加上河北守军 3 万人一共是 20 万人。这 20 万人每人赐银 1 两，胖袄裤 1 件，鞋 2 双，1 个月的炒米，3 人配 1 头驴，20 万人共分了 80 万件兵器。这些皆是仓促配备。1 个月的干粮更像是出去巡游而不是打仗。兵士对于新配发的兵器更是无法熟练使用。

出征的队伍是豪华的，从英国公张辅开始共 12 位有爵位的贵族，加上其他军事和文职官员共计 32 名有名有姓的高级官员。帝国精英全体出动，当然这其中更是少不了王振。大军出征之前将回来庆功的赏赐都准备好了。这不像出征，更像是一次例行的出塞巡视。在所有人眼里它的确是巡视，因为太宗皇帝最后三次的巡视，蒙古人都是避其锋芒，宣德皇帝的出塞巡视蒙古人也是避其锋芒。这次正统皇帝的出塞巡视，蒙古人实际上还是避其锋芒。但一些偶然因素的发生使得这次的巡视行动发生了质的改变。

七月十六日这支队伍就出发了。从十一日开始只准备了五天时间。这支队伍更像是一支仪仗队，而不是战斗的队伍。所有人都洋溢着幸福的表情。文臣们难得出来散散心。勋贵们也难得陪着皇帝一起进行这么一项大规模的活动。京师三大营这些养尊处优的骄子们更是难得寻找这样的机会。

就在大军出发的这一天，也就是十六日，派往阳和口的四路大军遭受惨败，宋瑛、井源、朱冕战死，只剩石亨和大同镇守太监曹吉祥逃了出来。此时的明军已经不是瓦剌骑兵的对手，明军的战力已经不能跟洪武、永乐时代同日而语。军屯的田

地被高级军官侵吞，军饷、军装、兵器皆被克扣，很多士兵都成了军官们的佃农；军士逃亡从宣德年间起就已经很严重，到了正统年间帝国军队的数量已经从 200 万人锐减至 100 万人。

明军的失败在所难免。要知道帝国的北方已经有 24 年没有战事，退化的战斗力，轻敌的心态，乱糟糟的队伍，缺乏指挥的协调，这一切的一切都在考验着这支 20 万人的队伍。

这支大军更像是小孩过家家一样，如同儿戏一般。士兵和将领之间互不熟悉，装备都是从府库里临时拿出来的，这些上了油的火器拿在手中也不知如何使用。队伍松松垮垮，旌旗不整，行如蝼蚁，首尾不顾，驴声和士兵的喧哗声混为一团。不安的骚动在出发的时刻就已经在队伍中蔓延。

翰林学士曹鼐似乎已经敏感地预计到了此次出征的结局。他曾跟一些文臣密谋杀死王振，然后让圣驾回京，但都没有付诸实施。也许他们并不知道即使王振被杀死，圣驾也不一定会回京。

七月十七日大军驻扎龙虎台。夜里突刮大风吹动旌旗，军营中有人发出奇怪的叫声，整个军营顿时乱成一团。人们顿时跑出来，大呼小叫，以为瓦剌军来袭。当人们发觉是一场闹剧后，军心已散。

十九日大军过居庸关，兵部尚书邝野请求銮驾回京。王振大怒，命邝野下跪，然后又令禁军将邝野和户部尚书王佐监视起来，防止他们生事。邝野骑在马上，马蹄踩压了一块石头，65 岁的邝野从马上跌了下来差点儿摔死。

二十三日大军进入宣府，虽然暂时有了休息的地方，但下起了瓢泼大雨，还刮起了大风，众人的心情跌到了谷底。众人皆不愿意前行，要求在宣府驻跸，王振又是破口大骂。二十四日队伍又勉强前行，中午时分大军抵达鸡鸣山。望着那陡峭、阴森的山峰，众人又胆寒起来，王振又是臭骂。

二十五日队伍前方出现瓦剌骑兵，众人顿时兴奋起来。明英宗立即派成国公朱勇带兵上前。一番交战，朱勇败下阵来。王振又命三千营的突击队开始猛攻，瓦剌军不敌开始后撤。众人顿时大为高兴，连日来的阴霾、晦气一扫而光。众人引吭高歌，一路猛进。二十八日大军行至阳和口，12 天以前明军在这里跟瓦剌军发生了一场激战。众人看见遍地明军的尸体皆是触目心惊，二十五日的胜利带来的喜悦一扫而光，抑郁的感觉重新又笼罩在每个人的心头。

八月一日大军终于抵达边塞重镇大同。此时也先的3万骑兵就在长城外面。他们正在观察明军的动静，如果明军出塞，他们就会后撤；如果明军待在大同不走，也先也会退去。如果是这样，那么明军此次大规模出巡的目的就算达到了，但事情的结果并不是这两种情况。

八月二日王振和明英宗都要出塞巡视，太监曹吉祥连忙阻止。曹吉祥绘声绘色地描绘了瓦剌骑兵的厉害，英宗和王振再联想到阳和口的惨象顿时动摇了。英宗和王振最终做出了回京的决定，这真是令人感到好笑的事情。皇帝和大臣来的时候兴致勃勃，一幅惨象竟能令20万大军回师。我们从这里就可以看出无论是英宗还是王振都没有持之以恒的毅力和应对突发事件的能力与决心。实际上皇帝只要出塞巡视一天即可，此次出征的目的就达到了。也先的3万骑兵无论如何是不敢与20万大军交战的。

既然回京主意已定，那就是走哪条线路的问题。按理说应该从大同直接向东经紫荆关回京，这条线路最近，而且也不会碰到瓦剌军。但英宗觉得这样太没面子了，好不容易出来兜了一圈不能就这么快回去。他更想沿着先祖们经常巡视的大同、宣府、居庸关走一圈，也就是沿着来时的路返回。英宗的思路得到了大家的一致赞同。的确这样回去太没面子了，既然已经决定不出塞了，那大概也就没有什么危险。既然决定回去，所有人都松了一口气。大家又都兴高采烈，再也不用纠结什么瓦剌人了。文官们也不会再跟王振吵闹了。几乎所有人都想赶快回家洗上一个热水澡，吃点好东西，舒舒服服地睡上一觉。但危险这个时候才真正来临了。

长城外的也先得知这伙明军只在大同待了一天便要回去。也先不知道明军葫芦里卖的是什么药，便带着军队入关跟在明军后面试探性侦察。

八月十三日，瓦剌骑兵经过11天的在后跟踪终于发现了一个问题。那就是这伙明军对自己很畏惧，完全是想赶快回京了事。此时明军已行至宣府南面方向，正在加速东进。也先认为不能再犹豫了，必须主动出击，一旦明军进入居庸关，一切都结束了。

明军早就知道也先的3万大军一直在后跟踪。十三日瓦剌骑兵突然增加移动速度。明军大部分都是步兵，移动速度慢。眼看瓦剌骑兵就要追至，英宗命断后的恭顺侯吴克忠迎敌。吴克忠战死，英宗又命成国公朱勇、永顺伯薛绶率兵3万主动

出击。

此时也先的军队驻停鹞儿岭，朱勇的3万大军抵达后，双方激战，朱勇、薛绶皆战死。

形势已经到了万分危急的时刻，但此时明军距前方怀来城已经没有多远。如果此时明军加快行进速度不惜一切进入怀来城大事尚可为。也先只有3万骑兵不敢硬碰硬，但此时怀来城已经失守。怀来城本来在明军行进的前方，也先的追兵在后方，为何怀来城会被瓦剌人占领呢？因为有一伙瓦剌人从北面破关南下了。

这伙瓦剌人正是阿剌率领的2万骑兵。明廷这边是依靠独石、马营两城抵挡从北面而来的阿剌骑兵。守卫独石、马营的是宣府总兵杨洪之子杨俊。七月初阿剌部犯边的时候杨俊首先将独石、马营两地丢弃南撤。杨俊的行为产生了示范效应，南方各卫所纷纷效仿，以至于英宗大军返回的时候，居庸关以西的卫所皆被阿剌军队占领。眼看进不了居庸关，也先与阿剌军队东西夹击，明军只好在八月十四日下午进入土木堡暂避。

此时土木堡南面的水源在明军来到之前已经被阿剌部的军队截断。20万明军涌入一个狭小的土木堡内，用人挨人来形容也不为过。更为严重的是没有水，众人口渴难忍，掘地二丈也没水。而这个时候也先的3万骑兵已经从西面围了过来。入夜，也先的军队开始攻击土木堡。都指挥郭懋带着明军打退了也先一次又一次的进攻。

眼见不能取胜，十五日清晨也先率领大军开始后撤。眼见瓦剌军走远，20万明军“哗啦”一下倾巢而出竞相寻水。此时明军队伍大乱。20万人挤在那么一个狭小地方，如今争先恐后地外出寻水其混乱场面可想而知。

此时已经后撤的也先听说明军队伍大乱便回师土木堡。眼见瓦剌军返回，明军队伍更是大乱，所有人皆无战意，将兵器、盔甲抛却自行逃亡，在混乱中当场踏死7万人。在这场史无前例的混踏中，上至王振下至各部给事中共有50多人被踏死。可怜75岁的英国公张辅，65岁的兵部尚书邝野，户部尚书王佐也在这场混乱中被踏死。出发前给20万大军配备的兵器、盔甲、毛驴、火器皆落入也先之手。剩下的13万士兵后来陆陆续续地返回了北京。而我们的英宗皇帝在身边侍卫的拼死护卫下没有被踏死，却成了俘虏。

至此，明朝建国以来的最大政治事件土木堡之变已经告一段落。后世人谈起土木堡之变往往在其中掺杂了许多偶然性因素。其实任何偶然性因素都是由必然性因素引起的。瓦剌人在朝贡问题上过于贪婪，王振削减马价无可厚非。随后瓦剌人大举犯边，英宗要带兵出征这也无可厚非。明初的皇室一直都有尚武的传统。正统三年（1438年）兵部尚书王骥率大军远征西北的朵儿只伯，随后三征麓川。这些都显示正统年间的武功已经超过宣德朝，明王朝似乎又重回永乐时代的干涉主义。

英宗的此次大规模出巡更大的可能是他自己的主意。作为少年天子的他想恢复祖辈们的荣耀，但责任自然不能由君主来背负。这不符合伦理道德。所以后世史官在修史的时候自然将责任推给了王振。明军20万大军稀里糊涂地行走，也先的军队稀里糊涂地在后追击，阿剌的2万兵马也是毫无章法地破关南下。事后据蒙古人回忆，也先与阿剌是不约而同地来到土木堡。由此我们可以看出这次土木堡之变完全是一场闹剧，就像小孩过家家似的闹剧。

此次土木堡之变暴露出了明朝军队中的两个问题。一是战斗力和应对突发事件的能力不足。因为寻水事件导致军士踩踏事件，就充分说明了明军应变能力差，缺乏完善的组织体系。面对也先的3万骑兵，20万人躲在土木堡内不敢出击，更是说明了明军战力的下降。暴露出来的第二个问题是边将玩忽职守问题。七月初瓦剌犯边的时候，边将皆不同意主动出击，都力主依靠城池固守，朝廷这才让宋瑛、井源、石亨、朱冕带领京营前往阻击。大约从宣德年间开始，镇守大同、宣府一带的边将就跟瓦剌打得火热。你称我为“大同王”，我称你为“杨王”。你把女儿嫁给我儿子，我也把女儿嫁给你儿子。我前往大明朝贡得来的金银、布匹你也有份，但前提是你得卖武器给我。宣府总兵杨洪则是其中的佼佼者。

实际上这样做也有两个好处，一是边境少了许多兵戈之灾，二是边将们也能捞些好处。但明英宗和王振轻易地将这些好处击碎了，所以边将们对削减马价、英宗巡游一直是很不以为然。这也就能解释明英宗的车队在出了居庸关的时候，独石、马营已失，但杨洪隐瞒不报的原因了。因为镇守独石、马营的正是其子。如果大军知道独石、马营丢失，断然不会沿原路返回，而是会从紫荆关回京，那么也就不会发生以后的事情。更为关键的是当也先骑兵追至宣府南部的时候，大军已派人入宣府让杨洪出兵攻也先后路。但杨洪却下令关闭四门，禁止出城。直到十四日也先军队围攻土木堡，十五日明军发生踩踏事件，杨洪也没有开门而出。

事实上此时杨洪手下有骑兵1万、步兵2万，如果出击也先，就不会有土木堡之变的发生。杨洪不愿意出城解救的原因究竟是什么？我认为还是跟他胆小、无能

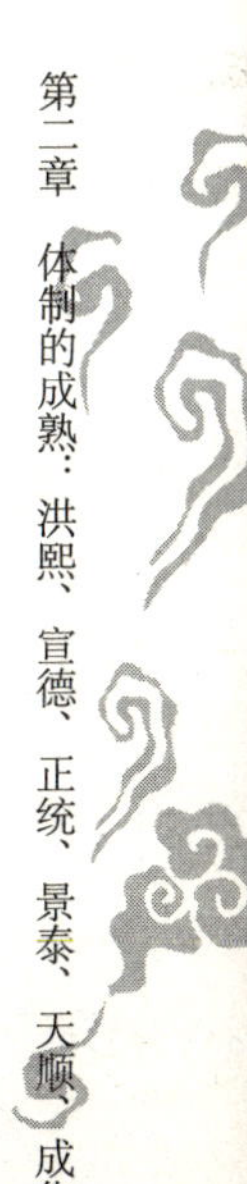

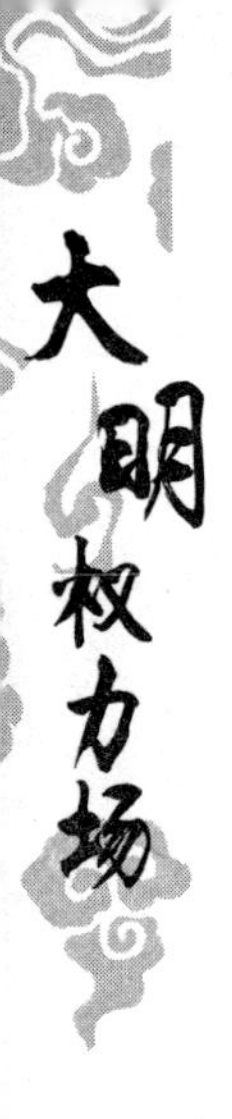


的性格特征有关。

土木堡之变是对帝国军事体系的一次压力测试。它暴露了明王朝军事机制中的一系列问题。但是，无论如何它至少给明帝国的统治者敲响了警钟。

## 被俘虏的皇帝

虽然发生了严重的踩踏事件，但侍卫拼死护卫住了英宗，这也使得我们的皇帝在这场灾难中得以保全，但他终是成了瓦剌人的俘虏。

这一天恰巧是中秋节，我们的皇帝端坐在土木堡的荒土上。他仰望着天空中的圆月，倾听着四周的呼喊、杀戮，他的心中不知道作何感想。

英宗被也先的弟弟赛刊王带到了也先的面前。也先不认识英宗，便召来两个出使明朝的瓦剌使节。英宗见到这两个使节便直呼其名。也先这才知道面前这个人真的是大明天子。

我们的皇帝在这场巨变中表现得非常从容、镇定。我们看不出什么惊涛骇浪，皇帝更像是出使瓦剌的君王。只是这场出使太令人意想不到。

皇帝像问候老朋友一样问候也先、伯颜帖木儿、赛刊王、大同王，还直呼两名出使明国瓦剌使者的名字。他们对待皇帝也像老朋友一样。也先没有想到大明的皇帝会落入其手，他觉得这是一个天赐的机会。他如果能将天子平安送回，那么大明与瓦剌重开贸易将是顺理成章的事。毕竟这对于明王朝来说是奇功一件。

俘虏了英宗，也先便带着英宗前往宣府、大同喊门。宣府总兵杨洪和大同镇守郭登都没有开门。大明开国已经 80 年，后世的皇帝对于帝国来说可有可无。皇帝一旦离开皇宫，他的效用就会大打折扣。皇帝一旦离开京城，就意味着宫廷政变有发生的可能。

大同的将军们虽然拒绝了也先和朱祁镇，但他们还是派人出城见了英宗和也先，并给了也先一些财物，以使得皇帝能够在他那里受到照顾。在这里宣府总兵杨洪的小人嘴脸又一次暴露无遗。他不仅生硬地将明英宗拒之门外，还命人开枪试图将喊门的锦衣卫校尉袁彬打死。

也先拿着这些财物带着英宗、被俘的明军和其他随行官员回到了大漠。回到大漠的也先希望明廷派使臣来谈判，并接回英宗。也先的条件是跟大明重开贸易，或许是比以前条件更优厚的贸易和朝贡。但也先的如意算盘终是落空了。

九月份英宗皇帝的弟弟郕王朱祁钰在京城登基，改元景泰。英宗的儿子朱见深被立为太子。我们的英宗皇帝被帝国抛弃。无论从儒家礼法，还是从大明律法来说，这一行为都是违法。无论今人对明王朝的这一行为如何歌颂，它都是荒谬的。它给我们这个帝国开了一个很坏的先例，那就是帝国可以按照它的政治需要，而不是儒家礼法，来随意废立皇帝。也许更为恰当的方式是在确立皇太子和让郕王监国的前提下来跟也先周旋，最大可能地通过谈判赎回皇帝。关于也先通过朱祁镇要挟整个明王朝的事情，现在看来更多的是时人的主观臆断。中国的明朝人对这次由土木堡之变引发的后果估计得过于严重。

英宗皇帝被废，其实从更深层次的原因来探究，乃是其不符合文官的要求。对此我们还是要回到本原。英宗不是在儒家教育下成长起来的君主。跟洪熙、宣德两代帝王相比，我们这位帝王虽然年轻，但他身上具备别人无法控制、无法捉摸的个性。相对朱祁镇来说，代宗朱祁钰似乎更符合文官的要求。如果英宗与代宗换个位置，或许大明的文官们将会不遗余力地解救人质。在这一点上，文官们对自己的潜意识也并没有一个清楚的认识。

土木堡之变在帝国引发了一场政治地震，支持英宗的人物遭到了史无前例的清洗。经过帝国 80 年来的压抑，文官们终于以一种疯狂的方式登上了政治舞台。后来的历史表明，这种疯狂不过是一系列疯狂的开始。但我们这个国家还是有那么几个有良知的人，他们还懂得君臣大义，但这些人陆续被处死或下狱。这里我们拿南京翰林院侍讲学士周叙的奏书来举例说明。

周叙对立郕王为帝表达了不同的看法。他希望朱祁钰能够像周公辅佐成王那样辅佐英宗的儿子。他希望朱祁钰能够和群臣一起共克时艰。他主张派能言善辩之臣携带重金出使瓦剌，跟也先讲和，赎回英宗皇帝。接着他更是提出，为了大明长治久安计，必须跟蒙古各部落确立长期的睦邻友好关系。

应该说周叙的看法代表了当时一部分官员的看法。但这部分官员的声音极其微弱，在全帝国同仇敌忾的情况下几乎没有人能听见他们的声音。

英宗是失落的，也先是气愤的。也先想跟大明王朝重开贸易的理想随着新皇帝

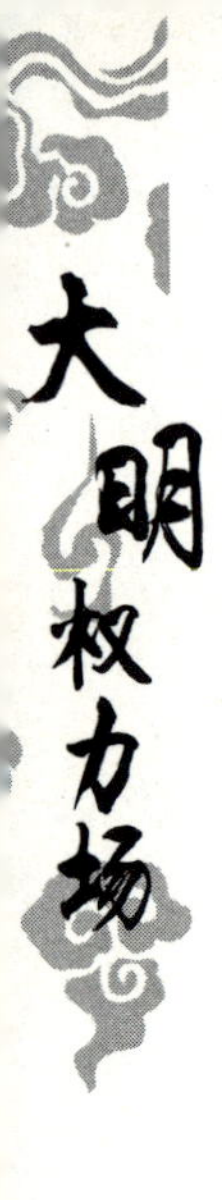

的登基而化为乌有。如今只有一个办法那就是带着英宗去北京讨个说法，最好是依靠自己强悍的瓦剌骑兵逼迫大明的新朝廷屈服，答应他的条件。

十月天高气爽，漠北草原热闹异常。也先在这里举行诈马宴，招待四方部落。在这里他重新将英宗扶上帝位，他是要告诉全天下的人，我也先不承认关内的那个皇帝，真正的皇帝在我这里，我要将他送回北京，送到本来属于他的位置上。

居庸关防守严密，也先带着 3 万大军从紫荆关而入。车驾到了易县，百姓们听说太上皇来了纷纷出来迎接。当地百姓奉上茶果酒，还牵来山羊。在百姓眼里朱祁镇依然是他们的皇上。心情复杂的朱祁镇对民众的热情提不起兴趣，他让人把这些东西都给了也先。车驾到了涿州，当地官员牵羊进酒，英宗又让人们都给了也先。接着英宗又来到卢沟桥的一个果园，此时正值秋日果实成熟，田园官采摘了一些果实给英宗品尝，英宗还是让人给了也先。

英宗终是到了京城。这两个月的时间虽然短暂，但对英宗来说已是恍如隔世。虽然英宗到了魂牵梦绕的京城，但是却不得进。城内的激进分子不会跟也先谈判，也先达不到目的也不会释放英宗。

英宗派去谈判的人在彰义门外被城内人杀掉。也先和英宗仍不死心，又来到德胜门外的土坡上眺望城内。在英宗与也先的一再坚持下，城内的朱祁钰派了两个低级文官出来谈判。英宗见了这两个人大失所望。英宗告诉也先这是两个小官。也先不禁破口大骂道："大臣如何不来迎？犬犹认主人，我奉驾至城门，却不来接。"

英宗和也先终是丧失了最后的希望，无奈返回漠北。

明朝人强势地将也先阻挡在了谈判的大门外。也先发觉他的设想根本就是一个错误：英宗已经不可能再成为皇帝。也先所希望的通贡和贸易只能跟新皇帝谈，如果要跟大明朝重开谈判就要结束这种敌对状态，摆在眼前的首要一件事就是把英宗送回去。

也先希望明国这边派使臣过来风风光光地将明英宗接回去，最好还带一些财物过来。但我们的代宗皇帝此时此刻已经对接回他的哥哥没有兴趣。他不断地以蒙古人没有信誉来搪塞。但随着也先不断地派使臣来北京，甚至直接把贡马送到明国境内，以及在京的大臣不断地对朱祁钰施压，要求接英宗回来的情况下，朱祁钰终于在景泰元年（1450 年）七月份派右都御史杨善前往瓦剌部议和，并在也先使臣带回的敕书里写上接回英宗的字样。为了体面地接回英宗，杨善变卖了自己的家财，买了一些财物送给也先。就这样我们的英宗皇帝终于在北狩一年后回到了故土，开始了七年的囚禁生活。

至此，持续一年的乱糟糟的土木堡之变终于告一段落。此后明蒙双方恢复了通贡。但它对明王朝的影响仍然没有结束，在此后的十几年中它仍然影响着帝国的命运。

## 阴霾下的景泰王朝

自从我们的英宗皇帝回到北京的这一天，他就给我们这个新的王朝投下了阴影。没有人会忽略身在南宫的他，在人们的心中南宫的他才是正统，而乾清宫的这个人只是一个窃国者。

文官们所力推的代宗登基并没有如期望的那样稳定局势。反而在英宗回来后使得局势更加微妙和复杂化。因为一个居住在南宫的前任统治者就像一根跳动的引线，那些不安分之人一旦利益受损，就会抓住这根引线点燃它。但不管怎样，景泰初年的一切还是在和平下进行，它由宦官、武将、文官组成了一个稳定的政体。

如果你认为王振死后，大明王朝从此就摆脱宦官政治，那么你就错了。王振的位置正在被兴安所取代。兴安是宣德时代的高级宦官，正统年间他曾经在司礼监中发挥重要作用，但他跟其他高级宦官一样，他们的位置都被后来居上的王振取代。如今王振已死，留下的权力真空迅速被兴安占据。但他无法像王振那样压服四方。他能做的更多是在与其他群体的激烈碰撞中求生存。

不仅如此，景泰年宦官对军队，尤其是对京营依然有着极强的控制力。曹吉祥和刘永诚是其中的佼佼者。这些跟军队有着千丝万缕的宦官并不仅仅是作为督军而存在，他们的身份就是将军，他们能够独立领兵作战。他们思维缜密，视野开阔，熟悉山川地理，看得懂军事地图，更为重要的是他们有战功。曹吉祥早年曾独立带兵前往云南作战和福建平叛。而刘永诚在永乐时代就三次跟随朱棣远征漠北。宣德

时期也是如此，甚至到了弘治时代 73 岁的刘永诚还在负责京营的训练。面对这样的人帝国无人会否认他们的将军身份，即使他们是宦官也是如此。虽然宦官统领了军队，尤其是统领了京营和禁军，但我们这个帝国不存在地方军阀割据的情况，这也就使得宦官无法像晚汉和晚唐那样废立君主。

曹吉祥和刘永诚虽然属于宦官，但毫无疑问他们属于武官体系。除此之外还有石亨，这位大同败将被兵部尚书于谦委以重任。

除了这些武官，文官集团开始成为一个优秀而稳定的团体，在某些方面呈现出三杨政治的特点，那就是老成而低调。吏部尚书王直是领头者，他能够为国家选择清廉而干练的官吏，在土木堡之变后的危局中起到了重要作用，他还一直是接回英宗最主要的主张者。除此之外还有兵部尚书于谦，在土木堡之变后他挺身而出，调动人力、物力保卫北京，并将代宗扶上帝位，在稳定人心、展示天朝国威方面起到了巨大作用。如今的于谦还要承担京营的改组任务。还有出使瓦剌，清廉、正直的杨善、李实都在察院工作。

景泰政体是一个平衡各方利益的政体。它既没有像王振那样能够压服全局的人，也没有像三杨那样能够说服全局的人，它更像是一个因为一件突发事件而走在一起的一个松散联盟。更为糟糕的是它里面混进了三个声名狼藉的人，他们是曹吉祥、石亨、徐有贞。在此种情况下景泰联盟面临着随时破灭的危险，而我们的代宗皇帝对此却没有规划，他只是带着我们的帝国沿着正统的惯性往前走。

景泰初年我们的帝国面临着三件事：一是如何从南方叛乱中抽身出来；二是如何通过水利工程解决黄河泛滥问题；三是如何对土木堡之变中暴露出问题的京营进行改组。

云南的麓川战役已经由老兵部尚书靖远伯王骥完成，此刻他正在回京的路上。由于王骥属于英宗派系的人，此刻御史正在弹劾他。但当他到了武昌的时候，恰逢湖广的苗民和瑶民叛乱，王骥又挂印平叛，而此时浙江、江西、广东一片的农民起义已接近尾声。这些都使得景泰年间能够有一个良好的开局。

负责治理黄河的就是那个在土木堡之变后主张南迁的徐有贞。他是一个既习儒学又习阴阳学的人，阴暗是他的特点，但才华也是他的特点；天文、地理、兵法、水利、阴阳、术数也是他擅长的。他挖了一条沟渠将泛滥的河水引入大海，并沿着运河两岸开凿了水库，防止泛滥的河水和泥沙阻塞运河；他设计了一个灌溉体系使

得山东的数百万亩良田得到灌溉。这些事证明了徐有贞的非凡才能。土木堡之变后笼罩在他头上的阴霾被一扫而光。他又是以前那个徐有贞。

从土木堡之变中暴露出明帝国军队的一个特点，那就是作战时军士之间互不熟知。造成这种情况的原因还要从永乐年间说起。永乐时期为了征伐蒙古，太宗皇帝长驻北京，从全国的卫所抽调军队组成三大营，这就是五军营、三千营和神机营；遇到有战事的时候再从三大营中抽调士兵组成征战部队。这就产生一个问题，就是作战的时候兵与兵之间、将与兵之间互不熟悉，影响了作战的协调性与团结性。大明与瓦剌恢复和谈后，于谦便开始着手处理此事。于谦将三大营改组成十个团营，每营设都督、都指挥、把总、队长，作战时以营为单位，而不是采取抽调的方式，剩下的士兵仍编入三大营承担京城的防务。十个团营采用宦官、武将、文官共管的方式，文官统军在一定程度上会增大文官的权力，但它也能够防止宦官和武将统军带来对军士欺压、驱使等腐败问题。在此之前和在此之后军队中暴露出的一系列问题，使得我们这个帝国不可避免地需要文人插手军事管理。

虽然景泰王朝一切都从以前的那种乱糟糟的景象中平静下来，但我们的代宗皇帝平静不下来。他在思考一件事情，那就是废掉皇太子改立自己的儿子为太子。这又是一件跟儒家礼法不符的事情。对于继任人的确立或废立问题是比现任君主的变动更令人敏感的事件，因为我们这个帝国对于未来关注得更多。

这件不合礼法的事情出人意料地得到了大多数士大夫的支持，少数反对的人也只好在心中排斥之。这一事例表明时至景泰年间我们的士大夫仍然没有恢复或形成他们独立的操守，皇权依然强大。虽然代宗在废立继承人的问题上达成了自己的目的，但裂痕已经产生。表面的平静下不安在加剧，野心家开始蠢蠢欲动，敏锐的人也开始不动声色地观察。

景泰四年（1453 年）新太子死去，代宗皇帝如遭雷击。他虽然不到 40 岁，但已到了知天命的境地。从这一刻起他的身体就开始差了起来。他也许已经预见到了结局，但只有束手等待这一天的到来。

时局已经微妙到了极点，空气在凝结，再傻的人也能捕捉到那微妙的气息。但这些久经宦海的饱学之士却仍在谨小慎微，仍在患得患失。机会就摆在眼前，一旦你抓住了，或许会丢掉性命，或许会伤残，但你会青史留名。

御史钟同是江西人。的确，帝国大部分的知名人士都来自江西。御史钟同的

父亲钟复是宣德朝进士，跟正统朝翰林院侍读刘球不仅是同乡，还是好友。时值宦官王振擅权，众大臣敢怒不敢言。刘球愿意充担这个历史的重任，但他想让钟复与他一起上书。钟复的妻子听说后便对刘球斥责道："你想找死，为什么还要连累别人？"如此，刘球便独自上书痛骂王振。王振将刘球关进了锦衣卫诏狱，被锦衣卫指挥使马顺打死，尸体被肢解。虽然钟复逃过一劫，但不久亡故。其妻叹曰，还不如让钟复跟刘球一起死去，以落得一个忠直的美名。

年幼的钟同一直敬佩像刘球这样舍生取义的士子，他同时也为父亲没有走刘球的路而深深遗憾。他发誓要继承父亲的遗志。景泰五年（1454 年），钟同、礼部郎中章纶、太常寺少卿廖庄、礼部郎中孟玘相继上书，要求代宗复立英宗之子朱见深为太子，三人皆被杖责，钟同当场被杖毙。后来钟同的牌位被供奉在家乡吉安永丰县的忠节祠中，与刘球的牌位在一起。钟同真的实现了当初之志。

在这种严峻的形势下，朝中其他重臣如王直、于谦、胡濙、王文也私下里向景帝进言，要求立朱见深为太子，但都被景帝斥退。这些重臣也是无可奈何。历史似乎又滑入三杨时代，后世又像责备三杨那样责备王直、于谦无所作为。实际上老臣、重臣跟年轻后辈的思维方式不一样。年轻后生可以一死博忠名，但老臣、重臣需要对政局的稳定负责。实际上此时代宗已经不信任于谦了。我们的于少保已经是如履薄冰，他的亲信、部下开始与他避嫌。

我们的皇帝此刻已经患了焦虑症。虽然皇帝处罚了三人，但面临的压力是空前的。人们不说，但那种无声的语言已经告诉皇帝他们想说什么。南宫的哥哥已经在那里跟自己的嫔妃生了几个儿子了，而自己虽然整日忙于床第之事，却仍是一个也没有。在这种煎熬与折腾中我们的皇帝终于病倒了。

景泰八年（1457 年）的形势似乎已经到头了。元旦过后众大臣去看望朱祁钰，被司礼监太监兴安挡在了门外。兴安双手做十字状告诉众臣僚，皇帝只剩下 10 天时间。兴安对众位大臣说道："诸位都是股肱之臣，不能为社稷出谋，徒来问安，有何益处？"

众人明白兴安的意思，那就是抓紧安排立储的事情。各部的堂官都参加了左掖门会议，讨论立储的大事。虽然大多数官员都赞同复立朱见深为太子，但最后还是没有达成一致意见。众人还是要征求皇帝的意见。

景帝将立太子一事否决了，只提到十七日举行早朝。这件事情传到了石亨的耳

朵里，他很失落。一旦景帝驾崩，众大臣拥戴朱见深成功，那么就意味着石亨在这场立储中没有丝毫的拥戴之功。这些年来石亨的名声已经臭了，如今的石亨还要小心翼翼，那把刀子不知道什么时候会砍到自己身上。石亨知道，若想保住自己的利益，就必须在立储中发挥作用。凭借石亨自己一个人做不了此事，必须另找他人，找那些跟石亨一样居心叵测——而且利益受损的人。他找到了曹吉祥、张车兀、杨善、徐有贞、罗通。这些人皆对石亨的想法表示赞同。在这5个人中，张车兀和罗通是跟随石亨一起掌管京畿十团营的，皆是手握重兵之人。这5个人，除了杨善外，其他人考虑更多的是权益，而杨善是真心希望英宗复位。

不仅如此，曹吉祥还进宫就此事取得了太后的同意。太后本就倾向于自己的亲生儿子朱祁镇。此事到了此时已再无悬念：政变的人不仅掌握着军队，而且还征得了西宫的支持，只有几个按照儒家礼法行事的儒生被蒙在鼓里。其实到了这个时候，石亨等人即使公开行事，也没有什么不可。只是他们更希望把这样的行动演变成一次秘密政变，以显示他们的功劳。

这边群臣仍是心急如焚。十六日清晨，众人又聚在一起，最后商议结果还是立朱见深为太子，并写成草案打算第二天早朝时递上去。

大明景泰八年（1457年）正月十七日凌晨，石亨等人冲进南宫，将朱祁镇扶上了皇位。我们的英宗皇帝终于回归大统。即位诏颁布后，英宗于当日下令逮捕内阁大学士吏部尚书王文以及兵部尚书于谦。英宗北狩1年，幽禁7年，他以极大的毅力熬过了这近8年时间，仇恨在他的心中慢慢积累。当也先带着他来到北京城外而不得进的时候，他在心中已经把他的弟弟和他的那些支持者判了死刑。尤其是这个王文，在众大臣皆主张接自己回来的时候，是他表示了反对。也是这个王文，在众大臣主张复立朱见深为太子的时候，他又表示了反对。他不想再见到他们。

英宗的复位又是一件违背儒家宪法的事情。按照儒家宪法，皇位只能向晚辈传，断无向长辈传之理。所以为了显示自己复位的合法性，景泰皇帝的年号必须要抹去。既然景泰政权为非法政权，那么促成这一政权诞生的王文、于谦也必须被处死。这样才能名正言顺。

天顺元年（1457年）正月二十二日，也就是在英宗复位5日后，王文和于谦被处死于西市。

## 复位的英宗

英宗复位后，朱祁钰又恢复了他的郕王称号。不久他就死去。他完全失去了他的正统性，在这深冷的皇宫里已经无人再记起他。

朱祁钰的母亲是汉王朱高煦宫中的宫女，在王宫沦陷的时候被朱瞻基带到了北京。朱瞻基看中了这个女子便临幸了，后来此女生下了朱祁钰，朱瞻基将母子二人安置在了宫外。汉王宫女的身份使得母子一直以自卑而又尴尬的状态活着，这些都养成了朱祁钰自卑、城府颇深而又优柔寡断的性格。

土木堡之变后，当众人都让朱祁钰出来做主的时候，他故作推辞以显示他的姿态，他甚至对权力表现出了极端恐惧。但这些都随着他的皇位稳固后而化为乌有。朱祁钰不想让朱祁镇回来，但他也不敢公开地反对。在众人的一再劝说下，他还是命杨善接回了他的兄长。朱祁钰让兄长跟嫔妃还有儿女生活在一起，他对待兄长还算不错。甚至在有人建议将英宗之子移出京城的时候他还对此人进行了呵斥。除了对待英宗身边的两名太监以及上书要求他立朱见深为太子的几个人比较苛刻外，他待人还算宽厚。景泰八年（1457 年）一切都在平淡中度过，最终尘封在历史之中。

朱祁镇又重新回到了这里。他改元天顺。他做梦也没想到这一天，但这一天真的来了。他很感激那些扭转他命运的人，对于这些扭转他命运的人他都帮他们实现了理想：政变的首席策划者徐有贞被任命为兵部尚书，封为武功伯；石亨晋升为忠国公；曹吉祥为宦官首脑；杨善被任命为礼部尚书；他们的追随者也各有赏赐。

我们的天子似乎又在走懵懂、任性的老路，但这自始至终都是表象。在他还是一个少年的时候，他就隐藏在幕后，让王振冲在前面。当他在塞外北狩的时候，他的表情尽量做到平静如水。他甚至懂得如何跟这些瓦剌人和平相处，以取得他们的信任与好感。他的内心不再有懊悔，只想一天天坚强地活下去。如今的他再次君临天下。他已经没有任何依靠。他不可能再像以前那样躲藏在后面，他要独自面对这个帝国，独自去对付他的臣僚。他的辣手也逐渐显露出来，他不会信任任何人。任

何事情的发生他都不会再感到莫名其妙，他不会因为某些人拥立了他而对这些人感恩戴德。

大规模地清洗并不是仅仅杀了王文和于谦了事，事实上这只是一个开始。在这8年中，那些不替自己开城的人，那些不主张议和以迎回自己的人，那些说自己儿子闲话的人，那些侮辱、轻视自己的人，都要一个一个地找他们算账。事实上，这些不用他费脑子一个个地去想，下面的人都替他记起来了，他所做的就是勾对就行了。天顺元年（1457年），从宦官到文官，从京城武将到边关武将，无论是有爵位的还是没爵位的，皆是杀的杀、关的关、流放的流放、免职的免职，整个帝国的官僚系统为之一空。当然，那些替自己说话的人，甚至为了自己的名誉而身死的人，也是要陆续追封或奖赏。这些当然也有人替他罗列名单。英宗的爱憎分明在这里得到了鲜明体现，8年的屈辱、隐忍终于出了一口恶气。

景泰年间所有的一切几乎都推倒重来，就连于谦设立的十团营也被废掉，重新成立了三大营，而这三大营仍然由石亨、曹吉祥掌管。此时的石曹已经是飘飘然，他们对于权力的贪恋达到了连自己都无法控制的地步。

我们的天子对徐有贞、石亨、曹吉祥早就有了考虑。他借这三人之手清除掉那些跟自己若即若离的人，然后给徐有贞、石亨、曹吉祥很高的荣誉与权力，让他们的行为出现偏差，然后再来收拾他们。石亨与曹吉祥果然如此。他们不断地把手伸向各部衙门，安插私人，甚至想控制内阁。天顺元年（1457年）还没有结束，英宗就已经酝酿除掉石曹。他首先暗示内阁大学士徐有贞和李贤弹劾石曹。徐有贞、李贤不仅没搞倒石亨和曹吉祥，反而败在了对方的手里。此时的英宗明白倒石和倒曹的机会还没有到来，他需要石亨和曹吉祥犯更大的错误。他同时也明白一个问题，靠这些文臣是扳不倒石亨和曹吉祥的。为了安抚石亨和曹吉祥，英宗反而将徐有贞、李贤降职外放。这些皆是欲擒故纵、以退为进之策略。与此同时，英宗开始改派大批锦衣卫对石亨和曹吉祥进行布控。天顺三年（1459年），英宗终于收网。八月份石亨的侄子石彪被锦衣卫抓捕。在锦衣卫诏狱中，石彪抗不住酷刑，开始咬向石亨。随即石亨被撤除一切职务。英宗对石亨的监视并没有撤除，校尉们仍在暗中监视着石亨的一举一动。天顺四年（1460年）元月，石亨因为说了一些牢骚话被锦衣卫侦知。英宗下令将石亨关进诏狱。石亨最终死在诏狱。

处死石亨只是一个开始，英宗的下一个目标就是曹吉祥。曹吉祥对此也是洞若

观火。曹吉祥非常后悔拥立了这么一个君主，他更后悔没能及时跟石亨联手发动兵变，如今只有他一人独自应对这个局面。他知道有无数只眼睛盯着自己，自己的府上也到处都是皇帝的眼线。一种无形的压力逼迫着曹吉祥喘不过气来，无论他多么的小心翼翼还是难逃一死，索性来个鱼死网破，说不定还有生路。

此时曹吉祥的手上已经掌控一部分禁军。虽然天顺元年（1457 年）石亨、曹吉祥气焰嚣张，但英宗始终没有将全部京营交其手里。天顺五年（1461 年）七月二日，曹吉祥让义子和侄子们率领 500 蒙古降兵作为外援，曹吉祥率领内城京营作为内援，打算一鼓作气攻占皇宫。谁知蒙古降兵中已有皇帝的眼线，此人密报了一切。英宗急令关闭九门，就在大内将曹吉祥抓捕。此时曹吉祥义子曹钦、侄子曹铎正率全副甲胄的武士沿长安街奔来，各部平叛军士也赶赴前来。双方在长安街上激战了一整天。曹钦自尽，曹铎被杀，众军拥入曹家宅地，男女老幼尽皆被屠。

至此，正统末年、景泰年间的所有朝臣尽皆散去：有的是因为年老而致仕，有的是因为一些事情而被诛杀，还有的是被贬黜，整个朝堂为之一空。英宗皇帝本不希望如此。实乃因为正统十四年（1449 年）的土木堡之变改变了上层的政治结构平衡。从一个不平衡的政治结构达到一个新的政治平衡结构，的确需要一个调整期。这个过程是由复位后的英宗亲自完成的，从这里可以看出英宗的御人能力。的确，在某些方面他显示出了比宣德皇帝更凶狠的手腕。在老一辈的勋贵和文臣在土木堡集体埋葬后，帝国已经没有可以帮助他的人了。他依靠自己处理了该处理的事情。这个时候他才三十几岁。这在别人也许还是太子的时候，我们这个帝王却已经历了人世的沧桑。虽然已经没有任何事情可以令他的内心再起波澜，但难能可贵的是他还保持着一颗淳朴的心。

英宗复位后经过两次清洗，帝国的整个官僚中枢为之一空。面对空荡荡的朝堂我们的皇帝没有表现出不适的感觉。他正在逐步发现和任用一些品行优良、勤于政事的官吏。这些官吏都跟皇帝保持了良好的关系。对于镇压曹吉祥叛乱的官吏，皇帝也没有给予很高的封赏。这些都使得经过曹石兵变后的天顺王朝能够保持政治清明的状态。

无论是李贤，还是后来的岳正、彭时、吕原，他们都与英宗保持了默契的合作。经过从正统到天顺年间的三场政治地震，如今的阁臣们已是小心翼翼，如履薄冰。他们不再像王振、徐有贞、曹吉祥那样跋扈，也不会像三杨那样发挥中枢的作

用。无论他们如何勤恳办事，无论他们如何令英宗满意，君臣之间再也无法做到亲密无间。

我们的天子还是一位勤政的人。他每天五鼓起来拜天、朝庙，接着便是批阅奏章和举行朝会。如此繁复的礼仪和繁杂的工作他都认真地去做，甚至比他的臣僚做得还要好。他对衣食从不挑剔。经历了一年的俘虏生活，奢华在他眼里已是浮云，他更追求一种平淡如水的生活。

后世人看英宗更乐意提及的是他那善良的秉性。他释放了被关押达 56 年之久的建文帝幼子，他临死之前废除了殉葬，他对国内的流民始终采取安抚的措施，他对自己弟弟的家属还很优待，甚至在朱祁钰病情转好后，他还面露喜色。英宗的配偶钱皇后虽然并无子嗣，但英宗始终如一地对待她。对待平民，英宗皇帝也继续强化洪武皇帝制定的优老政策。

英宗所在的 28 年我们理不出头绪，虽然有不少国章典故，但并无大的朝政得失。英宗并不是一个昏聩、无主见的皇帝，他更是一个复杂、难以捉摸的皇帝。在他身上体现了决绝与优柔、勇敢与怯懦、随和与专制、扩张与内省。他必然带着这些特点走完他复杂而又矛盾的一生。

## 妖风四起的成化王朝

明成化年间，一切都是那么强大，一切都是那么弱小。我们的王朝已经进入一个奇特的时期：它充满了暮气，然而却生机勃勃；它保守、墨成，然而却是商业经济的开始；它一身正气，然而却妖人四起；它力图恢复儒家规范，然而却开奢侈、糜烂的先河。成化王朝注定会成为一个矛盾的王朝。阴沉的君主、神秘的皇妃、跋扈的太后、充满理想的宦官、迈入轨道的官僚集团、民间的妖人、充满战斗力的流民等，各色人等开始在这个帝国的政治舞台上摇曳。没人知道我们的帝国将要驶向何方。

我们的这位皇帝名叫朱见深。他还有 8 个弟弟，无论他是否被立为太子，他都似乎不是皇位的唯一人选。的确是这样的，在土木堡之变后，在太后的提议下朱见

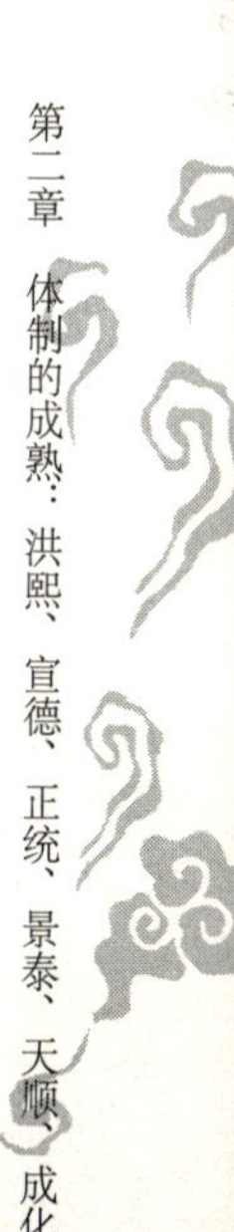

深被立为太子。随着郕王继位，敏锐的太后已经感觉到了未来会发生什么。为了保护自己的孙子，太后将朱见深接到自己的身边，由侍女万贞儿抚养，不允许任何人接见这位皇子。后来随着朱祁钰立自己的儿子为皇储，朱见深被改立为沂王。当他搬到沂王府后，仍是由大他 17 岁的万贞儿抚养。仍为幼儿的朱见深对于人事的变动自然没有他的父亲体会深刻。对于他来说，身边有万贞儿在就可以了。此时的他跟他的父亲一样被锁在这深宫中。他不知道外面的世界是什么样子，也从未见过自己的父母。因为母亲周妃要在南宫陪伴他的父皇。

一直到父皇重新登基，朱见深才重新搬回东宫居住。此时的朱见深已经是一个性格孤僻的孩子。他方脸、大耳，迟钝、木讷，不喜言谈，不喜交流。英宗跟他谈不上什么感情，英宗更喜欢那些跟自己在南宫亲密无间的孩子。英宗复位后一直有将朱见深废掉另立的意思，但此事的确事关重大。一个太子两次被废，这意味着什么？英宗皇帝不得不慎重。但大学士李贤是知道他的心思的，李贤也知道皇帝的症结在哪里。

“皇上，社稷为重，皇上切要三思。即使太子无能，有我们这些阁臣在，一样可以辅佐社稷。”李贤这样对英宗说道。

李贤的话打消了英宗的顾忌。一则换太子对社稷的确震动巨大，会搅动各方势力，使平静的朝堂重新翻滚起来；二则对于太子能力的忧虑，李贤进行了解释。虽然这种解释不一定能令英宗完全释然，但至少能打消英宗的部分疑虑。除此之外，李贤的话释放出来一个重要信息，那就是此时的官僚集团已经能够掌握帝国的命运，皇帝更多的只是发挥一个礼仪上的作用。我们的帝国已经不可避免地重回它原来的运行轨道。朱元璋所设计的体系在经过 100 年的运行后终于面临崩溃的局面。

为了进一步拉近父子之间的距离，李贤让朱见深在英宗病重期间来到英宗床前。朱见深抱着英宗号啕大哭起来。不管是真是假，父子俩的关系在这一刻的确拉近了。

因为这些因素，李贤在天顺末年和成化初年成了朝堂上的资深阁臣。文臣们开始希望能将朱见深培养成他们喜欢的模范君主，帝国的官僚们开始引导朱见深一步步地走向他们所设计的道路。

每朝新天子继位后，除了颁布大赦天下的告示，还要做的就是平反。新天子的

威信通常就是通过这种方式建立起来的。成化年间平反首先就是要为于谦平反，这是所有人都知道的事情，但做起来却并不是那么容易。因为于谦在一定程度上属于代宗那个体系之人，而且在朱祁钰要废掉朱见深皇太子之位的时候，不管于谦同意不同意他还是在上面签了字。如果替于谦平反，朱见深在心理上不好过。但朱见深毕竟与朱祁镇是隔代，心理上的这个坎他还是能迈过去。但另一个问题又来了，如果替于谦平反，朱见深作为皇帝的正统性会不会产生动摇？这的确是个问题。但我们的新天子似乎对这个问题也不在乎，他很快就对于谦平了反。不仅如此，英宗复位后所处理的一系列官员也都被朱见深平了反。

眼见朱见深的所为非常得人心，文官们开始酝酿推动另外一个更敏感的话题。那就是对朱祁钰的定位问题。此事关系更大，众人虽然心中皆存此事，但无人提及。没人提及，但并不代表人们不关注此事。事实上，对于谦等人的平反，和对景帝平反是一脉相承的。一旦开了一个头，就不可能停止下来。紧张的气氛是令人沉不住气的，总有心浮气躁的人跳了出来，抑或真的是憋不住了，抑或是有人指使，抑或从天子那里觉察到了某种信息。第一个上书替景帝翻案的是荆门州训导高瑶。高瑶举人出身，会试不中，而被安排了一个训导的职位。成化三年（1467 年），高瑶上书，要求恢复朱祁钰的帝号和庙号。帝国很多敏感的事件都是由身居外地的小官们挑开的。这些小官也因此名扬千古，载入史册，或许改变命运，也不是没有可能。我们也可以看出，他们基本上都是捕捉到了皇帝的心思。所以他们的上书在很大程度上起到了四两拨千斤的效果。

此事既已挑明，就不能回避。皇帝将高瑶的奏章让部院廷议，此事最终不了了之。皇帝态度暧昧，阁臣的态度一样暧昧。终于在成化十一年（1475 年）由朱见深主动提出恢复了朱祁钰的帝号。在这件事情上，我们的皇帝很显然走在了文官们的前面。成化皇帝开本朝风气之先。朱见深登基后的一系列作为，都为文官的谏言起到了一个推动作用。虽然成化年官员们的谏言不像万历朝那般波澜壮阔，但它毕竟是个转折点。它标志着洪武时代以来对言路的压制到了尽头，一个新的时代开始。但文官的上言都是泛泛而谈，既无新意，又不具备可操作性。皇帝表面上对这些文臣的进言表示赞许，实际上也是不置可否。虽然我们这位君主广开言路，但一旦文臣们的言论涉及他的私人兴趣，他也会表示出不耐烦，甚至大发雷霆。

我们的这位皇帝并不是像文臣们所期待的那样中规中矩。他对儒生们开展的经筵没有丝毫兴趣，他更厌烦日复一日、琐碎非常的礼仪、朝政。他跟他的祖父宣德皇帝一样更热衷于宫廷生活，但他更进一步，也更荒诞。他除了对新奇的玩意儿感兴趣外，他还喜欢跟道士、僧人搅在一起，他不是一个阳光的人，他很阴郁，不喜与人交流。他总是闷在宫廷里写字、作画、听戏。他更迷恋比他大 17 岁的万贞儿。在这个庞大的帝国，他似乎是个局外人，只有万贞儿是他的全部。

朱见深的大婚进行得很迅速。即位的当年他就结婚了，皇后为吴氏。为了防止外戚专权，大明朝的皇子和公主都是跟小吏和平民家联姻，这吴氏也不例外，父亲为禁军指挥使。在那个时代，吴氏似乎是整个京畿地区唯一符合皇后的人选。她的家庭既不显赫，也不卑微，她端庄，识大体。但就是这样一位女子竟然在大婚一个月内就被废掉。这件事情令举朝瞠目结舌。人们惊讶的原因不是因为皇后被废，而是这位皇帝在废后的过程中表现的异常决绝，仿佛吴氏戳到了他的痛处。吴氏的确戳到了他的痛处。对于朱见深来说，替于谦平反，恢复朱祁钰帝号，这些都没什么。但有个节骨眼儿绝不允许别人去触碰，这个节骨眼儿就是万贞儿万氏。

朱见深小时候就没有受到父母的疼爱。他是一个孤苦伶仃的人，唯一陪伴在身边的就是这位万氏。在他的个人世界里，万氏就是一切。他的不自信，他的抑郁情绪，都需要靠万氏来缓解。虽然我们这位皇帝结了婚，但对万氏依然宠爱。而皇后吴氏对这些事情就不了解了，她看见的只是万氏的跋扈。她是后宫之主，当然要行使皇后的权力。吴氏与万氏发生了冲撞，万氏竟然反客为主。朱见深对吴氏冲撞了万氏极其不满，所以坚决废了她。此次后宫的一次碰撞只是成化年间的一个开端，但它清晰地对我们发出了一个信号——那就是这个帝国依然不平静。正统朝被一个太监掌控，而成化朝似乎又要滑入一个女人的手中。

这位万贞儿并不是很漂亮。她有着男性的气质，喜欢戎装佩刀矗立在皇帝身旁，给皇帝以安全感。除此之外，她的房中术大约也很好，能够把我们的皇帝牢牢地驭住。所幸的是万氏的威力只在宫廷，她并没有像王振那样跟帝国的官员们发生冲突。但从更宏观的角度来讲，这个女人对社稷的危害更大，因为她会影响到皇位的继承问题。既然吴氏被废，那么还要遴选新的皇后。无论如何，万氏都不符合皇后的标准。不管是英宗的正室钱太后，还是朱见深的生母周太后，都容不得这个女

人。有了前一次的教训，新选的王皇后始终不敢跟万氏较劲。

皇帝的这位保姆虽然跋扈，但更多的只是限于宫中内部事务，于礼仪上关碍并不大。成化二年（1466年）万氏产下一子。皇帝十分高兴，这对于他来说是最完美的事情。但帝国也只有他一个人高兴，因为所有的人都不希望这个女人将来成为皇太后。为了不让王皇后生育，朱见深甚至根本不去皇后那里居住。现在终于好了，朱见深的努力有了回报。但天有不测风云，当年底这位婴儿就夭折了，皇帝的心情似乎一下子跌入了谷底。接下来两三年的时间里，宫中再也没有传出宫女怀孕的消息。原来这位保姆令太监给每位怀孕的宫女吃流产药。

但还是有一名宦官于心不忍，只给一名怀孕的宫女吃了半份流产药。这名宫女终是将孩子生了下来。他就是日后的弘治皇帝——朱祐樘。人们将这名皇子隐藏在宫中偷偷抚养，后来他被周太后接到宫中。这是一个转折点，它基本上标志着万妃时代的结束。从此这个女人对后宫已经不具备控制力，虽然她是站在帝国最高处的女人，但是她不能跟全天下作对。一旦她的保护伞没了，她将会粉身碎骨。这位女人的嗅觉也是异常灵敏，朱祐樘的出现使得形势出现了扭转，朱见深的内心也产生了变化。万氏这个聪明的女人明白，如果再一意孤行，只能是适得其反。

朱祐樘的出现，使得帝国最根本的问题得以解决。后宫的问题也只是在小范围之内，这也使得帝国的官僚们能腾出手来解决一些其他问题。成化初年起，自英宗年代就延续的南北党争在成化朝又拉开了序幕，并带来一个言官沸腾的年代。

英宗皇帝不喜欢南方的官员，尤其是江西籍的官员。在大明王朝近300年御宇的岁月中，有一半的时间是江西籍的人物在主宰帝国的命运。大明官场一直有江西人士把持科场之言。这还不是最令帝王关心的问题，最令帝王关心的是江西籍的言官们。正统、景泰、天顺、成化四朝享誉天下的言官皆出自江西，到了成化初年，帝国的内阁中还有两位重臣是江西人，他们是陈文与彭时，而内阁首辅却是河南籍的李贤。成化年间文官之间的矛盾很快就会爆发。

罗伦是江西吉安府永丰县人。大明朝的官场有一个怪现象，就是全国官员数江西，江西官员数吉安，似乎明王朝的一小半官员都来自吉安这个地方。罗伦家境清苦，状元出身，他是一个极端的理学教徒。成化二年（1466年）罗伦便开始发难。



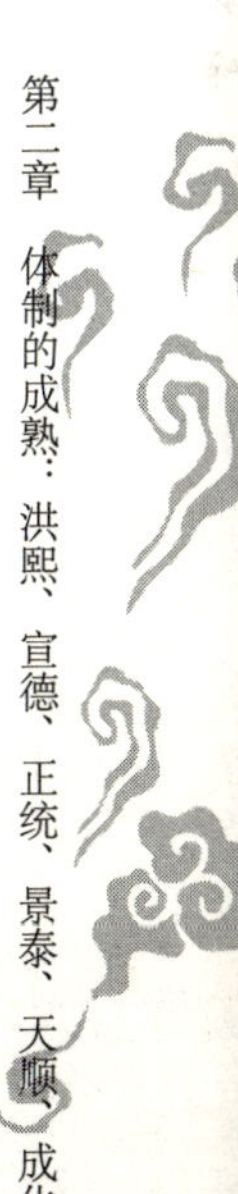

他攻击的对象是内阁首辅李贤，弹劾的话题是李贤在父亲死后不按规制守孝 3 年，只在家中待了 2 个月的时间便回来了。

皇帝对于罗伦的上书不悦，当事人李贤也同样不悦。李贤有别的想法，内阁重臣陈文和彭时都是江西吉水人，属于罗伦的同乡，李贤很容易认为是陈、彭二人鼓动罗伦上书。李贤在英宗和宪宗两代皇帝心目中有着无与伦比的地位，而且李贤对于消除英宗与宪宗父子之间的嫌隙，保证朱见深顺利登基起到了推动作用。朱见深自然视李贤为股肱之臣，现在有人弹劾李贤，这自然是朱见深所不能容忍的。朱见深将罗伦外放福建。朱见深的这一处罚是轻微的，这不仅没有起到震慑群臣的作用，反而激起了群臣的抗辩。从各部尚书到六科给事中、十三道御史纷纷出动，将矛头对准朱见深和李贤。皇帝大怒，他哪里见过这种架势。他对官员厉声斥责，李贤终于被他保下来了。虽然如此，李贤也承受着巨大的舆论压力。他突然莫名其妙地发现他跟整个帝国的官僚决裂了。实际上官僚们是想借此事掌握舆论权。虽然朱见深将群臣压了下去，但在这一年年底李贤却死去了。李贤的死标志着在宪宗面前再也无挡箭牌，帝国的话语权不可避免地滑入文官手中。

罗伦事件过后仅一年，翰林院的大能们又开始没事找事。这一次有位叫章懋的编修上书，反对元宵节点灯。这真是鸡蛋里挑骨头，没事找事。朱见深自然又将章懋贬黜。罗伦、章懋都是极有气节之人，被贬黜后随即辞官回乡，终生著书讲学，不再出来做官，以自己的操守诠释了读书人的气节。明代的士大夫们的确都是很有性格的人，他们不贪权，不恋财，不惧生死，他们杜绝碌碌无为，他们更喜欢青史留名。虽然皇帝处理了罗伦、章懋，但帝国以他们为榜样的言官一波接着一波，皇帝再也无法压制他们。此时的皇帝已经显示出倦政的信号。也许大明朝此后的行政特点从这个时候就已经初露端倪。

慢慢地皇帝不再喜欢跟文臣们沟通，朝政都交给内阁处理，司礼监负责批红就行了，士大夫们期待的君臣共治局面终于开始形成。而我们的皇帝沉溺于宫中跟各色人等交往。这是一个人才辈出的年代，工匠、医生、画家、戏子、作家、道士、僧人、法王、术士、魔术师、罪犯、性学家、色情小说家、春画画家都能在帝国找到自己的舞台，而且还是很好的舞台。

皇帝除了供他们吃喝外，还绕过吏部和兵部授予他们文职和军职，前后共封了 1000 多人传奉官的官职。在这个自由的天地里，所有人都是无拘无束的。你的才情

尽管发挥。披头散发没人怪你，哪怕是赤身露体也没人笑话你，这些只会被当作个性与才情的展现。对于已成为污秽之地的皇宫，文臣们自然不能容忍。皇帝与文臣的冲突又将展开。

面对滔滔而来的奏章和指责，我们这位皇帝采取了灵活的应对策略。他对为首的几位大学士采取封官的策略来拉拢，对于其他人则挑其毛病加以斥责。正是这种分化瓦解、又拉又打的策略使得我们的朱见深皇帝在面对滔滔洪水的时候如稳固的堤坝一样屹立不倒。多年以后人们回想起这段往事，仍然对这位皇帝的手段佩服得不得了。在这方面他远比他的后世子孙们强，他学会了主动进攻，他完全不用强就把握了话语权。的确，大明朝到了成化年间，文官们自身也不干净，贪污纳贿，旷工狎妓。

朱见深成功地阻击了群臣。自从李贤死后，大明朝失去能够制约群臣的人物。成化年间注定是一个热闹的时代，宫里热闹，宫外也热闹。群臣在宫外也互相倾轧，党争已经隐隐若现。朱见深看着群臣斗来斗去，乐得个清静自在。但我们的帝国从这一刻起似乎失去了它的凝聚力。的确，民间也是如此。

## 汪直肃贪

成化年间天象屡屡示警，时常有流星长时间划破天空，而且拖着长长的尾巴，或有小流星相伴，帝国的南北皆见。天空中的各星位皆被冲撞，这似乎不是好兆头。古人通常将此种天象跟皇帝失德联系起来。我们的朱见深皇帝也面临着压力。

每次星相之变都能在帝国掀起政治风波，皇帝下罪己诏，文官们相互弹劾，有人上位，有人下位，为非作歹之人收敛，淫靡之人素寡度日，整个帝国一片哀悼，一切娱乐活动停止。

成化十二年（1476年）正月，朱见深率领文武群臣前往京城郊外祭祀。天地间突刮大风，沙尘遮蔽了天空，烛火被吹灭，气温骤降，当场有人冻死。据说这是后来的江南才子祝枝山祖父亲眼所见。这不是一个好兆头，按古时说法有妖人作怪。实际上据《实录》记载，那日前夜就起了大风，这应该是天气不好的原因，或者是

北方固有的沙尘天气。而当场冻死人，则有可能是祝枝山的祖父夸大其词。但在祭祀的时候突发此等事件，无疑给众人的心头笼罩上一层阴霾。

此事刚过了几个月，京城中又传言有黑色的动物夜间出来伤人，弄得整个京城人心惶惶。人们皆白天睡觉，夜里劳作。后来此物竟然跑到宫中，虽经几番捉捕，终是无获。此时的成化王朝已步入多事之秋，外有边患，内有流民，君臣离心，宦官佞人横行。每次出现异相都能令朱见深惴惴不安。如今京城出现怪兽，朱见深一面派人去土地公公那里祷告，一方面又下罪己诏。这样过了几月，事情竟也渐渐地平息了下来。那么，这个黑色怪兽究竟是什么动物呢？笔者认为，是外籍人士带到京城的某犬类动物可能性为大。

这件事情没过去多久，京城又盛传有狐狸精出入。京城人赵灵安在出城经商的时候，碰到了一个美女。据说，她的模样美若天仙，所以不得不戴了个面纱。后来这个女人被赵灵安带进了府里。第二天府里的人全部死个精光，就连府里的狗、鱼都没有一条活着。所有死去的人和动物都没有伤痕，而那个美女却没了踪影，所以京城里就开始流传是狐狸精作怪。接着，人们到了夜晚不断看见一个美女在外游荡，后来又死了人。“妖狐夜出”的神秘案件就这样流传开来。据说当时还有一份关于这个案子的档案，现在被保存在故宫，但是没有展出。

怪兽事件刚刚过去，现在又冒出了狐狸精。皇帝急了，便命人彻查。妖狐没查出来，倒真查出来一件事。山西有个妖人名叫侯得权，化名李子龙，自称有不世出的秘法。侯得权与宫中宦官取得联系，由宦官引入宫中。侯得权本身没有入宫中传奉官名册，只是被宦官私匿。此事被侦知后，皇帝怀疑是侯得权在搞鬼，便将侯得权和庇护他的宦官杀了。

京城和宫中连发怪事，已经闹得人心惶惶，可更诡异的事情还在后面。不久皇宫中每到夜间都传出金甲撞击、兵器相搏的声音，还伴有呐喊声，就好像有人在搏斗。这种声音朱见深亲耳听见，想来既令人心烦，更令人毛骨悚然。宫里的江湖术士捉不出来鬼，也许就是他们自己在搞鬼，以骗取自己对灵异事件的信任。朱见深感觉到前所未有的不安全感：所有的人都不可靠了。宦官不可靠，锦衣卫不可靠，东厂也不可靠，就连朱见深自己信任的江湖术士也不可靠。他们的法术时灵时不灵。在这种情况下皇帝想到了一个人，他叫汪直。

汪直本是瑶族人，是韩雍在成化三年（1467 年）大藤峡之战中被俘的小孩，后

被阉割进宫当了太监，侍奉万贵妃。汪直聪明伶俐，很讨宪宗喜欢。成化年间不仅文官与皇帝之间不信任，就是皇帝与宦官之间也不是那么亲密无间。成化年间的知名宦官怀恩、尚铭不一定都买皇帝的账，有些旨意没到内阁在司礼监就被驳了回来。皇帝想到了汪直。他曾经命汪直外出刺探隐私，汪直跟皇帝都是单线联系，在整个帝国皇帝已经无法找到这样的人了。但汪直职务卑微，皇帝无法让他统领东厂，所以只能采取权宜之计。

皇帝设立了一个新的机构，由于该机构在皇宫以西，并以宫中的旧灰厂为治所，便名曰西厂，由汪直挑选了 100 多位锦衣卫校尉负责。西厂建立后汪直的能力很快就体现出来了。

三杨中杨荣的孙子和曾孙在福建家乡闹出人命案，被人告到刑部，刑部打算严惩此事。谁知杨家人进京活动，就在此案要被压下去的时候，汪直知道了。汪直深挖此事，将杨氏父子处死，跟此案有关联的官员也受到了牵连。杨氏一案使得汪直和他的西厂名声大噪。这件案件办得令任何人无话可说，它保护了民众的权益。后来的事实表明这只是一个开始。汪直不仅监视文官，他也监视宦官。

历史走到成化年间，社会风气已经有了很大变化。官场贪腐已是公开的秘密，从宦官到文官无不靠倒腾食盐、物资赚些外快。人们对于这些事情都是习以为常，偏偏汪直较起真来。南京镇守太监覃力朋是个位高权重的人。他在回京途中搞了近百船食盐，沿着京杭运河招摇过市。船队行驶到了山东武城县的时候，武城县的典史要拦截船队检查。覃力朋一个耳光打过去，打掉典史的两颗牙齿，又将典史身边的一名随从射死。此事很快被西厂侦知，汪直汇报给了朱见深。朱见深本就对司礼监不满，正要将此事当作对付司礼监的典型。一番恶斗后，覃力朋终究是被司礼监保了下来，但覃力朋从此也退出了宦官的舞台。

从这件事情可以看出，如今汪直和他的西厂已经不是跟东厂的矛盾了，而是跟整个宦官集团和文官集团的矛盾。小小的汪直已经得罪了整个帝国，但这丝毫不影响他在帝国的威力。

接下来有更多的人因为走私、受贿、通奸、妖书等类事情而被抓，或被西厂讯问。从中央到地方，所有的官员都胆战心惊。人们不知道自己的身边是否有西厂的特务。终于在成化十三年（1477 年）五月，也就是西厂刚成立 4 个月的时间里，由内阁首辅商辂联合内阁万安、刘珝、刘吉上书，要求废除西厂。对于文官的这种举

动，朱见深早在意料之中。帝国发生这么大的事情，没有阻力是不可能的。但此次上书司礼监和内阁产生了联动机制，司礼监掌印太监怀恩和内阁首辅商辂不惜一切也要扳倒汪直，商辂更是暗示群臣会废黜朱见深的帝位来威胁。面对这种形势，宪宗只好采取以退为进的策略，废黜了西厂，贬黜了汪直。

从内阁给皇帝的上书中，我们就可以看出汪直的威力究竟有多大。内阁在弹劾汪直的奏书中说道："由于皇帝重用汪直导致'人心汹汹，各怀疑畏'，文武重臣不安于位，百司庶府不安于职，商贾不安于市，行旅不安于途，士卒不安于伍，庶民不安于业。"虽然这些词语未免有夸大之嫌，但汪直和西厂的作用可见一斑。

朱见深正是希望汪直和他的西厂如此行事，如今岂能就此罢手。仅仅过了一个月，一名南京的御史上书替汪直鸣冤，要求重开西厂。这是一件举朝皆惊的事件。人们纷纷猜测是不是这个御史受到了皇帝的暗示。不管上书的御史有没有受到皇帝的暗示，聪明的人都知道汪直倒台的日子远远没有到来。

西厂很快复设，汪直官复原职。汪直开始向攻击他的官员反攻倒算。内阁首辅商辂被迫致仕，受牵连的还有兵部、户部、刑部尚书，各部侍郎、都察院御史共计几十人。从此，汪直面前再无障碍。

俗话说"趁热打铁"，做任何事情都要讲究个火候。一旦过了那个火候，再做就不会那么顺利。虽然西厂复设，但已经不是一个月前的光景了。官僚集团对西厂的打击是巨大的，复设后的西厂也失去了往日的冲劲。汪直也对侦缉、办案失去了兴趣，他将目光转移到了帝国的边疆，那里有更广阔的舞台等待着他。

成化初年，建州女真在杰出领袖董山的领导下开始强大起来。加上辽东地区长期对建州女真的欺压、不公平贸易、索贿等因素，终于导致明廷跟建州女真的第一次大的冲突。对于建州女真的问题，一是为了防止潜在威胁，二是边将为了邀功，所以明廷制定了严厉打击的策略。

成化二年（1466 年），明廷将董山以及 100 多名女真部落首领诳骗到京城处死，接着开始命大军征讨女真各部。成化三年（1467 年）九月，朱见深命左都御史李秉、武靖伯赵辅率大军纠集朝鲜军队从抚顺出边征讨建州女真。十月份邸报传来，女真人被杀 1700 余人，少壮皆被处死，老幼被俘，房屋被焚毁，家畜等财产被洗劫一空，余者逃至深山中才得以存活。经过这一役，建州女真遭到了沉重打击，从此一蹶不振。为了防止女真人报复，明廷又修筑了边墙，将女真各部与汉人居住区隔离起来。从此民族的隔阂更加拉大。

明朝与建州之间的摩擦并没有因为成化三年（1467 年）的屠杀而结束，反而在以后的 10 年中摩擦不断。而且边将为了邀功，不仅杀良冒功，更是对边事夸大其词，以怂恿朝廷派军进剿。而辽东巡抚陈钺就是这样的人。

成化十五年（1479 年），受陈钺的怂恿，汪直和陈钺率领大军向建州女真部进发。这是成化年间明廷对建州的第二次征讨。此时的女真各部还没有从上次战争的厄运中恢复过来，灾难就又一次降临。女真各部的年轻人只好向深山中逃窜，留下老弱妇孺被明军斩杀。此役杀 700 人，俘虏 500 人。虽然此战纯粹是没事找事，欺负弱小，但皇帝还是给了汪直封赏，其他人也跟着汪直沾光。

汪直觉得欺负弱小的女真没意思，他觉得应该找蒙古人打一打。成化年间朝廷跟蒙古的战争也持续不断，尤其是在河套这个地方大小仗打了几十次。而恰巧此时镇守西北挂兵部尚书衔的王越上奏，诈称蒙古人入侵甘肃靖远县，并劝汪直来西北转一转。此事正合皇帝和汪直的心意。成化十六年（1480 年）正月，朝廷命保国公朱永为总兵官，王越提督军务，汪直任监军，调动京城、宣府、大同的驻军赴西北进攻蒙古。

王越从情报上得知，潜入河套的蒙古人驻扎在威宁海子后，便和汪直率轻骑直向威宁子海扑去。蒙古人被打了个措手不及。明军斩杀蒙古人 400 多人。塘报传来，宪宗大喜，王越被封为威宁伯，其他人俱各封赏。

此时汪直荣耀到了极点。一个小小的太监竟然成了大明王朝的宠儿，整个天下都在为他喝彩。而此时的汪直也不回京了，便在边关镇守下来。

汪直驻守边关，那内地的肃贪问题怎么办？各位读者不用担心，因为内地有个假汪直。有一个江西人叫杨福，在崇王府里当过内使。他在南京遇见一个熟人。熟人说他长得像汪直，接着又吹嘘汪直如何神勇。两个人越谈越投机，最后干脆让杨福假扮汪直试验一番。两个人打着“钦差总督西厂官校办事太监”的招牌开始南下。两个人从安徽到南直隶，接着从南直隶到浙江、福建，就这样沿途巡视下来。一路上的府、州、县皆是风声鹤唳，众官员如迎天神。跟各级官吏形成鲜明对比的是，沿途百姓皆欢呼雀跃，诉状纷沓涌来。而这位假汪直竟然就地处理诉状，当场宣判，一些倒霉的地方官吏和士绅们被处理。到了福建，这位假汪直竟然检阅士



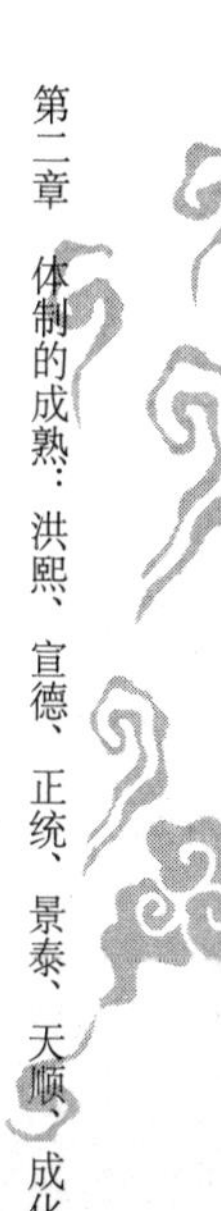

兵、盘查起当地的粮库来。看来他真的把自己当成了汪直。两个人好景不长，很快被福州的镇守太监识破，就地抓了起来。

虽然帝国闹了一场假汪直的丑闻，但他使人们都看明白了汪直的威力究竟如何。一个假的汪直都能搅动整个东南，那么真的汪直岂不更厉害。朝中大臣开始酝酿除掉汪直。这件事情仍是由内阁和司礼监联手进行。一个内阁，一个司礼监，这两个平日里势同水火的中枢机构竟然因为要对付共同的目标携起手来。有了上次失败的教训，此次便不能采取直截了当的方式，而应采取更隐蔽的方式。

皇帝经常在宫内听戏，不仅有一般的戏曲，还有小品。有个叫阿丑的民间艺人善于演小品。一天，朱见深照例兴致勃勃地在底下看戏。阿丑扮成一个醉鬼躺在地上耍酒疯不起来。旁边配戏的一个人喊道："皇上来了。"阿丑不起来，那人又喊道："汪直来了。"阿丑连忙站了起来。那人又问道："为什么喊皇上你不起来，喊汪直你却起来了？"阿丑答："世人只知汪直不知皇上矣。"

台下人皆笑，皇上也是尴尬地笑了笑。这个节目虽然很敏感，但是对于君主来说并不能起到太大的作用，因为皇帝知道这些人想栽赃汪直。但接下来的表演却触中要害了。

接下来的节目中，阿丑打扮成汪直的模样，一手拿了一只钺在舞台上舞动。钺是古代的一种斧状兵器。旁边配戏的又问道："你拿两只钺干什么？"

"我带兵就靠这两钺。"阿丑答。

"哪两钺？"配戏的人又问。

"陈钺、王越。"阿丑答。

底下观戏的人又是哄堂大笑，但皇帝的脸色此刻却慢慢阴沉起来。

阿丑的回答终是触动了朱见深敏感的神经。陈钺和王越皆是文官。由于纯粹的武将统兵会带来很多问题，比如欺压军户、克扣军饷、军纪涣散，将文官掺杂进去则可以在一定程度上避免这些问题。所以此时的大明朝已经渐渐地让各地巡抚提调监督军务。汪直作为一名宦官，他跟朝廷到地方的一些文官保持了良好的关系，这些文官都支持汪直。其中陈钺与王越更是跟汪直保持了亲密的合作关系，陈钺的升职和王越的封伯都是拜汪直所赐。但宦官结交文官，对皇帝来说是很忌讳的事情。皇帝本来寄托宦官制衡文官，如今宦官却结交起文臣来，而且还是手握重兵的封疆大吏。曹吉祥的教训仍然历历在目，如今的汪直跟曹吉祥比起来有过之而无不及。

在这种情况下，皇帝有什么想法也是顺理成章的事情。即便皇帝认为演戏的受人指使栽赃汪直，他也认为他们说得有理。

成化十八年（1482 年），敏锐的士大夫们已经捕捉到皇帝对汪直失去了信任。内阁首辅万安上了一道奏书请罢西厂。万安的奏书得到了皇帝的批准，西厂被废。成化十九年（1483 年），汪直被贬到南京任御马监太监。汪直和他的西厂荣耀了 6 年，此后就像流星一样从帝国消失。

在明代的宦官群体中，汪直的确是一位了不起的宦官。他主政西厂的时候，大概只有 20 岁，属于刚成人的年纪。但他却敢清查官员，整顿吏治，带兵出征，的确令人刮目相看。汪直不仅敢对利益群体开刀，而且还敢去触碰一般人不敢得罪的宦官群体。他靠的大约便是年轻人的那种冲劲，那种不懂一切，却敢干一切的精神。但汪直毕竟昧于人情世故，在政治斗争中他还显得很稚嫩。他只知道一股脑儿往前冲，却没有捉摸帝王心术。西厂复设后，他却一直在边疆，跟朝廷、跟皇帝之间渐行渐远。当有人设计陷害他的时候，他却失去了申辩的机会。汪直在成化年间的确是一位值得关注的人物，小小年纪竟然能令整个官僚集团抬不起头来。如果能给他一个更稳健的平台，如果他不是一名宦官，他也许能做更多的事情。

无论如何，汪直和他的西厂，以及此种行事风格都不会长久。这只能短期性地为帝王提供一种服务，令皇帝更加安稳而已。

## 困扰帝国的流民问题

成化年间虽然皇宫里乱七八糟，但那是宫里的事。虽然群臣也互相倾轧，但那也是文臣们的事。虽然南北边境屡发战火，但对于一个庞大的国家来说，这也是时常有的事情。即使还有个令官吏胆战心惊的汪直，但也只是存在数月而已。真正称得上是成化年间的大事，对整个帝国的气运和普通民众产生影响的，却是从正统年间就出现的流民问题。

流民的产生有两个根源，一为土地兼并，二为天灾。从宣德年间起明王朝就发生了大规模的流民问题，至正统年间全面爆发。英宗一直采取的是安抚政策，但到

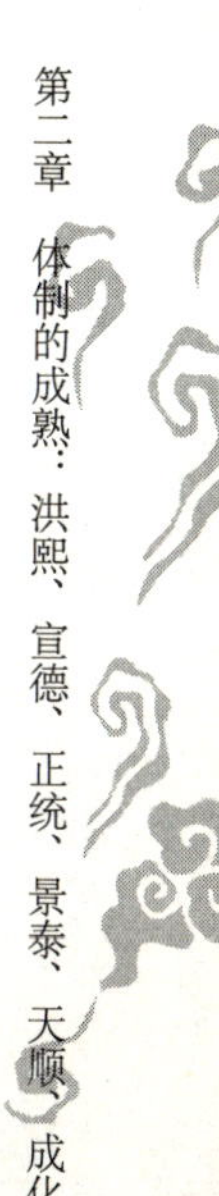

了成化年间政策有了改变，采取的是剿抚并重的原则。

荆襄之地顾名思义指荆州和襄阳两个地方。这片地方涉及川、陕、鄂、豫四省，方圆 100 多万平方公里。荆襄之地土地肥沃，山高林密，本是人口繁多，经济富庶之地。但从宋朝以来这里就是宋金、宋元交战的主战场，所以渐渐地因为兵祸而导致人烟稀少。从元朝末年开始，北方数省以及江南地区的流民就开始向这里涌来。到了成化年间，此地的流民已经达到 150 万人。这 150 万人中大多数都是自己开垦土地耕种的良民，但也聚集了数量庞大的不安分子。不安的骚动已经在帝国涌动。

刘通是河南西华县人，传说曾将县衙门前重达千斤的石狮子举了起来，所以人送绰号“刘千斤”。不仅如此，据说刘通还会法术。成化元年（1465 年），刘通和白莲教的僧人石龙在荆襄之地的房县大木厂聚众 4 万人造反，刘千斤称汉王，年号德胜。很快，朝廷调大军进剿。刘通的军队主要分布在 7 个山屯，结寨自保。大寨被攻破后，官军斩杀数千人，刘通等人被俘。后刘通被送至京城处死。为了震慑叛军，朱见深命将被俘人员中 10 岁以上的处死。

如果从洪武算起，荆襄之地的流民在此聚居已经近百年。此地的流民问题根本不是靠杀人就能够解决的。可惜当时的朝廷放弃了英宗皇帝主抚的办法。这才使得流民问题越闹越大，悲剧才刚刚开始。

叛乱既平，朝廷开始驱赶当地流民。按说人们既然愿意到这个地方来，那就说明此地适宜生存，所以对待流民问题只能引导而不能堵。但是由于荆襄之地山高林密不易管理，且容易行成乱民，朝廷一直将此地当作禁地，不希望有人在这里居住繁衍。所以叛乱平息后，朝廷对待流民问题一是采取附籍的方式，二是采取驱赶的方式。对迁徙此地时间较长的居民允许编入本地户籍，而对于来此地时间不长的则驱赶回乡。这种办法显然会遭到流民们的抵制，收效也不大，很快激起新一轮的民变。

成化六年（1470 年），刘通的几个部将再次起义。朝廷派都察院右都御史项忠率大军进讨。此次官军的疯狂与残酷程度远超过上次。此次进剿比上次要顺利得多，官军对付的几乎是手无寸铁的流民。尽管如此，官军仍然是肆意斩杀。战争结束后，项忠开始将数十万计的流民驱赶回乡。广大流民扶老携幼，哀鸿遍野。官军将流民装船顺着汉水南下。由于人多船小，正值暑天，加上缺水、缺

食，路途上很多流民渴死、饿死，或得瘟疫而死。官军将死者就地抛尸江中。为了防止传染，很多得病者被抛入江中溺死。加上官军搜山，强行赶杀，如此死者竟有数万人之多。整个荆襄之地白骨累累。为了纪念自己的丰功伟绩，项忠在荆襄之地立一丰碑。这真是一将功成万骨枯。项忠的丰碑是建立在流民的鲜血和泪水之上的。

事情远远没有结束。朝廷始终没有找到正确处理流民的方法，反而使事态扩大化。不到几年的工夫，流民问题又死灰复燃。大量的流民仍是源源不断地往荆襄之地涌来。项忠所谓的功绩此刻显得是多么苍白。

前面说过，荆襄之地地广人稀，土地肥沃，气候温和，没有水旱之灾，而且流民们随便开垦一处地就是自己的，还不用缴税。山上还有山货、药材、木材。加上此地处于南北气候过渡带，无论是南方来的流民还是北方来的流民都能够适应，所以荆襄之地是各地流民的首选。流民一旦被遣返原籍，虽然官府承诺分地，但能分多少还是未知数，而且家乡的生存条件远不如这里。但这么多流民聚集在这里也会产生问题。流民之间拉帮结伙，私斗成风；还有的流民不事生产，沦为盗贼；更有剽悍者成为各方首领，划分势力范围。成化年间的两次流民起义都与官府的强行驱赶有关。所以既承认流民在此地的合法居住，又加以管理，才是解决荆襄流民问题的唯一之计。

事到如今，到了朝廷对流民政策进行反思的时候了。早在朝廷派兵进剿之前，就有人提出在荆襄设州府以解决流民问题，但没有受到重视。如今又有人重提此事，朱见深和他的臣僚们已经不得不认真对待此事。

这次派去的是一个叫原杰的都察院左副都御史。都察院设左、右都御史，正二品；左、右副都御史，正三品；左、右佥都御史，正四品；又按照十三省的范围设定十三道监察御史 110 人，为正七品。明代御史位高权重，他们能监视天下，弹劾百官，指责皇帝，巡抚地方，统兵作战。帝国给予他们的发展空间是巨大的。

原杰的职位虽然不高，但他是务实的。他来到荆襄之地后开始深入深山峡谷之中，斩荆踏溪，挨家挨户地寻访流民，阐述朝廷的政策，并将流民登记入册。他摸清楚流民情况后，接下来便开始实施安置办法。小部分流民自愿回乡，绝大部分流民还是要留在当地。原杰开始对留在当地的流民造册入籍，将流民聚集多的郧阳

县升格为郧阳府；并在其他流民聚集的地方设县，同时选派品质优良的官吏进行管理。如此一来从建国初就困扰明王朝的荆襄流民问题就这样轻易地解决了，而且政府每年还能从此地获得 1 万多石粮食的税收。

原杰的所为扇了朝中那些刽子手一记响亮的耳光。那些主剿派皆无地自容。虽然原杰立下了不世之功，但终究是有人不喜欢。他被贬到南京任兵部尚书。此时的原杰积劳成疾，还没赴任便病死在荆襄之地。荆襄的人民感其恩德，为原杰建了一座祠堂，世代纪念之。

乱糟糟的成化年间，只有原杰才说得上是对帝国有真正贡献的人。在他这里，没有刀光剑影，没有按人头统计的战功，没有累累白骨，没有失去亲人的哭声，有的只是和平与安抚，抚平那曾经的创伤。从此，荆襄之地人口渐渐稠密起来，而且商旅络绎不绝，越来越多的人来这里落户生根。

原杰治理流民的办法不仅给治理其他地方的流民提供了成例，更给后世提供了经验。

第三章

# 危机隐现：弘治、正德、嘉靖

这一章讲述弘治、正德、嘉靖三个皇帝。弘治与洪熙皇帝一样，是一位努力让自己符合儒家标准的君主，而且非常注重自身的声誉。但弘治皇帝偶尔会跟儿子正德溜出宫去，从这就可以看出弘治皇帝压抑了自己的真性情。父辈内心的挣扎，儿子看在眼里。所以，正德皇帝表现出跟父亲截然相反的性格特点。他活泼好动，跟三教九流、妓女厮混在一起。虽然文官嘴上对这位皇帝鞭挞到了极点，但内心却并不太排斥。这一点跟后世嘉靖恰恰相反。正德、嘉靖两朝都是中国思想文化发展的一个巅峰时期。

嘉靖作为正德的堂弟继位，从湖北钟祥来到京城，自卑的阴影如影随形，阴云笼罩着大明王朝长达 45 年。以至于嘉靖死后，所有官员有拨云见日之感。嘉靖是一位阴鸷的皇帝。他不相信任何人。他有着超强的对付官员的本领。这个被他选中的人叫严嵩。严嵩自有他的政治抱负。严嵩看不起他。他也看不起严嵩。人与人之间互相排斥，但又相互利用。这是从嘉靖之后，一直到明朝灭亡，大明官场上的政治生态。

## 压抑的弘治皇帝

历史的周而复始和王朝的周而复始，都是在老生常谈中度过的。每个新建立的王朝都要清算前朝的错误，接着，新的王朝在时间的运行中继续犯同样的错误，然后再让下一个王朝来清算。同样，每位新皇帝上任后做的也是同样的事情，通过对前任皇帝主政期间出现的偏差进行纠正，来获取人心，该平反的平反，该升职的升职，该免职的免职，然后再让下一任君主纠正自己的错误。如此周而复始，循环往复。弘治王朝自然也是在这种气氛下拉开序幕的。

成化二十三年（1487 年）正月，贵妃万氏逝世。朱见深失去了最后的精神寄托。他曾经说过，如果万贞儿不在了，朕也活不了。同年八月，皇帝在丹药对身体的长期摧残以及万氏死去的双重打击下撒手人寰。新任的皇帝名唤朱祐樘。虽然明朝这个时候并不存在君主继承问题，但纵观 300 年的明朝历史，大部分继承人的日子也不好过。皇子都在战战兢兢中度过了培育期。明王朝过于强调皇统的重要性，反而在这个根本的问题，也就是继承人性格的养成上，没有投入过多的精力。来自父辈、叔辈、后宫的干预，始终给年轻的皇子造成压力。文官们的说教，也令皇子们在很小的年龄就对政事产生了厌烦。这些都养成了他们成年后抑郁、孤独的性格。我们的这位朱祐樘皇帝，也同样是在这种氛围下成长起来的。

他的生命是宦官和宫女共同保下来的。他出生后随即被送到废后吴氏那里抚养，最后又转到太后周氏那里。有强势的周氏支持，万氏的所有努力最终都成了泡影。朱祐樘对这位万阿姨是警惕的，他知道这位阿姨想做什么。所以当万氏邀请朱祐樘到她的宫中时，朱祐樘面对满桌子琳琅满目的菜肴，竟然不动一筷。当万氏硬是央其吃菜时，他竟然说出害怕菜中有毒的话来。此话一出，万氏大为震惊。她也意识到自己是多么的愚蠢。所以对于敌人的阴谋诡计，直接把它说出来似乎也是一个好办法。时到如今，万氏只好改变了方法。她对朱见深的管制放松，允许他随便接触其他女人，并不再迫害婴孩。在这种情况下，朱见深的儿子一年出来一个。虽然朱见深第一次见到朱祐樘的时候激动不已，但当孩子多起来的时候，那种欣喜感也会慢慢地淡去。万氏自然在朱见深耳边吹风，让他废掉朱祐樘另立太子。朱见深对这个跟自己一样毫无个性的儿子自然也不喜欢，但是兹事体大。不久，泰山连发地震，文臣们就这个事情对皇帝提出警示。虽然明王朝大部分皇储在继承过程中都产生或大或小的风波，但所幸的是每次皇位的继承都是严格按照宗法制的嫡长子继承原则。在这方面明朝皇帝的做法值得表扬，因为这成功地规避了因为皇子争夺皇位而在文官中形成的派系问题。

朱祐樘的不幸不仅体现在他那种战战兢兢的生活，更体现在他很小就失去了母亲。他甚至不记得母亲的容貌。在他荣登大宝后，屡次派人前往广西寻找母亲的娘家，都是无果而终。这些因素都使他养成了一个很和蔼、很宽容的性格。明朝 300 年再也找不到像他这样宽容的皇帝。他很符合文臣们心目中理想的君主。死后他得到了极高的评价。

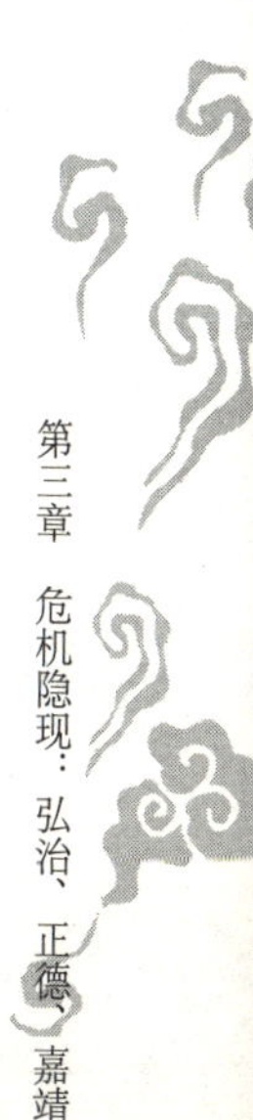

在朱见深逝世后一个月，朱祐樘登基做了皇帝。朱见深留给朱祐樘的是一个稳健的基业，内部的流民问题已经成功解决，各项制度已经完善，边境的烽烟渐渐熄灭，后世的财政危机和令人头疼的党争也并没有出现。可以说，朱祐樘当好一位“垂衣拱手”的天子就行了。但他不希望这样。他想成为一名勤政的帝王，他更想在文臣中做一个表率，以弥补父辈的不足。

朱祐樘继位之初，就着手纠正父亲主政时期的一系列荒诞的举措，宫中的道士、方士、僧人、术士都被一股脑地撵了出去。朱见深绕过吏部封的2000名传奉官也皆被罢免。朱祐樘在父亲的寝宫中发现了一本淫书，上面记载的都是男女交合之事，书的封面落款是“臣万安呈上”。朱祐樘看见这些后大为震惊。他从此知道父亲整日在做什么，他也知道万安是个什么样的人。他让太监将这本书拿给万安看。万安看后羞愧难当，随即辞去职务，从此离开政治舞台。

万安的事情还牵连到另外一件事情，那就是对贵妃万氏的处理问题。因为万安跟万氏同姓，所以硬拉了个本家。万贵妃是帝国除了朱见外所有人厌恶的人。虽然此时万氏已经死去，但是名分还在。官僚们希望新任皇帝朱祐樘将万氏一棍子打死，扒去她的名分。虽然传说万氏害死了朱祐樘的母亲，朱祐樘自己也几乎被万氏害死，但朱祐樘并没有扒去万氏的名分，因为万氏的问题关乎他父亲的名声。

到了这个时刻，对成化朝的清算已经全部结束，朱祐樘可以开始他的时代了。由于成化朝用的一批干部在弘治朝被罢黜，所以弘治皇帝首先要做的就是重新任用一批干部。

朱祐樘首先将太监怀恩从凤阳召回北京，仍旧掌印司礼监。人们通常认为，司礼监跟皇帝保持一致。但成化朝司礼监在怀恩的领导下对皇帝的掣肘比内阁还要大，结果导致皇帝不得不开设西厂，另建一套宦官班子。除此之外，一批正直、娴熟、能言的官吏被委任到重要位置上，他们是吏部尚书王恕、兵部尚书马文升，其他还有像刘大夏、刘健、谢迁、李东阳等一批人。

整个弘治朝围绕在皇帝身边的就是这样一帮正直而又至暮年的大臣。老人政治又一次出现。弘治皇帝对这种老人政治十分偏好，他多次说过，处理政事要戒急、戒躁。弘治皇帝将这种守成发挥到了极致。

弘治在位的18年的确是平平淡淡的18年。对于文臣来说，它是最值得怀念的18年，但对于后世研究历史的学者来说，确实是没有何事可记，但我们仍在努力剥

去它那平淡的外衣，搜索历史的亮点。我们依然能够发现隐藏在弘治王朝下值得关注的东西，那就是皇帝跟文官保持一种良好的关系。他努力地使自己符合一个儒家的君主形象；他对儿子正德极其溺爱，而这种溺爱表面上看无关痛痒，但实际上它直接影响到了帝国此后半个多世纪的政治走向；弘治皇帝还采纳户部尚书叶淇的建议，废除食盐开中法，实行纳银法；除此之外，弘治朝是个典章编纂的阶段。可以说弘治朝基本上是延续成化朝的特点。这两朝可以看作是明朝前期与后期的一种衔接。从这以后，文官更加活跃，商业更加繁荣起，风气更加开化。成化年间可以说是后世的一种开端，而弘治朝却是对大明开国 100 多年来的一种总结。

万妃的进逼，生母的早死，生父的不喜，这些都使得年幼的朱祐樘在宫中步步惊心，如履薄冰。他甚至不得不经常扮成女孩子来逃避别人的视线。他始终小心翼翼，做事情中规中矩，以此来抵消老皇帝对他的不满。但这些除了给他戴上一顶懦弱无能的帽子外，终归于事无补。他不知道在被强大的儒家学说笼罩的帝国无人能动摇他的位置，除非动摇他的人想自绝于这个国家。正是幼年的这些经历使得我们这个皇帝常常感到凄苦。他对人对事有了更多的理解，他成为一个宽容和令人易于理解的人。对于别人犯的错误，他也常常能够原谅；对于别人的意见，他更是虚心接纳。父亲的荒诞，他感受颇深。所以他发誓要做一个令臣民爱戴的好皇帝，并严格遵循儒家规范。

[illegible]几乎令所有皇帝都厌烦的“经筵”，我们这位皇帝表现出了异乎寻常的兴趣。[illegible]而且还开每天都讲课的小经筵，不仅每天都御早朝，而且还御午朝。皇[illegible]还将群臣陷入一种桎梏中。我们似乎发现这位皇帝过分注重一些[illegible]种行为并没有获得文官的完全认可，他们反而是步步紧逼，皇帝的[illegible]

我们这位皇帝一生凄苦，童年没有欢乐，成年后更是如此。[illegible]在自己手里实现大治。但是弘治年间跟正统年间一样，偏偏又是一个灾害频发的[illegible]代。皇帝的兢兢业业，循规蹈矩，并没有换取上天的宽容。皇帝对于自己的人生是不满意的，所以他希望下一代不要再像他那样度过。对于唯一的儿子正德，他希望儿子能够快乐，而不是像自己那样苦闷。

虽然有很多传说，朱祐樘跟宫里的其他宫女发生过关系，但明显没有证据支持这一点。他也成了中国古代史上唯一一个一夫一妻制的皇帝。虽然皇后给他生了两

个儿子，但小儿子后来夭折。唯一的儿子就是后来的正德皇帝朱厚照。朱祐樘缺失的东西希望能在儿子身上弥补，所以皇帝对他的儿子很放任，让他自由玩耍。我们的这位小皇子天生活泼好动，喜欢踢球，喜欢骑马射艺。作为帝国唯一的皇子，没人对他的正统性产生任何异议。他可以高度地自信。对于他来说世界是阳光的，而不是父亲童年的那种阴郁。但这并不代表朱厚照对父亲的历史一无所知。随着年龄的成长，朱厚照对父亲的过往还是略知一二，对儒家规范对于君主的压制更是洞若观火。当夜幕降临的时候，朱祐樘时常左手提着灯笼，右手牵着朱厚照，在内侍的陪同下避开文官的视线，从宫中的角门出去，来逛民间的街市。脱离了皇宫的桎梏，父子俩其乐融融，更像是一对民间的父子。朱祐樘这个时候才展现出他的真性情。他更喜欢像一个普通人一样无拘无束地生活着，或许之前所有的一切对于他来说都是一种伪装。

一天夜里，父子俩路过六科给事中办公的地方，只见里面灯火辉煌，给事中们还在这里处理政事。朱厚照大声问道："这里是什么地方？"弘治连忙摆摆手说："你小声点儿，惊动他们就完了。"

"他们不是你的臣子吗？难道还怕惊动他们？"小小的朱厚照对此十分不解。

"如果让他们知道我们出宫去，第二天言官们的奏章就会像雪片一样飞来。"弘治皇帝无奈地说道。

这一刻，朱厚照明白了皇帝也并不是想干什么就干什么，他也要遵从种种规范的约束。还是孩童的朱厚照对此种规范产生了深深的厌恶，从这一刻起，他就有了跟这种规范斗争的决心、跟这种生活方式决裂的想法。朱厚照也成了大明朝第一个挑战儒家行为规范的皇帝。不仅如此，正德年间从皇帝到民间都掀起了轰轰烈烈的追求自由和解放的思想浪潮。大的时代终于来临，朱子理学已经摇摇欲坠。

朱祐樘对正德的放纵终于遭到文官的不满。兵部尚书马文升上书，要求皇帝加强对太子的教育问题，不要让他整日跟宦官们在一起厮混。士大夫们已经对这位帝国的继承人表现出了更多的关注。他们希望他也像他的父亲一样遵循儒家行为规范。朱祐樘终是守住了他的底线。那就是他坚持给儿子留下一片自由的天空，不希望他将来像自己一样。

弘治八年（1495 年）以后，自然灾害减轻，治理水患基本结束。在这个时候，一切都步入正轨并开始欣欣向荣。于是皇帝上朝便日渐稀疏起来。这些都招至士大

夫们的猛烈批评。从这里我们也可以看出弘治一朝皇帝与文臣的关系似乎并不像史书上描绘的那样美好。压制了自己真性情的皇帝跟文官们之间似乎有了许多不为人知的微妙东西。

弘治是一个守成的君主。他只想遵循祖宗成法，消除那些违背祖宗成法的东西，以期使明王朝达到长治久安，他无意于推动这个时代向前发展。但这个时代的发展日益依赖的是内生性，而不再是外部力量的推动。洪武时代为了解决边疆军队的粮食问题，皇帝让盐商去边疆开展商屯，以换取买卖食盐的资格——盐引，但商屯的规模无法跟军屯相比。到了成化、弘治朝，盐引日益被权贵、宦官所垄断，导致食盐无法畅销。弘治五年（1492 年），户部尚书叶淇上奏皇帝将商人购盐由开中法变更成纳银法，也就是交纳银两就可以获取买卖食盐的权力。如此一来，盐商们纷纷从边疆回到内地，用银子换取盐引。国库的银子也充裕起来，大的商帮也开始形成。叶淇的盐法改革、宣德年间的金花银改革和后世的“一条鞭法”一样都是大明王朝历史上由农耕经济向商品经济跃进的重要事件。平淡的弘治年间发生了这样的一个看似微不足道的改革，它跟后世的隆万大改革可以说是“云泥之别”，但对于雷声大雨点小的隆万改革，此次的盐引改革却是事半功倍。

除了盐法改革以外，弘治朝还有一件大事，那就是编修典章。通常一个王朝在建国初期编修典章是为了训政，告诫后世子孙如何做；在王朝的前期编修典章是为了弘扬功德，而中期编修典章是为了追寻祖宗成法，以[illegible]、总结[illegible]；后期编修典章则以变更为目的。而弘治朝正是处在明王朝的中期。虽然朱元璋对于后世治世自有一套章法，但时间已经过去 100 多年，祖宗成法似乎已经不适合当今的需要。弘治皇帝为了遵循祖宗成法自然需要系统的对祖宗成法进行强化，为此编修了《大明会典》。《大明会典》涵盖了国初的一切制度、礼仪、法律。朱元璋的个人意志在这里又被大大强化了。为了对《大明律》进行补充，弘治朝还修订了《问刑条例》。《问刑条例》上面记载的都是从建国到弘治朝的一些判案条例，对于无法通过法条审判的案子可以比照《问刑条例》进行。到了此刻，大明朝开始在司法中引入了律例。英美法系和大陆法系在中国的明王朝得到了巧妙结合。

弘治朝不仅是后世士大夫怀念的一个王朝，对于历史研究者和历史爱好者来说也是应该得到尊敬的一个王朝。弘治皇帝的确是一个好皇帝，他省吃俭用，削减各种用度；他心系黎民百姓，削减赋税；他治理水患，以工代赈；他清理占田，抑

制兼并；他性格宽容，从不打骂官员；他宵衣旰食，披肝沥胆。在皇帝的励精图治下，赋税和人口较前几朝都有明显的增长。弘治朝国家赋税收入从 2500 万石增加到 2700 万石，人口从弘治元年（1488 年）的 9113630 户增加至弘治十七年（1504 年）的 10508935 户。

后世人多将弘治王朝称作“弘治中兴”，但从更宽广的历史视野来看，这些都经不住推敲。从宣德朝开始，文人们所认为的明朝衰败实际上并不存在。皇帝不临朝，宦官跋扈，军屯被破坏，京畿部分民田被侵占，这些在士大夫看起来不可理喻的事情实际上无关我们这个王朝的痛痒。正统、成化年间我们的王朝仍旧平稳、正常运行。不仅如此，我们从中看出三个趋势，那就是政治日益依赖成熟、稳定的官僚集团运作，商业开始兴起，思想领域开始松动，这都是值得骄傲的事情。我们的大历史观对于历史的观察不再是从是否符合儒家的行为规范来看待，如果继续以是否符合儒家标准来看待历史，只会使我们陷入一种狭隘的桎梏中。

正统、成化王朝的所谓衰败，只是因为他们的君主不符合儒家的行为规范而已。而弘治朝的所谓中兴也是因为弘治皇帝遵循了他们的意志。既然没有衰败，也就不存在什么中兴。弘治皇帝试图将自己塑造成一个仁君形象，但这些都无济于事。皇帝的个人意志与封建礼法的冲突不是一代君主所能改观的。弘治王朝更是对前面的一个总结，是后面的一个开始。

## 败于盐引的朱厚照

历史进入正德年间，一个伟大的时代终于拉开帷幕。我们的明王朝终于进入一个多姿多彩的时期，在这个时代我们可以看见很多人精彩的人生。虽然它只有 16 年，比弘治王朝还短了两年，但它可记载的事情却比弘治王朝多得多。对于士大夫来说，它是荒诞、令人不愿意回想的 16 年，但对于历史研究者来说，它却是资料丰富的 16 年。在这 16 年中，从中枢到民间，整个帝国都在跟随那个活泼的孩子一起跳动。

朱祐樘给他的儿子选了三位顾命大臣，他们是刘健、谢迁、李东阳。时人对这三人的评价为李公谋、刘公断、谢公侃。这三人都是令朱厚照头疼的人物。

朱厚照继位之初也曾发誓要做一个好皇帝，像他父亲那样，兢兢业业，披星戴月，但这明显不符合他的性格。起初他还能坚持每天早起早朝，但随后开展的经筵他再也忍受不了。皇帝自小受到多种类型人的引导，他的价值观是多元的，他不可能像他的父亲那样被迫接受儒生们的絮絮叨叨。皇帝开始想尽一切办法抵制经筵。终于在正德元年（1506 年）他等来了大婚的机会，皇帝以此为借口暂停经筵，此一停就再也没有开过。

皇帝选择配偶的决定权通常并不在自己手里，而在两宫太后手里。正德朝的两宫是太皇太后和皇太后。皇室选择未来的后宫之主自有它的一番标准：这个人的家世不能太显赫，她也不应该太漂亮，她更不能有自己的想法，她甚至不需要有才。她只需要形态端庄，身体壮硕，能生孩子即可。对于我们这个帝国来说，皇后跟他的丈夫一样只是执行礼仪而存在，或者还要执行生儿子的义务。在这个过程中，我们看不到皇帝和他的配偶之间有爱情的存在。皇帝如果不喜欢皇后，宫中还有无数的宫女。无论是其他妃子还是宫女选拔的标准，都跟皇后一样。皇帝在这个死寂的宫里没有任何新鲜感。

虽然朱厚照大婚了，不仅娶了一位皇后，还连娶两位妃子，但这三个女人都令朱厚照提不起兴趣。一方面是令人厌烦的文臣，另一方面是令人毫无感觉的女人，朱厚照此刻切实感到了做一个皇帝的无奈。他就像一个囚徒，一个被锁在深宫中的囚徒。但朱厚照明显是有想法的人，他不愿意就这样认命，他希望自己能有一个精彩的人生。

从正德元年（1506 年）的八月份开始，也就是他大婚之后，他便开始跟太监厮混在一起。他们在皇宫里骑马、射箭、踢球。皇帝是个很灵光的人，他懂音乐，甚至还对梵文有研究。从这个月开始，皇帝时常化装跑出宫去，在宫外的街肆流连。酒馆、赌坊、妓院都是他流连忘返的地方。尤其是在妓院里看见各色女人，这令他大开眼界。

九月份，皇帝与文官的矛盾终于爆发了。爆发的原因却是前面几朝都不存在的财务问题。

本朝宫中每年开支都是定额。朱厚照登基后开始大手大脚地花钱，登基、大婚、庆典，还有数目庞大的其他花销，以及对身边玩伴的赏赐。朱厚照登基不到一年便感到手头紧蹙。于是他让户部拨钱，户部自然不给。眼看没有钱用，朱厚照再

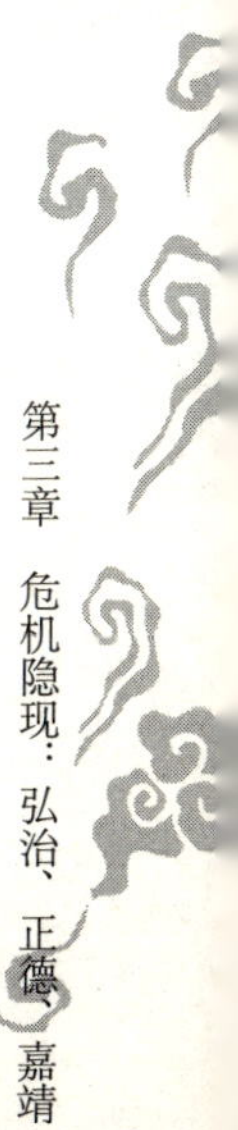

怎么折腾也是不行，只有乖乖地听他们的话。

朱厚照让户部的官员想办法弄钱。户部的官员只是让朱厚照厉行节约，提不出来什么能弄到钱的法子。户部的官员们弄不来钱，太监们弄钱的路子却一条接一条。朱厚照这个时候才发现身边的这些宦官真是不得了。

宦官们搞钱的方法都是绕过户部，到地方去设卡抽商税，去找免税的皇庄要钱。这些措施无疑遭到文官的激烈反对。对于这些文官来说只有免税才符合他们心目中的道德理念，增税是万万不能的。从洪武开国起，除了崇祯年间，本朝的税收只见减少，却没见增加，这种情况却是在人口、田亩、经济不断发展的情况下发生的。儒家的桎梏在这里又一次显而易见。

而皇帝与文官矛盾的第一次爆发就是由宦官弄钱引起的。明代户部每年会给宦官一定数量的盐引，让宦官购买食盐去贩卖，实际上是在潜规则下给皇帝增加些收入。虽然这不符合规制，但社会的运行自有阴的一套和阳的一套。表面上的谓之阳，私下里的谓之阴。阳的可以不去遵守，但阴的就必须要去遵守，否则人们会认为你拎不清。

眼看发生了财政危机，朱厚照突然想起一件事情来，户部还欠宫里 12000 引盐引。如果把这部分盐引要过来，又是一大笔钱。想到这里，朱厚照非常高兴，便让太监去要。太监在户部那里吃了闭门羹，户部不给钱。消息传来朱厚照懵了半天，他发觉了一个奇妙的事情，主宰天下的自己在这个国家中连讨要盐引这样的小事都办不到。朱厚照终于愤怒了，摊牌吧，这个小牌迟早要摊。

更令朱厚照感到惊讶的是，文官们比他还要兴奋，一个个摩拳擦掌，急不可耐，仿佛等待了许久似的。先是给事中陶谐、御史杜旻、邵清上奏书反对；接着天上出现流星，南京的官员们又以此上书要挟；然后六科给事中十三道监察御史集体上书，指责宦官乱政；这些人仿佛是商量好的。朱厚照自然认为内阁阁臣刘健、李东阳、谢迁是幕后指使者。

朱厚照大发雷霆，他将对内阁的怨恨发泄到户部身上。眼见如此，户部官员拿出一个折中的办法，那就是给 6000 引盐引。朱厚照的怒火依然没有熄灭。他是皇帝，居然被文官讨价还价。他将内阁三巨头招了来，要好好地问一问他们。刘健、李东阳、谢迁的态度依然坚决，他们抬出祖制来压朱厚照，并一口咬定宦官拿着盐引干不了好事。朱厚照被激怒了，他驳斥道："国家事岂专是内官坏了？文官十人

中仅有三四好人耳，坏事者十常六七，先生辈亦自知之。”朱厚照的这番话可以说已经是对帝国文官的全盘否定。刘健、李东阳、谢迁三个人回去后集体上了一道奏折以辞职相威胁。朱厚照最终还是做出了妥协的决定，同意了户部只给一半盐引的提议。

发端于正德元年（1506 年）的这场盐引之争似乎只是正德年间的小事件，但它却成了明王朝君臣关系的分水岭。从此之后，君开始视臣为仇寇。由于儒生的偏执与跋扈，帝国政治终于走进了一个死胡同。越至晚明这种政治上的死结表现得益发显性。中国的道德思想已经开始跟这个时代不合拍，它不仅不能推动这个时代的发展，反而成了这个时代发展的羁绊。

正德皇帝在与文官的第一次交锋中败下阵来。他意识到要采取措施压制这股势力，他需要能够制衡文官的力量。在这种局面下，刘瑾走上了历史舞台。

## 正德的绝地反击

刘瑾是朱厚照在东宫时的旧人。他有一定的文化水平，能够带着朱厚照玩乐。更为重要的是在朱厚照登基后，刘瑾在理财方面颇有心得。他会出一些主意让皇帝创收，他更是偷偷地告诉皇帝国库收入减少是因为文官们管理不善或贪污所致，要求对文官进行彻查。皇帝将这个任务交给了刘瑾。刘瑾还有 7 个帮手，他们是马永成、高凤、罗祥、魏彬、丘聚、谷大用、张永，这 7 个人也是围绕在朱厚照身边的人。皇帝的确是孤立的，不仅在外廷那里得不到任何帮助，内廷也是如此。司礼监掌印太监王岳跟前朝的怀恩一样跟他的主子对着干。皇帝逐渐依靠身边的这 8 名宦官建立自己的班底。盐引之事已经让皇帝决定跟官僚集团彻底决裂，但内廷和外廷已然联成一体，朱厚照只能暂时拿清查国库账目一事打击官员，并让刘瑾掌握京师军队，以应付未来可能出现的变局。

刘瑾和他的 7 名助手对文官的清查使他们感到不安。一旦在皇帝那里落下什么口实，皇帝就可以名正言顺地对他们进行打击。正德元年（1506 年）的十月份，盐引事件刚刚过去一个月，紫禁城的气氛便剑拔弩张。文官们坐不住了，开始提前出

手。而文官们的提前出手也使得正德年间的政治冲突全面爆发。

正德元年（1506 年）十月二十七日，内阁和司礼监上书要求皇帝处死八虎。此时朝臣已经给刘瑾等 8 名宦官取了个外号，名曰“八虎”。皇帝接到朝臣和司礼监的上书彻底绝望。他让人去央求内阁与司礼监，要求将这八人发配南京了事。内阁的态度极其强硬，声明只将这八人处死，不做其他议题，而且要在二十八日的早朝上逼迫皇帝做出此决议。大明朝到了这个时候已是倒了个儿，不是皇帝对官员发议题，而是官员对皇帝发议题。到了晌午，朱厚照将此事压了下来，愣是不批。

下午，内阁和司礼监密谋，那就是到了夜晚在宫中密杀这 8 名宦官。物极必反，文官们的跋扈终于在文官内部招致不满。吏部尚书焦芳本就跟内阁三人有嫌隙，他将这一消息告知了八虎。这场战斗刚刚打响，文官内部就已出现分裂。焦芳的叛变导致文官们的计划功亏一篑，正德年间的政治形势发生惊天逆转。焦芳不是一个个案，嘉靖年间还有张璁。从焦芳和张璁我们会发现两个问题：一是文官在跟皇帝的斗争中还略显稚嫩；二是此时的文官政治还未上轨道。后世跟皇帝合作的严嵩和张居正的惨烈结局给所有人提了个醒：帝国是士大夫的帝国，如果有谁敢跟天下的文官作对，严嵩、张居正就是榜样。

八虎得知了朝臣要对自己动手的消息，集体跪在了朱厚照面前痛哭。朱厚照此刻终于意识到了形势是何等的严峻，自己已经是退无可退，话语权完全掌握在朝臣手中，他们想怎么办就怎么办。如果朱厚照不合作，自己作为皇帝的合法性有可能也会被动摇。虽然朱厚照意识到了这些问题，但他仍是一筹莫展。这时候狡猾的刘瑾有了主意。

如果文官们不是要把这八虎赶尽杀绝，刘瑾等人也许就会乖乖地去了南京，此后朱厚照就会失去最后的依靠。但皇帝在局势缓和后将这些人重新召回来也不是没可能。总之，一切还都是变数。但如今刘瑾等人只有置之死地而后生。刘瑾告诉皇帝其实局势很好化解，先抓捕司礼监掌印王岳，将内廷控制在手里，然后将外朝的文官分化，如此这个僵局自然会破解。

朱厚照发觉如果顺着刘瑾这个思路做下去，的确有胜算的可能。文官都是纸老虎，真动起手来他们能坚持多久还是个未知数。朱厚照必须要反攻了，为了祖宗成法，为了自己不成为一个傀儡皇帝，也为了后世子孙，必须要这么做了。

当天夜里，朱厚照指挥宫内禁军抓捕司礼监掌印王岳，随即让刘瑾执掌司礼

监，丘聚提督东厂，谷大用提督西厂，张永协助分管京营。这一切都在十月二十七日的夜里秘密进行。天还没亮，这位年轻的皇帝就已经牢牢地掌控住了大内和京师禁军。他开始稳稳当当地坐在乾清宫内等待大臣们的早朝。

当鱼贯而入的文官们进入朝堂的时候，他们发现站立在皇帝身旁的不是王岳，而是刘瑾的时候，就觉得事情已经起了变化。刘瑾宣读了皇帝的告示，王岳被发配南京，皇帝驳回了处决八虎的奏书。

内阁三巨头当堂表示辞职。皇帝干净利落地批准了刘健和谢迁的辞职，但却将李东阳的辞职驳了回来。皇帝在这个时候又一次展现出了他的超强政治手腕：这件事情李东阳不是主谋。另外，如果将三人全部赶走，内阁就没了挑大梁的，所以他留下了李东阳。更深层次的原因是，皇帝还不想让内廷的力量太强大，还需要让内阁来牵制刘瑾等人，他还要对双方的力量进行对比，以便日后再微调。帝王的心术在这里又一次得到淋漓尽致的发挥。与此同时，朱厚照将那个告密者焦芳调入内阁，用于制衡李东阳，又让张永、谷大用、丘聚制衡刘瑾。朱厚照在短时间内就建立了一种精妙稳准的政治结构。正德年间的这场风波就如此悄无声息地被平息了，但它带来的政治地震远没有结束。

## 宦官改革家刘瑾

经历了正德元年（1506 年）的政治风波后，我们的皇帝开始躲藏在幕后，让宦官刘瑾在前冲了。

刘瑾是陕西人，本姓谈，后来给一位刘姓宦官做干儿子，改姓刘。刘瑾熬到了 55 岁才出头。跟王振、汪直、魏忠贤一样，这位刘宦官在肃贪、打击权贵、清查账目方面表现出了非凡的才能。而后世文人大多将这种行为解释成清除异己、树立权威，即便是这种行为利国利民也不在考虑之列，究其原因乃是宦官与我们这个国家的礼法不符。

从正德元年（1506 年）十一月份开始一直到正德五年（1510 年）八月份结束，这三年零十个月的时间是刘瑾主政的时期，被冠以刘瑾时代。从“时代”这两个字

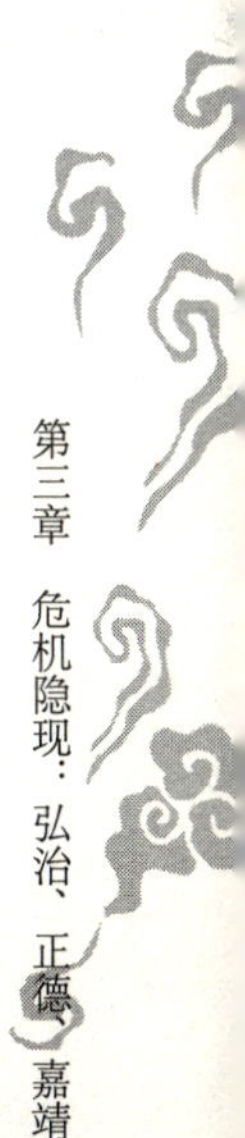

我们可以知晓刘瑾在这个时期总揽帝国的一切军政大权，而且还推行一些新思维、新的变法措施。这些变法主要集中在吏部、户部、兵部。刘瑾的变法手段主要是清查账目，清查的范围极广，遍布帝国的方方面面。从更宏观的角度来讲，刘瑾的改革是想将宦官提高到与文官平等的位置上，让宦官也成为帝国官僚中的一员。刘瑾此举在中国历史上是首创，属于前人没有尝试的领域。如果能够成功，的确是对中国 2000 多年来政治体制的一种冲击，其结果是震撼的。它会使中国正在走上轨道的文官政治戛然而止，而这种双头政治将会使中国的政治结构更加稳定。或许它能够破解明代的政治迷局，但刘瑾开创的这种行政结构会给中国的伦理道德带来多大的冲击，我们还不得而知。

刘瑾掌权后首先将各地的镇守太监提到跟巡抚同级别的位置。各地镇守太监可以监管地方的军、政、司法一切要务，等于说是在各省实现双头管理。各地送往内阁、部院的文书必须要从司礼监过一道。刘瑾恢复了洪武时代那种严厉治贪的刑法。不过与洪武时代不同的是刘瑾对于贪腐的官员不再是以体刑的方式来处罚，而是代之以经济手段来处罚。毕竟时代已经进步了。刘瑾还有许多变法体现了公平性和人性化。针对科举考试中南方人多的情况，刘瑾限制南方人的录取比例，增加中西部举子的录取比例。刘瑾还命令寡妇再嫁。家有死人不葬者政府将强行火化。南方富庶省份的官吏不仅不能由本省人担任，就是邻省人也不行。帝国的官员开始南北大对调。任职漕运总督的官员也不能跟运河沿岸的省份发生任何联系。刘瑾派人清理天下田亩，将隐瞒的田亩分给自耕农耕种，限制士绅和军官占田。他还从内廷和户部、兵部派出大量的官吏去清查各地的军屯、军库、皇庄、粮仓、漕粮、两淮的盐政，还有国库下拨的资金。

刘瑾一方面打击贪污、瞒报，另一方面千方百计地增加国库收入。除了罚款以外，刘瑾增加各地银矿的摊派，并增加各地军屯上缴的税收。此举是最要命的，一方面对军屯进行清查，另一方面又对其掠夺。这些直接导致了后面的兵变，也成为刘瑾覆灭的一个诱因。

刘瑾的策略可以总结为一紧一收，开支缩紧加上税收增加，如此一来既可以增加国库收入，还能为皇帝和自己增加收入，对宣德年间以来的弊政也有很大的纠正作用。刘瑾的治贪不仅对准天下官吏，对自己的亲信和内廷宦官也在所不惜。宦官杨镇因为在南京受贿被刘瑾亲自交给南京三法司会审，亲信刘宇因为所辖地耗损颇

多也受到责罚。此时的刘瑾早已走上汪直的道路，跟汪直比起来有过之而无不及，他跟汪直一样跟全天下的人作对。这里面不仅有官僚，而且还有皇室、宦官，更有军人，就连八虎中的其他七虎也对刘瑾心生不满。在他的统治下，整个帝国的人战战兢兢，官员稍微出现一点儿差错就会被处罚。出现纰漏的官员不等刘瑾来查便已自杀而死，还有的官员因为畏惧刘瑾竟然将家人、亲戚、朋友也检举出来。而刘瑾也鼓励互相讦奸。我们的帝国似乎又重回洪武时代。

敏锐的人知道刘瑾这座大厦已经开始摇摇欲坠。从中枢到地方，从内廷到外廷，从政府到军队，都弥漫着一种不安的气息、一种骚动的气息。帝国仿佛又重现景泰、天顺年间的情景。

正德三年（1508年）六月的一天，内廷宦官将一份匿名弹劾刘瑾的奏折故意扔到早朝的御道上。奏折被一位御史拾到。这份奏章被送到了朱厚照面前。奏折上罗列了刘瑾的几大罪状。此时的刘瑾如日中天，而且这份罪状又没有署名，朱厚照自然将这视作阴私之事。朱厚照命所有大臣跪在殿外，让群臣自招。

慌里慌张赶来的刘瑾看自己还没动手，皇上已经叫众人跪在那里了，他在那里破口大骂。刘瑾在那里折腾了一整天也没查出来什么，到了夜里便把300名官员带到了镇抚司盘问，也是毫无结果。第二天刘瑾才清楚乃是一宦官所为。这事就这样告一段落。这件事情表面上看是一个对刘瑾不满的宦官所为，但何尝不是所有人的共同想法。虽然刘瑾又一次取得了胜利，但这次却是一个危险的信号：刘瑾对天下臣僚们的跋扈已经得罪了所有人。当所有人都认为你该完蛋的时候，大约便是你会完蛋的时候。此时已经有部分人开始酝酿倒刘。

安化王朱寘鐇是封在陕西庆阳县的一个王。通常人们知道正德朝有宁王叛乱，却不知道还有个安化王先于宁王起事。人们不解的是正德年间的宗室叛乱为何如此之多，也同时不解一个封在西北的小王为何也敢叛乱。其实这既跟刘瑾有关，也跟朱厚照有关。

刘瑾清理屯田，让军户纳粮，西北就是重点。陕西当地的驻军早就怨声载道，而安化王朱寘鐇正是看到了这一点，他才利用军士的不满乘机发难。无论是安化王朱寘鐇，还是后来的宁王朱宸濠，我们都觉得非常奇怪，这些毫无胜算的藩王为何要如此？或许唯一的解释还是《皇明祖训》在起作用，大概这些藩王真的以为自己干的是一件值得自豪的事情，抑或他们真的是为了这个国家好，也不得而知。

正德五年（1510 年）四月的一天，安化王朱寘鐇将当地镇守太监、总兵等人请到王府饮宴。席间安化王将一干地方官员杀死，接着又带着他的兵将朝廷派在庆阳的巡抚都御史杀掉，然后写檄文，传至四方的军队指挥官。檄文中打的旗号是清除刘瑾，所遵循的依然是《皇明祖训》。朱元璋苦心创造的祖训不仅没能保证明王朝的安定，反而成了后世子孙的桎梏。

朱寘鐇打的算盘非常好。他发现各地的军官都对刘瑾牢骚满腹，以为如此一来众人会纷纷响应，但事实上并非如此，没有一处响应。朱厚照接到朱寘鐇造反的奏报后，便命杨一清率兵平叛，八虎之一的张永监军。杨一清是成化、弘治、正德、嘉靖四朝重臣，曾三次任三边总制，官至内阁首辅。成化年间，蒙古人移居河套，陕西北部的防务变得十分重要。为了协调应对，弘治年间委派重臣总督甘肃、延绥、宁夏三镇防务，是为三边总制。杨一清和张永的平叛兵马走在半路上就传来消息，前方叛乱已经被一名游击将军平了，朱寘鐇本人也被擒获。

眼见叛乱已平，杨一清和张永便调转马头往回走。在路上两个人进行了一番交谈，这番谈话直接决定了刘瑾的命运。杨一清向张永分析了当今的时局，明确指出此次叛乱是由刘瑾专权引起的，如果不解决这个问题，叛乱或许是帝国今后面临的经常选项。杨一清想让张永出面搞掉刘瑾。但张永对于这个议题并不感兴趣。张永说道，刘瑾对他本人的威胁甚小，刘瑾擅权与否对于他来说似乎并不关痛痒。杨一清随后又说道，如果刘瑾被废黜，张永或许能取代刘瑾的位置，获取更多的好处，并指出皇帝也对刘瑾不满了。

实际上张永最担心的还是皇帝的态度，一旦打刘不成，反受其咬就惨了，正德三年（1508 年）的例子已经摆在那里。令张永最终下定倒刘决心的是他相信了杨一清对皇帝态度的判断。他也感到刘瑾倒台的时候到了。

正德五年（1510 年）八月，张永带着安化王回到北京，举行了献俘仪式。仪式结束后，张永趁刘瑾不在，向朱厚照说道，刘瑾要谋反，请求朱厚照诛灭刘瑾。听完张永的话，朱厚照不语，仍在犹豫。张永又向朱厚照递上安化王谋反的檄文，并指出安化王谋反的原因就是因为刘瑾。这时候，八虎中的其他人也纷纷附和。朱厚照终于下令拘捕刘瑾。一个权势熏天、被称为“立皇帝”的人物，就因为内廷宦官的几句话而覆灭了。由此可以看出，无论刘瑾多么强大，他终归只是皇帝的一颗棋子。一旦皇帝不需要这颗棋子，轻轻一推即可。

虽然刘瑾被逮捕了，但必须给他安一个罪名，最好的罪名就是谋反，一旦定了此罪，怎么处置都不为过。当年朱元璋对胡惟庸、蓝玉的处理就是如此。想到此处，文官和宦官们便在刘瑾府上放置甲胄、兵器，据传还有玉玺，然后让朱厚照前来观看。当朱厚照看见这些东西的时候，他大概心里也明白，这是倒刘的官员们做的手脚。但他也没说什么，只是顺水推舟而已。

正德五年（1510年）八月二十五日，刘瑾被凌迟处死，连割三天。一代权阉就这样莫名其妙而又迅速地从历史舞台消失。

关于刘瑾的一切似乎都是迷雾，史书上已经难以找到答案。我们或许只有依靠推测才能得出合理的历史真相。

刘瑾的改革是庞大的，涉及官僚系统的一切。刘瑾将自己的变法条款编成一本书，名唤《见行事例》，涉及吏部的有24款、户部的有30款、兵部的有18款、工部的有13款，内容都是针对天下的弊端。但刘瑾死后，关于《见行事例》的一切都被文官们烧毁。人们已经无法知道《见行事例》里面究竟记载着什么内容，只能从其他史书中拾得一些细微枝叶。

刘瑾初掌大权后，跟内阁与部院的关系非常好。他对内阁首辅李东阳非常尊重，李东阳的建议他从来不违背，李东阳也尊重刘瑾。刘瑾自己学识有限，便找了一个文人张文冕，所以刘瑾主政的时候所有的奏章实际上就是由这个张文冕批红。不仅如此，刘瑾注重选拔清廉的干吏，从内阁到部院大多数人皆出自其门下。此时内廷与外廷已经联成一体。

跟文官的融洽关系形成对比的是刘瑾跟内廷宦官的关系非常紧张。八虎中的另外七虎都极其厌恶刘瑾，张永曾经当着朱厚照的面与刘瑾互殴。虽然刘瑾令人们畏惧，但内廷宦官从来没有把他当回事。他最终还是栽倒在这批本应该重视而没有重视的人手里。正德三年（1508年）的匿名奏书实际上已经表明了刘瑾与内廷的矛盾。在奏书风波后，他甚至成立内厂来对付东西二厂。

除了与宦官产生矛盾，因为变法，刘瑾跟地方官吏、军队、宗室的关系也异常紧张。在安化王叛乱之前，辽东已经发生一起小规模的军队骚乱。现在我们要搞清楚的是朱厚照处死刘瑾的真实原因究竟是什么？正德元年（1506年）文官的疯狂使继位不久的朱厚照地位岌岌可危，后来依靠刘瑾，形势顿时转变。朱厚照从一个毫无地位的皇帝变得要风得风，要雨得雨。但仅仅过了几年的工夫他就对刘瑾不满意

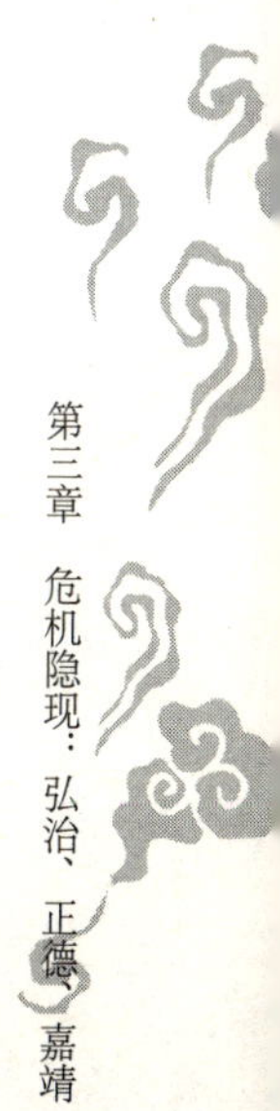

了。这其中的原因说白了还是刘瑾过于专制，使得朱厚照也感到此人很棘手。但朱厚照为何要将他凌迟处死，说来仍是令人不解。

刘瑾这个人物能上位说来还是由于明王朝政治运行中出现了偏差。他和王振一样力图仿照洪武皇帝重塑这个帝国。他们都是理想化的人。就是洪武皇帝那种具备超强能力的人，仍然受制于生命的长度，更何况王振、刘瑾乎？刘瑾的一系列措施过急、过猛，打击面太大，虽然求治心切，但终是功亏一篑。在历史的惯性面前，人的力量何其渺小。虽然如此，但刘瑾时代对于后世史学家来说是应该关注的。由于刘瑾是一名宦官，无论他做过什么，他都不容于封建礼法。他死后，他的所有变法措施立即被废除，史书上也鲜有提及，他的变法效果我们也无从得知。关于他的一切，对于帝国的士大夫们来说，都是不愿意触及的话题。但在此之后，进入嘉靖年间，帝国的弊端却日益严重起来，终是积重难返。

正德五年（1510 年）是一个值得纪念的年份，在这一年，帝国的改革家刘瑾死去。嘉靖四十五年（1566 年）也是一个值得纪念的年份，在这一年，嘉靖皇帝逝世，随后开始了持续 16 年的隆万大改革。无论史书对于“隆万改革”如何粉饰，它终是沿着刘瑾的道路前进。万历十年（1582 年）同样也是一个值得纪念的年份，在这一年，帝国的改革家张居正逝世。他死后同刘瑾一样遭到清算。从此，我们的帝国终是进入不可逆转的命运轨迹。

无论如何，刘瑾时代对于某些士大夫来说，或者对于朱厚照来说，都是值得铭记的。

## 被逼造反的盗匪

刘瑾死后，皇帝让八虎之一的魏彬执掌司礼监，而不是让二号人物张永负责。可见皇帝对于斗倒刘瑾的张永也是颇为忌惮。司礼监如此，内阁仍是由李东阳任首辅。跟刘健、谢迁不同的是，李东阳比较圆滑。他懂得如何在表面上维护士大夫的清誉，但是私底下与皇帝保持一种良好的关系。为此李东阳也遭到同僚们的辱骂。刘瑾倒台后，内阁中跟刘瑾关系密切的阁臣被驱逐，代之而入的是刘忠、梁储。文官与宦官的关系似乎渐行渐远。虽然刘瑾倒台，但此时也不是正德初年的时代，文官已经不可能再像从前那样肆无忌惮。

后刘瑾时代一切都没有消停。我们的皇帝在这一刻似乎失去了一切约束，他可以自由自在地玩耍。紫禁城对于皇帝来说是个牢笼，这里有令人厌烦的文臣、毫无感觉的皇后与妃子、令人沮丧的两宫太后，而且身居宫中做什么事情都不方便，皇帝自己喜欢的人也不能随意带进来。为了能够随意驰骋，皇帝在紫禁城的西边修了一座行宫，这也就是被后世称为“豹房”的地方。豹房修筑完毕后，皇帝寝食和接见大臣就在这里。一直到死朱厚照也没有回到乾清宫。

欢乐的日子总是短暂的，太平的生活也不可能永远持续下去。

明代的京畿实际上是一个麻烦地，皇亲贵戚的田产都集中在这里。皇室和勋贵的占田必然挤压自耕农的生存空间，加上从 15 世纪绵延至 16 世纪的自然灾害，导致北方的大批自耕农破产。这些破产的自耕农要么成为流民，要么成为盗匪。北方最大的盗匪是一个叫张茂的人，他结交了内廷宦官，据说还去豹房与朱厚照踢过球。正德五年（1510 年），朝廷派了一个名叫宁杲的御史来剿匪。宁杲心狠手辣，捉住了盗匪，然后命其捉拿其他盗匪，只有完成官府要求的人数才能赦免其罪，然后再让被捉住的人去完成相同的任务。如此一来，京畿的盗匪苦不堪言，很快张茂被擒获。张茂的家人找到内廷宦官，宦官又找到朱厚照，朱厚照开价一万两，介绍人也要一万两。

张茂的家人凑不齐如此数额巨大的款项，张茂的部下刘六、刘七、杨虎便商量去附近州县干一票大的。谁知这一票干得过猛，或者是手下人过于激动，连当地的县衙都给烧了。刘六、刘七大惊失色，随即逃到远处躲藏起来。谁知过后不久，官府让刘六、刘七来县衙当捕快，“捕他盗以自救”。在这种情况下，刘六、刘七便来到县衙做起了捕快。他们干了一段时间，而且干得还不错。但恰在此时，刘六、刘七听谗言说官府要除掉他们，便来了个不辞而别。如此一来，官府便将他们的家人关了起来，家产抄没。刘六、刘七又托人去递话，官府又让他们“捕盗自救”。这次刘六、刘七不敢再相信官府。这时候，附近州县已经有流民暴动，刘六、刘七便聚集了旧部人马跟官府对抗。

发端于刘六、刘七的这场起义是 16 世纪中国境内最大的农民起义。从起义的原因我们可以看出政府的不作为和官府对底层民众的轻视。孟子的民本思想并没有

被天朝的士大夫们认真贯彻，对待底层民众，他们甚至比谁都狠。不仅如此，终明一朝，王朝跟周边民族的那种紧张关系也是如此相似。

正德六年（1511年）七月，刘六、刘七的起义军逼近京师，京城宣布戒严。十月，义军攻破山东济宁，焚烧了运河上的1000余艘漕粮，被焚毁的船只阻塞了运河。刘六、刘七的大军横亘北方数省，如入无人之境。沿途流民纷纷加入，兵锋直指长江。

正在豹房醉生梦死的朱厚照慌了神，他急命惠安伯张纬、都御史马中锡率京营前来镇压。缺乏训练和作战经验的京营在义军面前不堪一击。张纬这个世袭勋贵什么也不懂，马中锡对军事也是一窍不通。眼见如此，朱厚照又改剿为抚。政策一变，流民有些松动，但这一政策并没有被经办人认真执行，叛乱远没有平息。朝廷已经花钱如流水，国库空虚。

九月份，朱厚照终于接受了兵部侍郎陆完的建议，调边军镇压。这在明王朝历史上是第一次。边军由于常年驻守边疆，作战能力远胜于京军。由于边军关系到帝国的边防，轻易不调动，虽然此举开了调动边军的先河，但朱厚照还是批准了这一提议。

宣府镇2000人，辽东镇2000人，延绥镇500人，一共4500人，全是骑兵。另外让宁夏总兵官咸宁伯仇钺提督京畿三千营。由于义军皆是骑兵，来去如风，所以此次平叛兵马全是骑兵。中枢试图以骑兵对骑兵。

十月份，朝廷的军队和义军在河北霸州一带进行了一场主力会战。义军战死1000多人，遭受起事以来的第一次重创。但义军很快恢复过来，在随后的一场战斗中竟然杀死平叛副总兵冯祯。边军和京营之间也相互扯皮，摩擦不断。京营让边军在前面打头阵，然后在后面抢功。边军知道京营战斗力差，则坐视京营被屠。战斗陷入了胶着状态。

此时，北方数省的义军有两支，一支由刘六、刘七领导，另一支由杨虎、赵燧领导。刘六、刘七是流动作战，每到一处都是烧官衙、开粮仓、劫富济贫。而杨虎的义军则盘桓在河南境内，力图建立根据地以抗衡官府。眼见平叛取得不了突破，朝廷便制定了各个击破的策略，免得被义军拖着像一只没头苍蝇一样乱窜。刘六、刘七的军队由于流动性太大，无法有效地予以歼灭，所以计划先拿下杨虎的义军。

事实证明，这是一个正确的方略。当你面对难以处理的棘手问题时，就应该静下心来，分析矛盾究竟在哪里，然后再慢慢处理。治大国如烹小鲜，就是这个道理。眼见官军大举进军河南，杨虎向南强渡黄河，不幸被水溺死。正德七年（1512年），杨虎部下刘三被围困嵩山，自缢而死，赵遂于江西被俘。至此，河南境内的义军全部被扑灭。

失去了河南义军的牵制，刘六、刘七日子也不好过。各路平叛大军开始围攻刘六、刘七。两刘的军队开始从河北南下。正德七年（1512年）五月，两刘军队渡过黄河，接着南下湖广团风镇。义军开始横渡长江。双方在江面上发生大规模的水战，刘六战死。义军不敌，便向长江下游驶去。八月，义军的船队停泊在长江口的通州。此时突遇强台风，官军乘势发起强攻。义军转战险要的狼山，帝国的军队将义军团团包围在狼山。刘七战死，义军溃散。至此持续两年的刘六、刘七起义以失败而告终。

刘六、刘七起义是16世纪中国境内规模最大的农民运动，规模之大，地域之广，都是明朝建国以来罕见的，竟然迫使明廷调边军前来镇压。无论起义如何迅猛，起义者并不想推翻明王朝的统治，他们只是想通过这种农民运动的方式来迫使明王朝实行改良运动，让他们的日子好过一些。但这些都是一厢情愿的。虽然这次起义失败了，但发端于17世纪的那场规模更大的农民运动却直接推翻了明王朝的统治。而17世纪的这场农民运动何尝不是16世纪那场农民运动的延续。

## 想当将军的皇帝

刘六、刘七的起义不应该被单纯看待，除了骚乱外，它还直接导致了正德朝的军事变革。虽然文官否认这一点，但它的确对帝国的军事改组有着非凡的意义。

首先，它使得边军的调动正常化。万历二十年（1592年）北部边境的边军开赴朝鲜战场。万历四十六年（1618年）同样是北部边境的边军开赴萨尔浒战场。其次，它扩大了军队之间的交流，增强了军队的活力。

锦衣卫钱宁功夫了得，他能双手开弓，他还能经常给皇帝引荐一些新鲜玩意儿，比如不知从哪里弄来的一些豹子、老虎。皇帝非常喜欢钱宁。此时的钱宁俨然

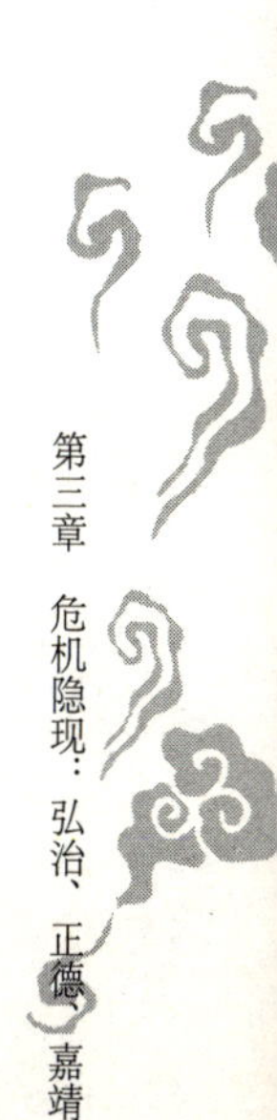

成了豹房总管。

正德七年（1512年）的战争结束后，钱宁给皇帝引荐了一个新人——江彬。江彬是宣府的一名把总，此次平叛江彬也在征调之列。江彬作战勇猛，但劣迹斑斑，被文官多次弹劾。不知道江彬如何与钱宁认识，钱宁将江彬的故事讲给朱厚照听，说江彬在淮河与叛军作战的时候，面部中箭，拔出箭来继续战斗。朱厚照听完很是欣赏。

钱宁将江彬带到豹房来了。当江彬来到豹房后，人们发现武功已经不是他的强项，他的强项是讲故事。江彬绘声绘色地向朱厚照描述战斗中的故事。这些故事引起了朱厚照极大的兴趣，尤其是江彬在草原上带兵征战的那种景象让年轻的朱厚照心驰神往。他开始沮丧自己是个皇帝，为什么不是个将军。除了会讲故事，江彬对军事管理也有一套。他向皇帝详细分析了此次平叛的得失，阐述了国家的军事体系急需改组的事实。对此，皇帝也是感同身受。江彬提出一个大胆的想法，那就是将京营与边军互调，将少量边军调往京畿以巩固京畿的防务，然后将部分京军调往边关加以历练。皇帝对于江彬的提议非常赞同。当年底，皇帝便着手此事。

此事遭到了李东阳的激烈反对。他说京军缺乏实际战斗经验，难以抵挡蒙古人攻击，而且边军难以约束，如果调到京城来会影响京城的治安。李东阳拒绝起草调动军队的命令。而皇帝却绕过内阁和兵部直接发布诏令调动军队。这一行为不仅违反了祖制，更是违反了文官统兵的制度。

本来明王朝各地的边军由总兵统领，调兵权在兵部。皇帝能直接调动的只有宦官统领的京营，也就是禁军。对于边军，皇帝并无直接调动的权力。但正德皇帝却轻易地打破了这一制度。我们可以认为，这是皇帝试图排除文官的又一次尝试。他想通过这种方式拉近本已疏远的皇帝与军队之间的关系。

李东阳又一次以辞职抗议，皇帝仍是没有批准他的辞职。正德八年（1513年）二月，3000名宣府边军奉命调至京城。皇帝将他们搞到北京城内，拆毁了皇宫西边的一些房屋。这些军队挨着豹房住了下来。朱厚照将这支军队视作自己的私人军队，从此他又有事情干了，那就是看这支军队出操、训练，看江彬如何排兵、布阵。他觉得这的确是一件很过瘾的事情。

朱厚照完全将这里模拟成了战场。他身披甲胄巡阅三军，还搞来一些帐篷搭在那里。他宁愿住在帐篷里，也不愿意住在行宫内。他认为住在帐篷里才有战场上的真实感觉。朱厚照需要敌人，没有敌人就体验不到真实战场的感觉。朱厚照让人将关在笼子里的老虎、豹子放了出来，手拿武器亲自跟这些野兽搏斗。江彬站立在一旁，一旦发生意外他好出手。意外终是发生了，朱厚照被老虎的爪子抓伤。朱厚照终于歇了下来，他明白再这么折腾下去迟早会把小命折腾掉了。

朱厚照并没有完全歇下来，虽然暂时不能进行军事活动，但还能进行其他活动。不久，朝中大臣就听说朱厚照经常在京城不该出现的场所留宿。群臣纷纷上书，要求朱厚照对此做出解释。朱厚照自然是置之不理。

豹房的帐篷内不仅有甲胄，而且还有炸药、佛朗机火炮，这些炸药是军事演习用的。北京城内的居民不仅能听见战马的嘶鸣声，而且还能听见隆隆的炮声。这真是一个奇怪的年代。皇帝喜欢花灯，豹房内到了夜晚到处都是悬挂的花灯，照得整座行宫亮堂堂的。事故发生在新年的灯节那天，京城的居民都听见了巨大的火药爆炸声。整座紫禁城的上空弥漫着黑色的硝烟，接着便是冲天的大火。整座豹房被点燃，几座宫殿被烧毁。朱厚照看着这冲天的火光说道："好一棚大烟火。"

此事又引来言官的激烈弹劾。朱厚照对付文官也有办法，他经常对官员说要举行重大活动，然后，让这些官员一等就是几个钟头，甚至是一天，或者半夜将这些官员叫出来接见。朱厚照的荒谬举动令文臣们越来越无法容忍。他去城南的南海子皇家猎场打猎，将猎获的猎物作为他的战利品分给文官。文官们拒绝接受。

朱厚照早已厌倦了北京城的生活。江彬劝他到宣府居住，那里无拘无束。而且宣府也是一个热闹的地方，有比北京城更多的乐师和漂亮女人。最重要的是那里可以看见真实的军队跟蒙古骑兵的战斗。朱厚照早有此想法，但问题是如何出去。

正德十二年（1517年）八月，我们的皇帝换上便服，带着几个随从，骑马从德胜门溜出北京城，直向昌平奔去。文官们很快知道了情况，便骑马火速追赶。半路上追上皇帝，官员们生拉硬扯，朱厚照就是不愿意回去。

虽然摆脱了文官的纠缠，但当朱厚照抵达居庸关的时候他傻眼了。无论他如何喊门，守关的御史就是不开门。无论他如何在关下声明自己是皇帝，守关御史就是不承认他是皇帝。无奈之下，朱厚照只有返回京城。

一个月后，朱厚照打听到那位守关御史近期要出关巡视，便和随从乘夜急速逃出北京城。经过四天四夜的急速行军，皇帝终于抵达居庸关下，此时那位御史还没有出关。皇帝和他的随从便在附近的一个农民家里过了一夜。等到第二天御史终于出关，朱厚照火速出关。他临行前将谷大用留下镇守居庸关，并交代了谷大用一件

事情，那就是对于任何试图从这里通过的文官都不要开关放行。

皇帝这一回彻底自由了。他跟文官彻底脱离了关系，哪怕这种脱离只是一种短暂的脱离。宣府虽然已经到了长城边上，但这里的繁华与热闹却丝毫不亚于内地，甚至比内地尤胜，朱厚照乐得喜不自胜。不久，宣府一带出现了一款名叫《游龙戏凤》的黄梅戏。戏中讲述朱厚照在宣府梅龙镇游玩，来到李龙客栈。朱厚照被李龙妹妹李凤姐的美貌所倾倒，便开始出手调戏。李凤姐巧妙应对，让朱厚照欲罢不能。夜里两个人随即睡在一起。

朱厚照到宣府来不仅是为了吃喝玩乐，更主要的是要找蒙古人练练拳脚。正统年间，瓦剌的也先强大起来。但随着也先被杀，瓦剌式微，成吉思汗的黄金家族又开始在草原上雄起。从成化年间起，鞑靼部进入河套，经过成化、弘治两朝的不断战争，蒙古人又陆陆续续退出河套。正德朝鞑靼部在达延汗巴图蒙克的带领下不断地袭扰宣府。这个巴图蒙克明人又称他小王子，属于黄金家族成员。而朱厚照要对付的就是他。这是黄金家族和朱明后裔的一次面对面的互搏。

京城的文官不仅被限制进出居庸关，而且被限制离开京城。不久，文官们收到边关一份以“总督军务威武大将军总兵官朱寿”名义要求调兵和征集粮草准备打仗的命令。文官们都被搞懵了：他们不知道这位朱寿是谁？威武大将军是谁？但人们很快反应过来了，那就是皇帝本人，皇帝自封为将军。

皇帝来到宣府不久，小王子带着 5 万骑兵开始向大同逼来。皇帝亲率增援军队向大同驶来。宣府和大同的明军会合在一起达 6 万人，双方皆向大同府应州县汇集。正德十二年（1517 年）十月二十一日应州会战爆发。双方主力从清晨战至傍晚。明军发起了一次又一次冲锋，永乐时代似乎又回来了，朱厚照骑在战马上，抡着战刀，跟着他的士兵一起砍人。眼见皇帝跟着自己一起冲锋，这些明军像打了鸡血一样兴奋。战斗至傍晚，小王子不敌，便带着军队退出了战场。

应州一战使我们的这位皇帝荣耀到了极点，他的人生理想终于得以实现。此时他不再是一个居住在紫禁城的无聊皇帝，而是敢在战场上冲锋的将军。

明史学家李洵认为明武宗朱厚照是明代那个时期绝望贵族的代表。他的身上有着 16 世纪中国贵族的气息。

随后皇帝返回了宣府，一直到第二年二月份皇帝才决定返回京城。他下令在京的所有文武百官皆去城门外迎接。皇帝的军队于半夜到达德胜门外，已经在寒风中等候一整天的文武大臣已经苦不堪言。皇帝兴致盎然地回到京城，他亲口对官员们说自己亲手杀死了一名蒙古人。文官们拒绝承认此次的应州大捷。虽然皇帝不断地坚称真的有一位威武大将军朱寿，而且他就在军中，此次应州之战全凭这位朱寿指挥有方，但文官拒绝承认有这么一个人。皇帝下令封这位朱寿为镇国公，年俸5000石。

回到北京的正德皇帝才知道京城的日子是多么无聊，堆积如山的奏章等待他批阅。朱厚照此次偷偷出城，而且还将官员们禁锢在京里，更为严重的是他亲自带兵上战场去跟蒙古人搏杀。现在皇帝回来了，正是文官们找他算总账的时候。

无独有偶，二月份，成化皇帝的配偶太皇太后王氏离世。官员们逮住这个机会，一会让皇帝这样，一会让皇帝那样，搞得正德皇帝不胜其烦。到了行大礼那天，由于前一天下雨导致广场上积水，皇帝便让众大臣鞠躬免跪，此举激怒了众人。群臣纷纷上书指责皇帝有违孝道。到了给太皇太后送葬那天，皇帝将灵柩送到了昌平，安葬在宪宗身边，然后乘此机会跑到喜峰口找了朵颜卫的几个蒙古族首领喝酒。文臣们彻底疯狂了，他们纷纷指责皇帝以送灵柩之名，行巡幸之计。其中有一位叫舒芬的状元，响起了惊天一炮，被文臣视为楷模。

舒芬是进贤县（今属江西南昌县）人，正德十二年（1517年）状元，授翰林院修撰。舒芬十分孝顺，被人视为孝子楷模。嘉靖年间，其母病逝，舒芬扶柩辞官归乡，后来因其母辞世竟忧伤而死。

舒芬上了一道措辞激烈的《隆圣孝以答人心书》。在这道奏书里，舒芬从孝道、天理、人欲三个方面跟皇帝辩论孝道，并直言不讳地指出皇帝的所作所为有违孝道。对于舒芬的这一行为，我们无法做出恰当的评判。皇帝在祖母丧葬过程中做的多一点还是少一点，我们也无法作出道义上的评判。我们只是知道，伦理道德在我们这个国家在一定程度上已经成了行为准则，高高在上的皇帝尤其要遵循这一点。无论是过去，还是现在，伦理道德在一定程度已经和法律一起成了评判事实的根据。

舒芬的这篇文章跟海瑞的那道《直言天下第一疏》无疑具有异曲同工之妙。但与嘉靖皇帝不同的是，我们的这位正德皇帝并没有大发雷霆，只是随手将其扔进了垃圾桶里。可怜状元郎熬了一个夜晚写出的华彩文章就这样静静地躺在宫殿的角落里。

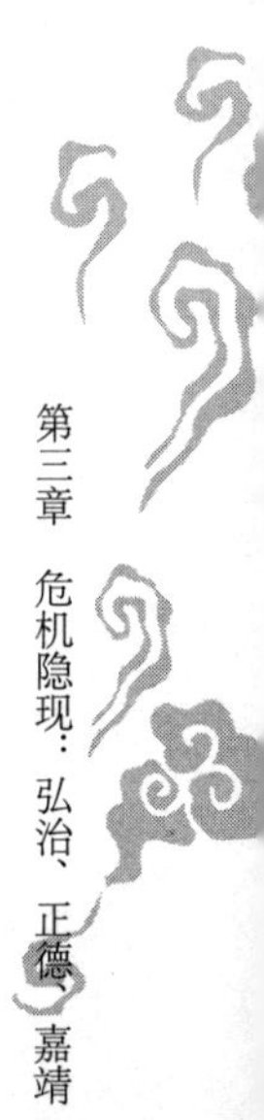

虽然舒芬的上书并没有得到皇帝的正面回答，但它却在朝堂上掀起了波澜。这位状元郎很快成为帝国的楷模，无数的士大夫奉其为榜样。六部、翰林院、大理寺、行人司、通政司、十三道监察御史、六科给事中的奏书纷纷砸来。在大明朝文官与皇帝的斗争中，职位低的官员尤其起劲儿。这些官员不仅给皇帝施加压力，也同时给内阁施加压力，要求内阁大学士杨廷和、梁储、蒋冕领衔上书。而这个时候，皇帝由于着了风寒，正在卧床不起。这是一个信号，它表明我们的这位皇帝在这个时候身体已经不行了，他的身体极度虚弱，虚弱到连偶然的感冒也受不了。

挨到皇帝身体好一些的时候，能够下床理政的时候，文官们依然不依不饶，甚至要皇帝下罪己诏，就差没让皇帝下台了。我想皇帝这个时候大约对刘瑾是怀念的。他明白在这个国家有一群人是不能得罪的。

皇帝朱厚照终于忍受不了群臣，挨到正德十三年（1518 年）七月份，皇帝带着随从又出去了。临行前皇帝给杨廷和留下敕书交代了一下，皇帝此次是要去巡边了。皇帝带着一万人的队伍从宣府出发，沿着长城外沿行走。皇帝跟所有人一样风餐露宿。他欣赏着大漠风光，但无人领略到皇帝凄苦的内心世界。此次巡边，皇帝虽然出来了，但他的心还留在京城，留在那帮文官那里。皇帝此次出塞的心境与上次已经截然不同了，他显得心事重重，没有了那种意气风发。皇帝与文官们的间隙已经种下了，从此大明王朝的政治陷入了一种死结。虽然儒家思想的高峰还没有到来，但这已是一个儒学已死的年代，在以后的岁月中甚至需要引入部落民族的新风和西方文化的新风来荡涤儒学的桎梏。这不仅是一种政治上的死结，更是一种文化上的死结。我们的政治，我们的文化，为什么会进入这样一个死结？它跟我们这个国家过于庞大、复杂有关。一方面它需要一种伦理纲常来维持帝国的正常运转，以道德行为规范来统驭全局；另一方面它也需要人性的自由、奔放来维持政治与文化上的活力。它们之间是矛盾的，不仅体现了政治上的两面性，更体现了文化上的两面性。当后者过强的时候则不存在问题，一旦后者过弱则会陷入一种无法挽回的境地。新旧思想开始激烈碰撞，君臣开始博弈，帝国的大厦开始摇摇欲坠。越至晚明，这种景象越发突出。

皇帝此次巡边走了 1000 多里路。他详细地察看了沿长城各处的隘口和兵力部署，最后抵达了陕西省延绥镇榆林卫。经过 4 个月的长途跋涉，部队士兵死亡、逃

跑甚多，减员十分严重。但皇帝始终如一，他跟士兵们一起风餐露宿、同甘共苦。这是一个充满温情的年代。此后这种情形再也不可能出现。此次巡边由于离京师太远，在视察完榆林卫后皇帝便开始返回。回程途中路过太原府，皇帝住进了晋王府中，在这里他邂逅了一名叫刘良女的歌女。传说这名女子是晋王府乐工杨腾的眷属，皇帝喜欢上了刘良女，并将她带回了北京。

正德十四年（1519 年）二月，皇帝回到了阔别 7 个月的北京。在回程途中他大概不会郁闷，因为他带着一名心仪的女子。皇帝巡边途中如遇重要的奏章，内阁也是快马加鞭送给他批阅。

至此，皇帝跟北部边疆的那种缘分已经结束。他的理想是像先祖那样能勇敢地踏入大漠，能跟将士一起同甘共苦。到了正德年间，勋贵阶层的没落、皇帝对于战场的生疏，使得皇帝与他的军队日益疏远。早在成化、弘治年间，皇帝就想带兵出征，但官员们向皇帝阐明现在已经不是那个年代了，皇帝这才作罢。但到了正德年间，朱厚照冲破文官们的羁绊，再次恢复了祖先的那种武功。对此我们仍很难做出评判。皇帝的个人行为于国家来说作用并不大，但对于正德本人仍值得肯定与赞扬。

## 被禁足的正德

皇帝之所以巡边这么久，不愿意与文臣见面是一个原因，所以当从边疆回来后，他又变着法地想出去，北方已经游历遍了，这回要去的是南方。

几乎就在我们这位皇帝回到北京的同时，内阁大臣就知道他仍要出去。因为当杨廷和交回朱厚照让他处理政务的敕书时，朱厚照说了句，你拿着吧，以后还有用。这就表明这位皇帝还是要出去。

不久京城就流传着皇帝要南巡的消息。这大概是朱厚照对身边的人表达了这个想法，然后由身边人走漏了出去。

去南方看看，去南京看看，去祖宗的陵墓看看，这大概也是朱厚照内心许久的想法。所以当从北部边境回来的时候，他觉得是时候往南方走走了。此时帝国的南

方并不平静，流民问题依然存在，刘六、刘七的余众仍在作乱。坊间又盛传封在南昌的宁王朱宸濠要造反，朱厚照也想亲率六师予以震慑。

大臣们对皇帝的此次南巡表现出了坚决的抵制。南方乃大明赋税重地，他们害怕皇帝在南方又搞出什么名堂，踢破了这个钱罐子。皇帝在蒙古死了，还可以再立一个。钱罐子被踢破了，可不好修复了。

内阁大学士杨廷和和礼部尚书毛澄首先上书反对。他们的这种反对效果如何，可想而知。接着是科道官员，科道官员的声音依然像放屁一样。明王朝的政治有一个特点，就是对江南数省的保护尤其严密。一旦这几个省发生动乱，影响到了明王朝的赋税，大明王朝倾时便会倒塌。此次文官们之所以要阻止皇帝南巡，就是害怕皇帝到南方去搜刮、勒索，引起民变。

既然普通的上书没有效果，那就要变个花样玩。自从皇帝南巡的消息出来后，所有的官员都像疯了一样。正德十四年（1519 年）三月十三日，科道官员就开始了下跪请愿活动。这在大明朝虽然是第二次，但以后这样的活动会经常发生。皇帝让内官出来劝官员们回去，言官们从早晨一直跪到下午才散去。

而从十三日这一天开始，斗争的主力已经从内阁转移到低级官吏。这种转移并不是在南巡这一件事情上的转移，也不是在正德一朝的转移，而是在整个大明王朝的转移。而低级官吏与皇帝的斗争面积越大、越持久，对帝国政治的伤害也越大。

皇帝与官员们已经进入僵持阶段。内阁的大学士们，六部的尚书、侍郎们，仍旧保持沉默，让低级官员在前面冲。很快，上书反对南巡的低级官吏达 100 多人。跟那些老成持重的内阁大臣相比，这些年轻的官员说话更直截了当，毫无遮掩。他们直接向皇帝指明，现在朝内朝外都是蠢蠢欲动，有的人想谋权，有的人想上位，如果皇帝继续一意孤行，到时候连死都不知道怎么死的，正德年号在历史上也会跟建文年号一样被革除。

明王朝的政治已经进入一个怪圈。它不再是由个别优秀的官僚把握，而是进入官僚集体掌控的阶段。遇到集体联名的事件，如果你不参与其中，就会被视为异类，甚至叛徒，进而受到同僚的排挤，从此，你的仕途也就中止了。这种政治越来越像一个紧箍咒，它不仅将皇帝禁锢在其中，更是将全体文官禁锢在其中。

面对这滔滔而来的奏书，皇帝憋着一肚子火。“我上次生病，没有一个人出来问安；一旦想出去转转，你们这些人就像疯狗一样来咬我。”皇帝这样表达了他的意思。江彬这些人乘机在旁煽风点火，指出这些人都是在沽名钓誉，又说南方形势不稳，正需要皇帝出去弹压。

朱厚照命令将带头上书的几个人关进锦衣卫镇抚司诏狱，其他 100 多人全部在豹房外连跪 5 天，每天上班时间由自己的上司领来，中午回去休息一下，下午接着跪，下午下班的时候再由本部门负责人领回。第二天，皇帝又让关进镇抚司的几个人带枷跪在那里。

这时候，各部的高级官员再也坐不住了。他们纷纷上书要求皇帝免除对官员们的处罚。朱厚照依然不依不饶，命令这些求情的人也跪在那里。这个时候，越来越多的没有被罚跪的官员主动加入罚跪行列，并以罚跪为荣。紫禁城的气氛达到了新的高潮，官员们相互支援，相互呐喊。豹房里的朱厚照恨得牙痒痒。

三月二十五日，5 天的罚跪期终于结束了。朱厚照又下令将 100 多人廷杖，每人各杖 50。这次廷杖当场打死 2 人，随后有 11 人因伤重而死。官员们的号哭声响彻了整座紫禁城。官员们的号哭是在表达对朱厚照的强烈不满。听着这号哭声，朱厚照的内心寒到了极点。

朱厚照不明白这些整日絮絮叨叨的文官为何不惧生死，他也不明白文人们读书求仕就是为了心中的理想、抱负，博个青史留名。

文官们的行为得到了全体市民的支持。越来越多的人被感召，商人开始罢市。它向我们释放出一个强烈的信号，那就是我们这个帝国到了 16 世纪早期就已经离市民运动不远了。

皇帝开始承受巨大的舆论压力。如果再这样下去，皇帝面对的不仅是这些士大夫，而是滔滔而来的众怒。皇帝只得取消南巡计划。但仅仅过了两个多月，南方的宁王造反了。

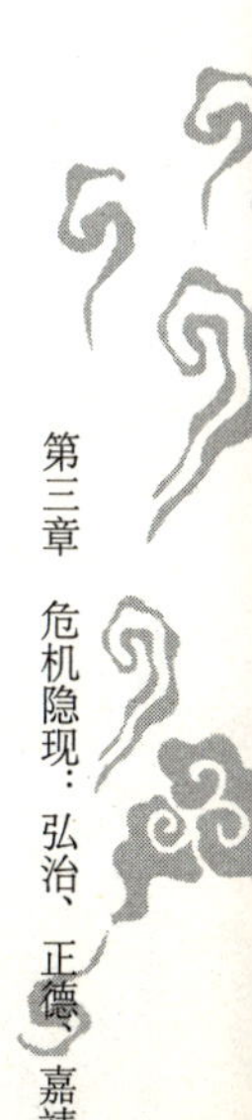



## 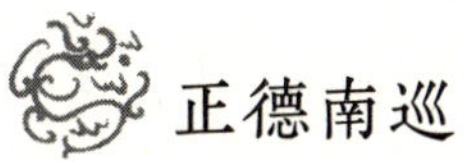 正德南巡

宁王的反叛使得皇帝有了充分的理由南巡。到了这个时候，群臣们再也无法阻止。此次前往南方平叛正是建功立业的机会，这不仅让朱厚照十分兴奋，就是他身

边的人也跃跃欲试。朱厚照随即颁旨，让“总督军务威武大将军总兵官后军都督府太师镇国公朱寿”统帅六师前往平叛。

大军于正德十四年（1519年）八月二十六日出发。当皇帝行至河北涿州这个地方的时候，前方传来邸报。宁王叛乱已经被一个叫王守仁的南赣巡抚平息，宁王本人也被活捉。正德看到这张邸报，心情顿时跌入冰点。正德身边的人也是如此。要说还是正德脑筋灵活，叛乱平息了也没什么，继续往前走。

接着大军便抵达保定府。由于南方的叛乱已经被平定，所以大军不用赶那么急，众人便在保定这个地方歇了下来。离开了保定，大军行至山东临清。临清位于运河边上，南北客商，人来人往，热闹异常。这里有鳞次栉比的商铺、人满为患的酒馆、人声鼎沸的赌场、曲径幽深的青楼，朱厚照看了乐得手舞足蹈。地方官员对于皇帝的南巡本就颇有微词，如今皇帝来了自然比较冷淡。朱厚照看着那简单、草率的酒席，他也没有放在心上，反而吃得很开心。

皇帝已经决定从临清坐船沿运河南下，便亲自驾着一条小船去京郊的通州接刘良女。他接到刘良女，又在临清玩了十几天。如此一来，皇帝前前后后折腾了四五十天，于十月二十二日才从临清出发。

十一月十五日船队抵达淮安清江浦，皇帝驻跸在宦官张阳家中。在这里，皇帝开始捕鱼、打猎，将获得的猎物赐给当地官员，但要当地官员拿银子来换。十二月一日，皇帝抵达扬州。接着皇帝便要去南巡的重心南京，可就在要去南京的时候又出事了。由于此时已到了月底，北京来信催皇帝回去主持明年正月的郊祀大典。随行的大学士梁储、蒋冕也不断地催促皇帝回京。皇帝说：“我们去南京搞郊祀。我大明不是两京吗？南京也是京城，为什么不能在南京搞，非要在北京搞？”

大臣们自然也有办法对付朱厚照。他们说，南京郊坛跟天地配位的是朱元璋和他的父亲朱世珍的灵牌，而北京郊坛跟天地配位的是朱元璋和朱棣的灵牌。如果在南京搞郊祀，等于把都城又迁回南京了。如此一来，可能又有人要造反。说到造反，便将朱厚照吓住了。这件事情就这样被暂时搁置起来。

朱厚照在扬州过得并不开心。当地官员像防贼一样防着他，好东西不让他看见，好玩的地方不带他去，好酒、好菜也没有，民间颇有姿色的女子也主动藏匿起来。到了临行的前一天，扬州的官员们置办了一桌像样的宴席，并请来歌妓唱曲。朱厚照颇有兴致地听完了曲，但并没有动宴席。他知道这顿宴席官员们花了些银两，便对扬州的官员们说道："这桌饭菜你们花了多少银子，就把这桌饭菜置换成同等数量的银子送过来，就算是你们对朕的孝敬。"

正德十四年（1519年）十二月二十五日，朱厚照渡江抵达南京。他终于来到了大明朝曾经的首都。他知道这里曾经发生了很多血雨腥风、同族残杀的故事。他抚摸着斑驳的宫墙，感受着历史的召唤。此刻的南京有着跟北京一样的一套班子，六部、都察院、大理寺、翰林院、国子监、行人司、通政司、都督府、内廷各司局，以及数目庞多的太监和宫女俱在，而且他还带着两名内阁大学士。南京，在这一刻又短暂成了大明朝的首都。

皇帝休息了几天，便在南京过了新年。正月初一这一天皇帝去明孝陵祭祖。皇帝在南京一直待到正德十五年（1520年）的闰八月。本来计划还要去苏杭、湖广周游，但皇帝决定回京了。出来已经整整一年，这次南巡是皇帝付出很大代价才争取来的，一路上官员的冷淡也令正德颇有感触。在南京停留期间，似乎有人对朱厚照发出警告，让他回去。有人将绿色的猪头扔到了朱厚照的寝宫内。在牛首山游玩的时候，不知是谁，将皇帝劫持了一个夜晚。在这种情况下，皇帝再继续巡游下去已经没有意义。皇帝此次的南巡并不似表面上那么风光，他显得心事重重。官员们不断地威胁、藩王的造反、身边人的难以捉摸，这些都使得朱厚照对局势担忧起来，还是早日回京吧。

朱厚照临行前来到明孝陵向老祖宗辞行，然后沿着来路北上。北归途中，朱厚照来到前三边总制杨一清的家里。杨一清跟朱厚照谈了一个夜晚。杨一清告诉皇上，在你没有子嗣的情况下，如果继续这样一意孤行，人们就会废了你。杨一清的话令朱厚照冷到了极点。皇帝什么也不想再说了，继续北上。他又来到淮安清江浦这个地方。皇帝开始独自划船游玩。此时已经是阴历九月天了，前面有个闰八月，按西历推算则是十一月份，也许是天气的阴冷，加上皇上一直心神不宁，所以驾船不稳，船翻落水。后面跟着的侍卫赶紧跳入水中将朱厚照救了起来。

朱厚照被救后开始一病不起。他患了感冒，而且这种感冒引起了肺炎，皇帝开始咳嗽。我们的皇帝虽然风流倜傥，不拘小节，但他实际上十分的孤独、焦虑。文臣们的恐吓、身边人的阴晴、子嗣继承问题，都深深困扰着这位皇帝。

船队在运河上再也没有停留，而是直奔运河的终点——通州。皇帝的行驾在这里不动了。朱厚照离京已经一年多了，京城现在是个什么样的情况他不清楚，他

不敢贸然进京。皇帝在这里发布诏令，将跟宁王平日有来往的官员、宦官、锦衣卫一一抓捕，接着又命令在京各部院的正职、高级宦官、皇室成员、驸马勋贵全部赶往通州见驾。皇帝在通州发布了对宁王以及跟宁王有关联人的处理意见。

正德十五年（1520 年）十二月十日，正德回到了阔别一年半的北京城。虽然只有一年半的时间，但对于朱厚照来说却恍如隔世。皇帝的内心世界已经来了一个大迂回，他早已经不是那个无忧无虑的孩童。宁王家属以及受牵连官员的家属数千人身着白衣跪于皇帝的车道两旁，然后在午门举行献俘仪式。宁王被一条白绫赐死，首犯十几人被斩首，其他包括家属在内的数千人被发配边疆。当这些犯人和犯人家属身穿白衣，被绳子拴着从城门经过的时候，全城的百姓都来观看。望着这白茫茫的一片，每个人的内心都是复杂的。虽然没人会为他们的被俘叫好，但是也没人会替他们感到可怜。

宁王一事虽然已经处理完毕，该抓的抓，该杀的杀，该流放的流放，但还有更棘手的事情在后面，那就是子嗣问题。当年景帝的太子逝世以后，官员们就劝皇帝过继一个儿子放在身边准备着。如今正德皇帝又面临这个问题。官员们早就不断地暗示皇帝从近亲旁系中找一位晚辈放在身边以备不测。前面提到的状元舒芬的上书，以及后来大规模的文官抗议上书都提到了此事。但那时候的朱厚照身体还好，再加上他的心思都在巡幸上，对此事并不上心。现在不行了，皇帝自从落水后身体是一天不如一天，此次回京后这件事情已经提上日程。

我们老祖宗规定的很多东西都有他的道理。皇位和爵位继承规则为什么是嫡长子？因为他可以明确继承规则，减少动乱。皇帝为什么要早婚、早子，因为只有早婚、早子才能令天下臣民安心。一旦帝王无子嗣，天下的藩王都会蠢蠢欲动。宁王就是活生生的例子。

古代王朝最重要的祭祀活动就是郊祀。郊祀是祭天，祈求上天这一年风调雨顺，国泰民安。这绝不是走形式。古代农民靠天吃饭，王朝也是靠天吃饭。一旦气候不好，发生大的自然灾害，流民四起，一方面要进行赈济，另一方面税收也会减少。如果黄河泛滥了，还要组织大批的人手，调集巨额物资，花费巨额钱财进行维修。持续的自然灾害甚至会摧毁一个王朝。

郊祀那天皇帝只跪了一下就伏在地上不动了。唱喏官唱了一下等待皇帝起来，皇帝始终没有动。众人连忙过去将皇帝扶起来一看，只见地下已经一摊血迹。郊祀被迫终止。皇帝在郊祀的殿中休息了一宿，第二天才回去。

其实早在几年前，太后张氏就已经开始物色继承人选。这个继承人首先必须要在血缘关系近的宗支中选。跟朱厚照血缘最近的就是四叔朱祐杬。成化皇帝的老大、老二都早死，弘治皇帝是老三，按照嫡长子继承规则首先要考虑的是老四这一支的儿子。此时朱祐杬已经死去，朱祐杬的长子朱厚熜进入了帝国的视野。实际上只要朱厚照没有子嗣，这个位置就是他的。这是任何人也无法改变的事实。我们的祖宗早就知道我们这个国家庞大、复杂，难以治理，牵一发而动全身，所以制定了规则化的继承机制。任何人都要遵守祖宗成法，你不要试图去打破它。朱元璋这么多子孙，如果人人都能继承皇位，岂不是天下大乱。

继承人早就选好了，不管朱厚照知道不知道，同意不同意，这是帝国的决策，这是华夏的伦理。兴王朱祐杬封在了湖广安陆州这个地方，也就是今天的湖北钟祥县。从这个时候起，京城与安陆的联系也频繁起来。朱厚熜在 3 年的服丧期未满就提前继承兴王位，为将来的入继大统做准备。所有人都知道这一点，朱厚照也知道这一点，大家都在等待这一刻的到来。

我们还有疑问，如果朱祐杬不死，他有没有继承权？如果朱厚熜有儿子，他的儿子有没有继承权？我们的继承规则是父死子继，兄终弟及，皇位只能往下传，不能往回传，而朱棣的“靖难之役”，朱祁镇的“夺门之变”，打破了这种继承规则，都属于政变性质。了解了这些，我们就知道假如我们的假设成立，朱厚熜的父亲和朱厚熜的儿子都没有这种继承权。如果朱厚照将朱厚熜的儿子或其他宗室的儿子过继过来，则又另当别论。

既然所有的事情都已确定，再无悬念，也就无人关心皇帝的病情，只是将他一人静静地搁在豹房等死。世事皆如此，人情皆如此，皇帝也不能例外。当你轻贱自己的时候，别人也会轻贱你。当你失势的时候，就应该独善其身，不要要求别人怎么样，也不要往人多的地方跑。

正德十六年（1521 年）三月十三日夜间，正德皇帝风雨飘摇的生命在豹房中结束了。临死前，他将身边的两名低级宦官叫过来说道：“转告皇太后，国家大事还是要跟大臣们多商议。过去有些错事，都是我做的，跟你们这些人没有关系。”

30 岁的皇帝就此离世。

## 皇帝父亲引发的大辩论

从这一节开始，我们将进入明王朝极为重要的阶段。前面是嘉靖皇帝，后面是万历皇帝，嘉万时期加在一起有93年，占整个明王朝的三分之一强。更为重要的是这个时期明王朝的各项指标都达到了极致。它会产生更多的精彩篇章以及更为复杂的矛盾斗争。

正德皇帝死后，帝国并不平静。它至少存在两个方面的问题。一是皇位空悬。虽然皇位继承人早就确定，但一旦有藩王带兵进京，又该如何？二是江彬问题。朱厚照死后，江彬提督的边军团营仍旧留在京城。在朱厚照生前，文官与江彬的矛盾就已激化，现今江彬存在极大的造反可能性。

正德死后，皇太后和杨廷和以皇帝名义发布了一份遗诏。内容主要是传位于已继承王位的兴献王朱厚熜。遗诏发布后，皇太后随即命宦官谷大用、内阁大学士梁储、定国公徐光祚、驸马崔元、礼部尚书毛澄前往安陆迎接朱厚熜。这边安排妥当，那边就要对付江彬了。

皇太后和杨廷和联起手来，将驻扎在京城的边军遣回边镇，将驻扎在京城内的京军调到京城外围。江彬的军队被解散后，江彬很快束手就擒，嘉靖元年（1522年）被处死。从现在来看，江彬造反可能性并不大。当年曹吉祥的谋反实乃锦衣卫所逼。实际上，明王朝的反叛基本上都是当局所逼或者错误政策造成的。在这方面，当局有当局的考虑，一方面可以用激将法将不安稳因素消灭在萌芽状态，另一方面可以建立军功，只是多了许多血泪和宗室相残。

处理完了江彬，杨廷和似乎感到可以轻松了，但真正的麻烦却来临了。他对这位未来的新主人是毫无所知。

我们的这位新主人的确令人头疼、棘手。他的性格内向，沉默寡言，城府极深。外藩就位的弊病在他身上显露无遗，那种不自信带来的麻烦影响了帝国几十年。

正德十六年（1521年）四月，前往湖广安陆州迎接朱厚熜进京师的官员们在北京西南良乡这个地方停住了。原来京城来旨意了，让朱厚熜以弘治皇帝继子的身份从东安门入皇宫继皇帝位。这是以太子礼继位。

这个旨意出自内阁首辅杨廷和的意思。从礼法上来讲杨廷和的这一举措有违封建礼法。如果朱厚熜在弘治皇帝生前过继给弘治皇帝为继子，那么，在弘治皇帝死后，必须以太子礼继位。

现在朱厚熜是在弘治、正德都无子嗣的情况下以成化皇帝长孙、正德长堂弟的身份继承皇帝位，那就是宗室内部的兄终弟及，所以应该从紫禁城的正门入而继皇帝位。即便朱厚熜是弘治皇帝的亲子，由于他继承的是正德的位置，属于兄终弟及，也不应该以太子身份即位。无论从哪个方面来看，杨廷和的这一举措都是荒谬的。

礼法对于封建家族来说是头等大事，正所谓名不正而言不顺。杨廷和的想法过于幼稚。他以为这样就可以逼这位新皇帝就范，殊不知自己触犯了封建礼法，即使是有人治其罪，也是名正言顺。那么，杨廷和这么做的原因究竟是什么呢?

杨廷和有他的考虑。他不想让孝宗皇帝这一支子人脉就此完结，他想让这位新皇帝继承孝宗这一支子的血脉。但他的这种想法明显的是打肿脸充胖子。孝宗生前就没有这种安排。中国的宗法制中从来没有给死人过继儿子的，因为过继需要双方的认可。而且即使孝宗还在世，也不可能把朱厚熜过继给孝宗，而是将朱厚熜的弟弟或堂弟过继给他。因为在中国的宗法制中朱厚熜作为本宗的嫡长子为大宗，他的弟弟是小宗，本着“过庶不过嫡”的原则，朱厚熜也不可能过继给明孝宗。

所以无论从哪个方面来说，杨廷和的行为都是荒谬的。

京城里来的旨意自然遭到了朱厚熜的抵制。车驾在良乡这个地方停住了。小小的良乡顿时热闹沸腾。这个不到 14 岁的少年知道礼法的重要性，在这个大是大非的问题上决不能退让。事情就这样僵住了，杨廷和被当头敲了一棒。大约皇太后也感觉到了杨廷和的不妥，便下旨让朱厚熜从紫禁城正门入，以朱厚照堂弟的身份入继大统。

朱厚熜既已登基，那么涉及的另一个问题就呈现在了所有人的面前，这就是对朱厚熜父亲的定位问题。朱厚熜的父亲朱祐杬的身份本是兴献王，现在儿子朱厚熜做皇帝了，如果继续给朱祐杬藩王的身份不合适。因为皇帝不可能去祭拜身份比其低的人。

对于这个问题，杨廷和有他的考虑。那就是将嘉靖皇帝过继给朱祐樘做儿子，同时与生身父母脱离关系。杨廷和考虑到朱祐杬就嘉靖这一独子，从其他近支宗室中再过继一人为朱祐杬的子嗣，承袭兴献王位。杨廷和绕来绕去还是绕在了这上

面。这就是他的心思，一方面他不想让孝宗绝嗣，另一方面也许京城的阁臣们自己也没有意识到，那就是他们对这位南方来的少年有一种天然的歧视。

果然，朱厚熜登基没几天，就让礼部议自己父亲的庙号问题。朱厚熜的意思是给父亲立个皇帝号，然后将父亲的牌位从老家移到京城太庙，跟祭祀先祖一样祭祀父亲。按说此举也属正当，在本朝也有先例。朱元璋尊称生父朱世珍为仁祖淳皇帝，朱建文称朱标为兴宗孝康皇帝，这些都是生前并没有做皇帝，在后世子孙为皇帝的情况下所上的一个尊称，为的就是行使礼仪上的方便。

嘉靖皇帝的提议被杨廷和驳斥回来。杨廷和认为“为人后者为之子”，既然朱厚熜继承了人家的皇位就应该成为别人的子嗣。杨廷和还举了两个例子：汉哀帝没有子嗣，将宗室陶王之子过继过来，立为太子；宋英宗没有子嗣，将濮王之子过继过来，将来继承大统。而且杨廷和还指出，孝宗作为成化皇帝子嗣中的大宗不能绝嗣，所以必须将其他小宗过继过来继承大宗子嗣。杨廷和的这一说法实际上不攻自破，因为孝宗这一宗绝嗣后，朱厚熜这一宗自然就继承了大宗。

皇帝觉得杨廷和的话有问题，但受制于自身学识和雄辩能力有限，嘉靖皇帝不知道该如何反驳，事情就这样僵住了。

事实表明一个人的雄辩能力非常重要。它能够让你掌握话语权，让对方承受巨大的舆论压力，从而不攻自破。但是雄辩需要你找准对方的破绽，从而一击而中，这就需要你有丰富的知识，特别是要熟知历史典故，从历史的案例中寻找突破口。

张璁就是这样的一个人。他是弘治十一年（1498 年）的举人，正德十六年（1521 年）的进士。其间相隔了 23 年，张璁都这样坚持过来了。张璁中进士时正处在正德与嘉靖两个王朝交替间。此时他正在礼部实习。当皇帝与杨廷和斗法的时候，张璁上了一道《大礼疏》。

张璁是一位对礼仪颇有研究的人，对《周礼》《仪礼》《礼记》涉猎较多。杨廷和的专制与跋扈终是招致有的人不满。张璁将杨廷和的漏洞一个个都挑了出来，就像一记耳光打在了杨廷和的脸上。

这篇《大礼疏》从 5 个方面指出了杨廷和的错误。首先，张璁说不让皇帝认生身父母有违孝道。其次，汉代陶王的儿子、宋代濮王的儿子都是在汉哀帝、宋英宗还在世的时候就过继来的。另外，嘉靖皇帝是按照宗法制伦序继位，跟孝宗皇帝没有关系。根据宗法制中“长子不得为人后”的原则，皇帝作为他人长子也不能过继给其他人为子。最后，张璁又说统与嗣不同，继统没必要继嗣。昔日汉宣帝以汉昭帝侄孙的身份继承大统，也并没有过继给汉昭帝一说。

嘉靖看到张璁的这篇《大礼疏》，大喜，犹如拨云见日一般。他高兴地说道："此论一出，吾父子必终可完也。"此疏虽然传至杨廷和那里，但杨廷和并不买账。杨廷和虽然斥责张璁"书生焉知国体"，但却难以提出令人信服的辩论。其后虽然在他的示意下给事中、御史纷纷上书要求治张璁的罪，但舆论的天平已经向嘉靖倾斜，皇帝已感到底气十足了。

对峙双方仍在僵持的情况下，张璁又写了一道奏疏，名曰《大礼或问》。张璁在这道奏疏里重点从"统与嗣"方面对自己的观点再次详细地论证了一番，而且还附有许多前朝的例证。张璁的这道奏疏在朝中引起轩然大波，礼部侍郎王瓒竟也为之所动。杨廷和试图让人去阻止张璁。但是，张璁绕过内阁，直接将这道奏疏从左顺门递进了通政司。《大礼或问》在帝国引起的震动已经超过《大礼疏》。退休在家的前三边总制杨一清也读了此文，杨一清给吏部尚书去信道："张璁此论即使孔孟在生也无法改之。"

真是"檄文如箭"啊！"文章值千金，扭转乾坤看我行。"读书人的作用在这一刻毫无异议地表现了出来。

到如今，文臣只好做出退让，同意称嘉靖生父为本生兴献帝，母亲为本生兴献后，但不加"皇字"。皇帝还须称弘治为皇考。实际上嘉靖认了两位父亲，但嘉靖与弘治之间并无过继关系，只是一种称呼。这种结局只能是双方各退一步，嘉靖以保全父子关系而获得暂时的胜利。

局势稍微缓和后，杨廷和开始了人事调动。他将张璁调任南京刑部主事，让其远离朝廷。同时杨廷和将上书支持自己的云南巡抚何孟春调任吏部侍郎，离职的御史林俊任命为工部尚书。杨廷和此举的确不妥。虽然他的理由冠冕堂皇，但身为内阁首辅行宰相之事，的确是违法行为，因为帝国没有赋予他以及内阁那样的权力。现在看来，杨廷和的确有欺负人的意味。他想通过这场大礼议事件将年轻的皇帝纳入官僚的掌控之中，而不是像正德那样脱离了掌控。

对于正德十六年（1521 年）的安排，皇帝并不满意。他最终需要的是给亲生父亲上一个完整的称号，那就是有着庙号、尊号、谥号一共 21 字的完整称号，而且他父亲的牌位也要从湖广移到太庙中，供奉在正德之前、弘治之后。这是朱厚熜的

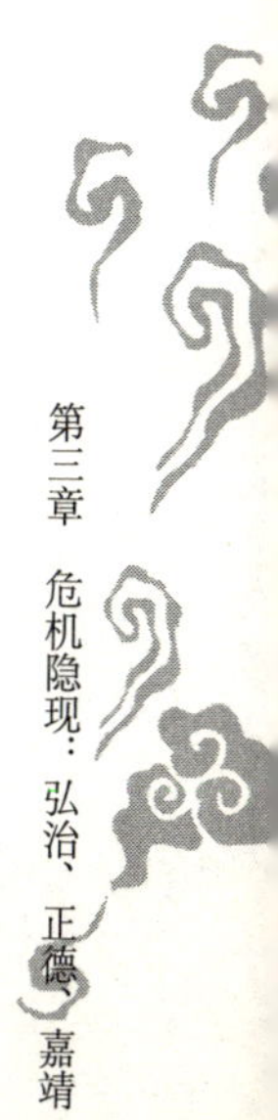

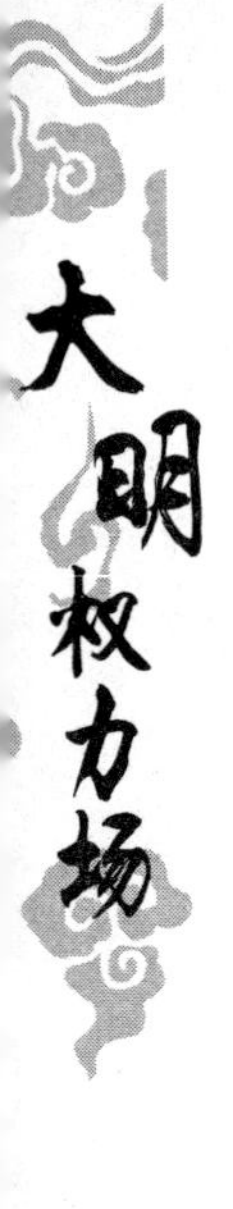

最终想法。那么，他的这种想法是否恰当，有无过分的地方呢？我要说的是只要朱厚熜被立为皇帝，那么最后只能是这样的安排。虽然朱标、朱祁钰死后并无完整的称号，但南明政权最后都给他们上了完整的称号，而且南明政权几个皇帝的父亲也都有完整的称号。

杨廷和当然知道皇帝最终要干什么。因为杨廷和位高权重，羽翼未丰的嘉靖皇帝只好与其周旋。皇帝希望有人上书重提此事，然后他再顺水推舟。年轻的皇帝在与杨廷和的较量中仍然处于劣势，皇帝下到内阁的诏书几次被杨廷和驳回。杨廷和的跋扈终于导致有人不满。兵科给事中弹劾杨廷和曰："昔日钱宁、江彬专权纳贿不去追究，先皇自封威武大将军不去追究，如今却要为皇帝对生身父母的一称呼在这里争，实在是欺国。"

给事中的这一奏折又打在杨廷和的要害上，杨廷和提出要辞职。类似的伎俩杨廷和已经搞过一次，他的上次辞职导致100多名官员上书挽留。嘉靖也知道现在还不是倒杨的时候。一旦他批准杨廷和的辞职，将会导致更多官员的激烈反应。

为了安抚杨廷和，嘉靖帝将这位上书的给事中下到诏狱中。虽是如此，嘉靖对杨廷和已经愤恨到了极点。明眼人都会看出，杨廷和倒台已是瞬间的事。当皇帝的不满经过发酵，发酵到一定时候，就是该清场的时候。

嘉靖二年（1523年），明王朝的君臣关系已经走到了尽头。这一年内廷宦官上报宫内开支紧蹙，要求派宦官去江南催促织造。皇帝命杨廷和起草谕旨。杨廷和拒不起草，还责问皇上："难道要跟几个邪佞共治祖宗天下吗？"

嘉靖不似前几任皇帝，他孤傲而倔强。眼见杨廷和不合作，他绕过内阁直接颁发了旨意。这下惹恼了杨廷和，杨廷和又提出辞职。这次皇帝再没有挽留，而是直接批准了杨廷和的请求，并以杨廷和不守臣道给杨廷和做了总结。

杨廷和既已离开，嘉靖扳倒了这个礼仪道路上最大的绊脚石。与此同时，在南京的张璁也没有闲着。在这两年时间，张璁认识一个叫桂萼的人。这人跟张璁在礼仪之争上的观点一致。同时两个人还注意联系一些观点相同的人。最终他们是要组成一个小团体。经过两年的准备、酝酿，倒杨派已经在南京形成，一场大的风雨要来了。

嘉靖三年（1524年）的新年刚过，桂萼的奏书就来了。他指出皇帝应该称孝宗为皇伯考，称自己父亲为皇考，并在后面附上其他人的联名。在大礼议之争中，挺皇派说的话总是说到嘉靖的心坎上。很多嘉靖想说却不知该如何说，或者不适宜说出来的话，都由这些臣子总结了出来。

杨廷和已去，南京支持皇帝的官员已经形成气候，宗室和勋贵也开始倒向皇帝，皇帝不再像正德十六年（1521 年）那样孤军奋战。此时的皇帝以为再无阻碍。但此时的明王朝早已形成官僚一体。这不是杨廷和一个人的问题，也不是一派官员的问题。皇帝要面对的是全天下的官僚。

这次在京的官员们纠集了 200 多人抵制皇帝。失去了杨廷和在前面当挡箭牌，皇帝将独自面对群臣。场面面临失控的局面，皇帝急调张熜、桂萼帮他打仗。嘉靖此举令在京的官员们担忧起来。他们害怕张、桂二人进京增加皇帝这边的力量，便对皇帝退让一步。也就是在皇帝继续尊称弘治皇帝为皇考的情况下，他们允许皇帝称生父为皇考。眼见文官退让一步，嘉靖也退让了一步。这样，皇帝在这场争斗中又前进了一步。

本来准备进京大干一番的张璁和桂萼在凤阳这个地方接到让他们返回南京的旨意。原来在嘉靖得到允许更改父亲称号的同时，文官们上书要求禁止张璁、桂萼进京。虽然皇帝不想这么做，但既然自己的要求已经得到部分满足，也只好同意文官的请求。张璁和桂萼却并不打算就这么回去，他们的理想一直是想进京跟这些官员大干一场。于是两个人在凤阳继续上书，要求皇帝去掉对生身父母“本生”的称号，因为“本生”二字就意味着生身父母比弘治矮了一头。

眼见张、桂二人不愿意停手，皇帝也意识到此事不宜停下来，应该趁热打铁继续推进，便命令张、桂二人继续进京。嘉靖三年（1524 年）五月，张、桂二人终于抵京，随即被皇帝任命为翰林院大学士。两个人开始放开手脚，正式大干。一场史无前例的政治风波终于在帝国爆发。

## 左顺门事件

张璁和桂萼给群臣拟了罪状，说他们欺君罔上。皇帝仍然要坚持将“本生”二字去掉。对于文官们来说，这是一个大命题。去掉“本生”意味着兴献王朱祐杬在尊号上可以跟弘治皇帝平起平坐，那么，官员们旨在对弘治皇帝的照顾则形同虚设。

官僚们对张璁、桂萼这种迎合皇帝，背叛士大夫群体的叛徒感到十分气愤。以杨廷和儿子杨慎为首的一批翰林学士打算趁张璁、桂萼进宫的时候将二人围殴致死。结果张璁、桂萼提前得到消息，躲在武定侯郭勋府上几天几夜不敢出来。此时帝国已进入疯狂。

杨慎的名望不仅仅是作为杨廷和的儿子而存在，他曾经作了一首词《滚滚长江东逝水》被毛宗岗收录到小说《三国演义》中。杨慎是翰林院的激进派，他看起来似乎是大明朝的卫道士，但是其不知乃父的行为恰恰违背了礼法。

群臣纷纷上奏，反对嘉靖朝令夕改，失信于天下。皇帝将这些奏章纷纷留中。七月十五日这天，群臣散朝回来，在路上议论纷纷。众人谈起成化年间的往事。当时成化皇帝的生母周太后不愿意跟英宗的皇后钱太后合葬，这也就意味着周氏想让钱氏另行安葬。周氏的蛮横触怒了文武百官，200 多人齐聚文华门痛哭，大明朝的第一次官员集体请愿活动就这样发生了。最后还是周氏屈服，官员们获胜。

谈着成化年间的往事，再联想到如今的时局，众人越说越激动。杨慎再也忍受不了，捋起袖子高呼："国家养士百五十年，仗节死义，正在今日。"众人纷纷响应，将正在散朝的官员拦了下来，并说："谁不去，众人将共击之。"

这次又聚集了 200 多人，众人齐跪在左顺门前。这左顺门是宫内宫外奏章传递之处，200 多人跪在那里齐声呐喊、痛哭。一人领头，其他人附和。刚上完朝正在吃早饭的嘉靖忽然听见外面乱糟糟的，便让人去打听，得知百官前来请愿，便让宦官劝百官们回去。宦官们的劝说毫无效果，请愿从清晨一直持续到午后。

朱厚熜这位 17 岁的少年此刻早已君临天下。他面临主政以来的最大一次考验，前进一步将会独掌乾坤，退后一步将会万劫不复。农历的七月，正值暑季，午后毒辣辣的太阳照着整座紫禁城，整座皇宫一片静谧，或许还有蝉在鸣叫。皇帝倾听着外面的声音。群臣的哭喊时断时续，还有人在捶门，一声声捶在皇帝的心上。皇帝心想，他们过一会儿会不会拿圆木撞门而入。

皇帝已经开始索要名单。宦官拿起纸笔跑到左顺门口记录请愿的人名。很快，左顺门被打开，大批的锦衣卫冲了出来，将 100 多人抓进诏狱。众人开始哭喊，声彻寰宇，撕心裂肺。

两日后，廷杖开始，五品以下的一共 180 多人被廷杖，17 人被打死。至此，这场大礼议之争已接近尾声，文官们面临彻底失败的结局。皇帝得以去掉"本生"二字，称生父为皇考，称弘治皇帝为皇伯考。在皇帝的大棒政策下，所有人开始噤若寒蝉，士大夫的理想与豪气顷刻间都已烟消云散。所谓的“文死谏”竟是这般脆弱和不堪一击。

皇帝的胜利不是偶然的。此时士大夫集团还没能联为一体，皇帝还能够分而治之。而此后严嵩、张居正的失败结局，使得文官们明白了跟皇帝合作的后果。另外，更为重要的是，在大礼议之争的开始，以杨廷和为首的文官们给自己挖了个陷阱往里面跳，在自己对礼仪问题都没弄懂的情况下，就轻易地下决断，结果自己的漏洞被对手一个个地挑了出来。

此次的左顺门事件，使得官员们明白了冲动的后果，自己含辛茹苦得来的功名不能就这么轻易地没了。从这里我们也可以看出，存在于官僚群体中的一种难题。那就是在君主和官僚自身这个团体之间抉择的问题。如果遵循君主的心思，则被同僚们所排斥；如果附和同僚们，则往往则被其连累。在张璁上奏章驳斥杨廷和之前，湖广巡抚私下里就已经写了一份驳斥杨廷和的奏书，只是畏惧杨廷和而不敢上奏。从这里我们可以看出，每个人都有民主与专制的一面，对与自己观点相同的则表现出民主，对与自己观点相异的则表现出专制。重要的是要掌握主导舆论的权力，而这又需要有雄辩的能力。

大礼议问题清楚地表明了我们这个帝国存在的问题，那就是帝国的精力更多地消耗在这种礼仪问题上。仿佛这才是国家政治生活中的头等大事，只要礼仪的问题、道德的问题搞好了，我们这个国家就会长治久安，而国家的税收、农业生产、军队建设问题不是决策者应该考虑的问题。

左顺门事件是明王朝君臣关系的分水岭，从此君臣那种融洽关系已基本不复存在，对抗成了国家政治生活中的主流。我们这个帝国已经不再具备温情。它似乎进入了一个人人皆小人的时代。

张璁、桂萼自然就成了群臣眼中的小人。他们虽然有皇帝的宠信，但仍旧摆脱不了众人的敌视。张璁与桂萼也开始发展自己的势力来抗衡这帮官僚。他们首先想到了杨一清。杨一清曾公开反对杨廷和。在张璁等人的活动下，杨一清出山，挂兵部尚书衔，再次担任三边总制。还有其他退休在家已经高龄但是在大礼议中支持皇帝的官员被张、桂二人动员出仕。另外，还有一些因反对杨廷和遭罢免的官员也被张、桂二人弄了出来。这样，在朝中正式形成了两派。而且皇帝喜欢看着臣子们斗

来斗去，张璁此时成了他制衡官员们的工具。

左顺门事件并不是大礼议之争的终结点。此后嘉靖和他的那些支持者不断地将朝堂上的矛盾斗争往大礼议事件上扯，借此加大对反对派的清洗。

## 嘉靖的政治清洗

李福达是山西淳县人，因为参加白莲教而被官府抓获，后来被充军。李福达从戍地逃脱后跑到陕西洛川，在那里试图继续利用白莲教举事。事败后，李福达再次被官府通缉。他化名张寅，逃到了京城，混入武定侯郭勋的府上。李福达说，他会黄白之术，所以深得郭勋器重。没过多久，李福达在街上闲逛时被人认了出来。李福达只好逃回山西。当地官府抓了他的两个儿子后，李福达只好去官府自首。

山西巡抚马禄认定张寅就是李福达，并以谋反罪判处李福达死刑。本来事情到这里就结束了，但山西巡抚画蛇添足，他又将武定侯郭勋扯上，劾郭勋一个“庇奸乱法”之罪，要求皇帝惩罚。嘉靖只是批准了对李福达的处罚，对于处罚郭勋的奏章并没有批准。按说事情到这里又该结束了，但群臣却不依不饶起来，并最终将李福达一案弄成了惊天大案。

大礼议之争在朝堂上的影响并没有结束。群臣对挺皇派的张璁、郭勋一直都没有好感，此次正好借题发挥，对郭勋穷追猛打。郭勋却并不傻。抑或受到了张璁等人的点拨，他开始把这件事情往大礼议身上扯，说群臣是为了报议礼之争的仇。此时皇帝的疑心已经很重，他自己往往假设一个命题，然后把现实往这个命题上套。纵观整个嘉靖朝，皇帝基本上都是这样。

郭勋的话无疑说到了嘉靖的心坎儿上。在他看来，这点儿鸡毛蒜皮的小事至于去找一个世袭侯爵的茬吗？事实上，皇帝的猜想的确正确，官员们就是利用这个案件找郭勋的茬。但郭勋却将这件事情挑明，这无疑将这个普通的白莲教案件上升到政治高度。案件最终判定的结果还要取决于双方的博弈。

皇帝下令将李福达从山西提到京城，由三法司会审。皇帝既然要替郭勋开脱，那么李福达就必须无罪，这样才能名正言顺。但三法司会审的结果维持了原判，嘉靖只好将三法司的官员全部换掉。桂萼执掌刑部，张璁执掌都察院，方献夫执掌大理寺，这些都是嘉靖的人。三法司重新会审的结果完全推翻了原判。李福达跟张寅完全没有任何关系。从中央到地方所有参与审判李福达的官员全部被流放或免职，受此案牵连的达 40 多人。这是皇帝利用李福达一案对大礼议中反对派官员的一次清洗，而清洗的目标放在了司法系统。空缺出来的职位也被张璁一派的官员迅速补进。

李福达一案的确是扑朔迷离，时至今日也没有一个确切答案。几十年后，四川捕获一名罪犯，该人供称曾跟山西的一个白莲教世家学习法术，而传授法术的正是李福达之孙。从这里我们可以得知李福达家族乃是世袭的白莲教世家。但据李氏子孙的描述，李福达无论是相貌、年龄、生平都跟张寅不符合。当年的案情的确是冤案。李福达跟张寅根本不是同一人。

现在看来张寅只是山西省一位逃亡的匠户，因为儿子被选为郭勋府上的侍童，他便跑到郭勋府上混日子。后来他在街上被人认成了李福达，张寅则以为自己作为一个逃亡的匠户被人认出来了，便跑回山西。谁知道他回到山西后却被官府当作李福达抓了起来，当堂判死。张寅的儿子央求郭勋救乃父，这才有了郭勋跟此案牵连的说法。我想此案大概就是这么回事。文官稀里糊涂，皇帝也是稀里糊涂。但皇帝认定官员们借此逮住郭勋不放，是为了大礼议一事。一场莫名其妙的白莲教案件变成了重大的政治事件，并导致皇帝对反对派官员的一次大清洗。这表明大礼议后的朝局仍不平静。无论有没有这次李福达事件，皇帝对杨廷和一派的官员都会展开清洗，此次不过是借题发挥罢了。

审理李福达一案的 40 多名官员为此丢掉了官职，但这并没有结束。在审理李福达一案的过程中，全国上书支持此案的 100 多人皆被免职。这些人涉及六部和各府、道、院。皇帝将此案作为试金石，将官员做了一次分类，然后再剔除。

都察院、大理寺、六部这些地方的官员基本上被清理完毕，接下来就是翰林院了。明朝文官三大系统：内阁、都察院、翰林院。翰林院也名列其一。这些翰林学士一旦发起疯来，比都察院的御史还要厉害。而在大礼议之争中，翰林院是重灾区，左顺门事件就是翰林院的学士们搞起来的。在发生李福达案这年的冬天，张璁以礼部尚书的身份入阁。张璁入阁后首先将矛头对准了翰林院，他将改组这个贵族化的小团体。

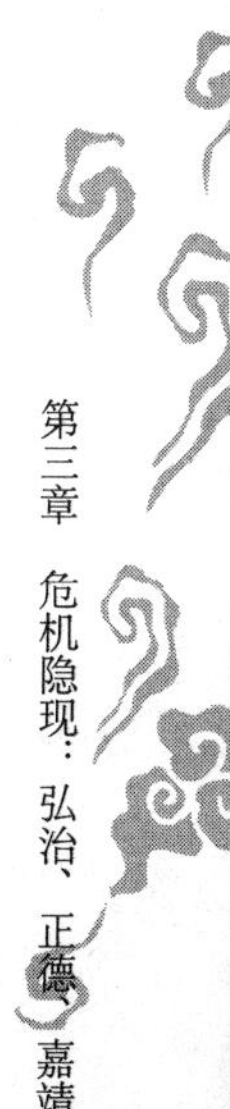

入翰林院的必须是进士出身，而且是新科进士。除此之外，入阁也必须要有翰林院经历。所以这些翰林学士有了傲视一切的资本。当初嘉靖将张璁、桂萼弄进翰林院，就是要给两个人镀金，提高他们的起点。但张璁、桂萼在翰林院遭到学子们的一致鄙视，没人愿意跟他们俩说话。人们都将他们看作无赖，甚至辞职，以示不屑与此等人为伍。但这丝毫影响不到二人的情绪，二人该怎么样还是怎么样。

张璁打破了翰林学士必须从新科进士中选拔的惯例，在京官员、地方官员都可以入翰林院，这实际上打破了他们的小圈子。张璁还重新制定一套考核体系，将 20 多名不称职的翰林学士调往地方，同时从大理寺和地方选派官员充入翰林院。张璁通过这种方式对翰林院进行了一次大换血。在张璁的猛攻下，又一个中枢机构倒下了。

张璁对翰林院进行改组，一方面打击了政敌，另一方面打破了翰林院这个小团体，破除了结党的问题。都察院、大理寺、六部、翰林院都得到了整顿，剩下的就是内阁。果然张璁在整顿完了翰林院之后，便将下一个目标放在了内阁。

此时的内阁首辅是费宏。费宏也是杨廷和这个系统的人，以张璁的资历若想取而代之，仍是不可能。张璁想到了一个人——杨一清。此刻杨一清还在陕西任三边总制。杨一清已经成了帝国资格最老的人，更重要的他还是张璁一党的人。张璁、桂萼开始活动让杨一清接替首辅的位置。嘉靖本人对费宏并无意见，但在张璁、桂萼的轮番攻击下，费宏于嘉靖八年（1528 年）致仕，杨一清成了帝国的首辅。

一个早已退休在家多年的官宦，一个本应安享晚年的官宦，此刻却在张璁的安排下不仅重掌兵权，而且还成了首辅。明代就是有这么多奇妙的事情，20 岁不到的少年可能会中进士，但几年后可能就莫名其妙地离开了官场，从此不再踏入仕途。50 岁的人也会中进士，并在 70 多岁的时候开始辉煌。在这里，生命的起点已经不再重要，重要的是你在人生中能够达到什么样的高度。任何人的辉煌都是一段时间，成名太早不见得是好事。

张璁俨然成了权臣。虽然内阁首辅是杨一清，但能够实际左右内阁的是张璁，这都是隐藏在幕后的那个人在支持。他在一旁冷静地看着群臣斗来斗去。他明白既不能使一方力量过强，也不能使另一方力量过弱。

大礼议之争早已变了味儿，它已经成了双方的权力之争。张璁一伙已经陷入疯狂，他们不惜一切地清除异见人士。嘉靖为了掌握权力，在张璁、桂萼的帮助下，以一批新的官僚替换旧的官僚。明王朝似乎在永乐之后重回专制。但时代已经不同，无论皇帝此时多么试图控制权力，始终是力不从心。张璁也由于跟皇帝保持合作而被视为奸臣。我们的儒家历史观认为跟皇帝保持合作的就是奸臣——因为群众跟领导的矛盾是永恒的，跟领导合作就是对大多数人利益的损害。一般人都是这么认为。

嘉靖元年（1522 年）到嘉靖七年（1528 年）的事情，跟洪武三年（1370 年）到洪武二十三年（1390 年）是如此类似。洪武三年（1370 年）李善长致仕，近 20 年后朱元璋还是不愿意放过他。虽然表面上看起来朱元璋对李善长的擅权不满，但他们之间究竟有着怎样的微妙关系，我们不得而知。也许只有当事人自己清楚。

对于嘉靖和他的跟随者来说，这场斗争还没有结束，因为他们还没有进行一个总结。那个杨廷和虽然已离开朝堂，但还没有明确他的罪名。在一般人看来，政治斗争讲究的是赶尽杀绝。或许人们得出国人残忍的结论，但政治讲究的是名正言顺，这才是我们的政治斗争看起来那么残酷的原因。

最终的矛头还是要指向那位退休在家的前任首辅杨廷和。而此次对这位首辅的再次发难却是从遥远的西部边陲开始的。

哈密是我们这个帝国西部最遥远的边镇，位于新疆境内。历史进入宋代，由于造船技术的发展，加之后来奥斯曼土耳其控制了东西方商路，丝绸之路就这样没落了。帝国对于西部再也发生不了兴趣。哈密对于帝国的意义，就在于迎送西域来的使节。另外，哈密可以对西域诸国起到震慑作用。明初哈密控制在蒙古贵族手里，因为蒙古人阻挡西域的朝贡使节，朱元璋于洪武二十四年（1391 年）发兵攻破哈密城；后来朱元璋封蒙古人为哈密王，承担为帝国守卫边陲的义务。

哈密过于遥远，帝国对于它的控制始终是无力的。从成化年间起，明廷就跟吐鲁番围绕哈密展开了反复争夺。到了正德年间，帝国已经疲惫了，对这个西部边陲小镇失去了兴趣。

成化年间的王越，弘治年间的马文升，都是对吐鲁番采取强硬态度。但马文升致仕后，正德皇帝对哈密失去了兴趣。杨廷和担任首辅后，重新对吐鲁番采取了强硬态度。嘉靖年间，哈密仍然控制在吐鲁番手里。而此时的吐鲁番首领是一个叫满速儿的人。陈九畴是杨廷和任用的甘肃巡抚。在吐鲁番、哈密问题上，陈九畴遵循了杨廷和的政策。从正德晚期到嘉靖初期，甘肃地方跟哈密之间不断开战。嘉靖二年（1523 年），陈九畴在上报朝廷的战报中宣称满速儿已经被他打死了。但此时的朝廷正陷入

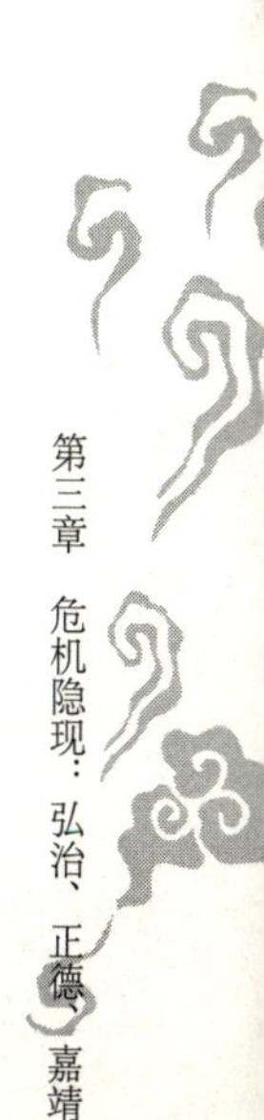

大礼议之争中，对于哈密问题实在是提不起兴趣。一个外藩首领的生或者亡并未引起过多的关注。但几年后，人们发现这个首领还活着，事情就不一样了。

人们普遍认为陈九畴虚报战功，更为重要的是陈九畴是杨廷和的人。到了此时，哈密问题终于引起了帝国的关注。因为它跟李福达一案一样，又是巧妙地与政治联系起来，成为肃清政敌的工具。

陈九畴被免职，发配边疆，主管边境事务的官员有 40 多人被免职。一些低级官员刚刚踏入仕途就此离开了仕途。在这场已经持续 9 年的大礼议斗争中，没有人知道皇帝究竟要走多远。我们的皇帝已经日益偏激起来。他是一个睚眦必报的人，显得有些孩子气，少了君主的气魄。

虽然此次哈密事件并没有追究杨廷和，但随后朝堂上对于哈密的存废问题展开了一番争论。那些仍然支持杨廷和的官员认为应该发兵夺回哈密。张璁一派的官员认为应该将哈密交到吐鲁番手里，然后通过与吐鲁番互贡来换取吐鲁番对大明的朝贡。对于他们来说，蒙古人镇守哈密和吐鲁番人镇守哈密并无本质区别。此时，大明朝这块昔日的边陲已无人关心它的生死，它对于帝国来说已经成了无关痛痒的东西。张璁一派对它的看法并不是内心真实的看法，只是为了与杨廷和的哈密政策以示区别而已。敌人支持的，我们就要反对。这已经成了永恒不变的真理。哈密最终的失去表面上看是因为嘉靖朝的这场旷日持久的政治斗争，但深层的原因乃是哈密已经处于帝国控制范围之外，控制的成本大于收益。

到了此时，关于大礼议的争论已经告一段落。皇帝需要对前一阶段的战果进行总结，并以书面化的形式确立下来。嘉靖七年（1528 年），《明伦大典》编纂而成。《明伦大典》共分六卷，详细记载了从正德十六年（1521 年）到嘉靖三年（1524 年）群臣所上的奏书，并对伦理问题重新进行了强调。鉴于很多人对这场大礼议之争并不了解，以至于产生误解，所以《明伦大典》也起到了正人心、靖浮言、明臣职的功效。最重要的是它给后世提供了一种历史案例，以后再遇到这样的事情可以遵照执行。

《明伦大典》颁行后，对杨廷和的定罪也随即进行。杨廷和被定以朋党罪、欺君罪、藐视皇帝罪、煽动罪等，被判死刑。但皇帝宽大处理，将杨廷和削职为民。皇帝对杨廷和的定罪并没有定到点子上，虽然定罪颇多，但不能攻其一点。其实，只要指出杨廷和违背了儒家礼法即可。

《明伦大典》修成了，杨廷和也定罪了，大礼议的确是告一段落了。但很快它又进入了一个新阶段，并使旧有的权力集团开始分化。新一轮的政治斗争又开始了。

## 一个人战斗的嘉靖

当年张璁连考六次都没有中进士，但他仍然打算考第七次。因为在他第六次落榜打算放弃考进士而去吏部求个官的时候，有位相面的人对他说："你不要放弃，三年之后你会中进士，再三年你将骤贵。"江湖术士的推算大多依据周易、八卦。老祖宗的这些东西大都含有一些自然规律。如果拿来依照比画，或许也有些灵验。

天下的事情就是这样，来得快，去得也快，任何不正常的东西都不可能持久。张璁属于官场上的投机分子。他的高官显位来得不正常。在所有的对立面都被干掉的情况下，他也走到了仕途的尽头。

张璁并不是人们所想象的那样，只是为了议礼而存在。他对于革除官僚体系的弊端起到了推动作用。张璁利用他执掌都察院的机会，开始革退不合格的御史，代之以更加干练的御史。这些平日飞扬跋扈的御史也有倒霉的时候。接着，他又清理翰林院，将不合格的翰林学士斥退。当然，我们也不能一概而论。张璁对都察院和翰林院的整顿也带有打击异己的目的。

这只是张璁改革的一部分。刘瑾掌权的时候往各地派了很多镇守太监和守备太监，张璁秘密请旨撤了一些外派宦官。在前任首辅杨廷和和张璁的努力下，宣德以来的宦官势力得到了抑制。我们的皇帝似乎不再借用宦官的势力抑制文官，而是试图对文官本身进行分化。这的确是一种新思路。

以张璁为代表的议礼派官员来源于底层，他们在科举之前在民间摸爬滚打许久，故而对底层民众的疾苦感同身受。他们掌权后开始对宗室、勋贵、外戚、宦官的占田进行清理。在这一派官员的坚持下，嘉靖初年很多被占去的田地又退还给了自耕农。桂萼更是提出清丈天下田地的主张，并在江南推行一条鞭法。

以张璁为首的议礼派，虽然有改革朝政弊端的决心，但进行得并不顺利。虽然有皇帝的支持，但张璁、桂萼仍是大明王朝的孤独者，反对者自然不愿意与其为

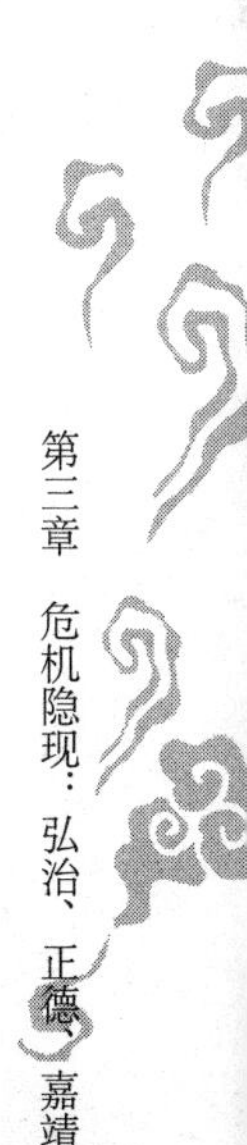

伍。就是同派官僚也跟两个人保持距离。失去了底层官僚的支持，他们的改革已经是水中捞月。

杨廷和的离去已经有些年头了，但我们这个帝国并不安稳。失去了杨派官员的制衡，议礼派的官员们很快便自己斗了起来。张璁的改革首先遭到内阁首辅杨一清的抵制。杨一清属于典型的官僚，他在政治上因循守旧，收受贿赂，任用私人。这些都注定他跟张璁的改革背道而驰。为了对付张璁，他将退休 20 年、80 岁高龄的谢迁弄进了内阁。可怜谢迁苦撑了几个月后回到家中，不久便死去。

嘉靖八年（1529 年），张璁跟杨一清的矛盾已是不可调和。杨一清攻击张璁和桂萼滥用权力。皇帝将张璁和桂萼一同免职。张、桂既已致仕，张、桂的同僚们便猛烈攻击杨一清，说他收受贿赂，举荐私人，勾结同僚，陷害张璁、桂萼。皇帝又将杨一清免职，并将张璁、桂萼召回，张璁成了首辅。虽然成了帝国地位最高的官僚，但张璁已经失去了那种锐意改革的兴趣。他也逐渐跟议礼派的官员桂萼、方献夫、霍韬、黄绾渐渐疏远了。虽然他在职位上走到了人生的顶点，应了相面那人所说的“骤贵”，但实际上，他的时代已经过去。

在嘉靖御极的 45 年里，有 20 年的时间都是在进行跟大礼议有关的事情。当嘉靖还是一个 13 岁的少年时，便继承大宝。此后，他以一己之力斗倒了以杨廷和为首的几百名宦海沉浮的官宦，这给了他极大的信心。他认为通过努力，自己想做到的事情还是可以做到的。这也同时给他的专制与阴暗提供了土壤。他迷恋大棒政策，他知道官员是不能相信的。在他御极的 45 年里，他始终是个孤独者，他无法敞开他的心扉。虽然他也曾经敞开过，但那没有用。人与人之间需要保持距离，君臣之间更是如此。

《明伦大典》的颁布，虽然是对前面斗争的总结，但皇帝的最终目的还是没有达到。那就是给兴献王上一庙号，并将牌位从湖广转移到太庙中。皇帝的这一想法出乎意料地遭到张璁、桂萼等议礼派官员的反对。这也标志着天朝的议礼事件已经进入一个新的阶段。

兴献王朱祐杬的牌位进入太庙，的确是一个麻烦的议题。按理说，兴献王作为正德皇帝的臣子，牌位应该摆在正德之后。但兴献王作为正德的叔辈，牌位又应该摆在正德之前。所以，我们的皇帝又给人们出了一道难题。虽然这一提议遭到了抵制，但皇帝并不想就此罢手。张璁、桂萼眼见此事不解决对朝廷伤害很大，便提出一个折中的办法。那就是在太庙旁再立一世庙，将兴献王的神主牌位立在世庙内。虽然此议不符合嘉靖的要求，但皇帝也只好先退一步，至少乃父的神主牌位能够从湖广迁到京城。

兴献王的牌位入太庙只是迟早的事情。嘉靖年间至少还是一个特殊的年份，官场气候还没有正式形成。这个时代不缺官场上的投机分子。一些在左顺门挨板子的官员懊悔不已，纷纷倒戈。不断有人暗示，或主动提出，将嘉靖皇帝父亲的神主牌位移入太庙，但这些都遭到了群臣的抵制。皇帝开始采取一些变通的手法来向前推进。

君与臣的博弈开始，太极拳成了我们这个帝国的特色。我们这个皇帝是狡猾的。他不给父亲的世庙单独开门，而是与太庙共用一门。他将对世庙的祭祀放在与太庙一天进行。但这还是达不到他的目的，他仍在努力试探群臣的底线。当他发现这所有的努力都无法奏效时，他便转向其他礼仪方面，希望能从其他方面予以推进。

我们这位皇帝对礼仪的痴迷达到了无以复加的地步。他在礼仪中尝到了甜头，他通过礼仪掌握了权力，他通过礼仪为自己的父母赢得了面子。他开始钻进古书里面，从周代开始研究历朝历代关于礼仪方面的一切史料。通过这场旷日持久的大礼议斗争，我们的皇帝感到自己俨然成了大礼议方面的专家，他似乎精通一切礼仪方面的知识。在这种研究中，他越发觉得自己当初的看法是对的，他也越发感到本朝在一些礼仪方面的做法是错误的。既然前面关于礼仪方面错误的做法已经得到纠正，那么后面也应该得到纠正。

我国古代帝王讲究祭祀天地。每年的冬至在都城的南郊祭天，每年的夏至在都城的北郊祭地，这就是古代的郊祀，属于最重要的礼仪，比庙祀还要高。古代君主要做的三件事情就是郊、庙、朝。做好了这三件事，你就是合格的君主。为了让祖宗也享受到这种宏大祭祀带来的好处，让本族也沾点仙气，所以在郊祀的时候都是拿祖宗牌位配位。但是配位的只是一人，这是从周代开始定下的规矩。

洪武时代本来天地是分祀的，但后来将祀天和祀地合二为一，拿洪武的父亲朱世珍配位，到了建文的时候，拿洪武皇帝配位。到了洪熙皇帝时期，便将洪武和永乐的牌位拿过来一起配位。从此这种天地合祭、两帝配位的方式一直延续到嘉靖朝。而嘉靖皇帝在对古代礼仪研究的基础上发现这种配位不合古制，于是嘉靖有了将天地分祀的想法。他私下里对张璁提及此事，希望张璁能够提出来，然后自己再批准实施。但张璁否决了嘉靖的提议，认为天地合祀仍然遵循周礼，并无不妥之处。

周公制礼，文王制易。周王朝是一个礼乐发达的时期。我们这个民族关于礼仪的一切都是在这个时期制定并延续下来的。遵循周礼也成了每个人必须知道的事情。

皇帝没想到昔日支持自己的盟友又一次反驳了自己的想法。他只好寻找其他的代理人。这个人很快出现了，他是吏科给事中夏言。夏言是江西人，正德年间进士，初任兵科给事中。嘉靖初年，夏言在裁撤京师冗军、清理皇庄占田方面颇有成效。夏言为人机警，善于观察、揣摩。皇帝对于天地分祀的想法已经在朝中流传开来。夏言觉得这是一个好时机，一个可以替代张璁的好时机。

气候、河流、地理决定了我国是一个农耕国家，人们自己所需要的一切自身都可以满足，故而对外部的商业不感兴趣。这一点不似欧洲以商业为主。男耕女织也成了我们这个民族赖以生存的基础。为了标榜我们这个赖以生存的基础，按照周礼，我们的天子在每年的立春后会在南郊举行亲耕。这是一个复杂的仪式，要提前三天斋戒、沐浴，然后祭拜先农。天子拿起耒耜三推，三公五推，诸侯九卿九推。而皇后代表地，主阴，故而在背阳的北郊举行亲蚕仪式，由皇后带领在京王公大臣的诰命夫人举行。皇后从桑树上采摘三片桑叶下来，其他诰命夫人按照品级采摘六片、九片、十二片，然后将这些桑叶亲自喂给蚕宝宝。

这个古老而又极为重要的仪式在我们的大明王朝已经停止了许久。如今夏言上书，要求皇帝恢复这个仪式，一来以显皇帝、皇后对于农桑的重视，二来成就皇帝英贤之君的名号，以承周公拳拳之心。夏言句句说在了嘉靖的心坎上。更为重要的是夏言的上书透露了一个重要的信息，那就是对于亲耕、亲蚕这个传承下来的礼仪是南北分开的。

这不是一件孤立的事件。它从深层反映了我们这位皇帝经过惊心动魄的礼仪之争后内心的那种惶恐不安。外藩继位的阴影并没有散去。他想通过修正其他方面的礼仪来显示自己行为的正确性，并给兴献王的神主最终入太庙打下铺垫。

皇帝这个时候发现夏言是个有趣的人。他暗示夏言上书支持天地分祀。夏言在上书中说，天地合祀，太祖、太宗共配不符合古制，还是应将天地分祀，恢复到国初的旧制，此乃中兴之业也。夏言将天地分祀上升到中兴之业，真是阿谀奉承到了极点。但嘉靖听了却很受用，他便命群臣起草天地分祀的诏书，结果却遭到礼部侍郎霍韬的反对。

霍韬是张璁在南京发展的人，属于张璁一派的官员。此时，他跳出来反对，说《周礼》是王莽写的伪书。士大夫们知道皇帝举行天地分祀就是想通过纠正这种礼仪上的偏差来树立他在礼仪上的权威，从而为兴献王的牌位入太庙做好基础。这是士大夫们的底线。他们不允许藩王的牌位凌驾于正德皇帝之上。这也说明张璁等人并非毫无底线的阿谀之徒。

嘉靖大怒。他觉得这些士大夫实在是不可理喻，命人将霍韬投进诏狱。就这样分祀终于实现。嘉靖九年（1530 年）在南郊建立圆丘，嘉靖十年（1531 年）在北郊建立北丘。

嘉靖不但发现本朝的郊祀有问题，他还发现对于孔子的祭祀也存在问题。孔子本来是春秋鲁国的一位司寇，但后世给他加了很多头衔。汉平帝时候称孔子为“褒成宣圣公”，唐玄宗又将其称为“文宣王”，元武宗又将其称为“大成至圣文宣王”，而且历代祭祀孔子的规格很高，跟祭天相同。嘉靖认为孔子就是一个圣人，不配享有帝王资格，祭祀规格也不应该与祭天相同。嘉靖提出几点意见：一是称孔子为先圣先师，不再称王；二是孔子的塑像用木制而不再用泥制；三是降低祭孔的规格；四是跟孔子配位的那些儒生改称先贤先儒，而不是公侯伯子。

皇帝一个难题接一个难题地出，没人知道他什么时候是个尽头。过去在礼法上总是官僚占据主动，将皇帝搞得不胜其烦。现在却是皇帝占据主动，将官僚们搞得不胜其烦。而且皇帝显然对礼仪已是十分精通，在这方面，文臣们似乎丧失了话语权。

明王朝以儒家思想治天下，而皇帝却要对这位先儒如此不礼遇，自然掀起了大波。但皇帝对礼仪早已精熟于心。他指出改变祭孔规制正符合孔子本意，孔子历来重视秩序，反对僭越，给孔子授予“王”的称号就是僭越，孔子在九泉之下也不会安心。嘉靖的一番说辞将这些士大夫驳得哑口无言。他们只会在那里空喊口号，提不出任何有实质内容的见解。

更改祭孔祀典前后不到一个月就搞定了。我们这位皇帝对礼仪的运用已经越来越炉火纯青。

在改变了祀孔规制后，我们这位令人难缠的皇帝终于对他父亲的牌位动手了。从商朝起，历代君主都重视对祖先的祭祀。商周时期君王对于先祖的祭祀是分庙制，也就是每一个先祖都建一庙。但是，到了汉代开始实行合庙制，也就是将所有先祖的牌位供奉在一座庙中一起祭祀，此后一直延续至今。而我们的这位皇帝又发

现这种祭祀方式不符合礼仪。因为在他眼里，一切都应该遵循周礼，凡是跟周礼相违背的地方都应该修改。既然天地能够分祀，那么祖先也应该分庙祭祀。到了这时候我们终于明白嘉靖要实行天地分祀的真正原因。他正是要给祖先分庙祭祀做铺垫，从而让父亲的牌位能够跟其他皇帝牌位一样处于平等地位。

嘉靖十五年（1536 年），新建的太庙终于在京城落成。皇帝实现了祖宗分祀的仪式，嘉靖的父亲兴献王跟其他明代皇帝一样也独自占有一个庙堂。5 年后，也就是嘉靖二十年（1541 年），一场大火将新建的太庙全部烧得干干净净，唯独兴献王的世庙完好无损。有人认为这把火是嘉靖放的。不管是不是嘉靖放的，我们只知道的是在此之后，嘉靖又恢复了祖先合庙祭祀的制度。

嘉靖二十四年（1545 年），兴献王也挤进了这个新建的合庙，他的神主牌位供奉在弘治之后、正德之前。兴献王拥有了完整的庙号、尊号、祀号的称呼，全称为“睿宗谥知天守道洪德渊仁宽穆纯圣恭简敬文献帝”。至此从正德十六年（1537 年）开始一直到嘉靖二十四年（1545 年），历经 25 年，39 岁的嘉靖皇帝终于圆满地完成了对他父亲的全套尊称。他终于可以心满意足了。

嘉靖一朝历经 25 年的礼仪大改革是明王朝一件极其重大的事件，我们对此的评价是双重的。一方面，它不顾国计民生，不顾嘉靖朝社会出现重大隐患和巨大矛盾的客观现实而去注重这些繁文缛节，过于强调文治和粉饰太平，这些都无益于整个社会的发展；另一方面，它使得君臣之间产生间隙，君主过于独断专行，这些给我们帝国的政治也带来了巨大的伤害。但它同时也带来很大的进步意义。

嘉靖对于祭祀仪式的改革涉及很多方面。他不仅让天、地分祀，他还对天、地、日、月进行分祀，对太岁、风雷、云雨、岳镇、海渎、山川、三皇、五帝、神仙的祭祀也进行了修正。这些都使得明王朝改变了周代以后祀典的那种混乱局面，使得各种祭祀开始恢复周礼，有利于礼乐制度的统一与完备。

嘉靖皇帝不畏人言，敢于破除常规，挑战权威，一方面极大地增加了自身的威信，另一方面也使得明王朝的文治达到了无以复加的地步。尤其是对于孔子祀典的更正更是恢复了孔子的真正形象与历史地位。更为重要的是他打破了朱元璋定下来的祖制，在一定程度上破除了这种人为的枷锁，为后期的隆万大改革减轻了阻力。

但无论如何，礼仪的简化已成了历史的惯性。虽说嘉靖以一已之力对抗历史的惯性彰显出他的那种锲而不舍的精神和强悍的政治斗争本领，但于前进的历史来说却是无济于事。而且这种变革还夹杂着皇帝的个人私利，从而显得有些目的不纯。但嘉靖朝的这场礼仪改革却是应该作为周代以来关于礼仪的一场最大变革事件而载入史册。

## 皇帝和他的首辅们

嘉靖一朝发生了三件主要的大事：一是进行一场规模空前的礼仪修订；二是皇帝数十年来跟他的几任首辅之间的周旋；三是抵御蒙古和倭寇的侵扰。

这位皇帝始终是那么小心翼翼。他不相信任何人，他不会给予任何一个人绝对权力。他喜欢看着下面的人斗来斗去。他鼓励他们互相监视、互相告奸，整个官场人人自危。这股相互告奸之风甚至刮到了民间，而我们的皇帝对此却兴致盎然。

嘉靖朝是一个宦官开始衰落的年代。皇帝开始利用首辅来驾驭群臣。这的确需要更高的操作艺术。而这位皇帝显然对此精于运用，所以他对首辅的挑选也颇为严格：这个人既需要忠于王命，还要有那种驾驭群臣的狠劲。

当皇帝发现张璁已经不能很好地完成他交代的任务的时候，他开始寻找新的接替者，这个人就是夏言。跟夏言的持重相比，张璁显得张扬而偏激。很多时候张璁都成了别人的靶子，让皇帝下不了台。所以他更喜欢用一个老成的人。

夏言由于在天地分祀中立下了功劳，皇帝擢升其为礼部尚书。而此时的张璁对于礼仪已经没了太多的兴趣。他更希望能够在有限的时间内进行他的改革，但这种改革既不容于皇帝，更不容于臣僚。此时的夏言却对礼仪情有独钟，他对张璁的改革嗤之以鼻。两个人渐发龃龉。夏言善于夸夸其谈，滔滔不绝。夏言明里暗里攻击张璁，暗讽张璁的施政方略。张璁开始憎恶夏言。

恰在此时，行人司司正上书劝皇帝先从藩王的子嗣中选一贤者养在身边，因为这个时候皇帝还没有子嗣。这道上书自然触怒了嘉靖。嘉靖将此人投入狱中。张璁对皇帝说这是夏言指使的。皇帝命锦衣卫严加拷问，严刑之下司正拒不承认是夏言指使。当皇帝弄清楚真相后，他感到是张璁有意陷害夏言，便让张璁致仕。这是张璁的第二次致仕。

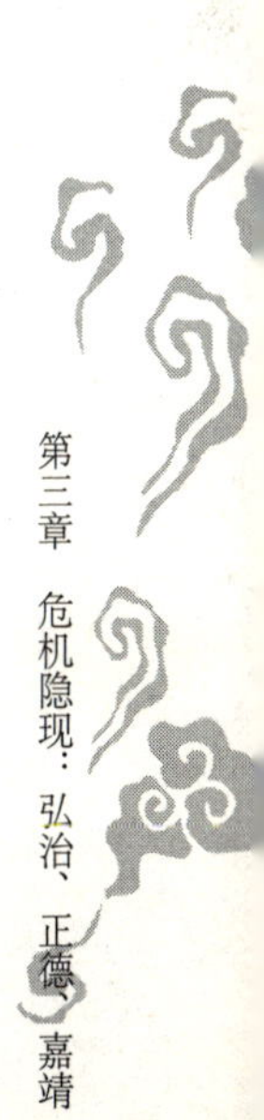

皇帝跟张璁是矛盾的。当皇帝还是一个无依无靠的小孩子的时候，是张璁顶住杨廷和的压力在黑暗中对皇帝伸出援助之手，也是他在后面的斗争中树立了皇帝的权威。所以，皇帝对张璁是有感情的。这跟皇帝对夏言、严嵩的利用不同。但张璁是个理想主义者。他希望帝国按照他的理想去治理，为此不惜得罪人，不惜擅权，也不惜斥人、整人。皇帝不希望大明的朝廷又出现一个杨廷和。他对张璁的圣眷是建立在张璁不干预皇权的基础上的。所以，当张璁处于庙堂之上时，皇帝对他很警惕。但是张璁一旦下野，皇帝又对他很想念。

不久张璁第二次被召还，很快又被第三次罢免。嘉靖十二年（1533 年）正月，张璁第三次被召还，这是他最后一次站在庙堂上。他已经感到了未老先衰、力不从心。嘉靖十三年（1534 年），大同士兵哗变，群臣主抚，只有张璁一人主剿。皇帝采纳了他的意见。谁知主剿一年并无成效，第二年宣大总督安抚成功。这又让张璁很尴尬。夏言在朝堂上又乘机讽刺。

这个时候，议礼派的盟友方献夫主动致仕。这件事情对张璁触动很大。虽然嘉靖只有 20 多岁，但这个皇帝似乎已进入中年，他开始变得恩威难测。张璁觉得如果在宦海挣扎，还不如急流勇退。

张璁请求致仕的报告引起了嘉靖的不快。他指出张璁的引退是为了“避祸”。皇上既然点破，这让张璁为难起来，他只好继续留任。皇帝既然说出这种话来，就说明他们君臣之间的关系已经微妙到了极点。皇帝认为张璁打辞职报告是在猜忌他，皇帝为了给自己留面子，直接点破了这一点。虽然看似皇帝在挽留张璁，但实际上这是君臣之间的最后一次缓冲。

过了不久，张璁又打辞职报告，皇帝则干脆地批准了。嘉靖十八年（1539 年），张璁病逝。得知此消息时皇帝正在湖广老家。皇帝十分伤感，赐予张璁“文忠”谥号，并赠予太师爵位。

张璁的时代终于过去了。正统、成化、正德、嘉靖、万历、天启这六个朝代都出现了想刷新吏治的权臣。跟嘉靖、万历两朝由文官主导不同的是其他四个时代都是由宦官主导，而这些人都有一个共同特点，那就是来源于底层，在底层摸爬滚打。

张璁的政治理想是想重塑帝国的君主专制。他是一个复古派，他希望大明朝在礼乐方面可以恢复到商周时代，所以他对周礼研究透彻，这才是他能够战胜杨廷和的原因。他一直在为提高君主的权威而努力。他从《礼记》中找出“非天子不议礼”的话，劝皇上乾坤独断。当皇帝提出更改祭孔祀典的时候，他一反常态地支持。针对大明王朝官场决策系统的低下，他劝皇帝废除内阁的票拟权，废除由吏部、科道会推官员的任命制度。

张璁是一个理想化的人。他无视社会变革规律，无视君主集权被削弱的现实，只能是如漂于汪洋大海中的一叶扁舟。但张璁、桂萼对于弊政的刷新则有目共睹，只可惜由于群臣的反对、君王的猜忌，使得这种改革戛然而止。

张璁致仕后，继任首辅是前面被张璁挤走的费宏。但费宏仅仅在任两个月就去世了。接任费宏的是内阁大学士李时。李时是弘治朝的首辅，从翰林院到部院，再到内阁，李时走了明代大多数内阁大学士所走的道路。跟夏言一样，李时也善于逢迎。此时内阁主要是李时与夏言两人主政。李时虽然位列首辅，但他干不过强势的夏言。好在李时有为官的涵养，他不跟夏言争。嘉靖十七年（1538 年），这对于嘉靖一朝来说是一个新阶段。在这一年李时死去，夏言成为首辅。从此嘉靖朝在政治上结束了前期那种惊心动魄的激烈斗争，转而进入平稳而内耗的时期。

事实表明，夏言跟张璁一样也是一个令嘉靖不能省心的人。张璁的跋扈来源于他的执着，夏言的跋扈来源于他的无知，也许只有严嵩才是皇帝最需要的那个人。夏言一旦当起首辅，便很快飘飘然起来。他干倒了张璁、桂萼，而李时又那么惧惮他，看来皇上最需要的人还是他啊！

夏言的确是一个很跋扈的人。谄媚和恭顺的人一旦掌权后，则会表现出专制和跋扈的一面。任何人都是有个性的。当他必须收敛这种个性的时候，他一定会在适当的时机爆发出来。作为领导人千万不要让你的下属无条件地服从你。夏言容不得不同的意见，容不得反对他的人存在，他张狂而傲慢，即使在皇帝面前，他也毫不吝啬地流露出他的这种傲慢。当皇帝发现所用非人后，便将礼部尚书严嵩调入内阁，用以制衡夏言。

从嘉靖十七年（1538 年）到嘉靖二十七年（1548 年），这 10 年夏言与严嵩斗得不可开交。而对于皇帝来说却是美好的 10 年。他饶有兴趣地看着两人斗来斗去。他感到很省心，他感到群臣是那么容易就被自己控制在手里。

严嵩是江西分宜人，跟夏言同乡。看来大明朝的官场大半个时间都由江西人掌控。在江西这个人多地狭、科举之风盛行的地方，人人拼科场已经是平常事。

严嵩出身寒儒家庭，自小聪颖。弘治十一年（1498 年），严嵩 18 岁那年中举

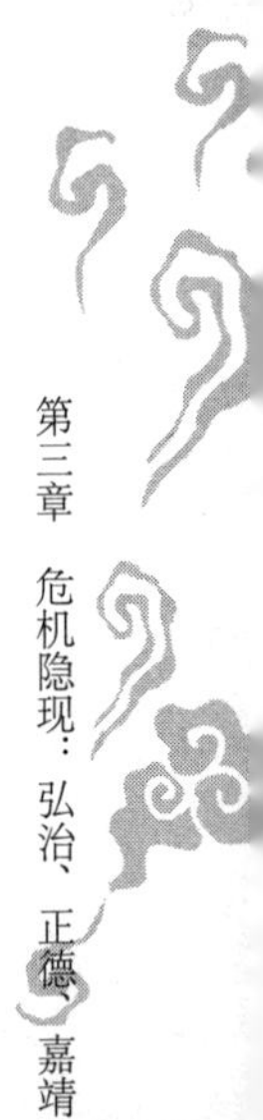

人。25 岁时严嵩中进士，正德二年（1507 年）授翰林院编修。作为二甲进士，又进入翰林院，严嵩的前途看起来十分灿烂。但恰在此时刘瑾掌权，他所重用的吏部尚书焦芳排斥南方人。严嵩在这场政治风波中也不能避免，他回到家乡待了 8 年。这 8 年的时光他并没有白白浪费，他埋头读书，并练得一手好字。严嵩复职后在南京翰林院供职。嘉靖登基后，他又由南京前往北京任国子监祭酒。这段时期，严嵩一直是默默无闻，没有什么大的表现。他在南京时张璁也正在南京，严嵩并没有参与到大礼议之争中去。由此可见，此人本性平凡，并无积极争世之精神，只是命运推着他往前走。大约也正是这种性格，才使得他能够赢在最后。

嘉靖七年（1528 年），严嵩任礼部右侍郎。通常人们认为这是他谄媚的开始，之前的升迁大约便是由于自身的才华与谨慎。在这一年，皇帝派严嵩去湖广安陆州更改兴献王碑文。严嵩在奏书中捏造祥瑞，皇帝大为欢喜。

嘉靖七年（1528 年）还只是处于整场大礼议的初级阶段，严嵩没必要必须附和嘉靖，但他附和了，这说明严嵩的思想已经转变。他已经不是以前那个与世无争、埋头做学问的严嵩了。即使严嵩心中有一百个不乐意，也必须如此，因为你要生存。面对那个虚伪的皇帝，如果你想在官场上有所作为，只有将自己的个性泯灭掉。

严嵩的这次奏书给自己的仕途打开了局面。皇帝将他放到南京担任礼部尚书、吏部尚书，后又担任北京礼部尚书。由于正处于议礼阶段，礼部无疑是位列中枢的。嘉靖十五年（1536 年），皇帝要求将兴献王的牌位移入太庙，遭到了群臣的抵制。但严嵩首先附议，此举被历史学家认为是严嵩的第二次谄媚。

如果按资历来讲，夏言应该是严嵩的学生，但严嵩对他的这位学生辈十分恭敬。夏言倒是很受用，他认为自己身为首辅理应受到尊敬。一次严嵩请客，夏言故意不到场，严嵩对着夏言的空位拜了许久。夏言听说后便对严嵩放松了警惕。实际上，严嵩的这种矫情的行为稍微有点儿阅历的人都会看出来，可是官宦人家出身、人生太过顺畅的夏言根本玩不过严嵩。但这些都被嘉靖看在眼里。他知道严嵩是什么样的人，他也看不起这样的人，但他需要这样的人。

严嵩整人的方式很高明。他不明着整，但他可以设计陷阱，让你进入彀中，杀人于无形。嘉靖十八年（1539 年）皇帝南巡至自己的故乡。他祭扫了父王的陵墓，并对陵墓进行了扩建。虽然他将父王的牌位移入太庙，但他并没有将父王的灵柩移入十三陵。这位皇帝需要的只是一个向父亲表达孝心的名分而已。望着熟悉的故土、南方的山川，心力交瘁的皇帝似乎觉得在这个地方终老也不错。但历史将他推上了那个舞台，他只有义无反顾地走下去。

拜谒完了兴献王的陵墓后，严嵩建议群臣上贺表，而夏言建议回京后再上。皇帝开始不悦。严嵩敏锐地捕捉到了这一点，他立即拜伏在地再次请群臣上贺表，嘉靖随即借坡下驴，令群臣上贺表。

这只是皇帝与夏言不愉悦事件中的一次小事件。当这种事件不断发生，积累到一定程度，就是夏言该倒台的时候。皇帝由于体弱多病，便开始信奉道教，祈求能够长生。皇帝既然信奉道教，自然要走道场、写青词。青词是用朱笔写在青色的纸上，要求辞藻华丽，对仗工整。这些青词只是用华丽的词汇堆积起来，并无实际内容，无论是写作者，还是阅读者都是不知所云。青词的主要目的是向上天祈祷，以求消灾免难，长寿平安。

青词最初是由道长撰写。但道士的学问毕竟有限，写不出华丽的辞章，所以对于青词的撰写逐渐由道士手里转移到大学士手里。嘉靖是个婆婆妈妈的皇帝，他对细节很重视。这样的皇帝很难缠，他将官员能否写出华丽的青词作为官吏的考核指标。大大咧咧的夏言以为这是小事情，便对写青词不重视。他经常将青词拿给别人代笔，或者在宦官监视他的时候呼呼大睡。而心细如发的严嵩深谙“皇帝之事无小事”的道理，他恭恭敬敬地写青词，经常熬夜写青词。这些都被嘉靖看在眼里。

嘉靖每次走道场的时候都命群臣戴上香冠。而夏言说这不是人臣的服饰，拒绝佩戴。而严嵩不仅佩戴，而且还披上道袍。宫中的道观落成了，嘉靖命群臣上贺表，夏言对此不予理睬。嘉靖搬到西苑后，命群臣骑马进入，不许坐轿子，而夏言照坐不误。

自从当上首辅后，夏言已经不是当初的那个夏言，他的谨慎、他的恭顺都已经不见了。嘉靖二十一年（1542 年），夏言被免职，严嵩进入内阁。嘉靖二十三年（1544 年），严嵩成为内阁首辅。人都有那种通病，一旦大权在握，便飘飘然起来，将过去都忘记了。此时的严嵩也开始跋扈起来。事实表明，已经 64 岁的严嵩仍需要进行挫折的历练。

一年后，皇帝将夏言召回内阁，重任首辅。刚做了一年首辅的严嵩立刻跌入冰底，他发觉自己在这位 30 多岁的年轻人面前仍然是一名小学生。复出的夏言开始对

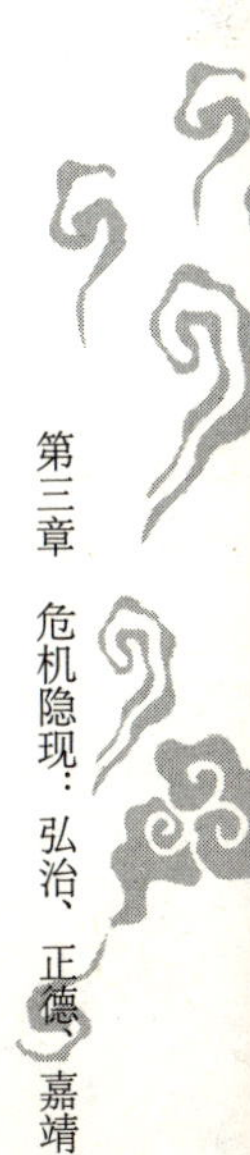

准严嵩猛烈开炮，他认定自己的致仕是严嵩搞的鬼，但是他不知道根子还是在自己这里。无论张璁、夏言，还是严嵩，都算不上是成熟的官僚，他们跟汪广洋、徐阶、申时行还相差甚远。他们无知而擅权，不似汪广洋、徐阶、申时行那么有涵养。

夏言在一切事物上排斥严嵩，并将内阁中严嵩所用的人尽数斥退。夏言并不满足于此，他是要整垮严嵩。严嵩并无过错可抓，夏言开始将注意力放在其子严世藩身上。经过一段时间的调查取证，夏言掌握了严世藩贪污纳贿的罪证。在夏言正准备将这些罪证递交给皇帝的时候，严嵩带着他的儿子跑到夏言家里跪哭。在严氏父子的演技面前，头脑简单的夏言又开始动摇了。

不久，这一幕又出现了。锦衣卫指挥使陆炳是深受皇帝信赖的人，因为一些小事情而被夏言喊去问话，陆炳也跑到夏言府上长跪。从此，严嵩和陆炳便经常密谋，所谈论的便是如何扳倒夏言。

实际上严嵩对于皇帝来说是一颗有用的棋子，即使夏言将严嵩的罪状递上去也没什么。但严嵩为何要如此，我想严嵩此举是做给皇帝看的。他是想激起皇帝对夏言的愤怒。从这一点也可以看出严嵩此人做事也太过于斤斤计较。寻常人都看得出来他的惺惺作态，更何况皇帝呢。此时的夏言已经跋扈到了极点，同僚去他家里下跪，锦衣卫的首领他也敢动，太监他也随便训斥。在这种情况下，皇帝怎么想，满朝文武怎么想，我相信他自己对此并无概念。

从正统年间起，在军队这个舞台上表演的不再是武将、勋贵，而是文官。这些在仕途上升迁缓慢的文人选择了从军这样一条高风险、高收益的道路，王骥、王越、马文升、杨一清、王守仁都是这个群体中的杰出代表。这些文人都是好战分子，他们残忍、狠毒，帝国绝大部分战争都是由于这些文人为了立战功而挑起来的。如今又有一个杰出代表，他是曾铣。

曾铣是进士出身，曾在福建任知县，后任辽东巡按、山东巡抚，先后平定辽阳兵变、山东民变。曾铣的能干很快使得他被任命为山西巡抚，开始负责对蒙事务。从正统年间起，围绕着通贡问题，蒙古人不断地袭扰明廷边境，成化年间随着蒙古人移居河套，陕西防务又突出起来。嘉靖年间，边境问题仍是棘手问题。帝国政策是加强宣大一带的防御。筑城和修建防御工事的担子落到了士卒的头上，沉重的负担，加上上峰急迫的催促，导致了大同的两场兵变。时任内阁首辅的张璁主张严厉镇压，而皇帝和夏言都主抚。这看起来是帝国内部问题的兵变，但实际上还是由外部问题引起的。此时草原上又出现了一个新的领袖——俺答，他跟前朝的也先一样控制了西抵青海、东抵辽东的大片区域。从嘉靖年间起，俺答几十次去信恳求通贡，都遭到拒绝。明廷方面还诱杀蒙古的使臣。而此时明蒙之间断贡已经30年，蒙古人“夏无布衣、借锅煮肉”。在此种情况下，俺答不断地骚扰明廷边境，杀掠甚重。解决蒙古问题的办法其实很简单，那就是放下华夷之变的教条，通过通贡、边市的方式解决蒙古人所急需的物资，然后再以分封的方式让蒙古人归顺明王朝。这种很简单的方式在明朝人那里实行起来却是那么艰难。

在王朝还没有找到正确解决蒙古问题办法的时候，夏言却上了一个错误的提案，那就是议复河套。河套本是游牧民族的水草地，历史上当汉王朝强盛的时候往往将他们逐出河套，而不久他们又会回来。如此反复，导致河套控制起来很困难，所以历代王朝对于此地都是弃之不理。本朝初年，朱元璋的大军将蒙古人驱逐出了这片水草地。但到了成化年间，他们又回来了。虽然经过王越、马文升的驱逐，但效果并不大。

最先提出收复河套的是兵部侍郎、三边总制曾铣。他在奏书中说，蒙古人占领河套向南可以进攻陕西，向东可以破宣府、大同进入京畿，故而需要将河套收复。曾铣还提出了收复河套的一整套办法，那就是首先修筑一条横亘宁夏、陕西、山西的防御墙，然后再随时派骑兵出击。嘉靖随即批复拨款20万两白银修墙。皇帝的支持使得曾铣有了更大的信心，他开始命手下士兵枕戈待旦，随时出击，虽然斩获颇多，但过惯安逸生活的边军们对这种折磨人的方式非常不适应。不仅如此，地方官吏对于修墙也不感兴趣。他们更想通过与关外蒙古人贸易的方式来获取私利。这一点在英宗时代表现得已经很明显。

嘉靖二十六年（1547年），夏言上了那道该死的奏书。内阁的另一人严嵩无动于衷，他知道这是一个没有前途的奏书。接到奏书的嘉靖被夏言的豪言壮语调动起了激情，他开始命有司准备大规模的军事战争计划，并亲自免掉了反对这场战争计划的官员。但嘉靖是一个容易冲动的皇帝，从他数次斥退张璁又数次召回就可以看出来，他在某些事情上就是凭一时的兴趣，此次议复河套也是如此。户部一算，费钱太多。加上在主战区陕西、山西由于征发引起了骚乱，皇帝害怕再次引起兵变或民变，便动摇了。皇帝甚至斥责严嵩，内阁为何要廷议如此不切实际的军事行动。而严嵩将这件事全推到夏言身上。他说夏言做任何事情都不和他商量。

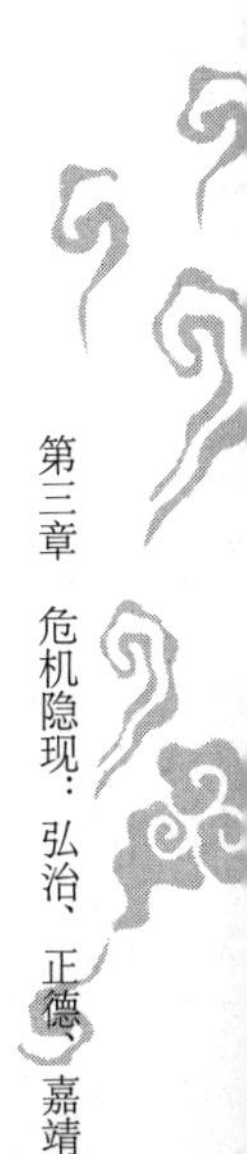

得到消息的夏言怒气冲冲地去找皇帝询问，恰巧严嵩也在那里。皇帝还没有发话，严嵩便首先对此次议复河套的计划进行了驳斥。夏言愤怒地质问严嵩："在内阁的时候，你为什么一言不发，现在却把责任都推到别人身上？"

这番话在嘉靖看来就好像是将矛头对着他来的，因为这听起来正像是埋怨皇帝言而无信。如果夏言记性好的话，他应该记得嘉靖十三年（1534 年）的情形跟今天是如此的相似。在那一年，大同士兵第二次叛乱。时任内阁首辅的张璁主剿，嘉靖也采纳了。但主剿一年效果不大，后来也还是给钱安抚了事。因为此事搞得皇帝很没面子，等于皇帝扇了自己的耳光。此后张璁也最后一次离开了庙堂。

此次议复河套又搞得皇帝很没有面子，先是兴冲冲地准备大干一番，还免了山西、陕西反对战争官员的职务，很快不到一年的时间便泄了气。如此一来，这个责任必须要有人承担。正如严嵩所说的那样，责任全在夏言，皇帝当场给夏言定了句评语"强君胁众"。夏言此刻似乎一下清醒了过来。嘉靖二十七年（1548 年），夏言以尚书身份致仕。严嵩对此并不放心，他想对夏言再猛烈地敲打一下。

仇鸾是正德年间平安化王叛乱的将领仇钺的孙子，袭仇钺的咸宁侯爵位。嘉靖年间仇鸾成了三边总制曾铣的部下，由于惧战、怯战，或谎报战功，或克扣军饷等情况，仇鸾被曾铣下狱了。严嵩找到了仇鸾，让他出面指证曾铣与夏言勾结在一起，挑起战争以获战功。

当嘉靖看见仇鸾的口供的时候，不禁勃然大怒。他将曾铣处死，随即将夏言逮捕入狱，并于当年十月在西市处死。帝国四位被处死的最高级别官僚有李善长、胡惟庸、夏言、周延儒，夏言是其中之一。

历史上皇帝杀大臣对于史学家来说一直是最难理清头绪的东西，它并没有一个确切的答案。皇帝杀人并不是因为一件偶然性的事件，它一定是经过了长时间的积累、发酵。嘉靖杀夏言给安的罪名是"结交边将"，这在古代也是一种大忌。无论文官还是宦官，都不得与统兵在外的边将私自结交。虽说如此，但这一制度也并非非要执行不可。皇帝杀夏言的确让人难以找到一个确切的答案，我想还是夏言的那句话触碰了嘉靖那敏感的自尊心。嘉靖自知自己言而无信，朝令夕改，他的内心是惶恐的。夏言的质问让他无地自容，他虽然将夏言免职，但还是不能挽回他丢失的面子。这个把面子看得比什么都重要的皇帝正在使自己陷入暴虐之中。当严嵩出示了夏言与曾铣勾结的人证后，皇帝顺水推舟地将他杀掉了。夏言被捕是在元月份，被处决是在秋后，这中间还有大半年的时间。皇帝不是冲动杀人，这中间或许还有什么私密的事情也只有当事人知道了。

## 孝顺的皇帝

嘉靖十七年（1538年），皇帝的母亲蒋氏去世。这对于皇帝来说是一个沉重的打击。他的双亲已经俱不在人世，皇帝越发感到孤独。毕竟他是外藩继位，北京城不是他的家。他感到有必要回老家一趟，一是拜谒一下父亲的陵墓，二是考察一下，母亲究竟应该安葬在哪里。

皇帝南巡的消息一经发布，立刻引起轩然大波，群臣纷纷反对。因为皇帝的出巡跟普通官员不同，他需要大队人马随行，还有沿途修筑行宫、铺宽道路，这些都需要征用民力和花费。嘉靖跟正德不同。对于正德地方官员可以不买账，但对嘉靖则需要小心伺候，不然只有免职的份。

嘉靖十八年（1539年）的南巡虽然有阻碍，但比正德十四年（1535年）的南巡还是要顺利得多。皇帝处罚了几个上书反对的小官了事。但此次南巡并不顺利。先是从南方来了一个叫孙堂的军人，他乘着黄昏从午门进入，穿过太和门，在奉天殿前大吵大闹。孙堂说，南方为了给皇帝修行宫累死了不少人，要求皇帝停止南巡。很快，锦衣卫将孙堂抓获。皇帝命严查幕后指使，但负责刑讯的官员很快将孙堂绞死了事。这件事情跟万历晚期的梃击案是何等的相似，都是一个莫名其妙的人进入宫里，接下来的审讯也是莫名其妙。我们不敢否认这后面没有黑手，但历史并没有给予我们明确的答案。也许是一个愤青的个人行为，也许是一个隐秘的团体在操纵。

孙堂事件使得皇帝的南巡提前笼罩上一层阴霾。嘉靖十八年（1539年）二月十五日，皇帝留下太子监国，开始了他的南巡。这趟南巡是嘉靖王朝的转折点。它直接影响了嘉靖一朝的政治走向。

皇帝的南巡并不顺利。他刚出京城就碰到拦轿喊冤的，沿途接驾的地方官员也多有怠慢。这次的南巡让人们似乎想到了英宗那年的西巡，那年的西巡也是奇异事情颇多。皇帝车驾于二十八日抵达河南卫辉境内。当晚由于宫女乱丢没熄灭的蜡烛

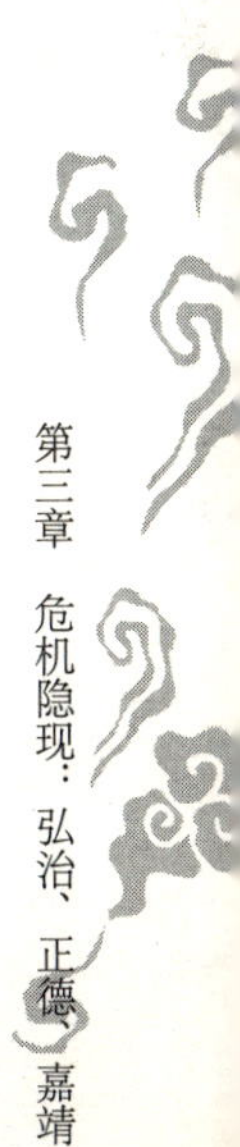

导致火灾。大火借着风势越烧越大，整个行宫被烧个通红，几千人顿时手忙脚乱。所有人都没意识到一个问题，皇帝在哪里？只有锦衣卫指挥使陆炳意识到了这个问题。他毅然冲进了那熊熊燃烧的大火中将皇帝背了出来。

这场大火将皇帝的行宫焚烧殆尽，随从人员被烧死不少，连带财物、衣服也焚毁不少，它给皇帝心理上带来什么我们不得而知，我们只有先将它寄存在那里。皇帝终于抵达了阔别 18 年的故乡。纵然他贵为天子，故乡还是物是人非。双亲已经不在了，兴王府的一些旧人也不在了，姐姐们也早已出嫁，朱厚熜望着偌大的一个兴王府悲从心来。如果时光能够倒流，他真希望能够在这里一家人其乐融融，就此终老。

正是因为父亲早逝，我们这位皇帝显得特别孝顺。他在故地召集士绅们训话。皇帝说道："你们都是我的同乡，今天我重回故地，你们当中既有昔日的长辈，也有同龄人。我本人没有什么大德行，如今我的父母都不在了，我的内心苦得很。现在我要办的事情已经办完了，我要走了，临走前我有几句话要说，你们当儿子的要孝顺，做父亲的要好好教育儿子，年长的要照顾年幼的，年幼的要尊敬年长的。你们要听我的话，我就随口说几句，不做文字表述了，免得有些人看不懂。"

嘉靖的这番话是向乡亲们表明他的孝心。他的确有孝心，为了父亲的称号跟群臣斗了 25 年，现在为了给母亲选择墓地回到了安陆。在家乡的父老面前，他似乎不需要隐藏。"我的内心苦得很。"真实地表明了皇帝此刻的心境。

皇帝在安陆的 12 天里接到了张璁病逝的消息，这对于他又是一个打击。他不想再在这里停留了，于是启程返京。在返京的途中，皇帝看到了沿途的灾民、流民，听见了他们的哀号，这对皇帝的内心都是一个触动。他让随行人员拿出 2 万两银子赈济。在回京的途中，皇帝做出了将其母亲的灵柩运回安陆的决定，因为在他看来京畿附近的山川没有他家乡的山川有灵气。他也同时做出不再修建跸道、行宫的决定，他已经对出巡完全丧失了兴趣。这个阴郁的皇帝跟他的堂兄完全是两回事。

皇帝的这次出巡始终带着阴郁的色彩。他回到京城并不高兴，仿佛很久都没有恢复过来。三年后也就是嘉靖二十一年（1542 年）发生了宫女谋逆案件。虽然宫女最终没能杀死皇帝，但我们由此可以看出，这些宫女在宫中受到了何等程度的虐待。她们宁愿去死，也要杀死皇帝，以解心头之恨。

嘉靖十八年（1539 年）的南巡和嘉靖二十一年（1542 年）的刺杀是嘉靖王朝的大事件。我们这位皇帝刚刚上位的时候踌躇满志，希望能够做出一番事业来。他进行大礼议，系统地改正祀典，改变了连续几朝宦官专政的局面。他采纳张璁、桂萼的建议清丈瞒报土地、清退皇庄、在江南试行一条鞭法。在人们看来，大明朝似乎出现了嘉靖中兴的局面。但当他出去南巡的时候，看见沿途百姓的哀号，而这种哀号却是对嘉靖之治的一次奇妙讽刺。宫女们宁愿不惜生命也要杀死他，更是对他人格的一次否定。从嘉靖十八年（1539 年）起我们的皇帝便不上朝了。从嘉靖二十一年（1542 年）起皇帝搬到皇宫外面的西苑居住，远离了包括嫔妃在内的所有女人。

皇帝在这个时候似乎患了抑郁症。他整日闷在屋子里不愿意出去，他对于一切政事失去了兴趣，每日在烟雾缭绕的炼丹房度过。也许只有跟这些虚无缥缈的道士在一起，他才能够获得内心的安宁。

从嘉靖十八年（1539 年）一直到嘉靖四十五年（1566 年）这 27 年的时间里，皇帝除去见了群臣寥寥几次之外，人们再也见不到他。由于他信奉“二龙不相见”的预言，他的儿子们从出生到长大他也没见过几面。无论是郊祀，还是庙祀，他也懒得去了，都由官员们代办。皇帝自我封闭在那个狭小的空间里，麻木了世间的一切情感。嘉靖时代似乎已经走到了尽头，皇帝似乎也到了他的末日。但是，所有的人都不知道这个嘉靖时代才刚刚开始，精彩的篇章才刚刚上演。

道家思想是中国古代最早、最朴素、最深奥的哲学思想，道教也是中国的本土宗教，时至今日仍然影响着我们的日常生活。虽然道教产生于东汉那个动荡的岁月，但在老子创立道家思想的时候，道教就已经具备了雏形。两汉 400 年道教更是居于统治地位。道教主要分为两派，一是符箓派，二是丹鼎派。符箓派主要是依靠画符祛病、祈福、捉鬼。丹鼎派主要是依靠鼎炉炼丹以求长生。符箓派属于张道陵创建的天师教，继承了道教的原教旨主义。由于符箓派以画符治病为主，所以行走在民间，面向底层民众，从另一个方面说也具备反叛特征。而丹鼎派因为炼丹需要资财作为后盾，所以面向的是权贵。两派之间也互相看不起。到了明代，符箓派是南方的正一教，而丹鼎派则是北方的全真教，嘉靖皇帝所修炼的应该两派都有。

邵元节是江西省贵溪县龙虎山上清宫的道长。这龙虎山上清宫是南方正一教的总部。皇帝将邵元节召进宫来。恰逢冬季没有雨雪，邵说他能祈来雨雪。嘉靖让他作法，果然没多久天空降了一场大雪。皇帝封他为真人，统率天下道教。

嘉靖十一年（1532 年），婚后 10 年无子的嘉靖开始在宫内设置道场祈求子嗣。一年后嘉靖果然降子，他对道教的信仰已经开始升级。神仙段朝用是合肥人，自称

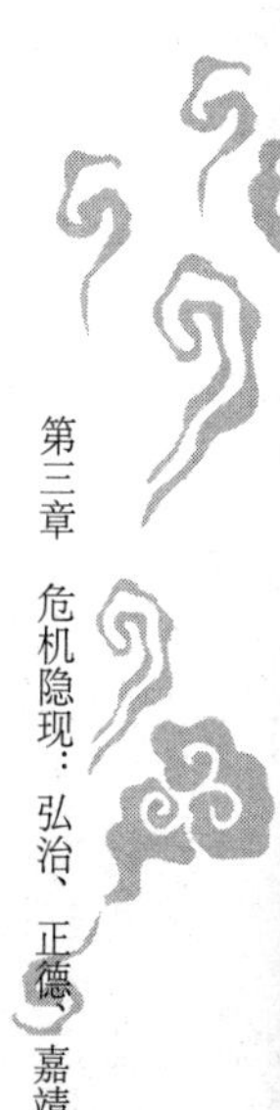

有“化物成银”大法，而且可以将化得的银制成仙器。武定侯郭勋一直都喜欢跟这类人混在一起。他将段朝用召至府中，让其炼银。段朝用拿自己的银子或者偷了郭勋家的银子炼了一些器物出来。郭勋大喜，忙将段朝用介绍给了嘉靖。正在愁钱花的嘉靖不禁大喜。听说喝下用这些仙器盛的水能变成神仙，皇帝更是大喜。

段朝用拿郭勋给他的一万两银子又炼成银子后给了嘉靖。但很快他没了银子来源，他的法术不灵了。嘉靖皇帝最终还是知道了段朝用骗人的伎俩，他将段朝用抓进狱中。到了此刻，皇帝对黄白之术仍是深信不疑。他认为黄白之术自古有之，只是段朝用法术不行而已。

当邵元节年纪渐大力不从心的时候，便推荐了陶仲文。陶仲文做过县级小吏，对神仙方术很感兴趣。邵元节推荐他入宫。陶仲文入宫后施法解决了几次小麻烦，获得了嘉靖的信任。陶仲文的工作主要是炼制丹药。这是一种由铅、汞及其他重金属、草药混合而成的丹药，或许还要加上处女的经血。这种丹药短时间内对身体能起到刺激作用，但长期服用必然给身体带来摧残。皇帝封陶仲文为真人，让他接替邵元节统领帝国的道教。皇帝也自封为“忠孝帝君”“万寿帝君”。

皇帝虽然一意玄修，但他始终没有放松对朝政的控制。他那一双锐利的眼睛一直盯着朝堂，每一道奏章他都似乎必看。

嘉靖御宇 45 年，这本来应该是有所作为的半个世纪，但由于中枢的保守终是一事无成。不仅一事无成，反而使时事越发艰难。

## 隐秘的政治团体江右学派

嘉靖二十七年（1548 年）是帝国政治的转折点，也就是这一年夏言被处死，严嵩成了首辅。严嵩的首辅一直干到嘉靖四十一年（1562 年），他执掌帝国 14 年。这 14 年应该是帝国政治上的一个稳定期，再也没有前期那种剧烈的政治变动。这得益于严嵩已经摸透了嘉靖的脾气，君臣似乎进入了和谐期。但这种和谐只是表面的。嘉靖看不起严嵩，严嵩也看不起嘉靖，两个人对此都心知肚明。皇帝需要一个臣子来主持大局，弹压群臣，严嵩也有自己的政治抱负要实现。他们能够维持一种表面

上的平静关系。

但在这种表面平静的政治架构下，一个新的政治团体正在悄悄崛起，并在以后的岁月中影响帝国数十年——它就是江右团体。这是一个继承了王守仁原教旨主义的团体，而且跟王艮、何心隐、李贽等泰州学派严格划清界限。对于这个团体我们的看法是复杂的。就我个人而讲，我的评价是负面的，因为他们跟严嵩一党比起来似乎包含了更多的虚伪。

嘉靖年间在高层斗个不亦乐乎的情况下，民间的思想文化仍旧处于活跃状态。得益于明代商业的发达，政治环境的宽松，人们开始追求个性独立，思想自由。在王守仁死后，他的学术思想已经渐渐被人接受。虽然科举仍是官方理学，但心学在上层官僚那里已经成了共识。江右门派的意义就在于它以标榜心学正宗为宗旨，并在朝堂上有所影响。聂豹和徐阶是其中的代表人物。

聂豹是江西永丰人，正德年间进士，初授华亭知县，后任兵部尚书，因为在御倭方面无所作为而被嘉靖免职。聂豹的意义并不在于他引领了心学正宗，而在于他培养了一个弟子徐阶。

徐阶是江苏省华亭县人，在聂豹当华亭县长的时候两个人走得很近。聂豹将心学传授给了徐阶。徐阶将它作为安身立命的本领，但他似乎并没有从中学习到什么。他依然对权谋有着浓厚的兴趣。

徐阶在嘉靖初年以探花及第，授翰林院编修。当皇帝打算废黜孔子王号，改孔子泥身为木身的时候，举朝表示了赞同，唯独徐阶表示了抗议。嘉靖将他贬到福建延平任推官。此后，徐阶一直在地方上任职。徐阶走哪里都被任命为主管教育的官员。这不仅给他传授心学提供了方便，也给他未来的腾飞奠定了基础。

由于徐阶在地方上的出色表现，他很快成为东宫洗马，后又成为国子监祭酒。此时的徐阶已经成了帝国执掌教育的最高官僚。徐阶的高升自然有他的原因。嘉靖九年（1530 年）徐阶上书反对去掉孔子文宣王的称号，此举得罪了张璁，但获得了夏言的青睐。此时的张璁已经致仕，夏言开始有意无意地提拔徐阶。但身材矮小、沉默寡言的徐阶并没有引起夏言太多的关注。不仅如此，在整个朝堂也无人关注他。很快，徐阶惯性地被任命为礼部侍郎、吏部侍郎。这个时候他才开始成为一颗新星。

徐阶有两个特点，一是能够礼贤下士，二是跟地方的士绅关系较好。这些使得他在朝堂上和地方上都有很好的人脉。徐阶逐渐声望日隆，前来跟他交往的人络绎

不绝。这些年走过来，徐阶得出一个结论，那就是为官要低调，要能容人。

官声斐然的徐阶很快获得了执掌翰林院的机会，17 年前他从这里被赶了出去，17 年后他回到了这里，成了这里的掌门人。他在给翰林学士们授课中开始传授“致良知”“知行合一”的思想。这种思想的传授在一定程度上为嘉靖朝以后的改革打开了局面，并将官员们的思维从僵化转到经世济用。在主掌翰林院的时候，徐阶那双锐利的眼睛在暗暗地观察，观察底下的学士中可以成为培养对象的目标。他发现了两个人，一是高拱，二是张居正。

从此，一个私密的政治团体开始在帝国出现。它就是以徐阶、高拱、张居正为核心的江右团体。严格地说高拱、张居正并不是心学的信奉者，但我们也暂且将他们归到这个团体。这个团体不似三杨那样无所作为，也不似谢迁、杨廷和那般僵化，更不似夏言、严嵩那般谄媚。他们有独立的思想，讲究的是安身、治国、平天下。从这个时间起，这个团体就开始孕育、发酵。他们隐藏在政治铁幕的后面，以一双阴鸷的眼睛盯着这个朝堂，注视着各种势力的分化、转换，以及可以发展的成员。

嘉靖一共有四子，前二子已死，后二子为裕王和景王。裕王只比景王大一个月。道士告诉嘉靖，对于自己的儿子不能过分关心，第二子就是因为封他为太子而导致其死亡。皇帝对此深信不疑，从此对两个儿子不管不问，一直到他死也没有立过太子。但根据长子继承原则，裕王朱载垕一直被作为储君看待。嘉靖三十一年（1552 年），15 岁的裕王和景王同时行冠礼，出阁读书。在这一年，高拱成了裕王的老师，在裕王的府邸待了 9 年。高拱能够成为裕王的老师，其背后应该是徐阶的推荐。此时，以徐阶为代表的江右团体开始聚拢在裕王周围。控制了裕王，就等于掌控了将来的朝政。

那隐居在西苑修道的嘉靖以敏锐的眼光捕捉到了这一点，他知道徐阶和他的同僚要干什么，他也知道自己的权力终是要交出去。所以，他的儿子是时候需要一帮人了。徐阶、高拱这些人还不错，他们有经世之才。虽然如此，但这些人至少在他还活着的时候不能太跋扈，这是他的底线。

或许我们可以进一步探讨，高拱入裕王藩邸是皇帝授意徐阶做的也不是不可能。嘉靖二十六年（1547 年），当徐阶执掌翰林院的时候，这个江右团体就开始形成。这一年，夏言还没有死，但皇帝已经打算处理他了。在处理他之前，皇帝已经做好了安排。夏言的位置将由严嵩来填，严嵩的位置将由徐阶来填，一方面，徐阶不是严嵩的人，另一方面徐阶处事低调、稳重。在那个站立在帝国最高处的人看来，所有的一切都操纵在他的手里。每一个人、每一件事他无不了如指掌。

对于本节讲到的江右团体，我们要知道的是它首先是一个政治团体，而不是学术团体；其次，它打着心学正宗的招牌；最后，它是以未来的皇帝裕王为中心的团体。

在嘉靖朝政治气氛重回沉闷，群臣阿谀奉承的情况下，江右团体无异于一股新风。它虽然反映了权力将会重新分配的格局，但其本质原因还是民间思想日益自由的现状在中枢的一种反映。

## 夹缝中的严嵩

对于严嵩，我们无意于从传统儒家的道德方面来进行评价，因为这种评价对于我们来说是无益的。从嘉靖二十七年（1548年）担任首辅起，他在这个位置上一直待了14年。这并不是他有多大的能耐，而是他懂得如何跟皇帝保持合作。前任的教训已经表明，若想生存下去，实现自己的政治抱负或者治国抱负，只有跟这位乖骜的皇帝合作。皇帝在一定程度上是在教这些臣僚怎样做人，如何成为一个成熟的政治家。

第二次担任内阁首辅后，严嵩变得乖巧起来。虽然斗倒了夏言，但是他没有感到任何的轻松，反而是如履薄冰，战战兢兢。他吸取了前面几任首辅的教训，大事情从不拿主意，都交给皇帝圣裁。他也从不做僭越之事，而且更加努力、积极地写青词。

嘉靖是个专制的皇帝，内阁的票拟必须按照他的意思来。如果不符合他的心意，他便打回去让内阁重新拟票。他是个深藏不露的人，他喜欢让别人猜他的心思，而不是将自己的心思清晰地表达出来。严嵩猜不透嘉靖的心思，所以拟的票通常不符合嘉靖的心意。但是他的儿子严世蕃善于揣摩嘉靖的心思，于是严嵩经常将奏章拿回家拟票。这样一来这个障碍也解决了，严嵩与皇帝之间似乎再也无障碍。

嘉靖将一切政事都委托严嵩，自己在西苑一意玄修。群臣与皇帝之间的交流

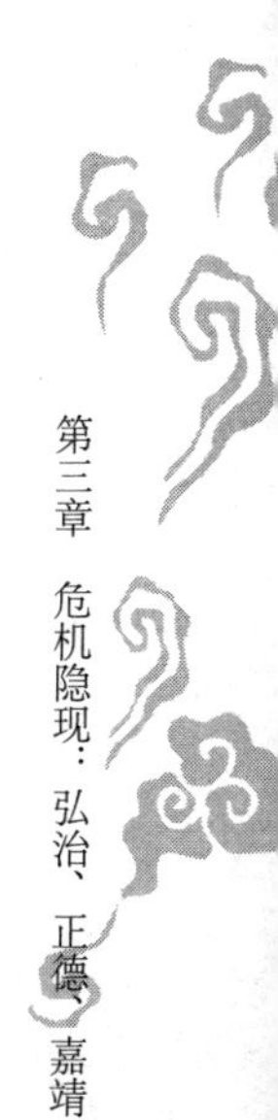

必须通过严嵩。严嵩开始独揽朝政，政以贿成。朝臣们纷纷起来攻击严嵩。皇帝知道，群臣们弹劾严嵩就是弹劾自己，因为严嵩是自己的挡箭牌。过去言官们总是对着自己来的，现在自己退居幕后，让严嵩在前面冲，御史、给事中有事情去找严嵩吧，不要来烦朕了，朕可以专门做自己喜欢的事情。即使出了事，也由严嵩抗着，而不会出现令人尴尬和下不了台的局面。现在群臣揪住严嵩不放，且声势越来越大，这明显就是对着朕来的。严嵩一旦顶不住了，朕将要独自面对这滔滔而来的洪水。朕一定要让严嵩顶住。这是嘉靖的真实想法。为此，他开始命令严嵩处理这些官员，其中处死杨继盛、沈链是这场斗争中的典型事例。

杨继盛出身贫寒，凭借自身努力中了进士。在任兵部员外郎的时候，他上书反对跟蒙古开马市议和，因此被贬。后来，他在任兵部武选司郎中的时候上奏《请诛贼臣疏》，尽数严嵩“五奸十大罪”，并将矛头直指嘉靖。谁都知道严嵩做的一切都是皇帝授意的，现如今杨继盛上这样的奏书，皇帝会怎么想?

杨继盛其人的确比较偏激，一不能提出针对时事的可行性建议，二没有洞悉政局的能力，他只是在那里一味地喊一些不切实际的口号。这也不排除朝中有一些人专门找这样的人当枪使。严嵩一直认为诸如此类的事情一定是徐阶在背后操纵，但他找不到证据。尽管受尽酷刑，杨继盛也不愿意把事情往徐阶身上扯，后来跟张经等人一起被处死。

嘉靖主政期间，一些被处死的人在南北问题上基本上都是主战派，比如夏言、张经、王忬、杨继盛。从这个问题上，我们可以看出，围绕着对外的政策问题实际上已经形成了天然的两派。

除了杨继盛，还有锦衣卫沈链。沈链是个疾恶如仇的人。嘉靖二十九年（1550年），蒙古人兵临北京城下要求议和的时候，沈链跳出来表示反对。后来沈链上了一道劾严嵩十大罪状的奏书而被关进诏狱，之后被发配边疆。沈链在发配地每日骂严嵩不绝，后来严嵩指使当地的官员将沈链处死。

这两件事情嘉靖都是幕后黑手。因为在整个国家他暂时找不到可以替代严嵩的官僚，所以他要保下严嵩，他要对反对严嵩的官员处以极刑。沈链、杨继盛只是帝国的官僚跟严嵩斗争的两个事例而已。像这样的例子在严嵩主政的 14 年中络绎不绝。后来的官员也渐渐成熟了，他们知道倒严的关键在皇帝，皇帝不愿意让严嵩倒，严嵩无论如何也倒不了。另外，倒严不能牵扯皇帝，劾严嵩罪状的时候不能把与皇帝有牵连的罪状写进去。做不到这一点，不仅倒不了严，还会自取其祸。在条件还不成熟的情况下，人们所要做的只有等待，等待皇帝对严嵩厌烦，等待严嵩失去了利用价值。而在整个官僚体系中深谙此道的就是那个真正隐藏在幕后的人——徐阶。

对于夏言来说，严嵩是水。对于严嵩来说，徐阶才是真正的水。这是一个以柔克刚的年代，冲在前面的人大都早早地废掉。徐阶吸取了这么多人血淋淋的教训，他知道对付严嵩只有一个字——“等”，等待严嵩自己把自己废掉。

即使夏言死后，徐阶也能够独立地生长，因为那个帝国最厉害的人看中了他。他顺利地当上了礼部尚书，获得进出西苑的资格，跻身帝国核心官僚的序列。

功成名就的徐阶头脑很清醒，他仍旧埋头苦干，认真撰写青词。这些嘉靖都看在眼里。徐阶并不是毫无作为，他以他的软实力掣肘严嵩，使严嵩并不是那么的随心所欲。他也因此保护了一些反对严嵩的人。严嵩能够打败夏言，因为皇帝对夏言已经厌烦了。严嵩却无法打倒徐阶，因为他是皇帝保护的人。徐阶也自然明白这一点儿。几乎在夏言被处死的时候，徐阶就上位了。从此，严嵩就有了一个如影随形的人。徐阶不断地在观察，观察皇帝对这位首辅的态度，寻找着那个临界点。在这个过程中，唯一的选择就是以不变应万变，任何的贸然出击或矫情掩饰都可能功亏一篑，甚至会让他跌进万丈深渊。

虽然一拨又一拨的倒严者都倒在了严嵩面前，但这并不意味着严嵩仍然是稳如泰山。诏狱里的拷打，西市上的斩首，这些都使得官愤、民愤越来越大。而这所有的愤怒都会指向严嵩。身为皇帝的嘉靖也不能不考虑官情民意。

严嵩在他 60 岁入阁的时候精神焕发、神采奕奕，能连续在内阁工作几天几夜而不回家。但在严嵩进入 80 岁以后，他也渐渐地力不从心。在一些大的事情上，他已经无法进行正确的思考和判断。皇帝说的话他也渐渐地不知所云。严嵩对皇帝来说他的作用已经失去，是时候让徐阶替代他了。此时的皇帝已经有了换人的想法。

御史邹应龙是徐阶一党。他们经常在一起合计对付严嵩的计谋。大约在很久以前，邹应龙就已经开始酝酿弹劾严嵩，只是难以猜测皇帝的心思。有一天，邹应龙避雨来到一个太监的家中。闲谈中，这名小太监透露了皇帝想弃用严嵩的心思。邹应龙得知这个消息后连忙回去告知了徐阶。在得到徐阶的首肯之后，邹应龙上了一道弹劾严嵩的奏书。

这是令嘉靖朝几乎所有文官兴奋的大事件。在历经 14 年他们认为的黑暗日子

后，这位帝国的首辅终于倒台了，终于可以告慰夏言、曾铣、王忬、杨继盛、沈链的在天之灵了。皇帝勒令严嵩致仕，其子、其孙，以及门客罗龙文发配边疆。

嘉靖一方面对严嵩已经不满意，另一方面也是顺应官情民意，顺水推舟。虽然皇帝将严嵩免职，将严世蕃发配，但皇帝却又隐隐有些失悔。我们这位皇帝做事情总是优柔寡断。身在江西分宜的严嵩敏锐地捕捉到了这一点。他开始上书问候嘉靖，希望能将严世蕃放回。虽然皇帝还留恋严嵩，但 80 多岁的人的确再也做不了什么了，皇帝拒绝了他的请求。不久，严世蕃和罗龙文从戍地私自跑了回来，嘉靖让三法司对二人拟罪。三法司还是想将事情往杨继盛、沈链身上扯。深谙人事的徐阶指出，倒严世蕃就不能牵扯皇上。嘉靖三十四年（1555 年）杨继盛、沈链被杀正是出自嘉靖的旨意。跟帝国处死胡惟庸一样，徐阶想了一个跟任何人没有瓜葛，而又顺理成章的罪名——通倭。嘉靖四十四年（1565 年），严世蕃和罗龙文以通倭罪被斩。不久，严嵩也病死了。

话说了回来，所有官僚都是皇帝的棋子，这些官僚有必要跟严嵩较劲吗？有严嵩在前面做挡箭牌，承担责任，不好吗？

严嵩不仅是嘉靖朝有名的首辅，他也是整个大明朝有名的首辅，但他只是行使皇帝代理权的一个工具。在那个官僚政治日益成熟，宦官、武将、勋贵日益没落的年代，皇帝需要找一个人来秉承自己的意志，来代替自己对文官行使管理权。张璁、夏言都不符合皇帝的要求，他最后找到了严嵩。

在严首辅主政的 14 年里，他能够使帝国的政治保持一种平稳，而没有嘉靖前期的那种波澜起伏。严嵩看起来只是皇帝的一个迎合者，但一些大的事情在他的安排下正在悄悄推进，例如江南的抑制土地兼并和一条鞭法、开海和互市。在一些对外的大事情上，严嵩跟嘉靖有着根本的分歧。嘉靖主张对蒙古和倭寇采取强硬态度，而严嵩主张以和谈的方式解决。但严嵩并不敢将他的想法流露出来，只是在遵循世宗意见的前提下再小心应对。所以，相对于其他内阁元辅来说，严嵩的日子更艰难。究是如此，倭寇问题在严嵩的主持下也得到了解决，而且为隆庆朝南北同时和议、同时开关打下了基础。

无论严嵩如何风光，如何擅权，我们要知道的是他只是皇帝的代理人而已。他杀了多少人也好，纳了多少贿也好，其实并不关我们这个帝国的痛痒。这些只是文官专制与皇帝的抵触在我们这种官僚政治中的一种反映而已。

# 第四章

# 改革与国本之争：隆庆、万历

隆庆与万历通常放在一起说，简称隆万。因为这个时期拉开了明朝长达17年的隆万改革。跟历史上的大多数改革一样，隆万改革过急、过猛，牵扯到的人事太多，给人以口实。张居正死后，改革全面废止。万历皇帝终于发现，自己这个皇帝还不如一个强势的权臣。在一个强大的官僚集团面前，政令不出紫禁城。长达30年的国本之争，不过是一种体现而已。乃至于在万历后期惊心动魄的矿税斗争中，皇帝才终于明白这个帝国已进入无法挽回的境地，任何奋进的措施都会归于失败，还不如静静地等待它快点儿崩塌，好开始新的轮回。

## 走向开放与自信的明帝国

嘉靖四十五年（1566年）的寒冬，嘉靖皇帝朱厚熜在孤独中死去，享年59岁。这是一位孤独的皇帝，父母早死，子女们多殴，夫妻隔阂，君臣猜忌。跟大多数政治人物临死前一样，他的身边没有一个亲人。京城对于他来说始终是客居。他的家乡在南方那个小城，那里才是他的家。但他不能像他的臣子那样到了退休年龄还可以回到自己的家乡，他只能在这里苦捱。

继承皇位的是嘉靖第三子朱载垕。他做了29年不明不白的储君。没有人知道他跟他的父皇见过几次面。他的父皇不是不愿意跟他见面，而是不能见面。因为在明王朝的皇室流传着一个咒语——二龙不相见。皇帝的冷淡是对儿子的保护。当朱载垕的儿子朱翊钧诞生后，这位皇帝依然表示出了淡漠。但是，他的内心是热乎的，是畅快的。为了他的江山社稷，他必须把这种情感埋藏在心底。

我们讲这些，绝对不是毫无意义，因为它直接关系到了隆庆皇帝的性格。正是因为父皇的冷淡，使得这位储君一直在一种抑郁的环境下长大。他的性格沉默而寡欢，但也正是这种成长进程的不顺使得他有一种豁达的心境。他在这方面跟弘治皇帝一样能够容人。

我们可以看得出来，隆庆王朝基本上改变了嘉靖王朝的那种令人沮丧的局面。它开始恢复嘉靖朝以前的那种言路，君臣关系开始融洽，与蒙古人恢复了互市贸易，并解除了海禁。嘉靖死后，徐阶起草了一份遗诏。在遗诏中，嘉靖承认了自己的错误，说自己过去所做的都是错误的，因为受到了奸人蒙蔽。本来打算改正这些错误，但时间来不及，所以留给后世纠正。并说道，从正德十六年（1521 年）至嘉靖四十五年（1566 年）期间，因谏言得罪诸臣，存者召用，没者恤录，并要罢除一切斋醮。因为这道遗诏，杨廷和、夏言、杨继盛、沈链皆被平反，还有一个人被放了出来，他是海瑞。

沿海的海盗虽然被俞大猷、戚继光、刘显剿灭，但根本问题没有解决，海盗依然是个问题。谭伦在福建当巡抚期间，福建的海盗又猖獗起来。谭伦给朝廷打报告，请求在福建开关。帝国在严嵩主政期间，一直想在南北开放贸易，但都慑于嘉靖而没有施行。现在嘉靖既死，开放贸易自然是顺理成章的事情。

谭伦的报告被批准，朝廷在福建漳州开埠了一个月港，允许在月港从事私人贸易，但必须获得船引。起初对船引的数量和商船的吨位做了规定，但后来在这方面也渐渐放宽了。虽然只是在帝国的万里海疆开了一个小口，但它却吸引了世界的白银流向这里。然而，这些白银既没有流入国库，也没有造福百姓，而是全部流进了私人腰包，帝国并没有收取关税的概念。

除了隆庆元年（1567 年）的开关，跟蒙古人的互市也在考虑之中。因为明廷拒不开关，且杀死俺答汗派遣的使者，俺答于嘉靖二十九年（1550 年）带兵破关，来到北京城下。整日深居西苑的嘉靖哪里见过这种架势，手忙脚乱的他将怒火撒到臣下的头上。严嵩告诉他，蒙古人是来抢东西的，抢完了就会走。果然，蒙古人在京畿地区连抢 8 天。事后，嘉靖怒气难消，皇帝的尊严、天朝的脸面就这样被毁了。他将责任推给兵部尚书丁汝夔，并将兵部尚书丁汝夔处死。嘉靖二十九年（1550 年），蒙古人的兵锋让这位自负的皇帝清醒了。

隆庆四年（1570 年），俺答的孙子把汉那吉突然来到边关向明廷投降，这是一件令人费解的事。原来把汉那吉要娶兔扯金的女儿为妻，但俺答却将兔扯金的女儿

许配给鄂尔多斯，把汉那吉一怒之下投奔明廷。

明廷方面封把汉那吉为指挥使。俺答前来关下要人，明廷方面不给。眼见无法，俺答顺势提出要求通贡、互市，恰巧明朝方面也早有此意。可以说隆庆四年（1570年）的一次偶然性事件竟然促使明蒙之间达成和议，不仅实行了通贡，而且还在大同开了马市。

隆庆五年（1571年），隆庆皇帝下诏，封俺答为“顺义王”，俺答的子孙侄分别封为都督同知、指挥使、指挥同知、指挥佥事。俺答每年向朝廷进贡马匹一次，每次不超过500匹，进贡人数不超过150人，在大同、宣府、山西三镇开设马市。这对长城内外来说的确是一件盛事，蒙古人激动了，俺答汗激动了，长城内外的老百姓都激动了。隆庆五年（1571年）的和议不仅结束了中断60年的明蒙互市，更是结束了长城内外200年的敌对状态。俺答汗珍惜这来之不易的和平局面，严禁蒙古各部落去明朝境内骚扰。明廷方面也禁止边军出边攻掠。

很快，边疆的贸易开始繁荣起来，大的市镇开始兴起，人声鼎沸，商贾如织，其热闹景象竟然不亚于中原各省。与此同时，一部分蒙古人开始南迁到长城内外过上了定居生活，唐元两朝的胡汉杂居景象再次在大明朝出现。长城内外又重现炊烟袅袅、人烟稠密的景象。蒙古人民的生活水平也改善起来。边境经常出现两族人民“醉饱讴歌、婆娑忘返”的情景。边境贸易的繁荣，更是带动了江南地区的经济发展，大运河也忙碌起来。长城内外既然恢复和平，帝国每年节省的军费何止百万，而且从边市中抽的税也颇为可观，帝国的财务顿时得到改善。

隆庆开关和隆庆和议标志着我们这个国家开始走向开放与自信。虽然这是由高拱、张居正、谭伦等能士推动，但这也跟帝国那个最高的统治者，那位垂衣拱手的天子不无关系。正是他的默许推动了这一切。治国很多时候并不复杂，只需要你头脑灵活一些，不要管得太死。

隆庆朝的确是有弘治王朝的气象，皇帝不仅在对外问题上采取了灵活政策，他也做到了用人不疑。文有高拱、张居正，武有戚继光、谭伦，而这些人都是嘉靖时代就开始培养的人。尤其是高拱和张居正是嘉靖皇帝特意挑选出来充当裕王老师的人，这无疑是在给裕王培养一个班底。

## 徐阶与高拱的对决

隆庆时代的内阁班子并不团结，其倾轧情况比嘉靖时代更为激烈。因为隆庆时代的内阁班子有两个火药桶，一个是高拱，一个是张居正。两个人的经历相同，都是从进士到翰林院，然后再从六部入阁，缺乏挫折和地方的历练，所以稚嫩而偏激。高拱自恃是裕王的老师，嘉靖培养的下一代官僚，所以在严嵩时期高拱就展露了自己的性格。他对严嵩多嘲讽，严嵩也拿他没法。从嘉靖末年起，高拱作为帝国的二号人物已经跟徐阶产生了矛盾。他们的矛盾可以从三个方面来解释：一是性格上的，二是行事方式上的，三是学术思想上的。

高拱性格火辣，想什么就说什么。而徐阶性格阴柔，有话不说，这些都令高拱厌恶。高拱在行事方法上也是光明正大，敢想敢干，崇尚革新。而徐阶则显得患得患失，谨小慎微，因循守旧。在思想上，高拱是经世济用，而徐阶信奉的是陆王心学。徐阶曾多次在京城开展大规模的讲学活动，这些都令高拱十分反感。他跟张居正一样都是抵制书院讲学的人。

在高拱看来，这位徐首辅跟倒台的严嵩一样，一味地迎合皇上，压制言路，行为苟且。嘉靖四十五年（1566 年），吏科给事中胡应嘉弹劾高拱在内阁班房值班的时候经常私自回去会小妾。嘉靖对此并没在意，但高拱认为是徐阶指使。

世宗驾崩后，徐阶不与阁臣商议，私自拟诏，让嘉靖自己抽自己的脸。高拱对此更是怒不可遏，高拱认为徐阶此举彻底暴露了他的虚伪与狡诈。徐阶通过私拟诏书将自己迎合嘉靖的责任推得干干净净，将那些被罢黜的官员召回来，那些人自然要死心塌地地替徐阶卖命。

隆庆元年（1567 年），吏科给事中胡应嘉考核不合格，皇帝征求众位大臣的意见。高拱说，胡应嘉没有人臣之礼，应该贬斥。就这样，隆庆皇帝将胡应嘉贬到外地为官。高拱对科道的言官向来没有好感。在他眼里，所谓的言官，都是为了自身

团体的利益相互倾轧。高拱对胡应嘉的态度顿时令舆论哗然。人们纷纷指责高拱公报私仇。

事实表明，高拱对付言官的确比前朝的嘉靖、严嵩和后朝的万历都要厉害得多。他直接命令徐阶杖责这些损毁其名誉的言官，徐阶拒不执行。两人在内阁公开骂战。

高拱质问道："先帝在世时，你献青词以取媚。现在先帝驾崩，你立刻倒戈。而今你结交言官来对付我这个当今皇上在藩邸的腹心之臣，请问是何居心？"

徐阶不慌不忙地答道："我并非背叛先帝。我私拟遗诏乃是替先帝收买人心。你说我写青词取媚先帝，我承认。但先帝在世的时候曾以密信给我，先帝说高拱上书说也想为斋醮尽一份力，问我可不可以。现在那份密信还在我那里，你要不要看一下。"

徐阶的回答将高拱噎得一句话也说不出来。徐阶又说道："你说我结交言官攻击你，天下言官那么多，难道我都能结交吗？我又怎么能让他们攻击你？即使我结交言官，难道你就不能结交？"

徐阶的一番回答让高拱铩羽而归。在这场斗争中，很明显高拱是仗着裕王撑腰，他才肆无忌惮。高拱在徐阶那里折了面子，自然要报复。隆庆元年（1567 年）的徐阶已经是江南第一大富户，他的家庭拥有广阔的良田、成群的仆人，而且横行乡里。高拱就揪住徐阶家人的不检点予以弹劾。他不仅自己弹劾，还指使自己的手下弹劾。而此时朝廷里有大批嘉靖朝被罢黜的言官，他们受徐阶庇护得以重返朝廷，此时一个个摩拳擦掌。眼见高拱跟徐阶作对，北京和南京的官员集体出动。他们像疯狗一样攻击高拱。这种形势即使是有隆庆撑腰的高拱也抵挡不住。为了缓和气氛，出于保护高拱的考虑，隆庆暂时让高拱致仕。就这样，在隆庆元年（1567 年），这位不可一世的内阁大臣就这样稀里糊涂地回家了。

高拱的离去绝对不意味着徐首辅的胜利，恰恰暗示着徐阶的倒台。隆庆对这位首辅并无好感。徐阶私自拟定的那份遗诏，隆庆虽然没说什么，但这也并不代表隆庆赞成徐阶的所为。嘉靖毕竟是隆庆的父亲，这种让死去的皇帝自己打脸的行为在帝国的每一个人看来都是好笑的。隆庆元年（1567 年）高拱与徐阶的较量可谓风雷激荡。隆庆对于言官一边倒的现象颇为警觉，他试图恢复嘉靖以前的那种宦官权力。例如，让宦官督导北京的团营和南京的振武营，徐阶都表示了反对。隆庆想去南海子游玩，徐阶也陈述不可。皇帝渐渐地开始厌恶并且疏远了徐阶。当徐阶觉察出皇帝不想再用他的时候，这位首辅便辞职了。此时，徐阶已经 65 岁，7 年的首辅生涯，17 年的内阁生涯就这样结束了。虽然看起来很从容，但个中滋味只有徐阶自己能够体会。

在家中等了两年半的高拱已经是急不可耐。隆庆三年（1569 年）的冬天，高拱接到了让他回京的通知，便不顾天气的严寒和新年的来临马不停蹄地赶到了京城。高拱的回京使那些曾经反对他的官员惴惴不安。徐阶已经不在了，高拱又为吏部尚书，曾经弹劾高拱的胡应嘉心里惧惊，在熬过几天的不应期之后，终于由于心中的巨大恐慌导致胆裂而死。还有一位弹劾高拱的官员欧阳一敬在归乡途中竟也由于惧怕而死。一时间满朝风声鹤唳，高拱对这种状况十分满意。满意归满意，他还是通过自己的心腹之人放出了风声："我高拱重回庙堂是要与各位休戚与共，过去的恩怨都已经过去了。"

高拱的安抚虽然没有达到实际效果，但至少令众人的心境平静了下来，再辅以时日才能够慢慢平息。高拱既当国，他便开始大刀阔斧地改革。作为吏部尚书，他将吏治作为首当其冲的改革方向。他推行进士与举人并举的用人方针，因为相比较进士群体来说，这个举人群体数目更加庞大，难免真玉掩埋其中。高拱还命各地建立人才储备库，实行公开招考人才的制度。对于吏部会推官员的制度也进行改革，他将私密的会推制度公开化。对于被罢黜的官员，高拱也亲自找其谈话，告之被罢免的原因，一时无人不服。高拱还建立了严格的官吏考察制度，对天下官吏的品行每月一汇总，由高拱亲自过目，然后，年终再集中汇总，作为考核官吏的依据。

除了吏治之外，高拱在与蒙古人互市以及处理南方少数民族问题方面也颇有亮点。隆庆五年（1571 年）与蒙古的和议虽然是顺应时事，但跟高拱的推动也不无关系。三边总制的都督以陕西跟宣大情形不同，不愿意跟蒙古人互市。高拱去信斥责，不久陕西省也开始开放边市。时贵州巡抚说本地土司造反，请朝廷派军进剿。高拱知道这通常都是地方官员没事找事。高拱保持了理性态度，派人去贵州调查，终于调查清楚真相，避免了无谓的战争。

高拱虽然做了不少事情，但是其人毛病也不少。高拱性情火暴，处事操切，求治心切，对待下属刻薄，性格偏激，心胸狭小，好挟私报复。世宗死后，徐阶重新任用的一批官员，高拱尽皆免去。而在嘉靖朝跟随皇帝胡闹而被徐阶免去的一批官

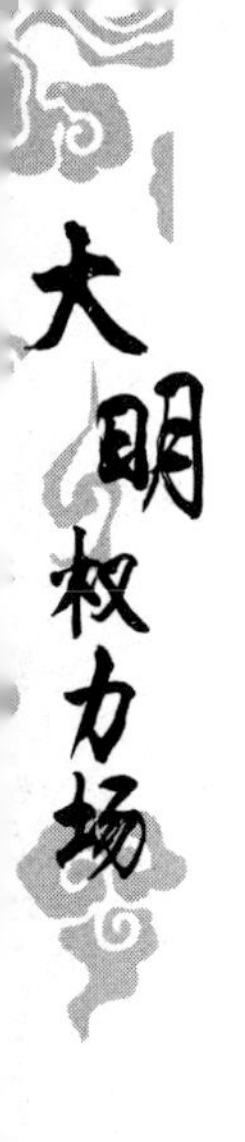

员又被高拱重新起用。高拱的所作所为究竟是不是出于隆庆皇帝的指使或者暗示，历史并没有给予我们明确的答案。但皇帝对于这一切肯定是默许的，在人事和决策上两个人是一致的。

事实表明，高拱、张居正这样的人的确比严嵩厉害百倍。昔日，严嵩当国，对官僚一味地忍让，才换来了官员们的攻击。最后，还是靠皇帝杀了几个人，才替严嵩解围。而高拱和张居正当国，真的跟官员们较起真来的时候，这些人便都没了脾气。

高拱仍有一件私事没了，那就是徐阶问题。隆庆五年（1571 年），高拱让原苏州知府蔡国熙担任苏松兵备副使。这蔡国熙跟徐阶本就有矛盾，高拱将他放在这个位置上自然是让他对付徐阶。蔡国熙一直监视着徐府，终于他逮住了徐阶儿子们的把柄，将徐阶的两个儿子充军，一个儿子削职为民，没收了徐家的大批田产。徐家的子孙们抱着徐阶痛哭流涕。徐阶只好给张居正写了封信，让他居中调停。

张居正对高拱施加了压力，抑或者高拱自己感觉做得过分，便终止了对徐阶的倾轧和挤对。这倒令蔡国熙无路可走，他大骂高拱出尔反尔，卖了他。

高拱的专权与跋扈在帝国日益激烈，虽然跟官僚们一再起冲突，但他还是得到了隆庆皇帝的庇护。隆庆五年（1571 年），随着殷士儋的致仕，高拱将保守派官僚全部踢了出去。此时，他算是真正的权柄在握，但他不知道一个隐藏幕后的人正向他伸出锋利的匕首。

## 海瑞的改革三十六条

嘉靖皇帝死后，骂皇帝的海瑞被放了出来，从此一路高升，隆庆元年（1567 年）就做到了大理寺右丞。这些都赖于徐阶的提携。当时正值徐阶与高拱斗法，海瑞又开始炮轰高拱。事实表明，高拱正需要海瑞这样的人来对付。海瑞在奏书中说：“徐阶为首辅，天下开始出现治世的景象。徐阶不招权，不纳贿。而高拱性格狡猾而且凶，高拱的才具不足以担任内阁大学士。而且高拱指使爪牙将是说成非，非说成是。臣以为应该立刻罢黜高拱。”

海瑞的上书直接将高拱搞得没有脾气，就像打了高拱一个闷棍。隆庆三年（1569 年），在高拱回朝的前夕，海瑞升任都察院右佥都御史，总督粮储，提督军务，巡抚应天。

应天巡抚治所在苏州，下辖应天、苏州、松江、镇江、常州、徽州、宁国、池州、太平、安庆十府，另外还总督杭州、嘉兴、湖州三省税粮。

可以说帝国半数粮仓都在这个地方。这个地方的分量自然是不言而喻的。让海瑞出任这个地方的巡抚，其原因究竟是什么？这个时候徐阶已经致仕，肯定不会是他推荐的。高拱跟海瑞有仇，也自然不会是他的举荐。张居正向来看不起海瑞，他也不会举荐海瑞。所以海瑞此次出任应天巡抚，可能出自皇帝的圣裁。皇帝想利用这把利器去灭一灭江南那些豪绅的威风。

海瑞人还未到任上，其声势已惊涛排海而来。整个江南上空似乎是阴云密布，一些本地的精英分子似乎开始喘不过气来，一些当地的官员开始向吏部打报告要求调走，缙绅之家将大门由朱色涂成黑色，驻苏州的一名宦官将轿子由八人抬改为四人抬。

海瑞上任伊始，便发布他的督抚条约三十六条：境内成年男子一律从速结婚成家，不愿意守节的寡妇立即改嫁，溺杀婴孩一律停止；巡抚前往各地视察，地方官吏一律不许迎接；巡抚在各府县逗留期间，伙食标准为二钱至三钱银子，鸡鱼肉可供应，但不得供应鹅及黄酒；境内公文一律使用廉价纸张，公文必须写满，不许留白；知府和县令不许下乡，有事让吏传唤民众到场；境内停止生产一切奢侈品。

海瑞的这些条款显得古怪而琐碎，而且不近人情。

不久，海瑞又发布文告，要为那些因为破产失去田产的农户讨回他们的土地。在本朝，洪武皇帝曾通过武力手段革除士绅阶层，但到了明代中期这个阶层又死灰复燃，因为帝国的土地所有制仍旧是封建土地私有制。

有积蓄的自耕农或者政府公务员通常将钱以高息的形式贷给那些缺资金的农户。这些借钱的农户自然以田产做抵押。一旦还不起债务，所抵押田产自然归贷款者所有。但帝国的法律又规定，5 年之内失去田地的农户可以以原价赎回。海瑞来到后便开始执行这一规定。

一时前来申请退田的人络绎不绝，巡抚衙门口挤满了前来要求退田的百姓。海瑞一个月居然收到要求退田的申请达几千份。这名官僚居然碰到了跟洪武皇帝一样

的难题，那就是由于自身的理想化带来了一些复杂的问题。

这些要求退田的申请很多都指向一个人：前任首辅徐阶。徐家大约很久以前就从事高利贷生意，而且几代没有分家，到如今积累的田产已达6万亩。这倒令海瑞难办了，一方面徐阶对他有恩，另一方面自己政令如山，而且天下的眼睛都看着自己。

事实说明，我们的这位官僚并非一根筋，他也具备灵活性，只是看情况而论。他采取了折中办法。他令徐阶退了一部分田，又逮了徐阶的弟弟。这样既对老百姓有了交代，又维护了徐家的利益。

海瑞在处理徐阶问题上获得了空前的成功。至少人们认为这是一个处事秉公的人。前来申请退田的人越来越多，而海瑞也越来越有信心。他跟当初的洪武皇帝一样开始牵扯进一些鸡毛蒜皮的琐碎事情中去。

海瑞的行为终是触犯了士绅的利益。在他来江南的8个月后，终于开始有人弹劾他了。刑科给事中首先发难。他说，海瑞不识大体，不近人情，出寻常之外，创新奇之法，只能放在清闲的岗位，不能重用。穆宗皇帝并没有理会这些。他大概很享受地看着海瑞在地方上搞个不亦乐乎。

眼见刑科给事中的弹劾没起到作用，徐阶授意吏科给事中、嘉兴人戴凤翔弹劾海瑞。戴凤翔在奏书中说，海瑞“不谙吏事、鱼肉缙绅、沽名乱政”，而且还说，海瑞性情古怪，将自己的妻妾杀死。

虽然戴凤翔的弹劾具备代表性，但依然不起作用。皇帝对这个特立独行的官僚依然庇护。但群臣对海瑞的态度却大大转变。当海瑞将矛头对着嘉靖的时候，众人还觉得有点意思。但当海瑞将矛头对准士绅集团的时候，他们发觉事情不是那么美妙了，因为政府官员的家庭多多少少也属这个集团。人们普遍认为，这个人志大才疏，性格偏激，只会将事情办糟，所以只能闲用。海瑞在文官团体中树立的那种形象轰然倒塌。

有隆庆撑腰，仍然是没人能撼动他。但当高拱回朝以后，这一切就不同了。高拱是个睚眦必报的人。隆庆元年（1567年）海瑞对他的辱骂，他还记忆犹新。高拱担任吏部尚书后就发现了戴凤翔参海瑞的奏书。高拱立即做出批示，免去海瑞应天巡抚的职务，改任南京粮储总督。不久，高拱又免去海瑞督粮官的职务。见此情形，海瑞便辞去职务回到了海南。临行前，海瑞在给朝廷的上书中说道：“举朝之士，皆妇人也。”

隆庆年间的政治斗争仍然是血雨腥风，而且这种较量是在清流与清流、君子与君子之间，他们的博弈将会更激烈，我们也可以看到很多人的精彩人生。总体来说，斗争还是在革新派与守旧派之间进行。因为有皇帝的支持，革新派要顺利得多。跟前几朝不同的是，皇帝对这种改革派是始终不渝的支持。而且这种改革派从中央到地方都有，这也是前朝没有的特点。从隆庆元年（1567 年）到万历十年（1582 年）是帝国的改革期。这场改革涉及军事、人事、经济方面。它在军事方面带来的私兵制，多多少少会提高帝国军队的战斗力。在人事方面，主要侧重于对官吏的考核，这一点在张居正死后已经不复存在。在经济方面，主要是顺应商品经济的发展，将赋税和徭役合并统一以白银缴纳。

这三方面的改革事实上都存在问题，有的还是灾难性的。军队的私兵化，会带来军队的官僚化，会导致将领的自保，而这又会影响军事任务的完成；对官吏考核过严，又会导致弄虚作假和官员加大对百姓的盘剥；白银的货币化，又会动摇农业的基础地位。尤其是白银的货币化，是导致明朝灭亡的一个重要因素。

政策的制定和改革的推进往往看起来并不是那么美好。它所带来的弊端会在以后显露出来。而这些或许又将成为各级官吏苟安的说辞。无论如何，隆庆时代仍旧是一个伟大的时代。在这个时代，明帝国打破了祖制，南北同时开关。这完全是利在当代、功在千秋的大事。这才是后世人应该关注的大事。

## 高拱的穷途末路

一直身体不好的隆庆皇帝于隆庆六年（1572 年）五月龙驭殡天。六月，10 岁的明神宗继位，是为万历皇帝。

此时的内阁大学士有高拱、张居正、高仪三人，守旧派在隆庆朝已经全部被革除掉，留下的都是革新派。但是，这个貌似整齐划一的革新派实际上早就出现了裂痕。

高拱与张居正虽然都是革新派，但两个人的性格和行事风格也不同。高拱是属

于性格外露之人，行事较偏激，而张居正则内敛、稳重一些。张居正看不起高拱，他有自己的一套处事准则。他对高拱的那一套很不以为然。虽然如此，但当高拱在隆庆一朝高歌猛进的时候，张居正对他也无可奈何。但他那双眼睛紧紧地盯着高拱，时刻想着取而代之。因为他认为国家需要的是他，而不是高拱。

在处理徐华亭一事上，张居正第一次掣了高拱的肘，私下里张居正还对高拱这种无聊的做法进行了讽刺。这些话传到了高拱的耳朵里，高拱顿时对张居正不满起来。高拱让家里的奴仆在外面放出话来，说张居正收了徐阶三万金。眼见此事已经传得沸沸扬扬，两个人爆发了第一次激烈的冲突。

两个矫情、虚伪的人长期以来刻意营造的互相尊重的形象在这一刻轰然倒塌。高拱又联想到户科给事中曹大野曾弹劾自己十大不忠事，弄得自己很狼狈；而这个曹大野是曾省吾的门生，曾省吾是张居正提拔的人，是不是张居正授意言官弹劾自己呢？想通了这一层，高拱对张居正越发嫉恨。

俗话说，一山不能容二虎。高拱和张居正就是那两只虎。好在这么些年来高拱替张居正清除了徐阶、李春芳、陈以勤、赵贞吉等仕途上的障碍，张居正也乐意看着高拱跟这些人斗来斗去。现在摆在张居正面前的就是高拱这一道障碍。扳倒了这道障碍，张居正就是帝国的首辅。

眼见隆庆皇帝身体不行，在隆庆六年（1572 年）的时候，张居正就开始谋划。他开始跟司礼监秉笔太监冯保联系，并通过与冯保的联系加强了跟万历生母李皇妃的关系，三个人形成了一个稳固的铁三角。这一切都在隆庆末年悄悄铺开，而高拱却浑然不知。

在隆庆逝世前夕，隆庆将后事托付给了高拱。高拱为辅政大臣，这是公开宣布的事情。宫内宫外都知道这一点。但是，当皇帝殡天后事情又起了变化。

冯保在隆庆元年（1567 年）就成为司礼监秉笔太监兼领东厂事，成为内廷的第二号人物。不久，掌印太监的位置空了下来，按理冯保应该升掌印太监，但高拱不想让冯保权力太大，所以他推荐了御用监陈洪为掌印太监。当实践表明陈洪不胜任这个职位的时候，他又推荐了尚膳监的孟冲。这个时候，冯保对高拱的嫉恨已经达到了顶点。

虽然高拱曾在裕王的藩邸充当他的老师，但高拱与裕王的妃子李氏并没有建立一种很好的关系，他反而对裕王的妃子采取了一种轻视的态度。这些对高拱不利的因素，统统被张居正利用起来成为自己的有利因素。

所以当隆庆皇帝龙驭宾天后，冯保突然颁布了隆庆的遗诏，说皇帝在遗诏中任命自己为司礼监掌印太监，跟高拱一起辅佐幼主。虽然高拱知道这是假遗诏，但也无法当面反驳，就这样冯保摇身一变成了司礼监掌印太监。

冯张联手已经很显然了。高拱下定决心除掉此二人。他打算先扳倒冯保，然后再钳制张居正，但他对于形势估计得过于乐观。隆庆朝他想扳倒谁就扳倒谁，因为他是帝师，有皇帝庇佑。但此时早已不是隆庆朝，那个时代已经过去了，而高拱对此竟毫无感知，他仍旧像在隆庆朝那样大权独揽。

他还天真地以为张居正会听他的。他将弹劾冯保的事情告之张居正。张居正表面答应与他一起做这件事情，但是立刻将这件事情报告给了冯保。当高拱将请求抑制司礼监权力的奏书递上去的时候，冯保自己在上面批示“知道了”三个字然后打发了回去。人们纷纷说皇帝不同意裁撤冯保的权力，高拱暴跳如雷地说道：“10 岁的孩子懂得什么，一定是冯保这厮自作主张。”

张居正听见后连忙派人进宫跟冯保商量，想把这句话为突破口作为倒高的关键。冯保将这个意见告之李太后，并获得太后的首肯。恰在这个时候，高拱又发动他控制的科道言官对冯保进行激烈地弹劾。

六月十日，在新皇帝的即位大典上高拱上了那道请求劾司礼监权力的奏书。六月十六日，宫中传出旨意，召内阁、五府、部院上朝。高拱兴奋异常，他认为是言官们的弹劾生效，皇帝要罢免冯保的官职。

待到上朝时，中官念道：“两宫太后懿旨，皇帝圣旨，今有大学士高拱专权擅政，欺吾母子，吾母子三人惊惧不宁，着高拱回籍闲住，不许停留。”

高拱听完后面如死灰，汗如雨下，伏地不能起。后来还是张居正将他扶了起来。第二天，高拱就回到了家乡河南新郑。

事后张居正为了避嫌，还跟另一名内阁大学士高仪联名上了一道请留高拱的奏疏，但很明显这只是做做样子而已。

因为有先皇的庇护，高拱的仕途太过于顺利。他只知道蒙着头往前冲，从来不知道往左右，或者往后看看。他干倒了徐阶、李春芳、陈以勤、赵贞吉，但是，他不知道真正的威胁是谁，结果只是给别人做了嫁衣。

平心而论，高拱在隆庆六年（1572 年）的所作所为的确过分。老皇帝刚刚殡

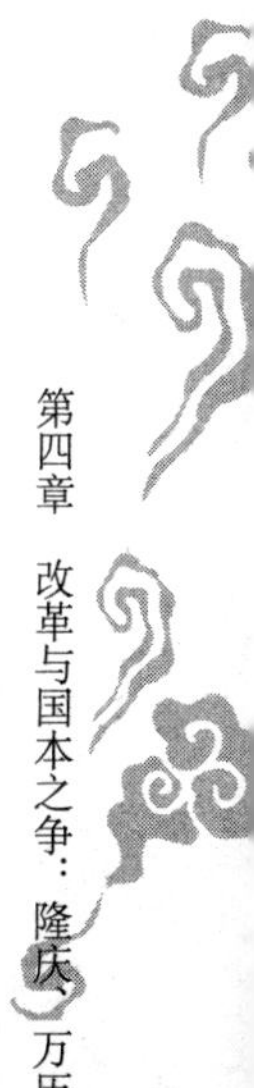

天，新皇帝刚刚即位，他就将矛头对准后宫。谁都知道打冯保就是打太后，高拱只能说是咎由自取。只是小孩子都能看出来的结果，可怜他却看不出来。

在帝国的300年中，高拱是最跋扈的官僚。至于人们所广为诟斥的严嵩连他的背影都摸不着。高拱敢公开发动大批言官对自己的政敌进行弹劾，乃至直接弹劾掌印太监。而你借严嵩一万个胆子他都不敢，他只会偷偷摸摸地跟皇帝苟且。所以，在宽松的政治氛围下，隆万年间的政治斗争远比嘉靖年间更加激烈和公开化。

很可惜，高拱到死都没能成为一个成熟的政治家。他退休在家的最后6年只是在回忆那个官僚集团的叛徒张居正的点点滴滴。按他自己的话说，他最终发觉张居正在很早以前就给他使绊子，拿他当枪使，而且很早就开始跟冯保勾结。

另一名内阁阁臣高仪在听说高拱被逐的消息后震惊不已，竟然呕血而死。就这样隆庆时代留下的三名阁臣只剩张居正一人。也是很可惜，张居正最终也没有从高拱那里吸取任何教训。虽然他在生前没有遭到清算，但最终的结果比高拱还坏，因为他连累了子孙，让自己的后代成了贱民。这一切正应了那句话，同在官场，相煎何急。

高拱已被罢黜，张居正和冯保仍担心高拱东山再起，之前也不是没有过。隆庆元年（1567年），高拱就被弹劾回家，隆庆三年（1569年）他又回朝。而如今张居正和冯保全靠那个女人的支持。皇帝年龄太小，对他们是什么态度还不得而知。所以为了安全起见，最好将高拱整死。

张居正和冯保买通了一名叫王大臣的智障人士，该人于万历元年（1573年）正月十九日携带匕首，身着宦官服饰出现在宫廷，被冯保当场拿住。经过东厂的拷问，该人自称受高胡子（高拱外号高胡子）指使进宫行刺。消息传出，一片哗然。人们纷纷指责张居正、冯保为了置高拱于死地，设计了这么一个拙劣的计策。

都察院左都御史和吏部尚书带头表示了反对，科道言官纷纷上书要求将王大臣从东厂诏狱中提出来，由三法司公开会审。张居正表示了反对。他认为此案已定，无须再审。双方相持了5天，越来越多的各部堂官、科道言官聚集起来替高拱鸣冤，张居正感到了空前的压力。他想了一个折中的办法，那就是派锦衣卫都督朱希孝会同冯保一起审。

会审开始后，冯保命人将王大臣拉过来开始打板子。王大臣大声嚷道："说好了给我官做，为何要打我？"

冯保问道："是谁主使你来的？"

王大臣嚷道："是你主使我来的，你知道还来问我？"

冯保气得哑口无言，他又问道："你昨天说是高胡子指使你来的，为何今日不说？"

"那是你教我的，我知道高胡子是谁？"王大臣反问道。

朱希孝见状不妙，恐怕王大臣将事情和盘托出，连忙将问案打住。问案结束后，冯保带着让王大臣强行画押的案卷进宫交给万历。万历刚看了案卷一眼，身边的一位七旬老太监就说道："万岁爷，不要听他的。那高阁老是个忠臣，他如何会干这样的事？"

"冯家，万岁爷年幼，你当干些好事辅佐他。那高胡子是正直忠臣，是顾命大臣，谁不知道？张蛮子夺他首相，故要杀他灭口。你我是内官，又不做他的官，你帮助他干吗？你身为内官帮助外官使坏，我们内官的脸都让你丢尽了。"这位老太监转脸对冯保喝道。

老太监的一席话让冯保大为沮丧。他匆匆退了出去，来到殿外又遇见司礼监秉笔张宏，张宏也说此事不可为。到了此时，冯保才打算放弃此事。冯保让人传话给张居正，说此事不可为。张居正眼见如此，也只好放弃。

张居正马上给科道言官传话，说此事我当为之，只保高阁老没事便可，你们不必再上本了。第二天，东厂诏狱将王大臣移交三法司，但王大臣已经被毒哑不能说话。在王大臣不能说话又不会识字的情况下，三法司只有将其判死了事。

万历年间开局就是血雨腥风，波谲云诡，这注定了万历朝不会平静。万历初年的高拱、张居正斗法，他们考虑的只是自身利益。所谓的人臣君子在这里面临千古笑谈的境地。

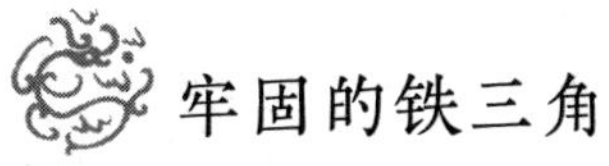

## 牢固的铁三角

万历初年的行政在一种牢固的铁三角下运行。它使国家能够集中力量推进改革，这对国家来说是有好处的。我们对于这个铁三角应该持肯定态度，而不是纠结

于一些细枝末节的问题。

太后李氏在不长的时间内经历了王妃、皇妃、太后的身份转变。李氏是顺天府郭县人，父亲李伟是泥瓦匠。因为家乡遭遇灾害，李伟带着全家到京城谋生。受生活所迫，李伟将李氏送到裕王府当丫头，李氏服侍的是裕王的侧室陈王妃。

裕王的正室李王妃曾生过一男一女。但在古代医术条件不发达，接生过程没有任何消毒的情况下，小孩子夭折很普遍。后来这一男一女都夭折了。侧室陈王妃曾生过一女，后来这女孩夭折，陈王妃再也没有生育。给裕王留下子嗣的只有这位进王府充当丫环的李氏。嘉靖四十二年（1563年），朱翊钧诞生，朱翊钧的世子地位就此确立。后来李氏又生一子朱翊镠。

明王朝的皇子们大多跟平民家的女儿联姻，因为这是祖制。其目的就是让这些没有外援的宫中女人无法强大起来。而且，这些平民家的女儿大多也无政治斗争经验。不仅如此，公主也多是嫁给低级武官。所以，明代皇族们的生活并无太多的丰富色彩。

隆庆皇帝殡天时，李氏只有28岁，此时正处于母强子弱的局面，但实际情况并非如此。面对明代复杂而散乱的政治格局，面对外廷咄咄逼人的文臣，李氏心中实际上是惴惴不安的。但她有自己的一套思路，首先稳定内廷，然后再稳定外廷。

为了稳定内廷，她选中了冯保，这位早就应该成为司礼监掌印的太监。冯保被人称为冯大伴，因为在万历4岁到10岁期间，是他陪伴万历度过的。冯保是值得信任的人。而此时的掌印太监孟冲无论是文化还是才干，都不及冯保。隆庆死后，李氏很快以冯保取代了孟冲，稳定了内廷。

为了稳定外廷，她选中了张居正。同样，在万历4岁到10岁期间，也是张居正作为太子老师陪伴万历度过的。李氏对张居正完全信任。能够找到这样的老师来教育自己的儿子，她感到非常满意，她将皇子的教育完全托付给了这位内阁大学士。

面对高拱咄咄逼人的攻势，在张居正、冯保的帮助下，她果断地剪除了高拱这个不安定因素，张居正成为内阁首辅，内外廷同时稳定，帝国达到了一种新的稳固。

李氏这个女人对治国并无特定的看法，冯保也是如此。他们所希望的就是能有一个人把治理国家的责任担当起来，而张居正恰巧就能够成为这样的人。所以，这个国家究竟如何治理，他们并无想法，他们也只有给予张居正无条件地支持。

万历第一个十年，表面上看是张居正在主导一切，实际上这都是这个女人在背后操作。她谋划了万历朝的开篇宏局。她对张居正是毫无保留地支持。当张居正的改革触动了士绅的利益，也是她在背后支持，抵住了潮水般的攻击，使得这种改革能够推进下去。这是她的第一个伟大之处。

她的第二个伟大之处，是当张居正死后，冯保被罢黜后，她自觉地退居幕后，从此不再多发一言。在英国女王已经御国的59年时间内，她之所以得到尊重的原因，也在于她对政治不发表自己的看法。这位李太后很清楚万历十年（1582年）以后已经不是那个时代。皇帝已经成人，不需要再扶着走。社会舆论的日益宽松，已经容不得内宫的干政或者权臣的出现。这位太后非常有自知之明，这也从侧面反映了她较高的素质。

李太后于万历四十二年（1614年）以70岁高龄逝世。她跟她的儿子一起经历了这个漫长的万历时代。

冯保是河北深县人，由于就近原则，明代中后期大多数宦官来自这个地方。冯保有很高的文化修养，大概在进宫之前就是个读书人。同时，冯保在书法、音律、绘图上都有一定的造诣，《清明上河图》至今有他留下的条款。

冯保的文化水平较高，办事稳重干练，嘉靖年间他就做到了司礼监秉笔太监，隆庆年间更是掌东厂事，但因性格狡黠有余，忠厚不足，故而与高拱不合，也就失去了升迁的机会。但是，隆庆年间他跟李皇妃以及张居正却保持了一种良好关系。

万历初年铁三角中的冯保是最难琢磨的一个人。我们隐隐约约地感觉到冯保也是一个很有政治抱负的人，如果不是宦官，他也许能成为士大夫中的一员。在这方面，他跟王振、汪直、刘瑾、魏忠贤是何其相似。这些来自底层的宦官，因为没有出路，只好进宫成为阉人。其实他们的内心深处，何其不想娶妻生子，考取功名，光宗耀祖。

既然搞清楚了这一层，冯保对张居正的改革毫无保留地支持也就不难理解了。冯保能做到这一点的确不容易。如果换作王振或者刘瑾，断不会自己充当陪衬，全力支持对方。所以，冯保跟李太后一样，也是一位值得尊敬的人。

冯保还有一个值得注意的地方，那就是他对小皇帝的教育尤其重视。这一点跟王振有些类似。他并不是为了讨好皇帝而放松对皇帝的约束，这一点尤其难能可

贵，更显出他的高风亮节。冯保从来都是督促皇帝学习，限制他玩耍，对引诱皇帝玩耍的太监也进行责罚。有一次皇帝醉酒后杖责太监，冯保偷偷告诉了李太后，李太后竟然让皇帝下罪己诏。

铁三角中的第三角是张居正。张居正的先祖是跟随朱元璋一起打天下的，后来成为湖北秭归县的世袭千户。到了张居正这一代，由于曾祖父是庶出，无法继承官职，便迁到了湖北江陵。跟明代大多数的内阁学士一样，张居正小时候就显示出聪慧的特征，12 岁他考中秀才，13 岁参加乡试。虽然此时张居正也够格成为举人，但湖广巡抚想让他多磨炼两年，所以在 16 岁那年他才成为举人，23 岁那年成为进士，授翰林院编修。

也跟明代大多数知名的大学士一样，这位张首辅也是经历了进士、翰林院、部院、内阁的仕途过程，其间没有任何的挫折。跟谢迁、杨廷和、夏言、高拱一样，这类仕途顺利的官员行事专制而且偏激。相反，有着挫折经历和地方经验的严嵩、徐阶则要圆润得多。

在翰林院的 17 年，张居正一直是冷眼旁观，因为对于朝政他根本插不上手。但他也是有收获的，他获得了徐华亭的注意。但徐华亭本人也是如履薄冰，小心翼翼，更别说张居正了。他们所做的只有等待。

由于在翰林院长期得不到提拔、重视，张居正竟然心灰意懒，请辞归家。在江陵过了几年平淡的生活后，不甘心的他又回到北京，哪知竟然时来运转。嘉靖让编修《承天大志》，徐阶推荐了他。张居正出色地完成了编撰任务，此举获得了嘉靖的注意。嘉靖终于发现这位翰林是个人才，于是便有意将他培养成裕王将来的班底。皇帝让他入裕王的府邸成为裕王的侍讲。这是张居正一生的转折点，说来还是出自嘉靖的安排。

隆庆年间，张居正很快成为内阁大学士。他还负责朱翊钧的教育。这个时候张居正依然没有显露出他的个性。当徐华亭致仕、高拱还朝后，这个时候张居正才逐渐显露出他的个性。尤其是万历登基后，扳倒高拱的路上再无障碍，张居正开始显露出他的政治手腕。

经过 20 多年的隐忍、等待、揣摩，张居正对于治国已经有了一套成熟的思想。他将自己的一套理念强势地推了出去。

张居正身材高大，目光深邃，气场十足。他能够震慑住帝国的所有人，包括那个小皇帝和他身旁、身后的人。在张居正生前无人敢反对他，人们只好将这种不满压抑在心底。一旦他死后，这种不满最终以更激烈的方式爆发出来。

在万历年间的第一个十年，最高指挥者、内廷、外廷由于共同的理想与相互的需求，以一种罕见的方式形成一种铁三角。也正是由于有这样一个牢不可破的铁三角，才使得万历开局的政局相当稳定，也使得各项改革措施能够顺利推进。所有阻碍变革的势力无不在这个铁三角面前撞得粉碎。但随着那个孩子的成长，这个铁三角终有被冲破的一天。

## 可怜的皇帝万历

万历皇帝名叫朱翊钧，他诞生于嘉靖四十二年（1563 年），并且存活了下来。嘉靖虽然对此表现出漠不关心的神态，但他的内心深处比任何人都要激动。裕王的长子早夭，这个新诞生的婴儿无疑成为王朝的世子。

由于良好的成长环境，朱翊钧不似其他皇帝那样从小就担惊受怕。他跟宣德皇帝、正德皇帝一样很小就显露出聪慧的性格。大约三岁半的时候，他就能够读书。老师张居正对他的管教极其严格。小皇子学起习来也是极其刻苦，每天清晨 5 点钟他就起床。这个时候张居正已经等在殿外，小皇子开始背书。7 点钟开始进早餐，吃完饭休息一下，8 点钟开始一天重要课程的学习，学习的内容自然是以四书为主。这样到了 12 点钟开始吃午饭。下午从 2 点钟又开始学习。虽然下午的学习较上午轻松，但也需要对上午的学习内容进行巩固、提高，这样一来，下午小皇子也没有玩耍的时间。

日子就这么日复一日地在单调中度过。小皇子每年只有 3 天的休息时间，那就是春节、父皇的生日、自己的生日。即便是在这 3 个休息日，他也要参加各种礼仪活动。虽然他在出阁读书后，很快当上了皇帝，但过的依然是这种日子。在这方面，皇帝这种公众人物远没有普通老百姓活得自由。

我们这位皇子对于读书从来没有表现出任何不满情绪。他对身旁的人极其尊重，他甚至能替别人着想。一天皇子在殿外遇到了张居正。他向张居正问道：“先

生良苦翊赞。”张居正回道：“愿殿下勤学。”一日皇子看见父皇在宫殿内骑马，朱翊钧说道：“陛下天下主，独骑而骋，摔倒了怎么办？”

朱翊钧是一个极其孝顺的孩子。每天清晨在早饭之前，他都要去西宫向母亲请安，然后由母亲带着自己去向坤宁宫的王皇后问安。

朱翊钧登基后对他的元辅张居正极其尊重，遇事都跟他商量。一次万历在文华殿听课完毕，听说张居正腹部疼痛，他便亲自下厨调了一碗辣面，而且亲自看着张居正吃下去。皇帝与张居正之间最令人关注的事情还是开了经筵之后，一天他对张居正说道：“昨日的讲官讲《大学》的时候讲错了一个字，我本想纠正，但恐怕会让他没面子。”

张居正回答道：“讲官小心差错，出于无心之过，望圣上宽容。”

万历点头答应下来。

从这里我们可以看出，万历作为一个登基不久的小皇帝在听经筵的过程中竟然一丝不苟，连讲官说错了一个字他都能听出来。小皇帝不仅读书认真，对于一些问题他也勤于思考。当看见周公和孔子的像立在文王的两旁时，皇帝问左右的臣子：“二圣人为何要旁列？”身边大臣连忙回答：“周公和孔子虽然是圣人，但他们是文王的臣子，故而要旁列。”

皇帝不仅刻苦学习，对于国家的事情他也有自己的主意，并不是完全听从太后或张居正的意见。隆庆六年（1572 年），御史胡涍上书以天象示警建议万历释放宫中的宫女。按理说，此举对于一个新继位的皇帝来说是义举，这样做可以将那些年老色衰的宫女放出宫去嫁人。但皇帝对此事自有看法。他说：“如今宫中只有宫女千人，侍奉两宫太后，执掌浣衣局、巾帽局、针工局、内织染局、酒醋面局、司苑局尚且不够，更别说要放她们出去。而且有些宫女年纪大了，出去也找不到人家，而且可能还没饭吃。”所以，针对这个提议，万历乾纲独断地给否决掉了。我们要知道，这可是一个刚 10 岁的孩子的思维。

除了我们讲述的这些特点，这位天子还十分仁慈。太宗皇帝篡位后，不承认建文年号，硬将洪武年号延长了四年。建文皇帝和建文往事成了我们这个帝国所有人不愿意触及的伤痕。但我们这位皇帝却试图在这方面能够正本清源。

在万历登基的头一年，他就下诏在为建文皇帝殉节的文臣家乡建表忠祠，而且给他们的后裔抚恤。万历二年（1574 年），皇帝又问张居正建文的下落。虽然这个时候皇帝显示出了对建文的关心，但他终究还不敢迈出那一步。皇帝终于在万历二十三年（1595 年）恢复了建文年号，将洪武三十二年至三十五年去掉。后来在弘光年间，帝国才最终给建文上了一个完整的庙号、尊号、谥号，入继太庙。

我们这位皇帝除了这些性格特点外，他还有一项特长，那就是写大字。隆庆六年（1572 年），一次在文华殿读完书，皇帝突发兴致，他让讲官们看他写字。他将纸铺在地上，提起粗粗的毛笔写下几幅直径在一尺以上的大字。他给张居正写的是"元辅""良臣"。众人拿着皇帝赐予的大字激动不已。他们为皇帝的天资聪颖兴奋不已。之后，皇帝不断地在群臣前露手，终于导致张居正对皇帝的劝诫。

"陛下，你的字已经写得很好了。你天纵才华，但是，作为君主不应该在这方面浪费太多时间，应该将精力放在治理国家上。你难道忘了汉成帝、梁元帝、陈后主、隋炀帝、宋徽宗的教训吗？"张居正说道。

张居正的话令这个孩子打了一个激灵。他真没想到自己写字竟然也跟亡国之君联系到了一起。他也深知作为一国之君必须处处受到约束。从此，他再也没有在人前炫耀自己的特长。他的这一兴趣也就被生生地扼杀了。即使在张居正去世以后，他对此也再无兴趣。

我们上面所叙述的关于这个年幼皇帝的一切都不符合一个孩子的本性。为了展现他合格君主的形象，抑或在太后、张居正、冯保的高压之下，他将一个孩子的天性全部隐藏了起来，去默默地接受一切。但在这种承受之下，孩子的天性还是会偶尔暴露出来。

万历三年（1575 年）的元宵节，皇帝想放烟火乐一乐。但前几年的元宵节放烟花活动都被张居正禁止了，今年他小心翼翼地征询张居正的意见。

"元夕鳌山烟火祖制乎？"皇帝问道。

"非。隆庆以来，乃岁供元夕之娱，靡费无益，是在新政所当节省。"张居正说道。

小皇帝满怀期待的神色黯淡了，半晌才说道："然。"

虽然皇帝像在其他事项上接受张居正的主张一样接受了这次禁止燃放烟花的主张，但皇帝内心深处已经对张居正不满。这种不满皇帝自己也不知道，但是，这是一种情感的自然流露。它会经过日积月累最终以极大的破坏力爆发出来。而此时的张居正却浑然不觉。如果有一个善于察言观色又喜欢搬弄是非的人在旁边，那么，

他就会抓住这些机会，慢慢地，以极其隐蔽的方式向皇帝进言，最终搞垮张居正。

皇帝的恭顺绝不意味着这是他的天性。他跟弘治皇帝一样是受压抑的君主。他们本应该有真性情的一面，但特殊的身份和儒家行为规范限制了他们展现自身真实的一面，随着万历六年（1578 年）皇帝的大婚，这一局面开始改观起来。

由于皇帝已经成家，他脱离了后宫的监督，可以独立跟太监和宫女在一起。这些从民间来的人自然懂得生活的乐趣。他们知道如何引导皇帝一起玩。从这个时候起，皇帝才知道原来人生可以很精彩。他经常身着紧袖衣衫，腰悬宝刀，在宫女、宦官的簇拥下，在宫内横冲直撞。他也经常喝得酩酊大醉，跟宫女们一起搂搂抱抱。他或者看着太监、宫女们表演戏曲，或者加入其中。

万历八年（1580 年），皇帝已经 17 岁了。在一次夜宴上，皇帝喝得大醉。他兴致盎然，让两个宫女唱曲，两名宫女推说不会。皇帝不禁勃然大怒，他为宫女拂了他的意思而感到愤怒。皇帝已经怒了，但宫女、太监们还在那里笑。皇帝不禁将桌子一拍，大声喝道："拉出去斩首。"

太监、宫女们这才慌了。两名宫女立刻跪下求饶，太监们也纷纷求情。眼见这些人纷纷讨饶，皇帝的虚荣心得到了满足。他便松了一口气，说道："本来你们违抗圣旨，理应斩首。但今天以割发代罚。"

说完，皇帝亲自拿起剪刀从两名宫女头上各取下一缕头发。这些做完后，皇帝憋不住了，突然哈哈大笑起来。看见皇帝突然发笑，众人都松了一口气。皇帝扭转头看见那几个求情的太监，不禁又发脾气道："你们几个着实可恶，给我拉出去杖责。"

也许多年后，你会发现，这位皇帝只适合做一个富贵家的孩子，他并不适合当君主。万历八年（1580 年）的这场闹剧影响是深远的，因为冯保将皇帝的行为告诉了太后。太后为了杜绝此类事件再次发生，装出十分悲痛的样子，身着一身素衣，去掉所有装饰，跪在列祖列宗的牌位前。她威胁道，要废掉朱翊钧的皇位，立他的弟弟潞王为帝。皇帝立刻慌了，他感到了事态的严重性。他在慈圣皇太后面前苦苦哀求，他甚至在跪了很长时间以后才获得了太后的原谅。

事后，李氏跟张居正、冯保商量，将皇帝身边的那些活跃分子全部斥退，代之以翰林院的学士们充实他的闲余生活。就这样，刚刚体会到人生乐趣的皇帝又被更多的儒家经史子集所充斥。

万历八年（1580 年）的事情在皇帝的内心深处留下了伤痕。童年和少年时代没有在正常氛围下度过必然会对他的身心造成伤害，并在以后的岁月中表现出来。而由于他的皇帝身份，这种伤害会放大到整个帝国，给整个国家带来消极的影响。

表面平静的万历八年（1580 年），一个小事件最终成为后面一系列大事件的诱因，并使得帝国几十年来运行疲惫。

## 张居正改革

这一节主要讲述元辅张居正的十年执政策略。在这十年中，张居正在旧有的体制下，使帝国的运行效率达到了极致。这种运作的特点是依靠人事任免和文牍主义，而不是军事专制。此时国家似乎又重回洪武之治的局面。但张居正的改革只是对旧有体制的弥补。他没有立法权，立法权在洪武皇帝手中。但是，即便这是一种弥补，也使得帝国积累的粮食和白银数年用不完。所以，如果使国家的税制更合理一些，就不至于让少数人将资源占据，再辅以高效率的行政体制，那么，这个国家将会何其强大。但是，在惯性的作用下，这一切都显得那么不可能。

张居正首先搞的一个名堂叫考成法。我们都知道官场上的官僚习气乃是一种正常现象。因为人们都有惰性，但这种官僚积习绝不意味着什么事情都可以拖拉，所以即便是这种积习也能够保持政治的平稳运转。一旦上面的压力施加下来，就会导致所有的官员忙碌起来，并处于一种紧张状态之中。他们会将自身的这种压力分摊给治下的官吏，再由治下的官吏分摊给帝国的全体国民，并最终使整个帝国处于一种紧张与忙碌的状态。张居正的考成法就是这么一个方法。

张居正将行政系统和监察系统合二为一，内阁下面是六科，六科下面是六部、都察院，部院下面是督抚，督抚下面是府州县。每个衙门有三本账，一本账留底，一本账在内阁存底，第三本账在自己的上级部门那里。府州县对督抚负责，督抚对部院负责，部院对六科负责，六科对内阁负责。各个衙门将每个月完成的任务写在账册上，每个月上级衙门都要亲自检查，然后核销，将核销的结果上报内阁，内阁

再予以最终核销。在这种直线中，六科是关键，它拥有检查整个帝国的权力，以免出现弄虚作假的情况。

六科是洪武皇帝的独创，它是按条线成立的跟六部相对应的六个部门。它的给事中是正七品，但它有封驳帝国一切行政命令的权力。洪武皇帝喜欢用这种位卑权重的部门制衡一切。本朝的监察系统较前代比是最完备的，也是最厉害的。除了谈到的六科，还有遍布天下的御史。洪武皇帝甚至鼓励官员之间互相告发、讦奸，所以身为帝国一分子的官员可以弹劾任何人，包括皇帝。一旦有官员遭到弹劾，无论他是什么级别，都要回避，等待皇帝任命的调查组做出独立的调查。在这个过程中，被弹劾的官员甚至还要做出解释，一旦遭遇到激烈的和群体性的弹劾，即便是毫无错误的官员，也会因此而辞职。隆庆元年（1567 年）的高拱就是例子。

在这个监察系统和纠劾系统空前完备的王朝，可能会杜绝腐败和渎职，但也会束缚官员的手脚，使得他们不敢实心用事。而张居正在他的考成法中将行政、监察合并成一条线，无疑是废除了洪武皇帝制定的权力分权与制衡原则。这更是对秦代以来建立的丞相与御史台分权制度的打破。在这方面，张居正本人专制到了极点。这说明他的专制程度比前代的丞相更加强烈，而这所有的行为都是对宪法空前的违背。

张居正的这一项改革措施顿时使帝国所有的官员忙碌起来，行政效率大大提高，积压几十年的奏章也都得到了迅速处理。从这方面可以看出张的这一改革措施具备了法家思想。法家思想的问题就在于制度的僵硬性，没有回旋的余地。陈胜、吴广起义是因为他们戍守渔阳，由于下雨，道路泥泞误了日期，按照法律当斩。既然逃不出一死，那还不如造反。而考成法的僵硬性在这里也显露无遗。此法运行一段时间后，各级官吏为了保证限期内完成任务都开始层层摊派，最终摊派到百姓头上，导致了基层的混乱。这样一来，就冲击了正常的农业生产，最后导致流民的出现。所以，在张居正死后，这一不合时宜的考成法被迅速废除。如果继续坚持下去，只能是导致官员罢官，农民罢产，帝国顿时大乱。任何一项改革措施都要经受实践的检验。经受不起检验的，无论它的理论如何完美，理由如何冠冕堂皇，到头来都只能是空中楼阁。

张居正的第二项改革是一条鞭法。明代的赋役分为两部分：一部分是以实物缴

纳的物品。你从事何种生产，就缴纳你生产出来的产品；另一部分是无偿服徭役，也就是干活。这种措施能够稳定农业生产，将农民束缚在土地上，也有利于基本农田水利建设的推进。但当帝国进入中年以后，随着商品经济的发展、白银流入的增加，白银在交易中的作用越来越大，帝国对银子的需求也越来越大，这一切都使得实物税跟这个时代已经不合拍了。

前面说过，在宣德年间皇帝派周忱去江南处理官田税赋过重的问题。为了给农户减负，政府同意以银子、棉花充当粮食缴纳。而嘉靖年间由于财政危机，为了增加收入，严嵩开始在江南推行一条鞭法，也就是将实物赋税和徭役全部折成银两，按田亩多少征收。这样一来使税收的征收变得简洁化，农户也不必再受力役之苦，也不用再负担税粮的运输，更为重要的是促进了商品经济的发展。虽然看起来是这样，但对于农耕帝国来说却是灾难性的。关于这点我们在后面关于明朝灭亡原因的章节中再详细论述。

虽然嘉靖年间在江南开始推行一条鞭法，但也只是在小范围内进行。真正大规模进行还是在万历年间张居正主政时期，帝国开始从南到北系统地推行一条鞭法，从此带来生产关系和生产方式的转变。无田的农民不必再交纳税款，地主也无法再逃脱税款，对于税银的官收官解也避免了里甲、胥吏的盘剥。政府使用劳动力不再是无偿的，而是需要付银子。这也促进了工匠劳动积极性的提高和劳动力市场的繁荣。

除了这两项改革外，第三项值得一提的就是对全国土地进行清丈。由于新开垦的土地、被整理的土地、被兼并的土地以及自耕农挂在士绅名下的土地，这些土地都会被从鱼鳞图册上去掉，所以历代改革无不将清理土地作为查察的重点。在本朝刘瑾、张璁都将清查土地作为他们革除利弊首当其冲的事情，但由于他们将清查的矛头对准皇庄和军屯，所以最终无果而终。刘瑾甚至因此而引发兵变，最终落得个凌迟处死的下场。

对于这些情况张居正不是不知道，但为了国家的利益，他并不考虑这些。另一方面，他也是有的放矢。他并没有将清查的重点对准棘手的皇庄和军屯，而是对准了一般官绅之田和民田。最为关键的是后面有皇帝强大而毫不怀疑的支持，这跟正德、嘉靖年间完全不同。

虽说如此，地方政府态度暧昧也是正常的。松江知府、池州知府、安庆知府、

徽州知府相继受到处罚，建德县豪民徐宗武阻挠清丈而受罚的例子也在帝国广为宣传。在这种强大的压力下，清丈田地得以迅速推进。到了万历十一年（1583 年），已经全部清丈完毕。万历清丈是自洪武清丈以来全国最大范围内的一次清丈。此次清丈增加田地面积 100 多万亩，它直接带来赋税收入的增加。张居正使摇摇欲坠的国家重新稳定起来。

万历新政虽然有皇帝的支持和张居正本人强势的推动，但这并不代表新政就没有阻力。张居正的新政尤以考成法受到的非议最大。万历三年（1575 年），南京户科给事中余懋学上书反对考成法。他说："政严则苦，法密则扰，非所以培元气存大体也。希望本之和平，依于忠厚，宽严相济，政是以和。"

余懋学的上疏直指考成法。本来六科在这场考成法中是既得利益者，现在连六科官员都反对，更别说底下的官员。张居正似乎搬起石头来砸了自己的脚，他不禁勃然大怒。万历对余懋学的上疏也十分愤怒。他认为余懋学受别人指使，乃至可能接受了别人的贿赂，便将余懋学革职为民。

余懋学对新政的反对只是开了一个头，真正将反张运动推向顶点的是辽东巡按御史刘台。万历四年（1576 年）正月，刘台上了一道 5000 字的奏疏弹劾张居正。在这篇奏疏里刘台系统地说明了张居正如何擅权、如何违背祖制。

刘台说道："自从成祖设置内阁以来，内阁大学士无不惴惴不安，千方百计避宰相之名，而你张居正不仅不避宰相之名，还以宰相自夸，天下臣工畏你者甚于畏陛下，感你者甚于感陛下，你的改革、你的新政完全是颠乱祖制。"

接着，刘台又将张居正专制、跋扈的事情一一列举。可以说刘台对张居正的弹劾不像以前的言官那样含沙射影，顾左右而言他，他直接赤裸裸地对张居正进行攻击。更为犀利的是他抓住了张居正扰乱祖制这个要害，而且总结得很到位，可以说是一击而中。他更是露骨地指出张居正夺皇帝之威，此举既是事实，又能在皇帝与张居正之间构成裂痕。但万历明显没有上当。他表现出了比张居正更强烈的愤怒。因为这位皇帝也是求治心切，他希望国家能够实现大治，任何诋毁张居正的话他都不能够容忍。

刘台的弹劾的确厉害。这道奏疏一上去，立刻使官员开始跟张居正保持距离。上朝的时候人们不敢跟张首辅答话，昔日门可罗雀的张府变得日渐冷清。它甚至迫使张居正主动辞职。张居正跪在皇帝面前大哭不肯起，以此逼迫皇帝对刘台进行处罚。这个时候皇帝也意识到需要对刘台进行严厉的处罚，不然的话有可能断送了正在进行中的万历新政。

皇帝命令锦衣卫将刘台从辽东带到京师来，关到镇抚司诏狱拷打。刘台在狱中并不屈服，拒不承认错误，乃至破口大骂张居正。眼见舆论压力越来越大，张居正也到皇帝面前求情，万历只好顺水推舟将刘台削职为民了事。皇帝想通过严惩这些抗议者，来使得张居正继续为帝国服务，同时也是对其他反对者的威慑。

经过张居正的励精图治，帝国粮仓所积累的粮食已经足够 9 年使用，北京、南京以及其他一些省份储存的银子达到创纪录的 1000 多万两，大明帝国似乎重回历史之巅。但我们要弄清楚的是张居正的改革只是在旧有的体制下将农业税收发挥到了极限，面对蓬勃发展的商业、不断增加的商业人口，他并没有在增收商业税上有任何建树。这种旨在节约开支和增加农业赋税的政策只能在短期内带来财政的节约，一旦发生大规模的战事、自然灾害或大型工程建设，这种财政结余就会迅速化为乌有。

另外，财政的节余也跟开放边市导致北方军费削减有关，再加上一批士兵开始屯田，这又进一步降低了军费。无论如何，张居正敢于冒天下之大不韪，在短时间内刷新吏治，整顿田亩，都是值得表扬的。他所积累的钱粮延长了帝国的寿命，也是一种可能的事情。但张居正死后的结局，以及他实心用事遭来的唾骂，都使得在张居正以后再也无人敢实心用事。从这方面来讲，似乎又起了副作用。历史的确是诡秘的，很多情况下我们很难做出正确的评价。

## 夺情危机

刘台被罢免后，群臣对张居正敢怒不敢言，只好将对他的不满暂时压制下来。但细心的人会发现张居正即将面临一个绕不过去的坎儿。本朝以孝治天下，官员的父母过世必须回家守孝 3 年。此举是定制，任何人都要遵循。一旦违背这个规则，则会面临舆论指责，在史书上也会留下骂名。

张居正父亲的身体已经不行了，这个消息所有人都知道。张居正自然心理也有数，他或许已经想好了对策。那些反对张居正的官员正在默默地看着他。无论张居正采取何种措施，在这场危机中他都是一名输者。

如果他真的回家丁忧 3 年，那么这 3 年别人就会取而代之，新政的效果也会大打折扣。如果他不回家守制，则会给别人以口实，在官僚群体中失去信誉，而张居正本人也无法再理直气壮地约束别人。

万历五年（1577 年）九月，张居正的父亲逝世。这一天终于来到，张居正对此早有安排。他先让户部侍郎李幼孜上疏提倡“夺情”一说，也就是皇帝夺官员回家守制的情。接着，内阁大学士吕调阳、张四维又援引前朝杨溥、金幼孜、李贤等内阁大学士夺情的成例。既然有了成例，这事情就好办得多，直接依照执行就是。所以皇帝就批了张居正七七四十九天的假，让他回去处理完丧事就赶回来。虽是如此，但张居正还是故作姿态地上疏要求回家守制 3 年，君臣就这样来回表演了几个回合。

但这个时候恰逢皇帝大婚，于是张居正每日穿着丧服在内阁办公，并开始筹备皇帝的婚事。张居正此举在朝堂上引起轩然大波，人们纷纷指责张居正“忘情贪位、厚颜就列”，并有给事中、御史开始弹劾，指出张居正正在服丧期间，不应主持喜庆的活动。

翰林院侍读王锡爵代表群臣来见张居正，希望张居正在皇帝大婚期间回家乡去安葬父亲。张居正听后神经错乱似的跪在地上拿起一把裁纸刀放在脖子前，对王锡爵吼道：“我想回去奔丧，但圣上不让。而你们又来逼我，干脆把我杀了好了。”

很多史书对这一段有着绘声绘色的描写，再联想到张居正曾在皇帝面前长跪不起，我们可以感觉到这位首辅的内心深处有着一种无法抹去的小孩脾气。在这场夺情斗争中，先后有 5 位反对夺情的官员在长安街遭到了公开杖责。在官员们的痛苦声中，在鲜血淋漓中，群臣的愤怒达到了极点。

一直忙到万历六年（1578 年）的三月，皇帝大婚完毕，张居正才启程回乡。张居正出行的规模无异于皇帝，旌旗招展，三十二人抬大轿，沿途修理跸道，整理驻跸场地，宦官、锦衣卫，还有戚继光派的火铳手随行，沿途官员皆跪迎，一路上所食、所用更是不胜枚举。虽然不及嘉靖十八年（1539 年）皇帝南巡的场面，但就排场和沿途官员的重视程度来说远远超过正德皇帝当年的南巡。更为令人惊叹的是张居正走到哪里，内阁就流动到哪里，四方奏章全部是快马加鞭交递给他，然后由他在轿中现场票拟，再送司礼监批红。即便北部边疆的总兵官们也是直接将邸报传递给这位首辅。虽然他还是在外出途中，但他仍然能将整个帝国的军政大权牢牢地抓在手中。

这绝不意味着这位首辅有多么大的能耐，而是有人希望他这么做。从皇帝对他的数次庇护，以及君臣之间的惺惺作态，都可以看出皇帝对这位首辅绝无好感。皇帝只是需要张居正来治理国家，所以对他不断安抚。张居正一旦没有了利用价值，皇帝就会将他一脚踢开。可惜这位元辅大人精于政事，昧于事故，过于顺利的人生经历不仅使他张扬跋扈，更使得他愚蠢而可笑。

到了张居正安葬父亲那天，皇帝派去的宦官、随行的锦衣卫以及四方官吏全都到齐了，唯独少了湖北当地的巡按御史赵应元。张居正归乡途中一切顺利，唯独遭此变局。这个赵应元狠狠地扇了张居正一个耳光，这令张居正颇为不快。有好事的官员专门跑到赵应元府上去探路，结果让赵以生病为理由又给回了过来。这样一来令张居正更无脸面，他便发动御史陈阶弹劾赵应元。奏疏一上去，万历立刻将赵应元革职。

赵应元只是由于不参加张居正父亲的葬礼便被革职，此举的确是个大笑话，这成了大明王朝放的最大的一颗卫星。万历皇帝与张居正的表演正是为了掩盖他们内心的惶恐，那种因为张居正过于跋扈而带来的惶恐。所有人都知道这不是一个正常的年代。赵应元被罢官的确在官员中引起了很大的愤慨。很快，户部员外郎王用汲上疏澄清此事，并弹劾张居正。这是比刘台的弹劾更厉害、更到位的一次弹劾。这场弹劾使形势更加明朗化了，它直接撕破了皇帝和张居正之间的那层伪装，可怜的张居正竟然还是无所察觉。但由于这次弹劾，竟然也使得这位元辅感到了害怕和不安。

王用汲首先说明了这次事情是怎么回事，是由于赵应元生病而不能参加。有人因此而参劾赵应元，其根本原因是因为赵应元得罪了张居正。接着，王用汲又更进一步指出，近些年来遭到处罚的官员都是因为得罪了张居正，而得到升迁的官员都是因为讨好张居正。

接下来，王用汲的话更有震撼力。他说道："陛下，之所以出现这种现象是因

为你不处理政事，把事情都交给张居正。你天资聪颖，何不自己学着处理政务，阅读奏章，何必把事情都交给别人呢？”

应该说王用汲的这段话最具杀伤力，这直接表明了张居正权力的非法性，剥夺张居正权力的法理性。我想，万历皇帝看到这道奏疏的时候大概心中感到好笑。“你们这些臣子哪里懂得朕的心思？朕就是要让张居正替朕治理天下。朕可不想一个人跟你们所有人较劲。”皇帝大概就是这么想的。

万历指使内阁辅臣张四维将王用汲免职了事。

张居正在江陵待了两个月，五月份开始启程，排场更大。沿途的藩王、勋爵皆出城迎接，行拜谒礼，其规制竟然超越了正德皇帝。张居正僭越至此，其结局也就不难理解了。

张居正回京后看到王用汲的奏章，他既惊又怒。张居正一方面指责张四维处罚太轻，另一方面上疏辩解。从张居正上疏的内容，我们可以看出此人的狂妄与无知。

他说道：“如果陛下认为臣不贤，那么，尽可以罢了臣。如果陛下认定臣是贤臣，陛下高高在上，很多事情不知道，不把事情交给臣那要交给谁。先帝死的时候亲自抓着臣的手将陛下托付给臣。如今这天下大事，除了臣又有谁能担当。”

我想，万历看到张居正这道奏疏的时候，的确对这位首辅有看法了。他大概将这道奏疏交给李太后看了，也许母子俩对这位首辅有了共同的看法。但是，皇帝还是对张居正进行了安抚。虽然此后再无大的弹劾张居正的事件发生，但他明显收敛得多。一方面是王用汲的弹劾直接说出了人们心中的那些只可意会不可言说的事情，一旦这些事情被挑明，则会使气氛变得尴尬，甚至再也没有回旋的余地；另一方面，是通过官员们的不断上疏弹劾，使得张居正也开始明白过来，开始谨慎起来。

从万历六年（1578 年）以后，虽然这位首辅仍在尽心尽力，仍在呕心沥血，但属于他的日子已经不多。所幸的是他仍旧一如既往，大概这真的不是一个拘小节的人。

## 倒张清算

万历十年（1582 年），长期操劳的张居正病逝，享年 57 岁。在他死后，皇帝给了他极高的荣誉。张居正的死对皇帝来说，对帝国来说，未尝不是一件好事。因为这个时候皇帝已经 20 岁了，正式进入亲政期，君臣关系也进入变化期，张居正的退出恰到好处。如果不是这样，君臣关系将会以一种更加尴尬的方式终结。

万历亲政，张居正留下的影响仍在，而且像一座大山一样压得万历喘不过气来。满朝皆是张居正用的人，政策的执行也是按照他所制定的成例，平日里耳畔边响起的也是关于张居正的一切，帝国仍然是按照张居正时代的惯性在运转。

万历自小由于张居正的压制而形成的扭曲心理此刻正在慢慢地发挥作用。此种因果从某种程度来说，它是潜意识的和不自觉的。但在这场倒张运动中，随着皇帝的胜利，他渐渐成瘾，因为这是他已经开始亲政的证明。

虽然张居正的影响还在，但政治嗅觉敏锐的人已经捕捉到了政治气候的变化。潘晟是浙江新昌人，嘉靖年间的榜眼，授翰林院编修。潘晟因为不愿意写青词而致仕。隆庆年间，万历朝间的第一个十年，潘晟曾经两次复官，又两次致仕。潘晟在任上遭多位言官弹劾，加上其本人淡泊官场，所以仕途多有不顺。但潘晟曾是冯保的老师，又是张居正的私人（私人，古时称公卿、大夫或王室的家臣），所以张冯二人一直图谋潘晟复出。张居正在临死前推荐潘晟入阁。

但老谋深算的张四维和申时行并不想让潘晟入阁。他们看出了时局的变化，于是便发动御史和给事中予以弹劾。万历皇帝本就对张居正在死后仍然干预朝政不满，此时正好借坡下驴，推掉了潘晟的差事。

潘晟的事情对张居正无关大雅，但狠狠地抽了一个人的耳光，他就是冯保。虽然他还是司礼监掌印太监，但随着张居正的死，在万历十年（1582 年）这个初秋，他已经尝到了人走茶凉的感觉。或许他已经开始为去南京做准备了，南京的冬天应该没有北京城冷吧。

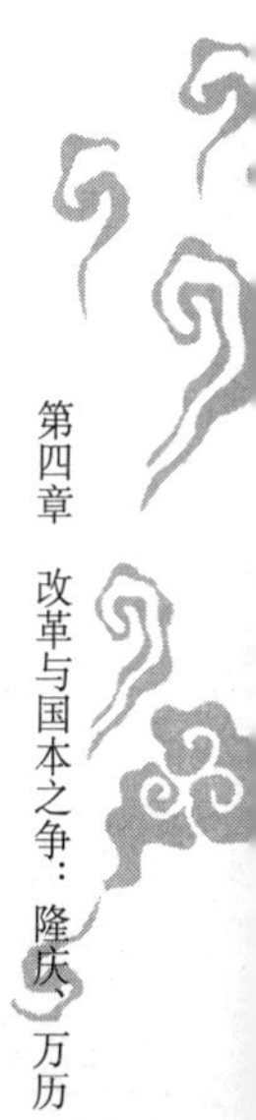

在冯保还在踌躇的时候，内外廷已经开始联动了，司礼监秉笔太监张鲸和内阁首辅张四维已经勾结在一起，10 年前的那一幕又一次重演。

内阁首辅张四维出身于山西的一个盐商家庭。他是高拱的心腹。他在仕途上的两个重要步骤都是在高拱的安排下完成的，一是从翰林院学士到吏部侍郎，二是从吏部侍郎到东宫太子讲学。在高拱被张居正、冯保逐出后，张四维把对张居正、冯保的恨埋藏到了心底。在张居正当国的时候，他全心全意地帮助张居正改革。这一切瞒过了张居正，但是瞒不过那位高高在上的皇帝。他一直留着张四维，作为日后倒张的棋子。

在张居正死后，张四维很快露出了狰狞的面目。而另一名内阁大学士申时行虽是张居正引荐的，但对于冯保试图将潘晟推荐入阁也感到不满。在两个人合伙将潘晟成功地阻止在内阁大门外的时候，他们已经决定搬掉冯保这个绊脚石。

冯保也不是吃素的，他愤怒地说道："这些人都是我推荐上去的，现在太岳一死，他们就不认我了。"冯保不断地发动言官弹劾吏部尚书王国光，说他卖官鬻爵，在户部尚书任上盗卖国有资产。而且，这些还牵连到张四维，言官们说王国光是张四维的私人，甚至张四维在其中也有股份。

事情已经刻不容缓，先下手为强，后下手遭殃，于是张四维和申时行赶紧找言官反击。

黄仁宇在《万历十五年》中对明代官场中的政治攻击进行了生动的描述："这种攻击是经过深思熟虑，按照预定步骤进行的。整个方式可以称为'去皮见骨'。攻击者常常从一些小事开始，诸如一句经书的解释，一种谐音的讽刺，一张不署名传单的内容，一个考题的不当等等，有时也可以在奏章上提出一个冤案，参劾一个不知名小官的家庭琐事，或者以论水利和研究马尾巴发难引出本题。利用这些小事可以促使公众注意，引起文官参加。假以时日，使小事积累而成大事，使细枝末节的局部问题转化成为整个的道德问题。在程序上讲，发展中的步伐则须前后衔接，第一步没有收到效果之前绝不轻率地采取第二步。而且出场交锋的人物起先总是无名小卒，直到时机成熟才有大将出马。这种方式，大凡久在政治圈子里的人物，都已看透。他们可以从青萍之末，预测大风暴的来临。"

万历十年（1582 年）的新旧臣子之间的斗法就是这种描述的生动体现。张四维和申时行先找到了御史江东之，让江东之弹劾冯保的亲信——锦衣卫同知徐爵。江东之在奏疏中说，徐爵本来是一名充军的逃犯，被冯保弄成了锦衣卫。一名逃犯竟然也能成为宫廷的警卫，实在是笑话。接着，他又笔头一转，弹劾起吏部尚书梁梦龙。这梁梦龙正是张居正用的前蓟辽总督。奏疏中说，梁梦龙为了谋求吏部尚书一职竟然给冯保送钱，还将孙女许配给冯保的侄子。说起来这些都是些鸡毛蒜皮的小事情，甚至是捕风捉影。但往往这些鸡毛蒜皮的事情才能使得弹劾成功。如果牵扯到朝廷大事，往往是投鼠忌器，不仅无功而返，反而罾祸自身。比如，嘉靖朝的清流们在对严世藩的最后一击中，徐阶明确表示，奏疏中不能有跟杨继盛、沈链有关联的一个字，结果便以通倭的莫须有罪名杀了严世藩。

这种弹劾除了拟定罪名要把握分寸，最重要的是要揣摩好皇帝的心思，力求一击而中。同时，还要控制好言路，让别人在前面冲，一旦失败，自己好有个退路。另外，如果自己的人遭到弹劾，必须要立刻上疏补救，或者针对弹劾者进行同等性质的反击。否则，弹劾很快就会落到自己的头上。

皇帝在接到江东之的上疏后立刻将徐爵关押起来，后来将其斩首。但是，皇帝对于梁梦龙却没有动。看到此情形，张四维和申时行决定再加一把火。接着，他们又策动御史邓炼、赵楷弹劾梁梦龙，万历便命梁梦龙致仕。

到了十二月份，江西道御史李植上疏劾冯保十二大罪状。皇帝对这位从小监视自己，不断跟皇太后和张居正互通消息的人早就厌烦了，所以冯保的倒台势所必然。有趣的是李植在奏疏中着重强调冯保在京师各处的房产和奇珍古玩，这就耐人寻味了。皇帝令冯保去南京闲住。这位大伴毕竟伴随自己长大，皇帝不会对他做得太绝，但他对冯保的财产却绝不放过，他甚至不断地进行追查，让那些在抄家中侵吞了财产的宦官吐出来。

张居正已死，冯保也被逐，李太后也不问政事，皇帝里里外外都感受到了前所未有的轻松。那些平日里受张居正欺压的官员开始摩拳擦掌。还有那些投机分子眼看政治风向变化，一个个更是跃跃欲试。整个万历官场开始变得乱七八糟。

万历十年（1582 年）十二月十四日，也就是离冯保被罢仅六天，离张居正逝世六个月，陕西道御史杨四知首先跳了出来，劾张居正十四大罪状。皇帝接到杨四知的奏疏后批示道："张居正是朕亲自委任的，虽然他不思报国，有负圣恩，但念在他有十年的辅佐之功和已经死了的情况下，你们就不要翻旧账了。"

皇帝的批示非常耐人寻味，他一方面对张居正进行了彻底否定，另一方面告

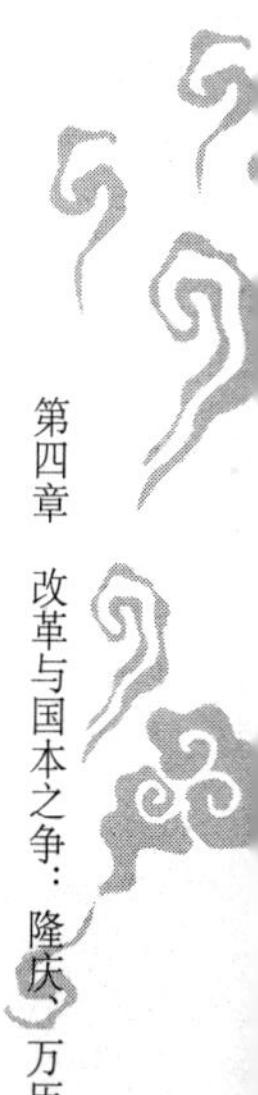

诉人们不要翻旧账。这个意思就是说，旧账有问题，你们应该翻。这些官场上的老油条岂能连这些也看不懂吗？再加上皇帝对张居正的几个亲信进行了处罚，于是，他们一个个像打了鸡血一样，自发地，或在张四维、太监张鲸的暗示下开始轮番上阵。

就在杨四知上疏的四天后，四川道御史孙继先上疏要求皇帝将过去弹劾张居正而遭到罢黜的官员全部起复。这个提议的确得到了官僚们的集体认同，言官们纷纷上书附和。

帝国似乎步入疯狂期。随着大批因为弹劾张居正而被罢免的官员被重新启用，这些御史、给事中又纷纷将矛头对准张居正所重用的那些官僚。无论这些人能力如何，通过何种方式上位，他们尽皆成为这场政治斗争的牺牲品。

当言官们还在挖空心思寻找对手那些鸡毛蒜皮的劣迹的时候，万历皇帝对这种无聊的攻击已经不耐烦了。他不无嘲讽地说道："你们这些言官，张居正在世的时候不见你们来攻击，现在一死倒来攻击了。你们这些人实乃是无能，又见风使舵啊。"

可以说皇帝将言官们的虚伪嘴脸一针见血地指了出来，但是，这丝毫不影响言官的热情。弹劾对象已经由张居正的部下转移到张居正的三个儿子，他们寻找出各种各样的证据来证明张居正三个儿子的功名来得不正，这倒令皇帝感到满意。因为弹劾的内容更新鲜了，又更深入了一步。首辅张四维在这个时候倒想替张居正开脱，因为他自己儿子的功名也来路不正。但万历皇帝毫不犹豫地将张居正的三个儿子的功名抹了，这倒是出乎所有人的意料。

我们这位皇帝真的很有意思。他为了否定张居正宁愿自己抽自己嘴巴。如果换做嘉靖，他断不会替杨继盛、沈链平反。随着这场政治运动的深入，人们知道事情终是要牵扯到张居正身上，那么，拿哪件事情做文章，会让皇上最终对张居正进行清算呢？他们拿辽王一案做起了文章。

第一代辽王是朱元璋的第十五子，封在辽东。因为辽东这个地方较内地敏感，所以朱棣在登基后将辽王改封到江陵，跟张居正在一个地方。此时，已是到了第八代辽王。第八代辽王信奉道教，他经常穿着道袍，打着条幅，晃着铃铛，招摇过市，又经常跑到百姓家里以捉鬼、画符的名义骗取钱财。

不仅仅是这一个方面的问题，辽王府上陈设奢靡，辽王本人也淫乱不堪。当

御史弹劾辽王时，隆庆皇帝废除了辽王的王位，并将其囚禁在凤阳。但张居正对此并不满意，因为他家里跟辽王有过节。所以张居正指使办案大臣刑部侍郎洪朝选将辽王案往谋反上面办，但洪朝选并没有这样做。后来洪朝选辞去官职，回到家乡福建，张居正又命福建巡抚罗织洪朝选的罪名。

本来辽王案就是一坨屎，张居正却偏要去搅，只是因为他的家人跟王府有矛盾。张居正这种睚眦必报的行为不仅愚蠢而且可笑。张居正一死便有人将此案翻了出来，作为向张居正吹起的最后的进攻号角。

福建巡抚在接到张居正的信后便将洪朝选饿死在狱中，其子上诉申冤竟被福建巡抚打了回去。现在张居正死后有人出来翻案，洪朝选的儿子也接着上疏申冤。其他大臣也随声附和，说福建巡抚杀洪朝选，江西巡抚杀刘台，都是出自张居正的授意。但万历迟迟不肯下最后的决心。

弹劾者一定要让皇帝杀了福建巡抚，这样才能够牵扯到张居正。但皇帝显然没有这样做。眼看无法取得突破，他们便把问题的中心转移到了辽王的田产上。在群臣的唆使下，辽王妃上了一道《大奸巨恶丛计谋陷亲王强占钦赐祖寝霸夺产业势侵全室疏》。这样一道奏疏，光从题目上看，似乎就能将张居正压死。里面特意提到了辽王的财产豪阔，而这些财产皆被张居正占有。这些终于打动了万历皇帝的心，促使他下最后的决心。因为万历的弟弟潞王将要大婚，宫内开支受到掣肘。这个时候，高拱的儿子也送来了高拱的《病榻遗言》，内容直指张居正和冯保在隆庆朝勾搭陷害自己的证据。在这个风生水起的日子，在朝在野的都动了起来。他们的目标只有一个，让张居正万劫不复，遗臭万年。

万历任命的南下抄家总管是左副都御史丘橓。此人是张居正的仇人，在万历的第一个十年因为张居正的反对而始终没有得到启用。万历十一年（1583 年）他就得以复职，万历派此人担任抄家总管，其用意可想而知。

万历十二年（1584 年）四月，万历颁布了张居正诬蔑亲藩、钳制言官、蔽塞朕冲、专权乱政、罔上负恩、谋国不忠的罪名，由司礼监太监张诚和丘橓带着圣旨南下抄家。丘橓还没抵达荆州便先行令地方官封了张居正的家。有些老弱妇孺没来得及撤出去，结果饿死十余口。

抄家的结果很快出来了，金 2000 两，银 10 万两，还有其他金银饰品以及绸缎、珍珠、玛瑙。这个结果汇报上去，万历皇帝并不满意。他认为，张居正做了 10

年的首辅，家产怎么才这么点儿东西，实际上就是这点儿东西也是张居正的父兄平日里敛来的。

南方的拷问仍在继续，张居正长子张敬修自缢而死，其他儿子张嗣修、张懋修和弟弟张居易发配南方烟瘴之地。张敬修的孙子张同敞后来为南明政权殉国。张居正的另一个儿子张允修在张献忠攻打荆州城的时候绝食而死。

万历皇帝对张居正的处理绝不是一时冲动，他大概在几年前就已经有了这种想法，甚至是在更远的10年前。这是一个十分擅长演戏的皇帝，从他小时候就可以看出这一点。皇帝对张居正的清算或许已经获得了李太后的支持，她大概也希望能通过这场清算给儿子的亲政扫清障碍。虽然皇帝实现了自己的目的，但当他发现世间没有张居正的时候，前面的路依然不好走。当这场清算过去5年后，皇帝端坐在紫禁城里回想起了往事的点点滴滴，他对这位首辅竟然还有一些眷念，然后他情不自禁地问工部官员："张首辅在京城的宅子没收入官后是卖了，还是租了？如果租了，租给谁了？"

虽然张居正有着这样那样的毛病，但他依然不失为明代一位伟大的官僚。

## 失败的万历亲政

皇帝对这个见风使舵、圆滑世故的张四维并不感兴趣。当万历十一年（1583年）张四维的父亲去世后，皇帝再也没有像对待张居正那样要求他夺情，这位首辅回到了家乡，从此消失于政坛。

万历十三年（1585年）四月十七日，这是大明帝国史上重要的一天。皇帝亲自穿戴整齐和文武百官一起浩浩荡荡地走在长安街上，一直从午门步行到天坛去祈雨。为了以示虔诚，这10多里的路是皇帝亲自走过的，北京城的百姓得以一睹天颜。

这位皇帝身体微胖，短须。他的体形像他的父亲穆宗皇帝，但他的眼神却像他的祖父世宗皇帝。万历皇帝步履坚定，他的每一步走得都特别认真。我们不知道这位皇帝要表达什么？抑或虔诚，抑或勤政，抑或其他的什么东西，但如此大规模的祈雨活动，又是在众目睽睽之下，所以的确是值得载入史册的一件大事。但我们要知道的是这位皇帝仍旧喜欢演戏。

万历皇帝一生最大的亮点大概就是用人，用知人善任来形容他的确一点儿也不夸张。万历在用人上注重官员所具备的从政或从军经验，而不是资历。他对武将很重视。他试图改变军人那种可怜的地位，承认他们的功劳，不让他们承担政策失误的责任。正是由于万历皇帝的宽和，在万历朝我们才可以看见许多武将的精彩人生。

万历十一年（1583年），吏部会推宣大总督郑洛总督京营，四川巡抚孙光裕为南京大理寺卿。会推结果出来后，万历很不以为然，便召来首辅申时行谈了他对此次人事变动的看法。

万历说："郑洛在边疆干得不错，现在放任京城闲职有什么意义？孙光裕去四川没多久，为何又推升？"

万历十三年（1585年），万历在平台召见内阁阁臣商讨用人问题，这是中断了近百年的平台召对再次恢复。皇帝的意思是对于边将还是要久历地方，不能轻易变动。

接着，有人提出应从中枢中推选人才担任边帅，万历否定了这项提议。他说，廷臣需有地方军政经验，应该从久历地方的督抚、巡按中挑选。在整个万历朝，我们都会发现这个晏处深宫的君主居然有着洞悉一切人才的能力。他比那些宦海沉浮的官僚更能知人善任。只要是他要用的人，无论弹劾多么的惊涛骇浪，他也会毫不犹豫地抵住。

不仅在用人方面，皇帝在一些历史观方面也显示出了独特的见解。万历十六年（1588年）二月，经筵完毕，阁臣正要离开，司礼监太监张诚赶了过来，让诸位大臣等一下，皇上有话要问。

张诚说："皇上问先生们，魏征这个人怎么样？"

申时行答："魏征敢于直谏，乃是贤臣。"

张诚说："皇上说，魏征先侍李密，后侍建成，再侍世民，乃三姓家奴也。"

申时行答："皇上说的是事实，但是，伊尹先辅佐桀，后辅佐汤，后被称为元圣；管仲先辅佐公子纠，后辅佐小白，孔子称其仁；就是本朝的刘基、陶安、詹同辈皆是故元旧臣，他们也辅佐本朝太祖，所以，魏征仍是贤臣。"

张诚将申时行的话转达给了万历，万历仍然坚持己见。他又让张诚去询问对李世民的看法。

张诚对申时行说："皇上认为，唐太宗胁父弑兄，非为明主。"

申时行说："太宗虽然于伦理有亏欠，但他敢于纳谏，仍称得上是明君。皇上应当学习的楷模是尧舜禹汤，唐太宗何足言哉？"

张诚将申时行的话转达给了万历。少顷，张诚又过来传达旨意，说以后在经筵中停讲《贞观政要》。第二天，皇帝又让张诚去内阁传话，重申了对魏征的看法。皇上说："魏征忘君事仇，大节已亏，纵有善言，亦是虚饰，何足采择。"

万历十六年（1588 年）的这场关于魏征和李世民的讨论，实际上发端于文臣在经筵中喋喋不休地讲述李世民纳谏的事例，意思是让万历也听从文官的谏言。皇帝自然对这样的事十分反感。所以，这场对历史人物的讨论，实际上反映了君主和大臣为了各自利益而进行的斗争。

万历十八年（1590 年）因为洮州事件，皇帝再次谈到了以文驭武的问题。皇帝说："各地督抚平日里把将官轻贱凌虐，牵制掣肘，不得展布，有事却才用他。如果边将有了功劳，督抚则将功劳据为己有，一旦出了事情，则将责任推给武将。"

皇帝的话令申时行支支吾吾难以回答。的确，在某些方面，这位待在宫中的皇帝看问题还要比他这位首辅深刻。另外，从万历亲政以来的种种表现，他对帝国的文官制度或者说言官制度深恶痛绝。

在倒张运动彻底结束后，虽然朝堂上还有关于张居正的一些争论，虽然还有人将自己的政敌往张居正那个阵营攀扯，试图以此种方式消灭对手，但万历皇帝显然对这些事情再也无法提起兴趣。万历十三年（1585 年）关于张居正的一切争论已不再是帝国的政治议题。

从万历十一年到万历十四年（1583 年到 1586 年），皇帝在亲自处理政务中度过。他对用人、边防、农田水利都发表了自己的看法，这些看法无疑比内阁阁臣们更成熟。一个从未走出宫门、并无太多行政操作经验的皇帝竟然比辅臣看问题还透彻，只能说张居正之后的辅臣已经集体进入守旧状态，无人再敢革新，无人再敢担待。

当万历亲政后，他发现对于一些事情处理起来并不是那么顺利。官员们，尤其是低级官吏们不断地加以阻挡，甚至上奏疏指桑骂槐。在一些问题上，他甚至要跟

内阁大臣商量着来解决。也是在这个时候他开始对文官厌恶起来。

万历与申时行之间的召对录是研究万历一朝的重要钥匙。申时行作为文官与皇帝之间的缓冲带，这直接反映了万历一朝君臣关系的走向。

一日万历将首辅申时行唤进来，他从袖子里拿出来两份奏疏——吏部员外郎顾宪成和刑部主事王德新的奏疏。顾宪成和王德新的奏疏主要是针对皇帝庇护内阁大臣而发，因为万历第二个十年局势依然艰难，文官们互相攻击诘奸，通常都是由一些芝麻大的小事情引发大的政治风波，从而导致一批人丢官。这些下野的文人更会在民间推波助澜。所有人关心的只是团体的利益，而不再是国家的利益、民众的利益。帝国最终是滑向无序与混乱。

顾宪成和王德新在奏疏中要求皇帝维护科道言官的利益，不要对内阁阁臣太过于偏护，这正是那个时代的真实写照。申时行对顾宪成和王德新的处罚只是罚了俸禄了事，皇帝召申时行来就是为了这件事。

“先生拟的太轻，还要改票来。”皇帝对申时行说道。

“这两个人太过于狂妄，皇帝量同天地，何必要跟他们见识呢。”申时行说道。

“这两个人背后一定有主使之人，先生去查清楚幕后主使之人。”皇帝又说道。

“像这种建言的人，有的是忠诚之人，不知道忌讳；有的是愚昧的，只是道听途说，未必背后都有人主使。”申时行反驳道。

“还是沽名卖直的多，如果不重处，这些人就不会停止。”皇帝说道。

申时行还想辩解，万历已经不耐烦道：“先生还是改票吧。”

结果顾宪成调任外地连降三级，王德新削职为民。

万历亲政后试图管理好这个国家，他也很勤奋。上朝、批阅、经筵、祈福、祭祀，这些封建君主的日常工作，他也都在有条不紊地进行。但是，直到这个时刻他终于体会到治理国家的难度。他的意见通常得不到执行，他甚至要向内阁阁臣哀求来更改票拟。他开始绝望了。这就像兴冲冲做事的孩子，一旦遇到挫折，一旦发现事情并不是他所想象的那个样子，便开始畏难，开始心灰意懒。

当前面没有张居正的时候，当时任首辅申时行只是充当一个和稀泥角色的时候，这位皇帝所有的抱负都在这一刻戛然而止。

万历十四年（1586 年）九月十六日，皇帝因病连免数日的早朝。到了二十六日，群臣聚集在太和殿前等待早朝，但宫内传来的消息仍是免朝。群臣盘桓不愿离

去，一定要让宫里给一个何日上朝的说法，结果得到的答复是三十日上朝。三十日群臣又来到殿前，结果内侍传出话来说：“皇上说他头晕眼黑，力乏不兴，要求休息。”

内侍的话顿时令群臣哗然。人们纷纷离场，开始了各自的盘算。很快有官员上疏万历，说皇帝身体不好是因为房事过多，希望皇帝能够爱惜身体。收到奏疏的万历勃然大怒，他忙将申时行喊来，命他票拟处罚。申时行一面票拟，一面上疏补救。申时行的票拟皇帝不满意。皇帝绕过内阁直接发布谕旨，将这名上疏的官员杖责六十，削职为民，永不叙用。

事后，皇帝还解释道：“朕的毛病就是因为你们这些言官总来烦人，让朕动了肝火。”实际上皇帝的身体也的确出现了问题。我想，大概是高血压的可能性较大。万历本来较胖，摄取的食物中含蛋白质又多，平日里运动少，再加上与文官们的关系总是令人不顺心。我们也需要注意到这一点，那就是皇帝在自身身体不佳的情况下，他正好以此为借口免了与文官之间的沟通。因为在日后身体好的时候他依然不再上朝。

皇帝上不上朝，对于国家来说已经没有区别。此时的帝国依靠的是文官系统的惯性在运作，皇帝只需充当“垂衣拱手”的天子即可。任何的独断专行都会招致文官们的激烈反对，但这绝不意味着皇帝可以不上朝。他们希望皇帝能充当好各种礼仪的角色，早朝、经筵、郊祀、庙祭，这些活动都要有条不紊地进行。总而言之，君主要像木偶一样任文官们摆布。

从万历十四年到万历十七年（1586 年到 1589 年），皇帝的身体一直没有起色，期间立储问题急需尽快提上议事日程。万历十七年（1589 年）年底，大理寺左评事雒于仁上了一道大明朝最响亮的奏疏。这道奏疏名为《酒色财气四箴疏》。雒于仁在这道奏疏里将皇帝的病因条理化地归因于酒、色、财、气。

这篇《酒色财气四箴疏》通篇都是作者在主观臆断、想象。他说，皇帝白天喝酒还不满足，到了夜晚还要喝，然后趁着酒劲持刀舞剑，举止癫狂，此乃酒也。皇帝宠信十个英俊的小太监，他不断地宠幸郑贵妃，此乃色也。皇上富有四海，理应节俭，但如今到处向人索贿，经常在宫中拷问宦官，得银则喜，无银则怒。张鲸给银子则包庇他，上疏的给事中没给银子则诬陷他。如果皇帝不纳贿，缘何诬陷忠良，而信任谗佞，此乃财也。至于气，皇帝在宫中动则杖责宫女、太监，即使太监、宫女有罪也应该付诸律法，怎么能随意杖责呢？另外，皇帝还对朝中一些正直的大臣心怀仇恨，动辄将他们关押起来，此乃气也。

可以说雒于仁的这篇奏疏完全是捕风捉影，造谣中伤，而此时的大明朝已经进入了以捕风捉影、造谣中伤换取美名的境地。雒于仁的上疏完全是颠三倒四，不知所云，甚至会让人以为雒于仁的智商有问题。从这里我们可以明显地看出，雒于仁并不是真心劝谏，完全是为邀直名。这显露出了此人的虚伪。

万历十八年（1590年）的大年初一，群臣来到宫中行贺礼。此时一名太监神色凝重地走过来，让内阁诸臣进入内宫。看那宦官严肃的表情，阁臣们似乎感到又有人捅了篓子。进入宫内，皇帝半躺在卧榻上有气无力。万历将雒于仁的奏疏丢给申时行看。

半晌，万历问道："先生怎么看？"

"这只是无知小臣轻信谣言的狂率举动，圣上没必要为此动了肝火。"申时行回答道。

"他说朕饮酒，试问谁人不饮酒？他说朕好色，朕只宠郑贵妃，这难道也叫好色。说到朕贪财，这更是可笑。普天之下，莫非王土，这天下都是朕的，朕难道还要贪财吗？说朕贪张鲸之财才起用他，朕若贪张鲸之财，何不抄没了他？说到气，俗话说'少时戒色，壮时戒斗'，朕岂能不知，但是谁人不曾生气呢？先生们家里有童仆，难道平日里就不责治吗？何况宫里有的宫女、太监是自己病死的，怎么都说成是杖责而死呢？先生将这本奏疏拿去拟票重处。"万历对申时行说道。

皇帝说完，申时行还是想替雒于仁求情。申时行还没说完，万历便打断他的话："他还是想出位沽名。"

听皇帝这么说，申时行顿时便有了主意。他说道："如果重处反倒成全了他，而且还有损皇上的圣名。"

说完，申时行将奏疏还给了万历。万历觉得申时行的话有道理，但这口气还是咽不下来。他又将奏疏丢给了申时行，让申时行好好看看。申时行老眼昏花，戴上了爱逮（明朝时称眼镜为爱逮）又细细地看了一遍。实际上为了防止皇上将奏疏淹了，明代大臣在上疏前都留有底稿，而且通常在上奏前会在小范围内流传。所以这本奏疏的内容申时行大体都知道。

眼看万历依然不依不饶，老谋深算的申时行又说道："这事毕竟涉及宫闱，我

看此份奏疏不能公开，最好只止于内阁范围内。”

这摆明了不想拟票处置雒于仁。此时的大明朝已经不是张居正那个时代了，所有的内阁大臣都感受到了一种紧箍的感觉，稍有不慎就会身败名裂。大臣一不小心就会莫名其妙地成为群臣的对立面。时事的艰难正在于此。所有的人都在苟且，再也不敢像前几任首辅那样勇于担待。

最终的解决方案是大理寺以雒于仁有病上报，申时行票拟将雒于仁革职了事。万历朝的“酒、色、财、气”事件是万历一朝君臣关系的分水岭，它直接使文官在皇帝心目中丧失了被尊重的权力。从万历十一年到万历十四年（1583 年到 1586 年）的皇帝亲政最终以失败而告终。也就是在万历十四年（1586 年）随着万历的休息整个帝国仿佛一下子进入了静默期。但整个中层和基层却全都动了起来，正是这种震动将万历朝带向难以捉摸的诡异。

万历十一年到万历十四年（1583 年到 1586 年），皇帝的亲政无论对皇帝、对首辅、对内阁大学士，还是对职业低的言官来说都是一场失败的总记录。

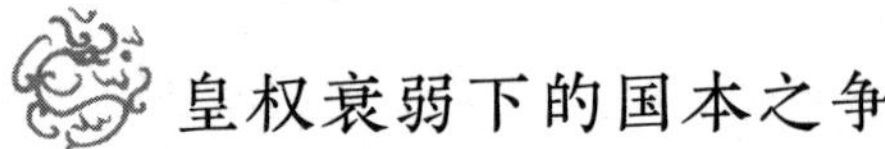

## 皇权衰弱下的国本之争

万历的皇后王氏是锦衣卫千户王伟之女。万历六年（1578 年）皇帝大婚后，她被册封为皇后。当时皇帝 15 岁，她 14 岁。万历九年（1581 年）王皇后诞下皇长女，从此皇后一直没有生下男孩。也许都是低微出身的缘故，也许都是没有男孩的缘故，这位王皇后跟英宗的钱皇后、宪宗的王皇后一样显得低调而随和。

眼看皇室一直无男孩，太后便和张居正商量册立嫔妃。万历十年（1582 年）三月册封了九位嫔妃，其中就有皇帝后来宠爱的郑妃。但在这期间也发生了一件事情，万历九年（1581 年）皇帝跟太后宫中的一位宫女发生关系，导致这位宫女怀孕。到了万历十年（1582 年）此事已经公开化，在太后的干预下，皇帝将这名宫女封为恭妃。这名宫女也唤王氏，是锦衣卫指挥佥事王朝寀的女儿。在她还是幼儿的时候被太后看中，成为伺候太后的宫女。

万历十年（1582 年）八月，王恭妃产下一男婴，虽然这是举国臣民欢庆的时刻，但万历皇帝却显得心事重重。他对这个男孩的母亲并无感情。此时，他的感情有了依托，那就是德妃郑氏。郑氏是北京郊区大兴县人，父亲郑承宪，哥哥郑国泰，出身寻常人家。郑氏相貌标致，聪颖伶俐，热情大方。她能够陪皇帝读书，她懂皇帝的心思，她把皇帝当作一个平常人看待。最重要的是天下人都抛弃了皇帝，她也不会抛弃。这才是皇帝喜欢她的真正原因。

这位皇帝小时候就处在铁三角的威压之下。皇帝亲政之后仍是郁郁不得志，没人能体会到他那份孤独的心情。偌大的帝国，空荡荡的紫禁城，只有郑氏才是皇帝的陪伴者。她知道皇帝的苦闷、无助，她也不断地给皇帝打气，充当他的后援。如果没有郑氏，这位皇帝能不能活到万历四十八年（1620 年）还是一个问号。

万历十一年（1583 年），郑氏生下了皇二女。皇帝加封她为贵妃，位于王恭妃之上。此举不合礼法，因为生下皇长子的王氏在后宫中终身要排在第二的位置。即便王皇后死去，皇后的位置也是她的。儒家的礼法不以任何人的意志为转移，因为它保证了农耕帝国的秩序性。

皇帝对郑氏的喜爱已经不再是秘密。群臣反对皇帝封其为贵妃的奏章一件件被送进宫来。在这方面，郑氏显得比皇帝老练得多，她直接让皇帝留中不理。

万历十四年（1586 年）郑贵妃生下皇三子朱常洵。因为对于他生母的偏爱，皇帝对朱常洵倾注了过多的关爱。而此时由于皇二子的夭折，这使得朱常洵成为事实上的皇二子。皇帝对朱常洵的溺爱，已经使得群臣嗅到了空气中的危险性。立储问题解决不好，所有人的心都会不安。

此时，皇长子朱常洛已经 5 岁了。首辅申时行上疏说："皇长子已经 5 岁了，请陛下早立为太子，以安天下臣民之心。"

万历接到首辅的上疏只批复了一句："皇长子年龄太小，等过两三年吧。"

官僚们已经吹起进攻的号角。不知道皇帝此时是否知道这将是一场旷日持久的战争，一场延续 30 年的战争。皇帝是明白人，他这头也在有条不紊地进行。他将郑氏由贵妃晋升为皇贵妃。消息一出，舆论又是一片哗然。户科给事中姜应麟说："郑贵妃虽然贤惠，但她所生的只是皇三子，而恭妃所生的是长子，恭妃怎么能居于郑妃之下呢？伦理不顺，人心不安，希望皇上收回成命，顺应舆情。"

万历接到这份奏疏气得不得了，虽然处罚了姜应麟，但更大的反对浪潮开始一波一波地涌了过来。

万历十七年（1589年）十二月，雒于仁上了那道《酒色财气四箴疏》，万历十八年（1590年）的大年初一皇帝将内阁一干人等叫进毓德宫。在谈完雒于仁的问题后，申时行将话题一转，提到了国本问题。

“如今皇长子已经9岁了，内外已经沸沸腾腾了，还是早立下来。”申时行说道。

“这事我知道，朕无嫡子，自然遵循长幼伦序。郑妃怕外面有疑，也是催促立长子为太子。但长子身体一直很弱，还是待他身子骨长结实了再说吧。”万历的一个太极拳将申时行的提议推了回来。

要说皇帝和申时行两个人都特别会演戏，他们的一问一答看似都是废话，但却反映了高层博弈的新阶段。

眼见万历如此装聋作哑，申时行不慌不忙地又抛出一个新的议题。

“皇上，皇长子已经9岁了，到了出阁读书的年龄。皇上当年6岁就读书了。现在春天来了，臣等恳请皇帝趁此让皇长子出阁读书。”申时行说道。

让皇长子出阁读书，就等于承认了皇长子的皇储身份，将来再想改过来就难了。这些皇帝岂能不知。皇帝说道：“读书这个东西看资质，朕5岁能读书，但皇长子就不行。”

“资质这个东西还是看后天教育的，我看皇长子资质聪颖。”申时行反驳道。

此时万历皇帝已经不耐烦了，他摇摇手示意申时行等人退出去。正当申时行等一班内阁大臣步出毓德宫向外走去的时候，后面传来急促的脚步声。一名内侍走过来说道：“皇上已让人唤皇长子来，让先生们见一见。”

申时行听这么一说立刻停了下来。不大一会，皇帝又命太监出去询问申时行等人听说能见到皇长子欣喜否。太监出去询问了一下，回来报告皇帝说诸位阁臣欣喜非常。万历听见后，笑着点了点头。

不久太监出来喊道皇长子和皇三子都到了，内阁大臣们这才又重新进入毓德宫。只见皇长子和皇三子站在皇帝的身旁，这是大臣们第一次见到皇帝的两个儿子。只见瘦高的皇长子朱常洛站在那里，显得柔弱而可怜。

但内阁大臣并不这么想，能得见皇长子尊容，他们显得异常兴奋，连忙齐声赞叹。皇帝谦虚了一下。

申时行接着又延续了刚才的话题，皇帝说道：“已经让太监们教皇子读书。”

申时行又说道："皇上6岁就读书了，皇长子即使现在出阁读书也是晚了。"

"朕5岁就能读书了。"皇帝又一次纠正了申时行。

接着，申时行又凑过来仔细地看着朱常洛。屋内光线昏暗，看不仔细，皇帝亲自将朱常洛引到亮的地方让申时行看个仔细。

申时行看完后说道："圣上有此美玉，何不仔细雕琢啊！"

万历叹了一口气道："朕何尝不知，皇贵妃也一再让朕如此，只是朕考虑到他不是嫡子。"

申时行接着又说了一句客套话，便跟众内阁大臣退了出去。万历十八年（1590年）春节这天的谈话就此结束。

这次谈话透露了很多重要的信息。为什么申时行一再强调皇帝6岁就出阁读书，而皇帝本人却一再更正自己5岁就能读书。皇帝是想强调读书的资质问题，意思是没有资质，即使年龄大也没有效果。而申时行偏偏不顺着万历的思路往下说。

第二个值得注意的话题是，皇帝两次提到，郑贵妃也劝皇帝立皇长子为太子。此举完全是维护郑贵妃，平息外界的舆论压力。但皇帝强调这一点，完全是此地无银三百两。

第三个值得注意的话题是，皇帝提到朱常洛不是嫡出，万一将来王皇后又产下男孩怎么办？那么，这就透露出一个信息，皇帝不立太子，究竟是因为朱常洛是庶出，还是因为别的原因？万历朝的国本之争一直拖到万历二十九年（1601年）才初步确立朱常洛的太子地位，这就说明万历皇帝绝不是嫌他是庶出才不愿意立其为太子，真实的原因仍旧是郑贵妃所生的那个小皇子朱常洵。

第四个值得注意的问题，也是这次召对录最重要的问题，那就是为什么在申时行等人第一次退出去的时候，皇帝又让太监唤他们回来，说让他们瞧瞧朱常洛，难道皇帝对这位儿子有着浓浓的父子之情？真相绝不是这样。这位皇帝又在演戏，他希望通过此举在群臣面前展现一幅父子情深的场景，来让文官们相信自己绝不是不想立这位孩子为太子，从而缓和内外气氛。事实表明，这样的戏皇帝以后还会继续表演。

万历十八年（1590年）正月间皇帝的这场戏是失败的。他本想在群臣面前展现父子情深的场景，谁知却给文臣们以更大的遐想空间，人们认为这位皇帝是想立皇长子为皇储的。

从二月份开始，内阁大学士们不断上疏，要么要求册立东宫，要么要求对皇长子进行出阁教育，万历这才发现自己弄巧成拙。到了四月份，内阁大臣竟然以集体辞职来威胁。

在这种情况下，万历又打起了太极拳。他传令各部衙门、科道官员，明年开始准备东宫册典大礼，后年正式册封。

所有的人都知道皇帝又在演戏。我们这位皇帝根本没有一个皇帝的样子。他完全像一个家庭妇女一样，说话婆婆妈妈、啰啰唆唆，家长里短非常在行。既然知道皇帝又在演戏，大臣们自然不肯放过，万历十八年（1590 年）的国本之争骤时突出起来。

册立东宫，礼部当然是首当其冲。礼部尚书于慎行率领全体礼部同僚上疏催促万历立即正位东宫。万历大怒，罚于慎行和他的同僚们三个月的俸禄。

万历十八年（1590 年）的争论就此结束。很快到了万历十九年（1591 年），整整一年没见任何动静，群臣又将准备新一轮的攻击。此次攻击不是由内阁阁臣发动，而是由低级官吏发动，最后仍然由内阁阁臣联名上了个奏疏。内阁首辅申时行、次辅许国、四辅王家屏联名上了一道奏疏。奏疏是由许国草拟的，许国将申时行的名字列在了第一个。

皇帝看完奏疏后命内侍去责问申时行为何跟小臣混在一起。申时行有口难辩，只好说："他们将我名字列上去了，我根本不知道。"

虽然如此解释，但谨小慎微的申时行还是内心不安，于是他给皇帝上了一道密揭。在密揭中，申时行说道："臣不知道他们联名上疏的事情。圣上既然有自己的计划，就按照自己的计划来，不要因为一些小臣而妨碍册立大典。"

万历看完这张密揭，还随手批复了一句。但万历却将这道密揭跟其他奏折混到了一起。这些经过批复的奏章将会转到内阁，再由内阁下发到六科。申时行写给皇帝的密揭到了科道官员的手里其结果可想而知。

这份密揭最终到了礼科给事中罗大纮的手里。罗大纮将申时行的密揭捅了出去，指责申时行阳里一套，阴里一套。后来申时行府上来人将这份密揭要了回去，罗大纮再去要时，申时行竟然不给。

万历接到罗大纮的奏疏将罗大纮流放边疆，申时行也上疏补救。皇帝的处罚和申时行的行为在帝国引起了激愤，人们纷纷将矛头对准申时行。很快，这种攻击的

矛头由申时行本人转移到全体内阁大臣。这些低级文官得出的结论是内阁大臣在立储问题上集体跟皇帝合谋，背叛了全体臣僚。

这个罪名是令人可怕的。在内阁三辅王锡爵已经辞职的情况下，内阁首辅申时行和内阁次辅许国也被迫致仕。此时的内阁只剩下礼部侍郎、四辅王家屏。

在申时行和许国辞职后，皇帝将赵志皋、张位补进了内阁。万历二十年（1592年）的形势更加艰难。在申时行离去后，内阁再也不敢跟皇帝保持一致。即便在立储问题上皇帝屈服了群臣，在其他事项上也不会换取文官的合作。所以关于国本的斗争问题已经不仅仅是儒家伦法原则，而是皇权政治跟文官政治的较量问题。不管皇帝与文官本身有没有意识到这个问题，历史已经走到了这一步。

从万历二十年（1592年）开始，斗争更加激烈。元月份，礼科给事中李献可上疏要求让皇长子出阁读书，皇帝将李献可的奏疏下到内阁，让王家屏拟票处罚。哪知道却被王家屏原封不动地驳了回来，而且还附上了王家屏自己要求皇长子教育的奏疏。

皇帝依然不依不饶，坚决要处罚李献可。科道言官一共十几人纷纷上疏，他们都遭到罢免或杖责。在这种情况下，首辅王家屏于三月份致仕。

王家屏既去，老迈的赵志皋成了首辅。万历看他那个样子也很为难，便将王锡爵又召了回来。王锡爵回到朝堂后立即上疏要求皇帝册立东宫，皇帝却让一名内侍在深夜带着自己的密函去了王锡爵的府上。

皇帝在密信中写道："立储规则为立嫡不立庶，现在皇后还年轻，万一将来皇后又生子，到时候该如何安置？所以朕的意思是将常洛、常洵、常浩三子一并封王，等数年后皇后再无男嗣，再行册立，卿就按照朕的意思拟一票来。"

王锡爵看完这道密函后，犯起难来，这很明显是皇帝又在演戏。皇帝想通过三王并封来消除皇长子与皇幼子在身份上的差别，然后再从中捣鬼。

如果不顺从皇帝的意思，内阁的工作也不好开展。如果顺从皇帝的意思，后果也是灾难性的。在这种情况下，王锡爵采取了折中的办法。他给皇帝拟了两票，要么让皇长子认皇后为母，这样可以解决皇长子的嫡长子身份。或者将三个皇子实行三王并封，但同时对何时册立东宫定下一个时间表。

万历二十一年（1593年）正月二十六日，就在王锡爵刚刚回到京城不到一个月的时间，万历突然发出三王并封的旨意，并说日后有嫡立嫡，无嫡立长。群臣等了

几年，不仅没等到册立皇长子的旨意，反而等来了三王并封，顿时有了一种被欺骗的感觉。群臣纷纷指责皇帝言而无信。

光禄寺丞朱维京说，“待中宫生嫡”向来无此成制。刑科给事中王如坚的措辞更加尖锐，他直接质问万历皇帝：“你将立储问题从十四年推到十八年，从十八年推到十九年，现在又推到二十一年。我们好不容易等到二十一年，却来个三王并封。如此言而无信，出尔反尔，让人如何信服？”万历接到王如坚的上疏气得浑身发抖。

礼部接到三王并封的旨意也打了个太极拳。礼部提出册封太子礼和三王并封同时举行。对于此议，万历根本不理睬。群臣纷纷涌入内阁质问王锡爵。双方开始破口大骂。在这种强大的舆论压力下，王锡爵被迫收回这两张票拟，但皇帝那里并不屈服。万历绝望地对王锡爵说道：“朕为人君，耻为臣下挟制。若自认错，置朕何地？”但最终的结果还是这位皇帝屈辱地低下了他的头颅。

这是文官政治的胜利，这是帝国士大夫们的胜利。为了我们的华夏伦理，为了他们的信仰与教条，他们前仆后继，不惜丢掉生命与官职。士大夫们不屈不挠的精神坚守了我们的道德底线。也正是他们的力拼才维护了我们这个民族赖以生存的基础。但是，在人类社会即将进入 17 世纪的时候，儒家思想的链条越来越牢牢地拴在了每个人的脖子上，而且越来越紧。在那个波涛汹涌的万历时代，高端的政治脉络已经跟时代脱节。

万历虽然取消了三王并封的旨意，但他还是以没有嫡长子为由，要求再缓两三年立储。文官中立刻又有人跳出来质问道：“你整天不跟皇后同房，如何能来嫡长子？”

万历连忙解释道：“去年冬天皇后身体染恙，朕已经看过了。”皇帝也知道此种解释是苍白无力的。这一年的冬天皇帝和王锡爵进行了第一次见面。自从这位首辅上任以来，皇帝才第一次召见他。王锡爵还是老生常谈，皇帝自然很厌烦。回去后，王锡爵上了一道奏疏。他说如果久不立太子，外间就认为是郑贵妃在搞鬼。为了消除郑贵妃的嫌疑，皇上也应该立刻立储。

王锡爵这一招的确够狠，他直接击中了皇帝的那个敏感部位。皇帝之所以一再强调郑贵妃也是支持立皇长子为太子的，就是因为他害怕外界对贵妃有什么非议。真是害怕什么就来什么，王锡爵的话引起了皇帝的不安。他只好先答应万历二十二

年（1594年）让皇长子出阁读书。

虽然朱常洛能够出阁读书了，虽然他开始向着太子之位迈出了艰难的一步，但皇帝对长子的学习并不重视。按照规制，先生授完课后应该赏一顿酒饭，但给朱常洛授课的先生需要自带饭食，而且连笔墨都要自备，甚至连过去打赏的钱也没有了。先生每年30两银子的薪水，比民间的私塾先生还低，而且还要步行数里去上课。

对于这来之不易的学习机会，朱常洛自然是倍加珍惜。他认真听讲，不像他的先祖正德皇帝那样不耐烦。

朱常洛既已出阁读书，那么册立为太子的事情则已经是箭在弦上。万历二十五年（1597年），从小臣开始，又启动了一轮新的政治运动，并波及内阁阁臣。这次政治请愿除了要求尽快册立皇长子为太子外，还要求皇长子尽快大婚。

万历二十八年（1600年），从小臣到阁臣，再到勋贵、驸马，一起上疏万历要求册立皇长子为太子，并进行大婚。此时，皇帝的固执已经毫无作用。但到了这一年的秋天，朝中又流传出一个耸人听闻的消息。有人说，皇帝之所以对立太子之事拖而不办，就是想等皇后死掉，然后立郑贵妃为后，从而解决朱常洵的嫡长子身份问题。实际上这种说法根本站不住脚。从宪法上来讲，即便皇后死掉，继承皇后之位的也应该是生下长子的王恭妃。另外，即便郑氏成为皇后，她的儿子也不具备嫡长子的身份，因为嫡长子讲究的是原配。无论从宪法的哪一条看，朱常洵都没有皇位继承权。但是皇帝以此为借口，又暂停朱常洛的册封礼。

万历二十九年（1601年），在内阁首辅赵志皋和内阁次辅沈一贯几次硬顶的情况下，皇帝终于最后妥协。在历经15年纷纷扰扰的中外压力下，万历皇帝终于册封皇长子朱常洛为太子，同时举行加冠仪式和大婚礼。三礼仪式结束后，皇帝还专门派人通知早已致仕的申时行、王锡爵，感谢他们在立储问题上所做的贡献。也许到了这一刻，万历才长长地舒了一口气。这么多年的政治斗争，为了一个女人，他疲倦了。

虽然朱常洛被立为太子，但这并不意味着国本之争的结束。在朱常洵仍旧滞留京城的情况下，关于皇位继承问题依旧被一些别有用心的人用来炒作。直到万历四十二年（1614年）朱常洵就藩洛阳才彻底结束。那么，国本之争从万历十四年（1586年）申时行上请求册立皇长子为太子的奏疏算起，一直困扰了帝国近30年。

我们是一个庞大而复杂的农耕帝国，在这里不需要什么激荡人心的大事件，也不需要什么伟大的君主，它只需要保持权力的平稳过渡。因为这样才能够起到安定人心的作用。当来自西部的那个强大的民族灭掉了辉煌一世的商王朝时，我们华夏就彻底告别了渔猎时代，迎来了崭新的农耕时代。为了统治那些蛮荒没有经过开发的土地，周王朝实行了分封制。为了解决权力的继承问题，周王朝又实行了嫡长子继承制的宗法制。这种互为表里的政治机制保证了农耕帝国的稳定性，从而使周代延续了 800 年。周代制定了礼乐制度，使人们开始懂得廉耻，也体面起来。同时，嫡长子继承制更是深入到了华夏民族文化的精髓。此种继承制度不仅适用于王位，也适用于爵位和其他一切涉及家族权力的继承问题。

在这个问题上已经没有人能够抗衡传统的惯性，因为它只需要一种利益的分配规则，通过减少利益参与者的数量来保持一种稳定的政治结构。正像我前面所讲的那样，在这个过程中不需要英明的君主，它不是选优，它只需要君主充当礼仪上的表率即可。正因如此，在明代的这场国本斗争中，无论万历皇帝有何打算，只要他违背了这一原则，他自己作为皇帝的合法性就会遭到质疑。

万历年间的这场斗争，我们应该感谢所有为了维护这种原则而努力的官僚，特别是要感谢申时行和王锡爵这两位首辅。尤其是王锡爵，如果不是万历二十一年（1593 年）王锡爵的硬顶，皇长子就不会出阁读书，而皇长子的出阁读书，正是向皇储迈出的关键一步。

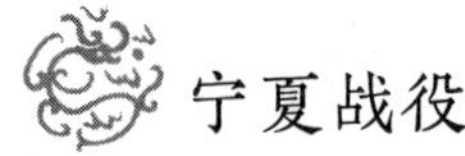

## 宁夏战役

从万历二十年（1592 年）开始到万历二十八年（1600 年）结束，帝国接连经历了三场大的战役，分别是宁夏战役、朝鲜战役、播州战役。这三场大的战役被称为万历三大征。它耗费了数百万两银子，对帝国来说无所谓好，无所谓坏，其中值得研究的是宁夏战役和播州战役。因为这两场战役引发我们对帝国的民族政策进行反思。这两场战争所带来的麻烦帝国躲过去了，但随后同样因为民族问题带来的另一场战争帝国却没有躲过去。

哱拜本是蒙古人，在贺南山北面游牧，嘉靖年间因部落之间的矛盾而投降明朝，被宁夏巡抚王崇古收留。明廷采取以虏制虏的政策，命哱拜统领2000私家兵在阴山、贺兰山一带巡视。由于哱拜熟知此地的地情和虏情，加之本人骁勇异常，手下多亡命之士，其骑兵能一日去三四百里，如入无人之境。有哱拜在，贺兰山一带的蒙古人竟然不敢近前。

万历十八年（1590年）因为明军纠缠到蒙古人与回部、藏部的冲突中去，导致甘肃副总兵李联芳战死。为了应付即将到来的战事，火落赤部主动进逼洮河，哱拜亲提本部兵马出击。哱拜只巡视一圈，竟然令火落赤部不战而退。眼看兵锋所至之处，对方纷纷规避，哱拜不禁洋洋得意。万历年间哱拜因功已升至副总兵。

但万历年间的形势跟嘉靖年间的形势已不可同日而语。此时边关已经再无大的战事，哱拜和他的这支队伍再无大的作用，过去那种优厚的待遇面临缩水的结果。不仅如此，眼看哱拜没有了利用价值，当地巡抚便有了裁撤之意。而此时哱拜的宁夏副总兵一职也有其子哱承恩承袭。

当党馨担任宁夏镇巡抚的时候，形势更加恶化。党馨为人刻薄、奸诈，经常与哱拜以及哱拜的将领刘东旸作对，将好马换成劣马，克扣军饷，后来竟然借故打了哱拜的儿子哱承恩20大板。当万历十九年（1591年）冬季来临的时候，党馨克扣了士兵的军饷与冬衣，士兵的愤怒已达顶点。在这个寒冷的冬天，双方的矛盾似乎再无挽回的可能。

万历二十年（1592年）二月，哱拜、刘东旸叛乱，杀党馨，挟庆王，占据宁夏镇，攻克中卫、广武、玉泉营、灵州，并南下进攻固原。与此同时，哱拜又跟河套的火落赤部、卜失兔部勾结在一起。从成化年间起，宁夏、陕西、甘肃的形势严峻起来。围绕着河套，明廷与蒙古各部展开了反复争夺，后来又增设三边总制节制三边。虽然经过隆庆和议，明廷与蒙古各部结束了敌对状态，但是西北局势仍然不安稳。如今哱拜突然反叛，对帝国的震动可想而知。

很快朝廷做出反应，任命三边总制魏学曾为西北总督主持平叛事宜，另调总兵李昫、麻贵率领延绥、榆林、兰靖、庄浪四镇兵马先期进剿。此时整个帝国都动员了起来。都察院分管浙江的御史梅国桢已经年过半百，此次哱拜叛乱对于他来说是个机会。就在朝堂上仍在为是剿是抚而争论不休的时候，梅国桢上疏一意主剿，他还建议辽东总兵李成梁带兵前往。结果此议遭到了言官的反对，于是他便自荐担任

监军。

文官中不仅梅国桢是这样，甘肃巡抚叶梦熊、浙江巡抚常居敬更是这样。叶梦熊愿自筹粮草，征 1500 名苗兵前往。常居敬也愿自筹粮草，选 1000 名浙兵前往。帝国早已经进入以文御武的时代。这些文官比武官更好战，更贪得无厌。无论是正统年间的王骥，还是成化年间的两越、韩雍，抑或万历年间的叶梦熊，都是如此。为了展示他们的赫赫战功，为了能够封侯拜相，他们不断地挑起战事，引起民变，逼迫部落酋长和土司首领造反，以己方和彼方士兵的血肉为自己筑起上升的阶梯。

在前期安排妥当的情况下，四月朝廷又调宣府总兵官李如松为提督陕西讨逆军务总兵官，统率辽东、宣府、大同、山西兵进剿。最终形成总督魏学曾负责协调、后勤，李如松负责军事，梅国桢负责监军的三驾马车局面。

此时，帝国的军事行动已经呈现出与前期不同的特点。过去各地的平叛通常由当地驻军负责，或者再辅以京营。从万历年间开始，我们可以看出，在一些大的军事行动中，北方九边重镇的边军调动越来越频繁。这一方面，是由于京营战斗力的退化，另一方面是帝国希望用这种快速而有效的方式来应对突发事件。第二个特点是参战的军队通常来自数个不同军区，甚至南兵北调，北兵南调，不仅各部之间互不熟悉，语言也不通，这给三军协调带来了麻烦。所以在这种军事行动中更是重视总督的协调作用。到了此刻，军事行动能否取得成功，已经不仅仅是军事发挥的事情了。它在越来越大的程度上依赖于总督能否有效地协调以及将各部的能动性充分发挥出来。它还有第三个特点，那就是各部军队多为私家兵，这样就会出现抢功或者自保问题。在万历年间的几场战役中都会出现这种情况。总之，历史进入万历年间，由于朝廷抚剿决策的摇摆、言官的掣肘、军队调动的大面积性、粮草组织的困难，导致帝国组织一场像样的战斗比前期更加艰难。

万历二十年（1592 年）六月，宁夏镇。各路平叛兵马已经将宁夏镇围了两个月，但由于宁夏镇城池高大坚固，城内存粮甚多，加上魏学曾一意主抚，各部官兵也不肯用事，所以战况没有丝毫进展。此时，魏学曾正跟城内的哱拜谈判，但哱拜不信任官军，所以谈判没有丝毫进展。当甘肃巡抚叶梦熊到来后这一切就起了变化。

魏学曾的意思是已经跟哱拜达成和议，如果不履行，会有辱国体。叶梦熊说，哱拜时降时叛不可信也，况且朝鲜战争已经爆发，圣上急需解决宁夏问题。

在叶梦熊的督促下，魏学曾开始布置总攻，董一奎攻南门、牛秉忠攻东门、李昫攻西门、刘承嗣攻北门，麻贵率游兵策应。一声炮响后，四镇士兵为了抢功开始争先恐后地攻城。战斗至正酣处哱拜亲率大军从北门冲了出来。他想向河套的卜失兔部求援。结果参将马孔英力战哱拜，哱拜只好又退了回去。

六月二十二日，李如松统率的大军抵达宁夏镇，官军声威大震。李如松单独立营，似乎在这场平叛战争中要跟魏学曾划清开来。眼见李如松高傲的姿态，魏学曾不禁怒从心起。二十三日，魏学曾命李如松跟他一起攻城。李如松不理，魏学曾拿他也没办法。到了二十四日，李如松命麾下 3 万名士兵每人提一沙袋放在南城下，这样就降低了城墙的高度。然后，再命士兵搭着梯子开始攻城，但是这依然没有起任何作用。哱拜的儿子哱承恩指挥着叛军一通火炮打下来迅速将梯子掀翻。

二十五日夜晚，监军梅国桢让李如松的弟弟李如樟率苍头军搭梯子悄悄登南城。有人将这个消息告诉了叶梦熊。叶梦熊害怕梅国桢拔得头功，赶紧让自己手下苗兵也登城。等到苍头兵和苗兵刚登上城楼，早已埋伏在城头上的叛军一声呐喊，攀上城的苍头军和苗军又纷纷撤了下去。

二十六日，总兵董一奎、游击龚子敬率苗兵开始攻城。这些跟随叶梦熊从贵州来的苗兵的确善战，他们凭着一股狠劲很快登上城楼。与此同时，李如松带着大队人马开始猛烈地攻击城门。城门被撞开后，李如松手提大刀率先冲了进去，很快城内叛军如潮水般向李如松涌来。一阵长铳射击，官军倒下了不少。眼见叛军越来越多，李如松正陷入苦战，李如松的弟弟李如柏拼死护送李如松撤出城去。此时，攀城的苗兵也撤了回去，但攻城的两座云梯还摆在那里。这时候从城上缒下一人将两座云梯点燃了。

这天夜里从南城上缒下一人。此人直奔魏学曾的中军大帐。见到魏学曾后，此人自称姚钦，乃城内指挥赵承光部下。姚钦言称，他们都是受哱拜和部将刘东旸所逼，愿意反正，相约于明夜丑时举火为号。

二十七日深夜，城外的官兵密切注视着城上的动静。到了下半夜只听见城内喊杀声四起，城楼上燃起了篝火，城门也被打开了。这时，从城内跑出来几名士兵在拼命招手，呼唤城外官军进城。此时的魏学曾自然瞪着眼睛看着这一切，手下的军队已经准备好了，就等着他一声令下。但他在犹豫，他担心是陷阱。就在这一犹豫之间，城内的叛乱已经结束了。从城内出来一拨人将这几个人抓了回去，城门随即

关闭了。

二十八日凌晨，前夜叛乱的赵承光、葛臣、姚钦、张遐龄一共 51 人被绑在南城门楼上。行刑完毕后，有人将这 51 人的首级扔了下来。这件事情结束后，魏学曾亲自上疏朝廷请罪，梅国桢也将这件事情报告了朝廷。事实上，官军就算进了城效果也不大。

二十九日官军开始在北城门外挖地道。三十日哱拜又派人前往魏学曾大营议和。结果魏学曾又为所动，但还是被叶梦熊劝住了。

眼见叶梦熊来到后，和谈已经不可能，哱承恩便想派人向河套的着力兔部和卜失兔部求援。先是克力益率 50 名骑兵出城向着力兔部求援，李如松发现后便命李宁在后紧紧追赶。官军一路放枪，连同克力益在内一共打死 29 人。另一路是 300 名骑兵携带金银珠宝出城，不跟官军纠缠，直向卜失兔部求援。

接到求援的卜失兔联合庄秃赖部，尽起 3 万兵马杀奔宁夏镇。但是，由于萧如熏镇守平虏，使得卜失兔的援军无法从北而下，所以只能绕道从东南方向的沙湃口杀奔而来。消息传来，魏学曾、叶梦熊赶紧制订军事应对方案。此时援军的先锋部队土昧、弭纠雷已经在攻打定边、小盐池，打正率兵 1 万已经越过沙湃口正向宁夏镇奔来。魏学曾命麻贵率兵 5000 人抵挡打正，董一元率兵 3000 人出塞扫敌巢穴，游击龚子敬率 800 名苗兵扼守沙湃口，堵住敌军归路。

麻贵的 5000 名骑兵跟打正的 1 万人在石沟城连战两天。明军依托火炮与鸟铳，蒙军始终无法冲破明军的防线。第二天晌午有哨马来报打正，说明军出塞攻击我部，妇孺皆被屠戮，牲畜都被掳走，卜失兔、庄秃赖已经退去。

打正闻听此言，立刻昏厥在地。众人救醒后，打正已无心再战，遂率兵回撤，麻贵在后追赶。蒙军抵达沙湃口的时候，龚子敬的 800 名苗兵堵住去路，双方展开一场大血战。苗兵的确勇猛，龚子敬战死。800 名苗兵以大半战死的代价拖住麻贵的到来。打正奔出沙湃口后正碰上董一元大军出塞归来。满腔怒火的打正率兵迎了上去。双方正在酣战，麻贵又引兵前来，打正又往北撤。麻贵、董一元合兵一处，追出塞外 80 里。此战下来，打正 1 万兵马连死带俘折损大半。打正败退后，土昧、弭纠雷也开始撤退。就这样，哱拜的第二次求援也以失败而告终。

宁夏城由于处于洼地之中，西北面有金波湖、三塔湖，东南面有观音湖、新渠、红花渠，这些水源都比宁夏城要高。早在三月份哱拜叛乱的时候，朝廷廷议的时候就有人提出决水灌城。如今宁夏镇久攻不下，叶梦熊就建议水攻。

与此同时，朝鲜的倭情已经如火如荼。万历急需解决宁夏问题，好将大军调往朝鲜。但前方传来的消息是魏学曾剿抚不定，各部推诿忌功。皇帝于是罢免魏学曾平叛总督的职务，让叶梦熊节制一切军务，并将尚方宝剑由魏学曾改授予叶梦熊。

魏学曾既然被免职，便待罪军中。七月十七日，环宁夏镇的堤坝建成，魏学曾和叶梦熊想将大水引入堤坝内，然后再水淹宁夏城。大坝既然建好，叶梦熊便召开总督会议，布置军事进攻战略。

李如松竟然也惧怕叶梦熊，接到叶梦熊的命令，第一次参加了总督会议。

“圣上平叛心意已决，明日决水灌城，各路兵马归我统一调度。有不服从号令者，我有先斩后奏之权。”叶梦熊的一句话不仅预示着和谈的最后破裂，也令李如松交出了兵权。

第二天，官兵挖开了高处的水源，大水沿着挖好的沟渠奔向宁夏镇。大水灌至七月三十日，宁夏城外水深已达八九尺。一阵风吹来，水面竟起波浪。水已透过城墙渗了进来，城内士兵开始堵漏。

当天夜里，城内叛军从城上放下小舟，两名士兵从城头用绳子坠了下来。两个人乘着小舟打算挖开外围堤坝放水。埋伏在外面的官兵发现后射死一人，又生擒一人。官兵将此人带到中军大帐见到了叶梦熊。

“城内情况如何？”叶梦熊问道。

“自从官兵淹城以来，城内军民惶恐，夜晚人都睡在房顶上。前些日子，百姓跟军士发生冲突，百姓们要求军士投降。哱承恩说朝廷已经颁发招安铁券，官兵却将铁券藏而不发，欲破城后杀光百姓。百姓因此对城外官兵愤恨异常。”被捕军士说。

了解到城内的情况，叶梦熊便让人写了数百份告示，让人绑在箭上射进城去。告示上的大意是官兵以招抚为主，城内百姓休要听信哱承恩的谎言。可让百姓先出城，由官军供应粮食。告示一射进去，城内民情就开始出现了松动。

八月十六日，叶梦熊谎称朝廷的免罪铁券已经来了，让叛军出城纳降，同时令总兵刘承嗣暗中埋伏。哱拜的先锋军刘东旸带人出城，行至城外，发现明军大营安静异常，遂撤回城内。

十七日，抓捕魏学曾进京的锦衣卫来到军中，并带来了内阁旨意，严禁监军梅

国桢越权干涉军务。魏学曾走的时候，军中将领皆来相送，梅国桢也前来送行。说来这还是两个人的第一次见面，因为梅国桢主剿，魏学曾主抚，两个人一直是互相看不起，所以在军中一直是通过书信来往。如今魏学曾要走了，梅国桢竟也凄凄然前来送行。

十八日，哱拜又遣人往河套着力兔处求援。二十一日，着力兔率3000名骑兵劫了陕西运往宁夏的平叛粮饷，李如松出塞奔至贺兰山，斩着力兔120骑，夺回粮饷。九月三日，1000名浙兵在参将杨文的带领下抵达宁夏镇。叶梦熊督造的100艘冲锋舟已经建造完毕。苗兵、汉兵、庄浪兵开始乘舟攻城。七日，在水的浸泡下，北面城墙开始崩裂。九日，官兵与南城门的薛永寿约为内应，麻贵带苍头军猛攻北门，将叛军主力吸引到了北门。在这种情况下，南城门的守将薛永寿撤了南门守卫，李如松一举拿下南门。

这时候，南城门的守军都撤入城内，官军驻扎在城墙上，叶梦熊严禁官军入城。此时城内仍有叛军3万人，城外的数万官军并不太占优势。而且进行巷战比攻城战更加艰辛，所以城内形势比城外更加凶险。这场平叛看起来远没那么轻松。叶梦熊是想让城内汉军与蒙军互相猜忌，然后将堡垒从内部攻破。

梅国桢让人进入南关，找到一个卖油郎李登。李登说经常给哱拜家送油，识得哱拜。梅国桢给他10两银子，然后吩咐他行事。

李登先来到哱拜府上将梅国桢的信交给他。哱拜拆开信，只见信中写道：将军父子自归朝廷以来，替朝廷镇守边疆，大小边功数十次。现朝廷已查明，此次兵变完全是巡抚党馨克扣军饷引起的，罪在党馨。况且杀党馨的乃是汉将刘东旸。将军父子何苦代人受过，只要能杀刘东旸便可赎罪。

梅国桢的信无疑打动了这位蒙古族将领。他让李登回去告诉梅国桢，从叶梦熊那里讨来免死凭据。李登从哱拜府上离开后，又悄悄来到刘东旸府上。李登将梅国桢写给刘东旸的信掏出来给他看。只见信中写道：将军乃汉臣，何必跟着别人造反，替他人顶罪。朝廷已经查明，杀党馨乃哱拜指使。将军只要杀掉叛党，便可重归朝廷。刘东旸看后不免心动，便把许朝招来商议对策。

这边叶梦熊听了李登带回的消息后，便给哱承恩父子开了免死凭据。

九月十五日夜，刘东旸将土文秀唤来杀死。十六日清晨，哱承恩、周国柱带人前往南城关杀掉许朝。接着周国柱又带兵杀到北关，跟刘东旸手下打了起来，最后

刘东旸及其手下兵马全部被杀死。哱承恩随后将刘东旸、许朝、土文秀的首级悬于城上。城内汉兵和蒙兵连杀两日，已是血流成河。接着，官兵开始入城。官兵入城后将城内叛军缴了械。

官兵入城后戏剧性的一幕出现了，无论是官兵还是城内叛军都欢天喜地，双方像兄弟一样拥抱起来。哱承恩将城内所余马匹、牛、羊尽数宰杀。哱拜也将家中之酒尽数拿出来。官兵与叛军四处豪饮，行酒猜拳，称兄道弟，而官兵将领皆去叛军将领家中喝酒。

九月十七日，南城门大开，哱承恩出城迎接梅国桢和宁夏巡抚朱正色入城。十八日，叶梦熊入城慰问庆王宗室和城内百姓。叶梦熊看到街道上到处都是喝酒喧哗的士兵，还有很多百姓也跟着士兵们一起喝酒、吃肉。看见叶梦熊等人过来，军士们竟然端起酒碗劝叶梦熊等人喝酒。看着眼前的场面，叶梦熊总觉得哪里不对。他猛然醒悟过来，连忙将李如松唤来。叶梦熊在李如松耳边如此吩咐一番，李如松随即带着那些没有喝酒的士兵来驱散四处喝酒的士兵。

此时哱承恩正在梅国桢住处喝酒。喝完酒的哱承恩刚出门即被浙江参将杨文带来的浙江兵绑了起来。这一天清晨，总兵牛秉忠带着礼物前往哱拜家拜访。哱拜大喜，设宴款待牛秉忠。酒至正酣处，忽闻外面喊杀声四起，牛秉忠慌忙辞别哱拜而出。哱拜遂将屋门关闭，对小儿小女说道："我不能让官兵将你们押进京活剐了啊！"

说完，哱拜将一家十几口杀死，然后自杀。很快，李如松带兵将哱拜府团团围住。哱拜府上上上下下 2000 名家丁被李如松搜杀干净。宁夏平后，哱承恩及其他被俘人员被押解进京，凌迟处死。

就这样，万历二十年（1592 年）这场历时半年的叛乱以官军的胜利而告终。此次对叛乱的平息是迅速的，它没有像前面几朝那样延续数年之久。这些都归于万历皇帝对军事的调度、组织能力，以及应对突发事件的能力。整个万历朝，我们都可以看到皇帝对军队建设的关注。这至少在万历朝是一个非常大的亮点。不仅如此，当皇帝发现魏学曾对镇压叛军摇摆的时候，他果断地罢魏换叶。这也可以看出皇帝的识人能力，以及处理突发事件的决心。

但我们也要知道的是，哱拜作为有功于大明的外族将领，因为长期受到不公正的待遇而做出出格的举动。帝国在这个过程中并没有换位思考。我们看见的只是叛

乱发生后，那些文官为了立功而表现出的贪婪表情，以文御武、官僚政治似乎在这一刻失灵。从官兵进城后，叛军与官军的其乐融融，各级将领与哱拜的融洽关系，我们似乎可以感知到这场战争的另一面。

不管怎么说，万历二十年（1592年）的这场战争稀里糊涂地开始，又稀里糊涂地结束。跟此前及此后的许多战争一样，它没有任何意义，完全是政策失灵导致的。但值得我们注意的是，宁夏战役刚结束，李如松便整理好队伍向辽东进发。与此同时，蓟州、保定、山东、浙江、山西、南直隶的军队也纷纷向辽东集结。

## 家族内斗引发的帝国战争

播州主要是指今天的贵州遵义，西汉时开始设郡，唐乾符三年（876年），太原人杨端应诏带领谢、成、赵、娄、梁、令狐、犹、韦八大家族征讨南诏。平定南诏后，杨端奉命世代镇守播州。从那个时代起，一直到明万历年间，杨氏家族代天牧守已历29世，700多年。

到了万历年间，这种世袭的土司制度已经跟这个时代不合拍了，一方面是汉人势力不断地向西南山区扩张，另一方面是西南少数民族为了保持传统的生活方式和政权运行模式而加以抵制。在这种意义下，任何朝廷与土司之间的冲突都可以看作是这种时代背景的映衬。

杨应龙是杨家第29代在播州的主政者，大明朝廷授予其播州宣慰使一职。杨应龙将有限的财力投入到播州本土的建设中去，所以深得苗人的拥戴。但这自然影响到了地方官府和其他土司的利益。无论是地方官府，还是其他土司，都将杨氏作为眼中钉，欲拔之而后快。但杨应龙对朝廷显得也很忠心，无论是征兵，还是伐木，都十分积极。

杨应龙作为播州宣慰使，虽然身在贵州，但跟四川的关系更紧密。这自然引起贵州巡抚叶梦熊的不快，而叶梦熊是一个喜欢无事生非的主。他弹劾杨应龙"二十四大罪状"，涉及杨应龙用阉宦、造宫室、穿蟒袍、没收土司田地等。实际上这些弹劾大都无中生有，或者鸡毛蒜皮。

叶梦熊弹劾杨应龙的奏章到了朝廷，于是众人讨论是否对杨应龙提请堪问。四川巡抚李化龙上疏暂免堪问，就这样李化龙暂时将杨应龙保了下来。

杨应龙有一妾田氏，田氏跟应龙的正室张氏不合，便诬蔑张氏跟人有奸情。杨应龙信以为真，便杀了张氏。张家在播州也属于土司旺族，张家人将杨应龙告到了贵州巡抚衙门，说杨应龙谋反。杨家与张家积怨已久，此次杀妻事件不过是这种积怨的一种爆发而已。

这种机遇对叶梦熊来说是可遇而不可求的，他再次请求朝廷对杨应龙进行堪问。朝廷让杨应龙选择去四川或贵州听堪，杨当然选择去四川。杨应龙来到了四川省府治所重庆，在那里，杨应龙对情况进行了陈述。四川方面让杨应龙交 2 万两银子赎罪，另外带 5000 名士兵去朝鲜灭倭。但杨应龙带兵走到半路上，朝鲜第一阶段的战争已经结束了。

万历二十一年（1593 年）四川巡抚李化龙去职，继任者王继光对杨应龙采取了强硬的态度。从此川黔两省对杨的态度空前一致，杨应龙的末日似乎将要来临。王继光重提要杨应龙去重庆堪问。此时政治气候已经转变，杨应龙当然不会前往。王继光便派总兵刘承嗣、参将郭成统兵 3000 人前往进剿。官兵被杨应龙围困在板桥至娄山关之间的白石口，官兵死伤过半。

这是帝国第一次对播州发兵。3000 人如何能进击数万能征善战的播州兵。他们所需要的只是一个开战的借口，帝国终是被这些文官绑上了战车。

消息传来，万历震怒。皇帝免去王继光四川巡抚一职，接着，任命南京兵部侍郎邢玠为川黔总督去处理此事。邢玠既来四川，便命重庆知府王士琦前往安稳审问杨应龙。杨应龙命其弟杨兆龙在安稳城外跪迎。最后判决杨应龙交 4 万两罚金以资助伐木，并将杀害官兵的黄元、阿羔、阿苗验明正身以抵杨应龙死罪，同时，革去杨应龙播州宣慰使一职，以其长子杨朝栋代理播州宣慰使一职，将其次子杨可栋羁押重庆为人质，以讨要罚金。不久，杨应龙次子杨可栋被重庆地方折磨致死。重庆当局让杨应龙缴纳罚金，否则不允许其领取尸体。到了此刻，帝国与杨氏家族之间的冲突再也无法挽回，也许这些正是地方当局所要的结果。

失去次子的杨应龙将怒火都发泄到其他土司身上。他认为是这些土司经年累月的挑拨才导致其子丧生。从万历二十四年（1596 年）起，杨应龙派兵袭掠余庆、大

呼、都坝、草塘、兴隆、都匀、黄平、重安、江津、洪头、高坪、新村，乃至侵扰湖广 48 屯。一方面杨应龙在发泄他的不满，另一方面被袭扰的地方大都是播州故土，只是被朝廷强行划给其他土司。但此时朝鲜问题还没有解决，另外，杨应龙的矛头只是对准其他土司，并没有主动挑衅官军，所以朝廷对杨应龙仍处在观察阶段。

万历二十七年（1599 年），贵州巡抚江东之让都司杨国柱、指挥李廷栋率兵 3000 人攻打杨应龙，这一次又是肉包子打狗一去不回。3000 名士兵连同杨、李二人在内被播州兵围困飞练堡，全部战死，无一生还。贵州的败报再次传入京城，万历免去江东之的贵州巡抚一职，由郭子章接任。此时朝鲜的战事已经结束，万历皇帝打算解决播州问题。

万历二十八年（1600 年）二月，大军征调完毕，南京兵部右侍郎李化龙持尚方宝剑节制川、黔、湖广三省军务，坐镇重庆主持平播事宜。万历皇帝征调了 9 个省共 24 万大军，以各地辅兵和西南土司兵为主，由各地战兵带领从八面直向播州扑来。整个帝国的精英云集川黔，刘鋌出綦江，马礼英出南川，吴广出合江，曹希彬出永宁，童元镇出乌江，朱鹤龄出沙溪，李应祥出兴隆卫，陈璘出白泥，看这阵势大有彻底踏平播州之势。

播州地势险峻，只有北面一条路是出口，通往外界的道路上有两道天险，分别是綦江和娄山关。为了占据主动，杨应龙在大兵合围前攻陷了綦江城，杀光了城内的军士和百姓。满城鲜血的綦江城告诉我们，这一切很快就会在播州上演。时间一日一日地流走，巨大的阴影就像满天的乌云一样压来，压得播州这个地方每个人的心头沉甸甸的。

杨应龙长子杨朝栋率领数万苗兵镇守綦江。刘鋌本是名将刘显后人，长期作为四川总兵镇守西南，在苗人心目中有极高的威望。听闻前方的带头大将是刘鋌，苗人皆无底气与其硬拼。二月十五日，綦江一战下来，苗兵四处逃窜，杨朝栋几乎被俘。杨朝栋收拢散兵又重新布防娄山关。刘鋌的大军直向娄山关逼来，沿途的苗寨尽皆被官军屠戮。所有的苗民同仇敌忾，纷纷前往娄山关拒敌。整座整座寨子的小孩也都被组织起来上战场。

在官军的猛烈攻击下，眼看娄山关也无法拒守，所有人便退居最后一道防线海龙囤。杨应龙的帅府就建在上面。这海龙囤有数百年的历史，是杨家认为能够保命的地方。这里的地势非常高，海龙囤沿路的阶梯陡峭到需要徒手攀爬才能够上去。

万历二十八年（1600 年）三月中旬，八路大军已经合围海龙囤。播州兵全部集中在海龙囤，苗人不分男女老幼皆上阵助防。官兵在通往海龙囤的路上修建了堡垒，采取步步推进的战术。海龙囤上的一道道防线都被刘铤、马礼英攻破。六月底，刘铤带人从海龙囤的后山崖用绳索攀登了上来。海龙囤的前方也被马礼英攻破。众苗兵跟官军展开最后的殊死搏斗。杨兆龙战死，杨朝栋被俘。官兵上的囤来，肆意斩杀。十几岁的孩童也慷慨赴死。整个海龙囤上血流成河，成了人间地狱。杨应龙点燃了王宫，跟自己的侍妾自焚而死。仅剩幼子杨奉禄被一侍女所救，从后山崖上逃脱。

整场播州会战历时 100 余天，官军斩首 25000 具，俘获 1000 余人，杨氏家族被俘 70 余人。杨朝栋等核心人员被押赴京城凌迟处死，杨应龙的尸体也被带往京城挫尸。播州余民只剩一二，整寨皆空，田地荒芜，余者皆为老弱病残。播州平后，朝廷将播州一分为二，设遵义府归四川，平越府归贵州，改派流官治理。

宁夏战役和播州战役皆是一个性质，那就是朝廷对于坐拥一方的强者务必赶尽杀绝。另外，古老的世袭制度似乎已经跟这个蓬勃发展的明王朝脱节。无论是土官治理，还是流官治理，都不能改变西南少数民族的传统生活方式，而这种流官治理究竟能给西南少数民族带来多大的福祉，还是一个大大的问号。

## 操纵朝局的东林党

从这一节开始，让我们将视角从那充满硝烟的战场暂时转向朝堂，继续进行本书的主线。

虽然在万历二十一年（1593 年），在次辅王锡爵的争取下，皇帝让长子出阁读书，虽然也在万历二十九年（1601 年），在全体臣僚以及勋贵的要求下，皇帝最终册立长子为太子，但这并不意味着斗争的结束。在这场旷日持久的国本之争中，皇帝受到了深深的伤害。他杜绝跟臣僚的一切交流，既不赞扬他们，也不惩罚他们，空缺的职位也不弥补。他想让所有的官僚绝望，这自然是因为皇帝绝望而产生的一

种报复。

从万历的第二个十年起，帝国的政治生态出现了一种有趣的现象，那就是高层官僚和底层官僚对立起来。

万历十四年（1586 年）顾宪成进京述职，王锡爵跟他谈到了当今的官场特点，王锡爵笑着说："你知道吗？现在官场有一个奇异现象，庙堂认可的，外间必然反对；庙堂否定的，外间必定认可。"

说完，顾宪成立即说道："我也听说官场有一奇异现象，外间认可的，庙堂必定反对；外间反对的，庙堂必定认可。"

说完两人相视大笑，在这种笑声中，两人互相鄙视对方。它实际上通过大明官场高层与底层对立的一种现象来昭示官僚们对团体利益的看重，在这里没有是非曲直，只有利益。

在中国 16 世纪的晚期，在朝野的低级官僚中由于共同的利益逐渐形成了一个新的政治团体——东林党，而这一切都要从万历二十一年（1593 年）的那场京察开始。

万历二十一年（1593 年）照例六年一度的京察又开始了。在这一年春天，朝廷发生了一件大事，那就是皇帝抛出三王并封的议题，而新进内阁次辅王锡爵对此持暧昧态度。众人纷纷将矛头对准王锡爵，直至跟内阁发生全面冲突。而万历二十一年（1593 年）的京察给这一切提供了条件。

万历二十一年（1593 年）的京察主要是低级官吏借此机会整治王锡爵，而幕后的操纵者就是吏部考功司员外郎顾宪成。顾宪成是一个控制欲很强的人，而且又自认为懂政治。事实证明，顾宪成在万历面前完全是一个小学生，他那点儿小伎俩别人都看得清清楚楚。

虽然这次京察是顾宪成在背后鼓捣，但实际负责的却是吏部尚书孙鑨、左都御史李世达、吏部考功司郎中赵南星。孙鑨上来就将自己的外甥吕允昌干掉，而赵南星上来也将自己的亲家王三余干掉。虽然这看起来他们是不徇私情，但明显做得有些矫情，其用意就是给政敌释放出一种强烈的信号。

果然，内阁次辅赵志皋的弟弟被免职，首辅王锡爵控制的几个言路官员也没通过考察。这场京察于二月份结束。三月科道言官刘道隆以拾遗论劾兵部职方司员外郎杨于廷、兵部职方司主事袁黄、吏部稽勋司员外郎虞淳熙，而吏部建议留用虞淳熙。刘道隆要的就是这个效果，因为虞淳熙本身是吏部的人，而且是孙鑨的同乡。万历二十一年（1593 年）一场由吏部引发的针对内阁的暴动就此引发。

顾宪成等人似乎中了圈套，他们对于政治想得过于简单。此次拾遗明显就是针对负责京察的吏部而来，孙鑨不仅没能保住虞淳熙，反而给自己的团队带来麻烦。很快，刘道隆弹劾孙鑨结党，皇帝也令孙鑨做出解释。顾宪成给孙鑨代笔上疏抗辩。孙鑨的抗辩没起到任何作用，皇帝对孙鑨罚俸两个月，将赵南星连降三级，贬谪外地。至此，由吏部仓促发动的这场京察已经面临难以收尾的结局。

赵南星被调离吏部可以说是打到了对方的命根子上。孙鑨以辞职相要挟。各部堂官纷纷力保赵南星。皇帝第一次感到朝廷的政治走向已经出现了微妙变化，有一股力量在左右舆论的走向，往往一件小事就可以将这些人钓出来。皇帝明确地知道自己不能退缩，一旦退缩，其后的波涛凶险没有人能够预料。

众人为赵南星求情并没有得到皇帝的理会。接着，佥都御史王汝训，右通政魏允贞，大理寺少卿曾干亨，礼部郎中于孔兼、陈泰来，礼部主事顾允成、张纳陛、贾严，助教薛敷教，轮流替赵南星喊冤，说王锡爵为了庇护私人从而处罚赵南星。官员们的锲而不舍只能助长皇帝的斗志。而且针对人事任命问题，这么多人口径一致，明显是结成朋党。万历就以朋党罪将陈泰来发配边疆，将于孔兼、顾允成、张纳陛、贾严、薛敷教降三级，贬谪外地。

紧接着，负责此次京察的左都御史李世达又上疏抗辩，皇帝干脆将赵南星、虞淳熙、杨于廷、袁黄全部削职为民。至此，万历二十一年（1593 年）的这场京察暂时以吏部的失败而告终，但这绝不意味着这场政治攻击的结束。事实上，斗争的双方都在寻找可以重新点燃战火的引线，所有人都坐在了火山口，随时会莫名其妙地丢掉官位。

到了八月份，曾与吏部侍郎赵用贤女儿定亲的太仓人吴之颜的儿子吴镇状告赵用贤“论财逐婿，蔑法弃伦”。这种罪名按说是很重的。明王朝早已到了因为小事情而引发政治大动荡的时刻。这种由小事件引发的大动荡，绝不意味着小事情本身有多么大的推动作用，而是因为大的政治事件往往都经过长期的发酵。

这件涉及婚姻诉讼的普通官司，引起了户部郎中杨应宿、郑材的关注。只因为这是一件涉及吏部的案子，杨应宿、郑材开始就这件事弹劾赵用贤。李世达上疏为赵用贤抗辩，并指责杨、郑二人诬陷。而杨、郑二人又上疏，索性连李世达一块儿

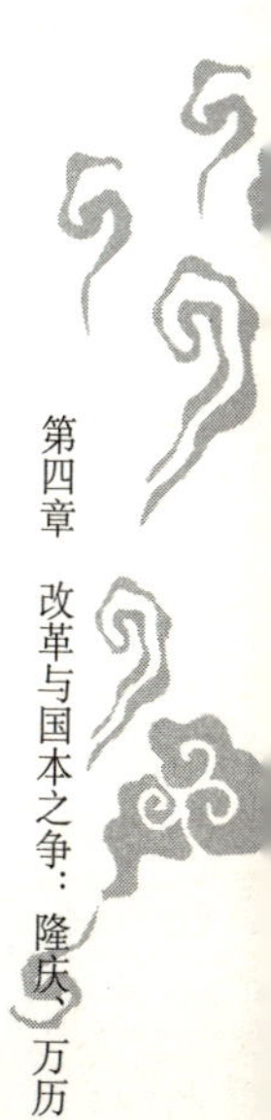

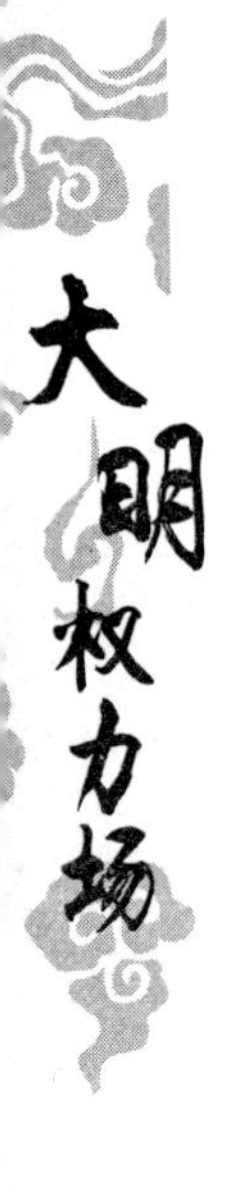

打了。此时吏部文选司又会推以前被万历免职的言官，万历大怒，将文选司官员全司免职。这时候，李世达又上疏乞休，皇帝便批准了李世达的申请。行人司行人高攀龙坐不住了，他蹦出来弹劾内阁指使杨应宿打击吏部和都察院，而皇帝对内阁唯唯诺诺。实际上，高攀龙是正话反说，他知道内阁是奉了皇帝的旨意，但又不好在这个事情上对皇帝发难，只好采取这种指桑骂槐的办法。

杨应宿立即针锋相对。他指责高攀龙上疏是顾宪成在背后挑唆，吏部这帮人专以跟内阁作对为时尚，并指责吏部诸位大员贪赃。皇帝对杨应宿的弹劾十分感兴趣。杨应宿的话涉及两个话题：一是万历二十年（1592 年）的这场政治攻击，顾宪成是幕后操作者；二是吏部官员贪赃。一旦贪赃落实，就可以名正言顺地打击他们，并且通过抄家来缓解宫中开支紧蹙的局面。

万历皇帝亲自批示道：近来小臣不修本职业，喜爱搬弄是非，该部院会同该科从实询问杨应宿，何以吏部贪赃，何以高攀龙为顾宪成指使；又问高攀龙，何以朕一事不管，亲批亲点，俱出辅臣之意，明白回话，不许徇私党护。

皇帝前面的批示表面上看是斥责杨应宿不修本职，实际上是鼓动杨应宿继续发挥能量，而后面对高攀龙的斥责明显是为王锡爵开脱。结果，高攀龙没解释出来个所以然，杨应宿也没有吏部官员贪污的证据。于是皇帝将杨应宿和高攀龙两个人俱贬到了外地。随后，吏部尚书孙鑨和吏部文选司郎中顾宪成也被王锡爵票拟回家。

接着，又有一些官员弹劾王锡爵，万历无一例外地进行了处罚。此时，王锡爵已经累了，他已经帮皇帝搞掉了一大批官员。因为皇帝要罢免哪位官员必须经过内阁票拟，所谓的官员们恨王锡爵正是基于此。万历二十一年（1593 年）王锡爵出山，到万历二十二年（1594 年）王锡爵再次致仕，他任首辅有一年半的时间。在这一年半的时间里，王锡爵做了两件事情，一件是逼迫皇帝让皇长子出阁读书，第二件是帮皇帝搞掉一批找事的低级官员。完成这两件事情后，他便向皇帝提出致仕。万历自然舍不得王锡爵走，但王锡爵去意坚决，皇帝也只好作罢。

在万历在位 48 年的时间里，对帝国做出贡献最大的就是这位王锡爵。可是多年后在那个风雨飘摇的时代，没人再记起他，或者虽然记起，但是却不愿意提及。没有人知道万历二十一年（1593 年）时事的艰难，首辅为了国本问题所形成的正确解决思路。

当王锡爵离职回家后，赵志皋再次成为首辅，帝国似乎又重回申时行时代，一个在君主和低级官僚之间跳舞的时代。赵南星、顾宪成已经离开朝堂，高攀龙被贬到地方做小官，也没有什么意思。很快三个人将无锡县东郊的东林书院修整了一下，重开已经被张居正禁止的书院讲学。

事实表明，东林书院就是失败者的乐园，精神沮丧者的疗养地。大批在万历朝被斥退的官员来到那里，他们整日发表空议来获得精神上的寄托，从地方骂到朝廷，从朝廷骂到地方。不仅如此，还有一批在朝的低级官僚也跟他们遥相呼应。多年以后，这批以低级官僚为主，为低级官僚争取民主权利的党派被冠名以东林党。其发生的原因，是整个明王朝参政议政群体的扩大和舆论权力下移的结果。这一切都依赖于商品经济的发展。随着东林书院的建立，以及组织人员的增多，东林书院可以看作中国历史上第一个资产阶级性质的团体。它的参与者所秉承的意志与理念，也可以看作中国历史上第一个资产阶级纲领。

面对东林党的结社，其他人士也纷纷结党自保。赵志皋之后的首辅沈一贯拉拢在朝的浙江籍人士组成浙党，在朝的湖广籍人士组成楚党，山东籍人士组成齐党。12 年后，万历三十三年（1605 年）的京察又如期展开。在浙党领袖内阁首辅沈一贯的主持下，东林党再次遭到了打击，但以沈一贯为首的内阁派也遭受了重创。两年后，当御史再次弹劾沈一贯的时候，他被迫致仕。

从万历二十一年（1593 年）开始运作，一直到万历三十三年（1605 年），东林党政治运作的效益并不高，而且还很拙劣，基本上属于自娱自乐。其关键问题是没有核心人物能够进入决策圈。大约从 16 世纪 90 年代中期起，一位叫作李三才的人进入顾宪成的视野。

李三才是万历二年（1574 年）的进士，因为弹劾张四维和申时行而遭到贬官。李三才跟顾宪成秉性相同，好发表议论，结交朋友，活动能力强。当李三才担任凤阳巡抚又总督漕运的时候，李三才成了反对税使官员中最猛烈的一个。而且李三才还唆使地方势力杀税使，这又使得他在缙绅中享有极高的威望。

当沈一贯离去的时候，皇帝对内阁次辅沈鲤十分憎恨。因为沈鲤在一些事情上跟万历作对，皇帝便命沈鲤跟沈一贯一同致仕。此时内阁只留下了朱赓。朱赓跟王锡爵、沈一贯一样，在大事上跟皇帝保持一致。经过吏部的会推，皇帝又将李廷机、叶向高补进内阁。但皇帝仍将首辅的位置空在那里，他想将王锡爵召回内阁来担任首辅。

帝国的内阁大学士拥有密揭专奏的权力。此种密揭不需要通过通政司，可以直接上达天听，也就意味着不必公开。

万历三十五年（1607年），王锡爵给皇帝上了一道密揭。密揭上是这么说的：

臣窃见近来邸报，奸邪结党，倾害忠良，朋比行私，要名讪上。甚者称倾朝为叔李，目皇上为庸主，揣摩逞臆，颐指捏诬，不能悉举。且以近日参政姜士昌之疏言之，其事虽公，其心实私。渠等布满南北，眈眈虎视，无可谁何。更暗伺朝廷动静，以资唇吻，肆毒善类。古云，主辱臣死；又云，见无礼于君者，如鹰鹯之逐鸟雀。皇上受小臣之侮极矣，奸党之无礼极矣。

王锡爵的这道密揭明摆着就是讨皇帝的好，将东林党比作奸党，将自己比作替皇帝逐鸟雀的鹰鹯，意思是自己愿意回到内阁。王锡爵这道密揭等于是吹响了向东林党全面进攻的号角。在东林党遍布帝国南北的情报网络覆盖下，这份密揭很快落入李三才手中。李三才将这份密揭原稿抄了下来。这样在这份密揭还没有抵达天听的情况下已经在低级官僚中传阅了。

很快东林党运作弹劾王锡爵。这次出头的是曾经做过常熟知县的段然。他指责王锡爵乱用密揭，进朋党之说，行人事之害。实际上，东林党的反驳是无力的。他们的确是结党营私，对君上无礼。这也是在此次密揭事件后东林党的反攻不是那么热烈的原因。实际上，如果皇帝具备斗争手腕的话，完全可以根据王锡爵在密揭中拟定的罪名刮起一股大的政治风暴。但是，一个软弱无力的皇帝，一个患得患失的皇帝，只会将国家和人民引向灾难。

从低级官僚斗争的诉求来看，他们需要一种舆论权。这表明到了17世纪的中国，密室政治已经跟这个蓬勃发展的时代格格不入。李三才捅破了密揭事件给东林党立了大功。顾宪成高度评价李三才，说他立下社稷第一功，并称李三才"言足以犯当世之忌而无其险，功足以为端人正士之伟而无其奇，风足以廉顽直懦流映千载而无其高"，阿谀到了极点。

密揭事件的公开使得王锡爵再回内阁已经不可能。不久，朱赓死掉，李廷机由于受言路攻击闭门不出。这样内阁就只剩下叶向高一人，吏部会推阁臣已经是箭在弦上。而东林党力推李三才也已经是箭在弦上。由于此时的叶向高就是东林系的成员，如果李三才再入阁，就会出现东林党把持内阁的局面。

围绕李三才入阁问题，双方较上了劲，帝国进入了山雨即来之势。反东林一派的官员邵辅忠，列举李三才贪、险、假、横，说李三才矫且伪，“贪”是指李三才派人去各地索要贿赂；“险”是指李三才将各地进贡给皇帝的东西偷为己有；“假”是指李三才经常毫无廉耻地骂人，自己却目无法纪地结党营私；“横”是指李三才借着漕运总督的职位贪污公款，过着奢侈的生活。

邵辅忠对李三才的抨击可以说是去皮见骨，这引起了顾宪成的恐慌。他先给首辅叶向高写了一封信，又给吏部尚书孙丕扬写了两封信替李三才辩解。但宣大巡抚吴亮抄录了这三份书信，将邸抄送到了各个衙门。既然已无密室政治可言，那么各党派的来往书信必须公开，这已经是帝国的共识。

顾宪成的书信在朝野掀起轩然大波，一个被削职的草民竟然遥控政治，干涉帝国的用人权。中国有句话，叫作“不在其位，不谋其政”。顾宪成此举只能是搬起石头来砸了自己脚。

就这样，双方隔空开火。有人支持，有人反对，双方引经据典，挖心刺骨，越来越多的人卷入此事，越来越多的事情浮出水面。御史徐兆瑞认为东林书院干预朝政，将这一派官僚命名为东林党。他指出，东林党在江南私设税卡，以修书的名义胁迫地方官吏送银子给书院；东林书院动辄到各地讲学，地方政府全以公款招待；东林书院刊印的书强迫各地购买。徐兆瑞列举了东林书院诸如此类的种种不法事件，最终得出的结论是，天下只知有东林书院，而不知道有皇帝陛下。

事情到了这一地步，李三才入阁已经再无可能。他也没脸面继续在朝堂上待下去了，于万历三十九年（1611 年）辞去职务，回到了家乡北京通州。

虽然李三才没能入阁，还使东林党凭空损失一员大将，但在万历三十九年（1611 年）的南北京察中，由于东林党系的叶向高担任内阁首辅，主其事者也为东林人士，北方京察中大批浙、楚、齐党的人被斥退。而在南京的京察中，把持南方京察的浙、楚、齐党又纷纷将东林党人斥退。在帝国的版图上，南北同时上演了政治对攻的局面。但当万历四十二年（1614 年）首辅叶向高致仕，浙党人士方从哲接任首辅后形势便逆转而下，大批东林党人被斥退一空。至此，东林党便结束了万历朝的纷纷扰扰，他们的复出将是下一个朝代的事情。

我们对东林党很难做出一个评价。它以低级官僚为主，反映了低级官僚要求言

论的自由，但同时他们对于反对本派系的言论同样也持压制态度。所以，这个世界上根本没有绝对的言论自由。所谓的言论自由，不过是通过剥夺别人说话的权利来换取自己说话的权利。

但无论如何，在那个熙熙攘攘的万历王朝，东林党能够坚守儒家伦理道德，在国本之争中仗义执言，最终迫使万历皇帝做出让步，他们的功劳也是应该值得肯定的。

在那个经济日益发展的 17 世纪，东林党人更是提出了“天下非君主一人之天下，而是万民之天下”这样具备民主思想的观点，这在明王朝，在 17 世纪初叶的中国，都是一个非常大的亮点，值得我们每个人去骄傲。

但对于我们这个庞大而复杂的国家来说，过度的言论自由和民主只能带来灾难性的结果。而且在万历朝高层与中层的矿税斗争中，东林党又表现出了激烈的反对态度。从这个方面来说，他们所关心的只是体系的利益，既希望压制君主，又希望剥削底层民众，既无国家观念，更无民族观念。不仅如此，从他们身上，儒家思想的本质目标，终于得到露骨的体现。

对于这样一个政党，高层如能加以辅导，将它们纳入正常轨道，力争将其危害减少到最小，是为帝国之福。

## 利益集团鼓动的矿税斗争

整个明王朝研究的重心集中在它的税赋问题，也就是为什么明初进行各项建设和军事行动都不成问题，而明末组织一场大的军事行动都显得十分费劲。现在我们知道明朝的灭亡跟元朝一样都是亡于财政破产，也就是财富日益向少数人集中。由于皇帝失去了话语权，导致征税日益困难，这是历史发展的惯性，历代封建王朝大多如此。

洪武朝天下拟定的纳税田亩数为 800 万亩，田赋为 2700 万担，之后基本上将此作为纳税的标准确定下来。但随着时代的发展，军屯被破坏，政府雇员增加，人口增长，这些都使得开支变得巨大，而税赋却由于洪武成制而无大的增长。加上天下积习已久，抵制变革的力量强大，明王朝只有晃荡着前行。

但到了16世纪，随着商业经济的发展，大量的人口转为商业人口，商业占国民经济的比重开始上升，而大明王朝的官僚也大多出身于商人或者士绅。由于传统的重农抑商政策的影响，抑或是文官集团出于自身利益的保护，商业税率却无法提高，千分之三的税率几乎等于没有。况且，征税的关卡只限于运河和北京崇文门，所以从嘉靖朝以后，大的商帮动辄动用超过百万两资金的现象已经成为平常。官绅一体，官商一体，只能将负担压在小民头上。

大约从正德年间开始，随着宫女和宦官人数的增长，明王朝宫廷开支出现了困难。正德皇帝常常感到手头紧张。于是，他时常向户部讨要银两，而且在一些大的开支上拒绝动用宫里的钱。到了万历年间，虽然有张居正留下的几百万两国库存银，但在后来的万历三大征中耗费将尽。而且皇帝还从宫里拿出不少钱来贴补军费。最重要的是他还要面对两宫三殿在火灾之后的修复工作。这些都缺乏财政的支持。在这种情况下万历只好另辟财源。

万历二十七年（1599年），在跟首辅沈一贯讨论矿监税使的时候，万历说道："朕以连年征讨，库藏匮竭，且殿工典礼方殷，若非设处财用，安忍加派小民。"

皇帝的想法是绕过户部，直接派宦官去各地开矿，将收取的矿税直接纳入宫中的内承运库。这样既解决了宫中的开支，余者还可以补贴国库，两难自解。

帝国实行的一直是禁矿策略。因为对于一个农耕国家来说，开矿和商业一样都会干扰国本。在利润的刺激下，大量人口会蜂拥至这个行业。而且官营开矿还会刺激民营开矿的兴起。并且，聚集在一起的矿工将会成为社会的不安定因素。成化年间的叶宗留造反就是例证。从洪武矿禁以后，直到成化年间，因为财政困难才复而开矿，很快又禁。到了嘉靖年间，又因财政困难，复而又开，再开再禁。所以，当万历皇帝提出开矿后，自然遭到了文官们的激烈反对。

万历二十四年（1596年）六月，皇帝派出了第一拨采矿的太监。御马监的鲁坤带着户部郎中戴绍科、锦衣卫杨金吾前往河南开矿，又派承运库太监王亮同锦衣卫官员张懋中前往北直隶的真定、保定、蓟州、永平开矿。从此，皇帝从皇宫大内陆续向全国各地派出矿监。

昌平有王忠，保定有王虎，昌黎有田进，河南有鲁坤，山东有陈增，山西有张

忠，江苏有刘朝用，湖广有陈奉，浙江有曹金，陕西有赵钦，四川有丘乘云，辽东有高淮，广东有李敬，广西有沈永寿，江西有潘相，福建有高宷，云南有杨荣。

从万历二十五年（1597年）开始，各地的矿监便陆续给大内进贡银子，或几百两，或几千两，这些往往能解燃眉之急。所以无论多少都能令万历满意。但由于地方官吏一意阻挠，开矿的收益并不大，征税的目标从矿藏转向商业已成必然。很快，在派出矿监的同时，皇帝又向各地派出税监，而且是一人身兼两职。皇帝是个明白人，在“安忍加派小民”的思维下，他终于懂得向蓬勃发展的商业出手了。

此举自然引起帝国官僚集团的强烈反弹。我们知道，文人们没有一定的物质做后盾是无法从科举中拼出来的，自小的教育费用就是一大笔开销，还有家族精神力量的传承。所以，这些从科举中胜出的士大夫大多出身于商人或缙绅家庭。他们进入仕途后，也往往依附于原先的阶层，无论从利益上，还是情感上，都会做出有利于本阶层的决策。

从张家湾、卢沟桥到京杭运河，以及长江沿线，布满了面对商人征收商业税的税使，商人的生活从来没有像这般尴尬。很快，帝国的官僚们摇动了笔杆子，他们极尽一切之能事来妖魔化征收商业税。围绕着征税问题，在17世纪前后的中国，一场资产阶级革命正式爆发。

高攀龙在《上罢商税揭》中说道：“商税非困商也，困民也。商也贵买，绝不贱卖，民间物物皆贵，皆由商算税钱。夺民之财，非生财之道也；生财之道，生之，节之，两端而已。”

高攀龙的话完全是夸大其词，危言耸听，其辩解也是无力的。按照他的说法，政府根本就不应该征收商业税，让商人都将钱赚走。政府也压根就不应该征税，只要节约，钱便来了。如果政府没有充足的财源，面对外敌入侵的时候，谁来抵御？面对滔滔黄河水，谁来治理？面对天下灾民，谁来赈济？难道要靠商人出钱吗？

而李三才的上疏更加措辞激烈。他在万历二十八年（1600年）上的《请停矿税疏》中说道：“陛下为斯民主，不惟不衣之，且并其衣而夺之；不惟不食之，且并其食而夺之。皇上爱珠玉，人亦爱温饱；皇上爱万世，人亦恋妻孥。奈何皇上欲黄金高于北斗，而不使百姓有糠粃升斗之储？皇上欲为子孙千万年，而不使百姓有一朝一夕？”

李三才极尽夸大之能事，将一个区区商业税说得有如天崩地裂一般。其实质问题，仍是他们背后所代表的利益集团。高攀龙祖上世居无锡，从他的高祖起，家中就有田 300 亩。其祖父高材则是亦官亦商，其父高梦龙则经营放贷行业。

而上疏的李三才，其家族本就是北京通州张家湾的商人。此次增加商业税收，张家湾本就是个重点。加上李三才总督漕运，一旦由宦官在运河沿岸收税，那么，由其漕运衙门征收的税额只能减少，而不会增加。所以，此次万历派出税使征税还涉及一个中央和地方的利益关系问题。

田口宏二朗在《畿辅矿税初探——帝室财政、户部财政、州县财政》一文中指出：

“明初以来，在全国府州县城、镇市里设有税课局，经过这些地点的客商们，必须得缴纳商税才能获准通过。然后，从 16 世纪初开始，伴随着宝钞的贬值，各地陆续关闭了许多税课局，不久，折银交纳商税，牙行承包征税的现象逐渐普及起来。随着上述趋势的盛行，商税在州县等地方机关里渐渐成为重要的财源，各个牙行承包征收商税业务以后，各地争先恐后滥立牙行。地方官们付给他们牙帖，以他们所交纳的商税来填充地方政府的经费。并且，16 世纪开始折银交纳商税的现象普及以后，地方官们又都把这项收入编入了定额条鞭，这更加减少了这项税目的伸缩性。”

田口的这篇论文解释了两个存在的问题，一个是商业税收从 16 世纪开始便成为地方政府财政的来源，二是地方政府征收的商业税收是定额。一旦皇帝派宦官加征的话，势必减少他们所征收的额度。

除此之外，李三才在朝中向来是以擅长捕风捉影、造谣中伤而闻名。其本人平日里生活奢侈无度，缺乏检点。李三才曾对顾宪成说过，他自己“耻效俗人饰边幅，装格套于青天白日之下，作鬼魅技耳”。他也在给皇帝的奏疏中说，“用人不必择贤者，有才即可”。一次顾宪成路过凤阳的时候去拜访他。头一日饭食简便，第二日饭食豪华，顾宪成不解。他笑道：“今日从漕运上收了点小钱。”

正是李三才平日里豪放不羁、不注意言行，才导致不断有御史抓住李三才的把柄对他进行弹劾。大明宫室里所用的皇木大都取自贵州，沿沅江流入长江，然后再

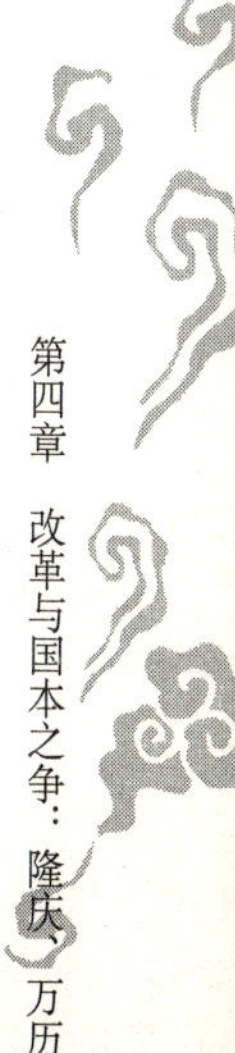

沿京杭运河运到京城。皇木卸下来的终点就是北京通州的张家湾，李三才身为漕运总督，其家又在张家湾，这些都给他偷盗皇木提供了有利条件。

万历四十二年（1614年），御史刘光复劾李三才偷盗皇木，用于营建私宅。而工部侍郎林如楚也指出皇木的确有丢失情况。在这种情况下，皇帝便派林如楚会同科道官员前往李三才位于张家湾的家中查看。查看的结果令人结舌，李三才家中瑰丽神奇，崔巍广大，势甚铺张，有一座花园，前后半里，乃是当年皇厂的地基，而大门与二门之间又为原来户部仓库地基。李三才不仅侵占皇产，而且侵占官产。我们知道通州乃是运河的终点，从南方运来的木材和粮食都在这里卸载，所以这里通常都建有皇厂和粮库。不仅如此，李三才家中所用木材都是南方杉木，而且“出卖无主，报税无票”。工部官员既然查勘属实，李三才自然难逃罪责。

此时，李三才已于万历三十九年（1611年）辞去职务，闲居家中。所以，万历最终也只是给李三才免去“士”的身份，削为民了事。

既然李三才身上有这么多的不检点之处，那么其奏疏的分量就可想而知。面对群臣反对商业税的奏疏，皇帝一概留中，不予理睬。在这种情况下，士大夫自然不会善罢甘休。他们便煽动市民暴动。

万历二十七年（1599年）四月二十四日，山东省临清三四千脚夫包围了临清税使马堂的衙门。从衙门里冲出来的兵丁将外面带头的抓了几个进去。这时候，外面有人带头高呼：“里面杀人了！”在此人的吆喝下，外面的人一起冲了进去，焚烧了税厂，殴打、踩踏致死四十几人。

同年七月，御马监太监陈奉在湖广荆州遭到数千市民投掷石块，随后陈奉在沙市、黄州又遭到市民驱逐。不久，武昌、汉阳万余人包围了陈奉的税厂，众人向里面扔石、放火。好在巡抚带兵火速赶到，并且驱赶了这些围攻的市民。

武昌兵备佥事冯应京弹劾陈奉九大罪状，万历接到奏疏革去冯应京官职。接着，湖广的一些地方官也上疏弹劾陈奉，皇帝将这些上疏的官员全部免职。当锦衣卫抵达武昌宣布冯应京等人罪状的时候，武昌数万市民发动暴动，再次包围了税厂。陈奉逃到楚王府里一个月不敢露面，市民们焚烧了税厂，并将6名办公人员打死，投入长江。

而万历三十四年(1606年)正月的云南民变则使反抗矿税的斗争达到了最高峰。当月，地方卫所的指挥贺世勋、韩光大率领市民万余人冲进税厂，将税监杨荣打死，投入火中，并打死杨荣的随从 200 多人。消息传来，万历几天吃不下饭。而凤阳的李三才更是匪夷所思，他买通牢狱里的死囚，这些死囚纷纷将山东税监陈增的爪牙们咬为幕后主使。结果，李三才将陈增的爪牙一一捕杀。

从上述一系列因为征税而引发的民变中可以窥见一些复杂的社会矛盾，以及 17 世纪的中国所产生的一些裂变。

首先，皇帝征收商业税引发了代表大地主阶级利益的文官集团的集体反抗。其次，由于商业税已成为地方政府财政的来源，故而他们会在这个过程中一意阻挠，乃至阳奉阴违。而税监为了完成任务，会跟他们发生冲突。当矛盾爆发积累到一定程度，爆发动乱将会成为必然。第三，从这些事件来看，如此大规模的暴动集中爆发，一定是有组织、有预谋的。而且，这些民乱无疑受到地方政府的默许、纵容，乃至煽动。最后，也是最重要的一点，发生于 17 世纪初叶市民阶层反抗税监的这场运动充分表明了随着商品经济的发展，纺与耕的分离，一个新兴的阶层开始兴起。他们有了独立的财源来对抗统治阶级，而其背后是在君主权威被矮化的情况下，整个万历朝非君浪潮的兴起。万历二十九年（1601 年）五月发生于苏州的纺织工人暴动，因为暴动的主体是雇佣工人，而非前面的商民，所以这次民变已经标志着无产阶级工人运动正式在帝国发端。

马克思认为，无产阶级运动从来就是跟资本主义相伴随而产生的。大约从 16 世纪开始，随着商品经济的发展，一些农民脱离土地进入城市。随着市场的扩大，一些商人开始投资，扩大生产规模。两者结合起来，就形成了机户出资、机工出力的雇佣与被雇佣关系，资本主义生产关系开始在帝国出现。这无疑推动了城市化进程。越来越多的人口进入城市，私营手工业开始成压倒性态势，所有的这一切又进一步推动了生产技术的革新。

在明代，缫丝的缫车比元代更加精良和完善。当时，人们已研制成功一人执、二人专打丝头、二人主缫的大缫车。《天工开物》记载的花机高一丈六尺，由两个人共同操作，提花小厮坐在花楼上提花，织工门楼下织丝，两个人配合可织出各种花纹的丝织品。福建织工林洪创造出一种新型的织机，叫作改机，把五层经丝改为四层经丝，从而织成比过去更细薄耐用的新品种。而棉纺织工具如搅车、纺车、织机也均有改进。元代搅车二人掉轴，一人喂上棉荚，用工多，效率低。明代出现了各种新型搅车：句容式，一人可当四人；太仓式，两人可当八人。有的地方还使用

水力纺纱车。我们知道第一次工业革命是以蒸汽机的发明、应用为标志的，而蒸汽机的开端却是18世纪珍妮机的发明和应用。而前面所讲述的这些16世纪的明代纺织机器无疑比珍妮机的纺纱效率高百倍。这些都使得工业革命在16世纪的明王朝已经出现。而这一切都是由于城市化和海外市场扩大的结果，自给自足的自然经济已经开始解体。

与城市化进程和生产工具革新相伴随的是，越来越多的人口进入城市寻找工作，大片的市镇在江南一带拔地而起，越来越多的人口向城市集中，从而带来消费品市场的进一步扩大。你来到任何一个城镇，都可以找到当地的同乡会或者人才中介所。只要你将黄册压在那里，就会有人帮你找工作。而且，这种同乡会所或者职业介绍所，还能够提供简单的住宿和饭食。

在每个市镇里都有行会，瓦匠行业有瓦匠行会，丫环行业有丫环行会，脚夫行业有脚夫行会，织工行业有织工行会。他们定期碰头开会，交流信息，制定行业最低工资标准和工伤补偿标准，或者联合起来罢工对雇主施压。明朝把这种说法叫作“奴变”。在这种强大的工会组织的压力下，当19世纪的美国工人还在为每天8小时工作制奋斗的时候，在17世纪的明王朝，已经建立了完善的失业救济制度和破产保护制度，以及劳动保护行规。

《明神宗实录》记载了这么一件事情：

万历三十一年正月，黧面短衣之人，填街塞路，持揭呼冤。今者，萧墙之祸四起，有产煤之地，有做煤之人，有运煤之夫，有烧煤之家，关系性命，倾动畿甸。

这段文字记载的是北京西山煤矿的矿工在紫禁城前喊冤的事情。万历二十六年（1598年），皇帝派宦官王朝前往西山收税，此次矿工游行就是由征税引起的。矿主为了少交税，不仅压低矿工工资，还将矛头往矿监身上扯，并煽动工人游行，以向当局施压。从这里我们可以看出，17世纪前后的这场反对矿税的斗争，参加者既有地方官员和资产阶级，也有具备雇用身份的无产阶级工人，这场斗争彰显出了一种大的社会变革。而万历二十九年（1601年）的那场苏州民变无疑将这一切推向了顶峰。

万历二十九年（1601 年）苏州税监孙隆开始向机户收税，规定每机一张，税银三钱；每缎一匹，税银五分；每纱一匹，税银两分。按照一两银子等于十钱银子，一钱银子等于十分银子的比价来算，再加上丝绸较高的售价，这点税根本算不上什么。但对于长期习惯于低税率的机户来说，他们却无法忍受，于是便纷纷关闭门户以示抗议。这样导致了苏州城内 1 万余名的织工、纱工、染工失业。这些失去生计的雇工很快将矛头对准了税监，而不是他们的雇主。在封建体制还没有解体的情况下，在工业革命还没有开展的情况下，在大型手工工场还没有建立的情况下，劳资双方的矛盾还没有到普遍与尖锐的程度。或许他们还要联合起来共同反对封建的世袭体制，无论这种方式是柔性的，还是革命性的，它都能够反映出 17 世纪明王朝所产生的那种悄悄的裂变。

六月初六，机工徐元、顾云、钱大、陆满带领 2000 人推昆山机工葛成为领袖，众人在玄妙观宣誓。城内机工听说后纷纷向玄妙观云集，短时间内就汇集了 1 万余人。为了扩大声势，葛成将这 1 万人分成六队，众人身穿白色短打，手持木棍，从苏州城不同的方向向税厂走去。为了保证行动的针对性，葛成严明纪律，禁止众人抢劫市民财物。据《五人墓碑记》记载，当队伍行进到灭渡桥时，正碰上孙隆下面的税使黄建节指挥手下在向商贩收税。众人一齐乱打，顿时将黄建节乱棍打死，接着，又打死另一名税官徐怡春。然后，队伍又奔到协助收税的地方官汤莘、丁元复家，纵火烧其屋。葛成严明纪律，严格禁止机工夺人财物，有趁火打劫的机工也被人乱棍殴死。

《税官谣》对这场运动的描述是："千人奋挺起，万人夹道看，斩尔木，揭尔竿，随我来，杀税官。"苏州城内的抗税热潮可以说是如火如荼，越来越多的人参与到这场声势浩大的运动中去。这是一个伟大的时刻，农耕文明的巅峰时代终于到来，农耕文明的蜕变终于到来！

第二天、第三天，运动仍在继续。据《苏州织造局志》记载，六月七日，众人又奔向税官潘行禄、周仰云、顾松、郭岩、顾泽、张宜、孙顾等人的家中，将其殴毙。在将这些外围据点清除以后，众人开始转向孙隆盘踞的苏州税厂。

孙隆找到苏州知府朱燮元，让他调派兵马镇压。朱燮元说："国家的兵是用来御敌的，我不能调派兵马去镇压民众。而且，众怒难犯，此时调兵无异于抱薪救火。"眼看机工拿着棍棒向自己的税厂走来，孙隆赶紧翻墙潜出城去，躲到了杭州，

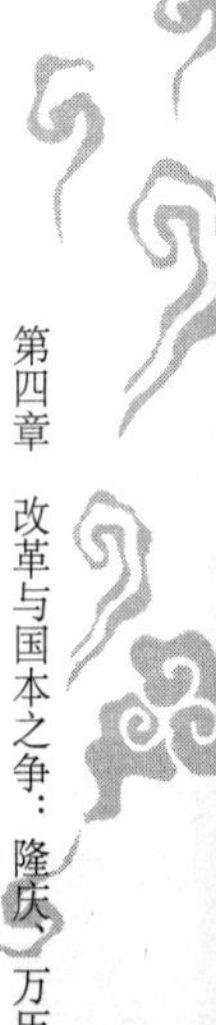

从此再也没有来苏州。

这次事件反映了资本主义上升时期，地方当局、资产阶级、小市民为了自身利益所表现出的那种极端自私性。他们没有丝毫为国为民思考的意愿，既然如此，国家也没有能力再保护它的臣民。当几十年后，清兵的铁蹄踏破这块地方，肆意烧杀淫掠的时候，这些人只有自吞苦果。这次事件也说明了一个问题，那就是皇帝旨在以征税为目的的任何旨意必须要通过官僚集团，任何企图绕过这个集团而付诸实施的行动最终都会在帝国归于失败。

既然地方军队调不动，朝廷从太仓调动了不受地方节制的帝国军队前来镇压。当太仓兵备使邹墀带着军队赶到苏州的时候，葛成主动自首，愿意以一己之死承担罪责。面对汹涌而来的机工暴动，万历皇帝朱翊钧只将为首的 8 个机工首领抓获，另外，将税监孙隆召了回来。

葛成既已进入牢狱，每日前来探望的苏州市民络绎不绝。人们送来的饭食葛成消受不了，便分给其他的囚犯。因为葛成领导的机工暴动保护了商人们的利益，各处的商人也捐献钱财给葛成，葛成却坚决不受。朝廷将葛成等 8 名机工领袖判死，但苏州地方官府就是不敢执行。朝廷也只好默之，一直到 13 年后才将葛成释放出狱。

这场运动由于参与者全是工人，所以它成了中国历史上第一次无产阶级工人运动。但这次运动却被资产阶级利用了，导致无产阶级运动的矛头没有指向它应该灭亡的阶级，反而指向了封建统治者。

虽然万历二十九年（1601 年）的这次工人运动没有一个科学的革命纲领和科学的进步主张，但是它却体现了中国早期工人运动的那种组织性、纪律性、坚定性和牺牲性。这些正是手工业工人在大作坊中集体劳动、分工负责、密切配合所形成的优良习惯和团队精神。这些都具备了工人运动的特点。而欧洲的三大工人运动，法国里昂丝织工人两次起义、英国宪章运动、德国西里西亚纺织工人起义却都是 200 多年后的事情。当 17 世纪的中国明王朝爆发工人运动的时候，欧洲还处在黑暗中世纪的教会统治之中。

李玲玲认为：“他们在斗争中所表现出的严明的组织纪律性和勇于自我牺牲的忘我精神，充分地显示了 300 多年前我国工人的非凡勇气和革命坚定性。它预示着我国古老的封建社会母体内已经孕育着一个新的社会力量。可以说，葛成领导的反税监斗争，推动了全国市民运动的更加蓬勃发展，为近代工人运动的兴起开辟了一定的道路。因此，这次斗争有着不可忽视的历史意义和进步意义。”

## 妖书案和梃击案

万历二十九年（1601年）的苏州民变已经表明，这个农耕帝国已经产生了新的经济成分，君主随心所欲的时代已经一去不复返了。在君主权力被限制的同时，舆论也早已民间化。万历朝，朝野之间已经没有秘密可言。宫里的事情、士大夫家中的事情，甚至军事秘密都能流传坊间，而且明朝人还好八卦，越是私密的段子，越能引起市民们的兴趣，乃至编成曲来唱。

虽然皇帝在万历二十九年（1601年）立朱常洛为太子，但是福王并没有离京，郑贵妃依然在皇帝面前吹着耳旁风。对于斗争的双方来说，万里长征只是走完了第一步，仍然是什么事情都可能发生，所以这就需要未雨绸缪。在这种情况下，以东林党为首的士大夫集团开始运作一系列的政治事件来打击郑贵妃势力，以稳定体系内的利益。

吕坤在任山西按察使期间内，将历史上的烈女事迹编成一本书，名叫《闺范》。司礼监太监成炬去山西从书市上购了一本带回宫中。郑贵妃看见后，对于书中没有自己的事迹感到很遗憾。她便自己写了个序，又命人增补了12篇，将自己的事迹也加了进去，改名为《闺范图说》，并令其兄郑国泰再版发行。

贵妃郑氏此举的确不妥，她本来就处在风口浪尖上，现在又借修书抬高自己，只能是火上浇油。文官们对此肯定不满，但又不好公开表达，于是便通过写匿名大字报的方式来攻击郑氏。明朝将这种匿名大字报叫妖书。

万历二十六年（1598年）五月，受郑贵妃重刊《闺范图说》所带来压力的影响，吕坤上了一道《忧危疏》。他让皇上节约开支，罢征矿税。吕坤此举完全是给这些正愁没处下口的官员开了一个口子，很快一份匿名书出现在京城的大街小巷。这份匿名书名叫《忧危竑议》，署名人为朱东吉。《忧危竑议》的内容是在吕坤所上的《忧危疏》基础上进行展开。因为《忧危疏》主要谈的是矿监税使问题，并没有

谈到国本问题，所以《忧危竑议》采取一问一答的方式大谈国本问题，通篇充满了主观意淫。

朱东吉：“我看了《闺范图说》之后，感到此书虽然没有涉及易储问题，但吕坤明显是想让福王朱常洵接替太子位。”

另一人：“不可能吧，吕坤乃忠义之士，怎么可能做这样的事情。”

朱东吉：“你知其一，不知其二。”

另一人：“吕坤既然想通过此书来给天下妇女树立楷模，为何不让朝廷进行官方刊印出版，反而要自己私刻？”

朱东吉：“这你就不知道了吧，孔子见南子（卫灵公的夫人）的时候，其目的是为了宣传思想，并不是因为南子身份尊贵而屈尊于她。既然如此，吕坤为了他的阴私目的，也不会为了整饬风化而刻意要让官方出版。”

另一人：“吕坤在这本书中对前朝的皇后大加赞赏，这让本朝的皇后情何以堪啊！”

朱东吉：“你见到自古以来有给现任宫妃写传的吗？肯定是吕坤受了某些人的恩惠。”

另一人：“从古至今贤惠的皇后多矣，为何偏偏要挑中明德皇后，将她放在第一位，明德皇后贤德的事情也多了去了，为何要单单强调明德皇后是由贵妃晋升为皇后。”

朱东吉：“吕坤自然有他的理由，他会说，明德皇后也无子，即使成为皇后，也是跟当今的郑贵妃在某些方面类似而已。所以，你是说不过吕坤的。”

另一人：“大家都说吕坤因为阴谋败露，所以上了一道《忧危疏》来替自己开脱，这岂不是欲盖弥彰。”

朱东吉：“可不是嘛，《忧危疏》表面上看起来是忠肝义胆，实际上是装模作样。”

另一人：“我见《忧危疏》中说了很多事情，单单不提国本问题。”

朱东吉：“你怎么才发现呢？人们越是想得到的东西越是忌讳提及，很多事情只能意会，不能言明，他吕坤还不知道这些吗？”

**另一人："唉！吕先生写此书可能也是有苦衷，我们应该体谅他。"**

由于这个时候皇帝还没有立太子，文官们借着写匿名大字报的方式将郑贵妃编书的目的揭露出来。那就是郑贵妃自比明德皇后，想担任皇后，其目的还是为了让自己的儿子继太子位。这份《忧危竑议》表面上是打吕坤，实际上是打郑贵妃。

《忧危竑议》一出，吕坤就知道惊涛骇浪即将来到，他便提前辞去了职务。

果然，一位叫戴士衡的吏科给事中上疏弹劾吕坤包藏祸心，说他先写了一本《闺范图说》替郑贵妃抬轿，然后又上了一道《忧危疏》来替自己解脱。事实上，郑贵妃只是将吕坤的《闺范》进行二次加工而已，并不关吕坤任何事情。但是由于它是畅销书，而郑妃又将自己列进《闺范图说》之中，这自然有利于扩大郑贵妃的影响。

戴士衡的上书并没有起到应有的作用，郑贵妃反而哭诉说《忧危竑议》这份大字报出自戴士衡之手，万历便将戴士衡充军广东了事。万历的确跟郑贵妃夫妻情深，他亲自出来替贵妃解释，说《闺范图说》是朕赐给贵妃看的，大家不要在这个事情上再挑事了。

《忧危竑议》明显是人微言轻的低级官僚之手笔，既具有八卦性质，又具备恶毒的政治攻击性质。

万历二十九年（1601 年），皇帝册立了太子，但福王迟迟不去藩国就藩，群臣的心依然无法安宁。万历三十一年（1603 年），京城又现妖书，而此次妖书案明显是高级官僚在参与，不仅涉及国本问题，更涉及党争问题。

十一月份，京城家家门口出现了一份小册子，册子上的题目为《续忧危竑议》。看其样子是万历二十六年（1598 年）的续集，其内容是说郑贵妃想让皇帝废掉太子，改立福王为太子，而且还将内阁首辅朱赓牵扯进来。内容仍然是采取一问一答方式，虚拟了一个叫郑福成的人，署名是吏科给事中项应祥编撰，御史乔应甲手书。

**一人问郑福成："今天下太平，太子也立了，你还有什么好担忧的？"**

**郑福成答："怎么能这样说呢？当今的形势好比将火种放在材薪之下。"**

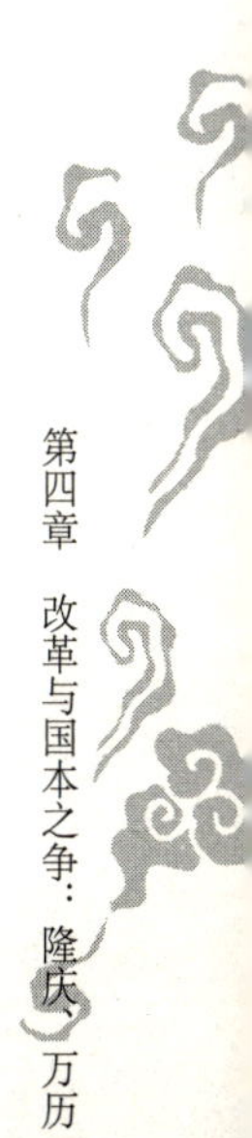

一人问：“你的话太危言耸听了吧，难道太子的位置不稳吗？”

郑福成：“是的。虽然皇帝立皇长子为太子，但是东宫至今一个官吏都没有配备，怎么能够说天下就太平了呢？因为沈一贯的请求，皇帝才立的东宫，但是现在却不配官，就是为了将来改立东宫。”

一人问：“改立谁？”

郑福成：“当然是福王了。”

一人问：“你怎么知道？”

郑福成：“满朝那么多人，为什么要用朱赓，‘赓’者‘更’也，就是要将来更立太子。”

一人问：“有道理。但用朱赓难道就能改立太子吗？不怕大家反对吗？”

郑福成：“这个你就不知道了。天下趋炎附势的人多了去了，皇长子能立为太子，难道次子就不能立吗？”

一人问：“这些趋炎附势的人都是谁？你能说出来吗？”

郑福成：“这有何不可说的。王世扬、孙玮、李汶、张养志、王之祯、陈汝忠、王名世、王承恩、郑国贤、郑贵妃，此其十乱也。”

一人问：“沈一贯难道就不出来说话吗？”

郑福成：“沈一贯为人阴贼，他只会趋利避祸，让他出来说话，没门。”

从这段对话我们可以看出，写此书的人明显是针对皇帝不配备东宫官吏而来的，这是对皇帝的警告。撰写此书的人希望能以此逼迫皇帝从速给东宫配备官吏，从而将未来可能发生的不确定性因素消弭于无形。从这方面来讲，这份匿名大字报无疑具有极强的正面意义。

但此书具有浓厚的党争色彩，编写之人除了要达到警告皇帝的目的，还要打击沈一贯和朱赓。我们知道，申时行、王锡爵、沈一贯这些阁臣都是因为在国本问题上没有逼迫皇帝太急而遭到小臣的唾骂。但阁臣和小臣由于所处的位置不同，所以考虑的角度不同。阁臣是从全局考虑，他不可能像小臣那样偏激，那样的话只能让皇帝与大臣之间失去缓冲，将事情弄糟。这些小臣不理解，也不需要理解。事实上，也正是申时行、王锡爵、沈一贯的力争才使得“国本之争”获取最后的胜利。当然，在这个过程中小臣发挥的作用也是不可忽略的。

我们还要看到，从万历二十一年（1593 年）的京察开始，朝野反对阁臣的小臣逐渐形成一个团体——东林党，而在万历二十一年（1593 年）的京察中，这个团体的人遭受重创，所以，此次匿名大字报事件明显带有党争的色彩。

而妖书中提到的十乱分别是：兵部尚书王世扬，保定巡抚孙玮，三边总制李汶，光禄寺少卿张养志，锦衣卫左都督王之祯，京营都督佥事陈汝忠，锦衣卫千户王名世、王承恩，锦衣卫指挥佥事郑国贤，以及郑贵妃。这十人多是在国本之争中倾向于皇帝和沈一贯一边的文官和武官。

万历接到妖书事件的奏报后，立刻命东厂陈炬查察此事。由于沈一贯跟内阁沈鲤一直有隙，加上沈鲤跟东林党人走得较近，所以沈一贯说妖书是沈鲤的学生——礼部侍郎郭正域所作。为此，沈一贯派人将与郭正域有关的人全部抓捕归案，进行严刑逼供。但是，逼供的结果并不理想，还打死了一些人，看来沈鲤跟此事并无关联。

由于京营捕快陈汝忠被牵扯到妖书一案，所以他在抓人过程中非常卖力。他将郭正域的师爷毛尚文、郭正域的医生沈令誉抓捕归案。又由于考虑到小孩子不撒谎，陈汝忠又将郭正域奶妈龚氏的 10 岁女儿带来作人证。到了三法司和厂卫会审那天，东厂的陈炬问那 10 岁的小女孩："你看到的妖书有几张？"

那小女孩根本不知妖书是什么东西，便胡乱答道："有满满一屋子。"

案子还没有破，办案人员所承受的压力越来越大。京城也是人人自危，不知道什么时候厂卫会跑到自己家里来抓人。在这种情况下，三法司找了一个被顺天府革籍的秀才皦生光顶罪了事。

从两次妖书案，我们可以明显看出，正是由于皇帝在国本问题上一再采取拖延和暧昧的行为导致群臣的愤恨。群臣只能采取这种方式来发泄心中的不满，同时迁怒于那些态度阴晴不定的阁臣。一个国本问题使得万历王朝一直笼罩在阴霾之中。这位身材微胖的皇帝的确负有不可推卸的责任。

当事情一直没有得到解决的时候，它一定还会以另一种方式体现出来。

万历三十三年（1605 年），太子朱常洛的侍妾王氏产下一子，也就是后来的明熹宗朱由校。按说皇长子产子这是好事，但万历只给王氏封了个才人，并且不允许朱常洛和他的母亲相见。朱常洛的母亲死了之后，葬礼极其简单。不久，太子妃死后，葬礼又极其草率。加上东宫内不仅连官吏也没有配备，就是侍卫和宦官也少得

可怜。这一切似乎都在暗示，这个太子只是临时的，他随时有可能被废掉。这个时候太子的母亲已经死掉，一旦皇后逝世，那么郑贵妃将名正言顺地成为皇后。到时候，一切还都是变数。所有人心中都在暗暗发急。这个时候，在文官们的运作下，一个新的阴谋诞生了。

万历四十三年（1615 年）五月四日黄昏，一个陌生男子手持木棍闯入太子居住的慈庆宫。由于此时的慈庆宫没有多少人把守，那名男子举着木棍一直闯了进来。途中遇见一位太监，那名男子举棍就打，然后又往里闯。在太子居住的大殿前，这名男子被侍卫和几名太监抓住。

经过审讯，此人交代名叫张差，蓟镇人氏。但此人明显智商有问题，说话显得有些语无伦次。其实，这样的事情在大明朝已经发生过两次了。嘉靖十八年（1539 年），文官们为了反对皇帝南巡，让一个叫孙堂的军人跑到宫中大喊大叫。万历元年（1573 年），张居正和冯保为了诬陷高拱，从戚继光军营中弄了一个叫王大臣的智障军人携带匕首进入宫中，说要刺杀皇上。这次文官们为了预防将来可能发生的变故，不知道从哪里又找了一个智障人士来演戏。

张差举杖闯入东宫的消息很快在京城传开，人们自然将矛头对准了郑氏。负责此事的刑部主事王之宷进入牢房提审，他看见张差傻乎乎的样子说：“说不说，不说不给饭，饿死你。”

王之宷又摈退狱中的差役，张差这才说道：“小人小名张五儿，蓟州井儿峪人，父张义，病故。舅舅和岳父让我跟不知名的老公公走，说事成后给小人几亩地用。老公公骑马，小的在后面跟，初三歇燕角不知名店铺，初四到京。”

“你到京后住在什么地方？”王之宷接着问。

“到不知街道的大宅子，一老公公与我饭，说你先撞一遭，撞着一个，打杀一个，打杀了，我们救得你，然后便给我木棍，领我进了宫门。守卫拦我，我拿木棍击他，后来老公公多，我才被抓住了。”张差说。

张差说的都是实情，是宫里的老太监去京郊花钱让人找了一个智障人。张差的舅舅和岳父肯定收了钱，那么，关键的问题是谁在幕后策划了此事。很明显，一个智障人士拿根木棍是打不死太子的，所以，幕后策划者只是想把水搅浑。此次梃击事件是文官集团的一次策划，旨在预防未来可能出现的对太子不利的情况。可以说，文官们真的是用心良苦。

面对大明王朝的又一次诡异事件，皇帝想将它淡化，但官僚们不依不饶。他们上疏指责皇帝对太子冷淡，以及郑贵妃和他哥哥国泰是幕后主使。

五月十一日，王之寀在狱中的突击提审取得的应该是事实真相。因为张差说的是不知名老公公，让他打人，没说打谁。但到了五月二十一日，三法司会审的时候，张差又说是郑贵妃宫中的太监庞保、刘成指使，而且让他打小爷。明显在二十一日这天，张差出现了翻供。那么，在这10天的时间内，一定是有人去狱中，让他将矛头往郑贵妃身上扯。

无论皇帝知道不知道这件事情的真相，他都不想追究下去，以免他心爱的女人受到伤害。二十八日清晨，皇帝又像万历十八年（1590年）在申时行面前作秀一样破天荒地召集在京的所有官员。这是自万历十九年（1591年）起皇帝首次公开在群臣面前露面。

群臣来到慈宁宫外，发现仪式庄重，皇帝一身白衣，皇太子、皇孙朱由检、朱由校，还有两个皇孙女也站立在一旁。群臣跟随皇帝向已亡的李太后牌位行叩礼，然后皇帝开始发话了。皇帝说："有人离间我们父子，自己的儿子自己养到30多岁，又生了这么多皇孙，焉有不爱之理。而且福王已去洛阳就藩，非宣诏不得入宫。"

接着，他举起朱常洛的手说："此儿极孝，我极爱惜。"

这时候，御史刘光复跑出来说话。万历由于身体虚弱、头晕目眩使他听不清刘光复的话。万历便斥责刘光复不要再说话，哪知刘光复仍然喋喋不休，非要把话说完。皇帝大怒，连声厉声喝道："锦衣卫何在？锦衣卫何在？锦衣卫何在？"结果，无人应，皇帝只好让几个太监将他捆起来。

许多大臣从来没有见过皇帝如此动怒，首辅方从哲连忙出来说道："无知小臣，请皇上不要放在心上，还是赶快给太子讲课要紧。"

"如此大事，朕岂能不知，但现在正在太后服丧期间，你们看我所穿何服？"

接着，皇帝又举起皇太子的手问道："你们都看见否？如此儿子，我哪有不爱护的？你们有这样的儿子，难道不爱护吗？"

然后，他又让人将皇孙和皇孙女在石阶上依次排开，在群臣面前亮相，以打消群臣的疑虑。

接着，他又说道："朕与皇太子天性至亲，祖宗祖母都知道，小臣恣意妄言，

离间我父子，真是奸臣。”这句话，皇帝连说了几遍，语气加重，以示警告。

然后，皇帝又扭过头来对朱常洛说：“你有何话？对诸臣说。”

朱常洛首先肯定了万历的意见，接着说道：“我父子何等亲爱，外廷有许多议论，尔辈为无君之臣，使我为不孝之子。”

虽然万历皇帝疯疯癫癫地说了一大堆，但没有他儿子说得到位，尤其是“无君之臣”这个词说的语气已经很重了。朱常洛似乎对于“梃击案”的真相察觉到了什么，不然的话，他不会说得这么重。

万历听他儿子这么说，也赶紧说道：“你们听见皇太子说了吗，他说尔等离间，为无君之臣，将使他为无父之子。”

万历说完，赶紧示意首辅方从哲回话。万历四十三年（1615 年）的这场闹剧就以这种方式结束了，张差、庞保、刘成被判死。最后，皇帝再一次面对跪在地上的群臣抚摸着朱常洛的头问道：“尔等俱见否？”

“都看见了，皇上。”

由于此次召见来人众多，慈宁宫外摩肩接踵，显得拥挤不堪。众人在退出的时候，队伍更显混乱。从来没有如此近在咫尺地一睹天颜，聆听教诲，群臣个个受宠若惊，莫不欢欣鼓舞，都说是 40 年来未有之盛世。

# 第五章

# 党争全面爆发：泰昌、天启、崇祯

泰昌、天启、崇祯三朝的一个典型特征就是党争。虽然万历朝党争就已开始，但还未像这三朝如此地明目张胆，如此地肆无忌惮。泰昌短短一个月就死掉了，继任的天启和崇祯起初都想重用东林党，但发现这个党派存在的问题后，又开始排斥。天启皇帝治国的手腕是高明的。他不喜欢叽叽喳喳，用一个魏忠贤，就令群臣噤声。崇祯不懂天启为何要用魏忠贤，他轻易罢人，轻易用人。所以，明朝晚期人事上变得越来越糟糕，越来越混乱。崇祯治国的理想化更是将明朝推向深渊。他求治心切，一旦事情没达到他的目的，他便大发雷霆，将责任推给他人。其结果便是无人再敢担当。

## 红丸案与移宫案

万历四十八年（1620年）七月，万历驾崩，享年57岁。

在皇帝死后，朱常洛随即发布一系列诏令，从内库中发银补充军饷，召回矿监税使，补充缺位官僚。在万历临死前，他给儿子朱常洛交代了一件事情，那就是将来立郑贵妃为皇太后。朱常洛本是个性宽厚之人，对于父皇的这个要求他自然答应。因为此时皇帝的王皇后和自己的母亲王贵妃已经逝世。但此举与儒家礼法不符，因为郑贵妃并非万历的正室，而且她也不是朱常洛的生母。所以，这自然又遭到文官的反对。

在梃击一案中，因为太子朱常洛的出色表现，维护了万历和郑贵妃的声誉。同时，郑贵妃也明白了朱常洛的地位已经是不可动摇。她改变了策略，开始讨好朱常洛。加上此时太子妃郭氏已经故去，所以朱常洛身边是缺乏女性的。郑贵妃开始陆续送了一些女人给朱常洛，其中朱常洛后来所宠爱的妃子李选侍就是这个时候送来的。

皇宫中的皇子们由于食物过于精细，以及长期的缺乏锻炼，所以体质大多不好，而朱常洛又是在担惊受怕的环境下长大，身体比较弱。万历四十三年（1615年），通过东林党人运作梃击案，才使朱常洛的地位得到改观，他终于可以轻松了。按照一般的历史观点，在这5年当中，他的房事过于频繁，对于身体损耗过大。万历驾崩后，他又连续处理了20天公务，所以从万历四十八年（1620年）八月一日登基起，到八月十日他便病倒了。

八月十四日，朱常洛服用了管御药房太监崔文升的药，当天夜里腹泻不止，第二日病情更为加重。这个时候，朱常洛已经意识到自己快不行了，便于当月二十九日召见群臣商量后事。在此之前，有鸿胪寺官员李可灼献上红丸一枚。但鉴于崔文升用药不当导致病情加重，所以，首辅方从哲便禁止皇帝用此药。

皇帝听说有此事后便让李可灼进药，死马当活马医。由于此种红丸包含有金属成分，人食用后会感到兴奋。二十九日皇帝服用了一粒，感到效果较好，到了夜晚又服用了两颗。第二天，也就是九月一日凌晨，皇帝去世。

那么，新皇帝的死因究竟是什么？朱常洛由于长期的心理负担，大约一直有慢性病。在万历死后，他由于操劳过度，导致疾病复发。再加上崔文升用错了方子，所以，到了此刻，朱常洛已经走到了生命的尽头。至于服用红丸，不过是加速了他的死亡而已。事后，东林一系的人借此大做文章。他们攻击郑贵妃，说是贵妃郑氏指使崔文升和李可灼用药害死了朱常洛。实际上，郑贵妃没有害朱常洛的理由。朱常洛对郑氏还算尊重。万历死后，郑氏就想争个皇太后，但是，如果朱常洛死去，郑氏成为皇太后的可能性就终结了，垂帘听政更不可能。在已经成熟的文官政治体系下，君主政治和女人政治在帝国早已结束。

除了攻击郑氏，东林党更将矛头对准具有浙党色彩的首辅方从哲。由于万历皇帝坚决不用东林党的人，所以，东林党企图利用红丸案进行全面翻盘。如此一来，红丸一案就具备了浓厚的党争色彩。

东林党对方从哲的非难，是因为方从哲按照光宗朱常洛遗诏对崔文升、李可灼进行了褒奖。从此也可以看出，朱常洛对自己的病情是知晓的，绝非药物能够改观。方从哲对崔、李二人的褒奖似乎做实了某种口实。面对东林党要求处死两个人的要求，方从哲又将崔文升票拟为司礼监处理，将李可灼票拟为罚俸一年，后又改

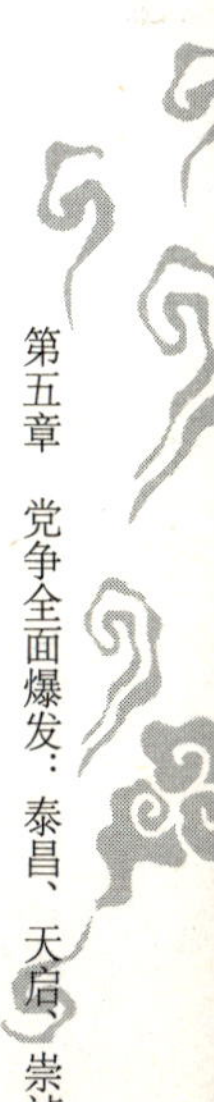

票为驱逐回乡。

东林党对方从哲的攻击就由此而来。在方从哲抵挡住的情况下，他们又把矛头对准了乾清宫的那个女人。李选侍是泰昌的宠妃。万历死后，郑氏想运作皇太后，她则想运作皇后。现在泰昌一死，郑氏则想运作太皇太后，李氏则想运作皇太后。如若想达到这个目的，只有将朱由校控制在手里。此时，郑氏居住在慈庆宫，李氏则将15岁的朱由校弄到了乾清宫。

司礼监掌印太监王安赶紧跟众大臣商议，说李氏与郑氏密谋控制朱由校以此来垂帘听政。众大臣听说了，立即商议以进宫祭奠光宗的名义，将朱由校领出来。主意一定，首辅方从哲率吏部尚书周嘉谟、礼部尚书刘一璟、御史左光斗、兵科给事中杨涟等人连忙进宫。他们来到乾清宫外时，有内侍挡驾。杨涟一顿猛喝，没等到宦官回过神来，众人推开挡驾之人，径直走进乾清宫。

众人对着光宗的灵柩哭灵完毕，发现朱由校并没有在灵前守灵，便望向王安。众人见王安向暖阁会意，众人便一起走到暖阁前跪下要求见朱由校。李选侍哪里见过这般场景，顿时不知所措。事实表明，无论是郑贵妃，还是李选侍，想跟文官斗法，完全是天方夜谭。

这时候，王安入内对李选侍说，让朱由校跟文官们见个面就领进来。说完，王安便将朱由校牵了出去。众人见朱由校出来了，不由分说地将朱由校拥到了外面的轿子里。周嘉谟、刘一璟、杨涟、张维贤亲自抬轿，将朱由校抬到了应该属于太子居住的慈庆宫。

要说朱由校还是向着郑贵妃和李选侍。众人让朱由校即日登基，朱由校不允，只说九月初六日登基。接下来，众人联名上疏要求李选侍移出乾清宫，搬到仁寿宫去居住。理由是李选侍既不是光宗皇帝的正室，也不是朱由校的生母。李选侍当然不愿意搬，一直僵持到五日，因为第二天就是朱由校登基之日。左光斗上疏将李选侍比作武则天。李选侍听说左光斗将其比作武氏，顿时大怒。李氏派宦官去质问左光斗。面对内侍的质问，左光斗毫无惧色，反而当着内侍的面将李选侍臭骂一顿。面对群臣的滔滔凶势，以及司礼监掌印太监王安的恐吓，这个无知而又可怜的女人只得乖乖地抱着她的女儿皇八妹移居仁寿宫。由此我们可以看出，封建王朝，除了皇后外，其他妃子的地位是如何的微不足道。

万历四十八年（1620年）九月六日，朱由校即位，宣布本年余下时间改元泰

昌，明年改元天启。

从万历皇帝死，到天启登基，短短40多天的时间里发生了两件大事。这实际上是国本之争的延续，是国本之争的余震。这是文官们内心深处的担心折射到现实的反映，他们所维护的仍然是儒家的伦理规范。天启的继位并不标志着事情的完结。在几年后，魏忠贤为了打击东林党，编了《三朝要典》，将梃击、红丸、移宫三个事件称为三大案，并对三大案重新定性，借此打击东林党。晚明三大案由此而来。

## 天启皇帝朱由校

天启皇帝跟其他大多数明代中后期的皇帝一样，都是生于深宫，长于深宫。他同时也跟他的父皇朱常洛一样，自幼承受着极其沉重的心理负担。朱常洛有什么样的感触，这位皇太孙也有着什么样的感受。他跟他的父亲一样，也是迟迟得不到册立，迟迟得不到出阁豫教。

但跟朱常洛不同的是，朱由校在这种沉闷的空气中并没有消沉下来。他依然有着孩童般的天真。他喜欢四处戏耍，甚至爬到树上去掏鸟窝。万历四十三年（1615年）梃击案发生后，万历在紫禁城召见群臣。即便是在这样庄严肃穆的环境下，朱由校居然也东张西望，后来被万历一声厉责。

朱由校是一个十分聪明的孩子，这种聪慧程度超过了他的父亲和祖父。天启元年（1621年），内阁首辅叶向高上疏说："我皇上聪明天纵，朝讲时临，真可谓勤政好学之主矣。尝见皇上发拟本章，每多传谕，以此仰窥圣心留神庶政。臣等欲一一言之，则不胜其烦，欲默而不言，则又失辅弼之职。皇上尤于燕闲游豫之时，览观经史，深戒怠荒，此宗社苍生之大幸也。"

叶向高认为天启聪颖好学，早上的经筵时常出席，皇帝对政事的处理也很频繁。但叶向高也同时劝诫天启在闲暇的时候也要多读书。

叶向高的上疏实际上对天启的聪颖、好学表示了赞同，另一方面，也透露了一个信息，那就是天启平日里贪玩。天启在回疏中是这样说的："朕在宫中，每日披阅文书，览诵经史及祖宗训录，兼时事忧劳，何有多暇？卿为辅弼元老，正赖责难

陈善，匡朕不逮。览奏具悉忠悃。”

天启表示，他在宫中多批阅奏章，诵读经史，十分操劳，并没有多余的时间。叶向高作为元辅，就应该匡正朕的得失。

杜车别在《对天启皇帝评价》一文中写道，天启在军事、边事上自有一套理论，在某些方面甚至超过了统兵的边帅。天启六年（1626 年），宁远兵备佥事袁崇焕上疏说，在关外依靠修城屯田就可以让后金投降。天启接到奏疏后批示道：

“作何给授，使军民不相妨？作何分拨，使农战不偏废？作何演练，使农隙皆兵？作何更番，使营伍皆农？作何疆理，足以限戎马？作何收保，不致资盗粮？一切事宜，该抚悉心区处具奏。这本内说，奴子不降，必定成擒，诸臣诸不乐闻。以朕计之，奴未必降，降不足信也；战必能胜，胜无轻谈也。蹈实而做，需时而动。正也，奇在其中矣。该抚饶为之，亦善为之。”

天启的意思就是告诫袁崇焕老老实实地做好实事，少搞一些大言不惭的把戏。此时天启只有 21 岁。处于深宫之中的他，其头脑冷静和务实态度已经在袁崇焕之上。

天启四年（1624 年），皮岛总兵毛文龙的一份塘报说，女真人有跟蒙古人勾结，从喜峰口入关的可能性。天启接到塘报后批示道：

“上谕内阁，朕览登莱巡抚塘报，准平辽总兵官毛文龙揭前事。为屡获活夷，斩首级，得获鞑马夷器等件。虽功微小，实挫贼锋。其复辽之基，端在斯乎。朕心岂不嘉悦。外呈称奴酋与亲信奸人李茂隆等，昼夜商议，欲以贿买西虏，更换旗帜，借路潘家口等处，进攻谋逆。朕思奴酋所谋，其志不小，更甚于昔也，倘以假道长驱，为害非浅，是以朕不无东顾之忧。卿等传示兵部，作速马上差人前去传与枢辅，总督镇巡，当详计塘报，作何料理？作何策应？筹度周全，务保无虞。其沿途各路，并东征将士，俱要仔细防御，谨慎备尝。及各隘口守把将官，都要昼夜不时防守。还仔细盘诘进贡出入夷人，其中恐有奸细夹带情形。仍传户工二部，并专督辽饷等官，详确毛帅，如果缺粮乏器真情，并拨船及应用器械，一并速发解去军前应用，不得迟滞，有误军机，责有所归。特谕。”

然而天启的老师孙承宗却看不出这份塘报里面的厉害性，对潜伏的危险无法预计。孙承宗说道：

“奴狡而计稳，必不出此。又恐关城谓虏由他道，便可缓防，以为声东击西之计。”

事实证明，崇祯二年（1629年），皇太极的确率军从喜峰口入关。由此可以看出，天启在一些问题上的看法比孙承宗更加成熟。这大概是由于两个人不同的人生经历所导致。天启是在险恶的环境中生活和成长，他需要始终保持警惕性，提防他人陷害自己。而出身缙绅的孙承宗走的是进士、翰林院这条线，并无实际政务经验。所以，两个人对待同一问题得出不同的结论也就不奇怪了。天启年间，辽东局势稳定下来了，正是皇帝冷静的头脑所起的作用。

天启不仅能对一些事情做出独立判断，而且对于边事还十分关心。他为了获取真实的边报，便时常让东厂的人前去刺探。《明熹宗实录》对于朱由校发内帑给边军的记载也是比比皆是。而且，为了解决早已存在的财政支付问题，天启除了保持万历朝征收商业税的政策不变之外，还对农田的买卖征税，这一方面扩大了财源，另一方面还抑制了土地兼并。从这一点可以看出，这个小皇帝在制定政策方面的针对性。

天启除了对军事、国事关心之外，对身边的人也很好。他将自己的奶娘封为“奉圣夫人”。为了避免自己的老师孙承宗受党争所害，他对孙承宗也严加保护。除此之外，他对皇后张氏和信王朱由检也是维护的。由于张皇后和朱由检不喜欢魏忠贤和客氏，多次在朱由校面前说魏忠贤和客氏的坏话，所以，客氏和魏忠贤一直想找皇后和朱由检的麻烦。但是，由于天启的维护，无论客、魏二人掀起多么大的风浪，两个人都能如堤坝一般屹立不倒，从而使客氏、魏忠贤知难而退。

《明季北略》中记载了这么一件事情：

“顺天府丞刘志选，劾后父张国纪，上下旨切责。后贤明，客氏忌之。上幸后宫，顾几上书一卷，问何书？后曰：赵高传也。上默然。忠贤怒，次日伏甲士于便殿，上搜得之，送厂卫。忠贤诬后父谋立信王，欲兴大狱。王体乾曰：

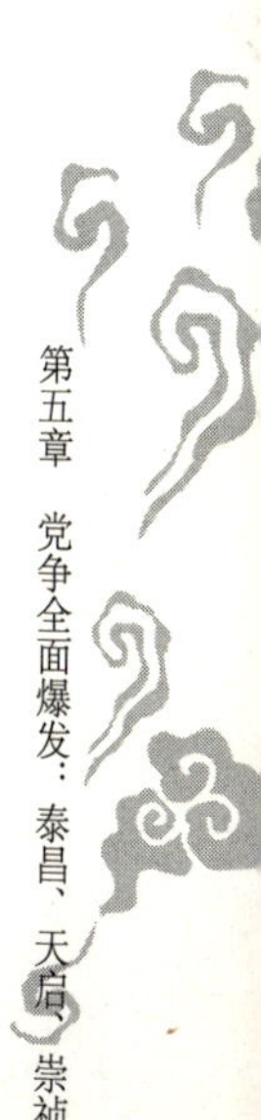

‘上凡事愦愦，独于兄弟夫妇间不薄，脱有变，吾辈无类矣。’忠贤惧，乃杀甲士以灭口。”

原来皇后张氏曾将客氏叫到宫里训斥一顿，并多次让皇帝处理魏、客两个人。但皇帝对客氏有感情，加上皇帝需要用魏忠贤制衡文官，所以，天启对张皇后说的这件事一直置之不理。眼见皇帝维护了自己，魏忠贤便散布流言，说皇后是强盗孙二的女儿，而不是张国纪的女儿。接着，魏忠贤便指使顺天府丞刘志选弹劾张国纪。哪知天启根本不去管这些乌七八糟的事情，直接降职斥责刘志选。

这件事情过去没多久，皇帝来到皇后的宫中，发觉桌案上有本书，上书《赵高传》。皇帝知道皇后要表达什么，他没说什么便离开了。不久，皇帝在殿上发现有几个带着兵器的人。皇帝便让人将这几个人带到东厂审讯。东厂审出来的结果是这几个人受张国纪指使，要杀掉皇帝，然后立信王为帝。这件事情自然很搞笑，张国纪放着好好的国丈不当，要帮助一个跟自己关系更远的信王。这很难让人信服。

司礼监秉笔太监王体乾对魏忠贤说道：“这件事情你搞得有些离谱了。虽然皇帝平日里对你不闻不问，但并不代表你什么事情都可以做，当心灭你九族。”

王体乾的话使魏忠贤如梦方醒。他终于找准了自己的位置，然后将他指使的那几个人杀了灭口。

除了这些特点外，这位年轻的皇帝还有心灵手巧的特点。明太监刘若愚在《酌中志》中写道：

“先帝好驰马，好看武戏，又极好作水戏，用大木桶、大铜缸之类，凿孔削机启闭灌输，或涌泻如喷珠，或澌流如瀑布，或使伏机于下，借水力冲拥圆木球，如核桃大者，于水涌之大小般旋宛转，随高随下，久而不坠，视为戏笑，皆出人意表。

“圣性又好盖房，凡自操斧锯凿削，即巧工不能及也。又好油漆匠，凡手使器具皆御用监、内官监办用。先帝与亲昵近臣如涂文辅、葛九思、杜永明、王秉恭、胡明佐、齐良臣、李本忠、张应诏、高永寿等，朝夕营造，成而喜，喜不久而弃，弃而又成，不厌倦也。且不爱成器，不惜天物，任暴殄改毁，惟快圣意片时之适。当其斤斫刀削，解服磐礴，非素昵近者不得窥视，或有紧切本章，体乾等奏文书，一边经管鄙事，一边倾耳注听。奏请毕，玉音即曰：'尔们用心行去，我知道了。'"

从上面这些叙述中我们可以对天启有一个大致的了解。他聪颖、好学，对手工业有着异乎寻常的兴趣；他对军事、边防尤其关心，而且会有自己的独立判断；他头脑冷静，不人云亦云；他是一个有情有义的人，在某些方面，不像万历那样薄情寡义。更令人钦佩的是，他有着独特的治国手段。当他发觉文官难以驾驭的时候，便启用魏忠贤这个强权人物加以制约。但我们也明显看出，这个皇帝跟嘉靖一样喜欢隐藏在幕后指挥一切。很多时候，他更喜欢不闻不问，充当一个重大纠纷最后仲裁的角色。他的内心阴暗、狠毒，幼年的成长经历培养了他能够洞悉一切的能力，或许帝国发生的一切事情都不能在这个孩子心中激起任何波澜。

当朱由校继位后，他并不像他的父亲那样对这些帮助过自己的文官产生一丝一毫的感激。他很快就发现了文官们的特点，而司礼监掌印王安却又跟外廷一体。在这种情况下，他的当务之急是除掉王安。

天启元年（1621 年），朱由校念王安有拥戴之功，便将王安由司礼监秉笔升为掌印。而王安对朱由校处理熊廷弼、杨涟一事不满，便对担任司礼监掌印一事坚辞不就。客氏和魏忠贤乘机在天启面前进谗言，说王安对圣上不满，这样的人绝不能用。对于魏、客二人而言，必须治王安于死地，如果此次没能成功的话，将来王安与外廷联手一定会置自己于死地，李选侍就是一个例子。对于朱由校来说，他对王安的态度也感到不满，他也不希望内外廷联成一体来约束自己。在魏忠贤的安排下，王安被贬到南海子。南海子是皇家猎场。此时南海子的总管是李选侍宫中的太监刘朝。因为李选侍曾经栽在王安手里，所以，魏忠贤将王安安排到这里，其目的可想而知。

在魏忠贤的授意下，刘朝不给王安吃饭。但附近村民敬重王安的为人，便偷偷送一些食物。刘朝发现后，便将这些村民喝退。王安又偷偷挖了一些胡萝卜藏在袖子里面，等没人注意的时候再偷偷吃。但是，刘朝已经等得不耐烦了，便让人直接处死了王安。

当魏忠贤将王安"病死"的消息告诉天启的时候，这位皇帝知道是怎么回事，但他也懒得去问，装作不知道算了。

王安的悲剧的根源在某种程度上是跟汪直、刘瑾、怀恩、冯保等宦官一样的，

那就是跟文官联系过于紧密。身为宦官，他没能认清自己的职责。帝王的思维自然是从全局考虑，任何妨碍这一思维的人和事，无论亲情还是恩情，都会舍去。

## 《东林点将录》

万历皇帝向来对东林党没有好感，他们的问题在于善于占据道德的制高点来打击一切政敌。而且这个党派的人大多以道德君子自称，实际上并无实际的政务经验。从万历中期一直到万历末期，皇帝对这个党派的人都是严防死守。但是，到了光宗皇帝继位，形势顿然改观。

由于在“国本之争”中，东林党人出力很大，所以，朱常洛对东林党人很有好感。在他的推动下，万历朝被斥退的东林党纷纷回归朝堂。天启继位后，仍旧坚持这一用人方针。东林党人刘一璟、韩爌加入内阁，吏部、户部、礼部、兵部皆被东林党人把持，邹元标、赵南星、高攀龙、杨涟、左光斗这些东林大佬也把持了都察院。但此时的东林党人似乎并不想就此罢手，因为内阁还有位首辅方从哲在。

方从哲虽然籍贯是浙江，但他在北京长大，严格说来他并不是浙党。他实际上是一个在各个政治团体之间舞蹈的人。他既然不肯跟东林党同流合污，东林人自然不会放过他。东林党弹劾方从哲的理由仍然是红丸案与移宫案。东林党说方从哲在处理崔文升、李可灼，以及逼李选侍移宫上态度暧昧。

泰昌元年（1620 年），礼部尚书孙慎行上疏说，方从哲指使李可灼进献红丸。即便方从哲没有“弑君”之意，但也有“被弑”之实。在移宫案上，众人让李选侍移宫，唯独方从哲迟迟不愿实行。

与此同时，内阁的韩爌也上疏要求对三案重新定案，要求对崔文升、李可灼、郑国泰重新进行处分。此次，内阁阁臣与部院遥相呼应，的确是大明朝少有的事情。在三案已经定案的情况下，现在不仅连红丸案和移宫案重新翻了过来，就连 5 年前由万历亲自定案的梃击案也翻了过来。从这一点上，我们可以明显地看出东林党翻旧案后面的党争色彩。

在东林党人猛烈地攻击下，方从哲有些吃不消了。朝政已经全部由东林党人掌控，方从哲一人是独木难支。而皇帝刚登基，对于一些事情还没有理出头绪，暂时也只能按照惯性走。而东林党中的温和派韩爌跟方从哲私下里达成协议，让方从哲致仕了事。方从哲一走，跟东林党走得较近的叶向高第二次成了内阁首辅。

虽然东林党人揪住三案不放，但有一个事实他们没有搞清楚，那就是天启皇帝对此态度如何？事实上，皇帝早就对此案没兴趣了。“梃击案”是万历亲自定的案，“红丸案”是泰昌定的案，朱常洛让方从哲奖赏崔文升、李可灼就是这个意思。而“移宫案”则是天启亲自定的案。但是，现在东林人说打人的张差是郑贵妃指使，那实际上就是把万历定的案子给否定了，而东林党对红丸案的翻案更是公开表明朱由校的父亲是被人毒死的。这些对朱由校来说都是无法接受的。

朱由校一直认为他的父亲之所以死亡是因为有旧病。皇帝一再强调自己的父亲“素有旧疾，嗣因皇帝殡天哀痛，劳瘁过伤，以致医药无效”。不仅如此，皇帝还替崔文升、李可灼辩解，说他们是“进药不效，殊失敬慎，但亦臣子爱君之意”。

从皇帝自己的话来看，朱由校对光宗妃子李氏也多维护。他曾经说道：“朕今奉养李氏于岁鸾宫，月分年例，供给钱粮，俱仰尊皇考遗爱，无不体悉。外廷误听李党渲谣，实未知，朕心尊敬李氏之不敢怠也。”

当御史杨涟上疏历数李氏罪恶的时候，天启又解释道：“朕令停选侍封号，以慰圣母在天之灵；厚养选侍及皇八妹，以尊皇考之意。尔诸臣可以仰体朕心矣。”

从皇帝的语气中我们可以发现，虽然皇帝对文臣弹劾李选侍的奏章随声附和，但他明显不想再理此事，所以，不断以“知道了”“李选侍，朕已经责罚了”等话语来搪塞。

虽然如此，但御史杨涟就是听不出弦外之音，他还是坚持他的老一套，一定要皇帝就此事给个说法，并将李选侍比作武则天，要求皇帝对李氏重处。杨涟的行为被客氏和魏忠贤看在眼里，两个人开始合计整治杨涟。

魏忠贤散布流言蜚语，说由于杨涟等人不断地没事找事，李选侍自尽了，李选侍唯一的女儿皇八妹投井死了。实际上，两个人都活得好好的。接着，魏忠贤又煽动御史贾继春说杨涟勾结司礼监秉笔太监王安逼走方从哲，自己想当首辅。

此时的杨涟被搞得百口莫辩，他只有采取以退为进的策略。泰昌元年（1620年）十二月，杨涟向朱由校打了辞职报告。朱由校此时对杨涟已经有些烦了，便批了杨涟的辞职报告。这样一来，不仅杨涟惊愕，就是东林党人也惊愕。他们没想到

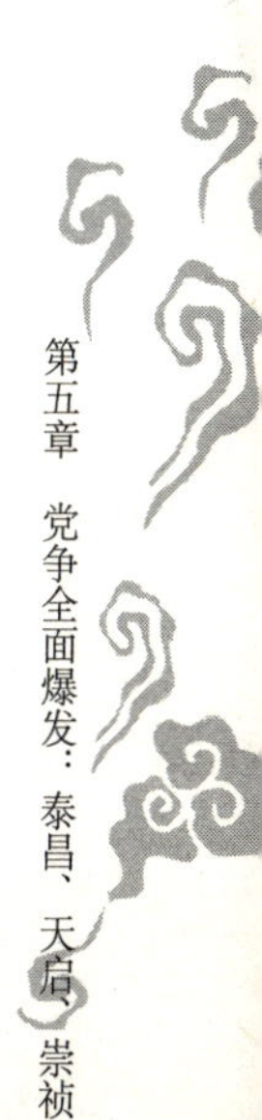

杨涟真的就这么莫名其妙地回家了。

从天启元年（1621 年）正月开始，不断有东林党派系的人上疏要求召回杨涟，朱由校都没有理会。朱由校本来对扶其上位的东林党人颇有好感，但东林党人纠住三案不放，颇令他头大。另外，杨涟和其他几个官僚总是在上疏中有意无意地提醒皇帝他们在皇帝登基过程中所立下的功劳，这些也构成了朱由校反感他们的理由。

在李选侍问题上，皇帝与文官看待问题的角度不同。李选侍胁迫朱由校只是想要个封号。皇帝考虑的是全局，他不会注重后宫这些婆婆妈妈的事情。但从文官那里来说，情况就不同了。他们要维护儒家礼法，这是他们为什么紧紧地咬住李选侍不放的重要原因。

除了李选侍问题，文官们喋喋不休地吵闹也同样令皇帝反感。天启二年（1622 年）二月，皇帝下旨吏部、都察院：

“上谕：朕览科道官，屡疏纷嚣，全无正论。辽左继陷，皆因经抚不和，以致官民涂炭。朕深切惊忧，昨张鹤鸣慷慨自请视师，具见忠义为国。江秉谦妄言乱政，已从轻薄罚，今又结党渎奏，各逞已见。不恤国家之急，臣谊何在？尔部院便传与大小各官，以后务要虚心，协力共图宗社大计。将当行事，务着实整理，毋事空言。再有仍前乱言，溷淆是非的，决不姑息。”

皇帝的意思是辽东都失陷了，这些大小官员整日吵闹不休，拿不出一个切实可行的应对方案，故而下旨斥责。

皇帝的斥责自然是毫无效果，大小官员仍旧是吵闹不休。不久皇帝又下旨斥责：

“上谕吏部都察院：朕自御极以来日夕冰兢，守我祖宗之法，惟恐失坠。每见科道各官屡次纷嚣，前有旨，不许擅出私揭。昨览报，又见揭帖，显是不遵。全无为国为民，肆行狂噪，嚣讼弗已，是何景象？其中是非公论难泯，自奴酋发难以来，徵兵转饷，军民涂炭已极，皆因偏见党论，致使经抚不和，故将辽左疆土尽行失陷。未见恢复奇谋，朕深痛恨。新进后辈，遽司耳目，全无秉公，专行报复，逞意妄言，淆乱国政。本当杖褫。姑从轻薄惩，已后科道各官俱要虚心尽职，共襄国事。再有结党排诬的，朕遵祖制宪章决不姑息。”

应该说皇帝对外廷的评价是相当有水平的，完全超过了其祖父万历，将万历想说而说不出来的话都说出来了。尤其是“全无为国为民”“嚣讼弗已”“皆因偏见党论”“全无秉公，专行报复，逞意妄言，淆乱国政”这几句总结得非常到位。但皇帝对文官的处罚也是隔靴搔痒，跟他的祖父一样，通常只是罚俸了事。大小臣工仍然是喋喋不休。眼看三案翻不动，他们便将矛头对准了魏忠贤，而皇帝依托着魏忠贤也渐渐显出了他的辣手。

天启三年（1623 年）是朝局转向的关键一年。从这一年开始，皇帝逐渐改变东林主持政局的局面，开始任命一些非东林党人士。先是让顾秉谦代替孙慎行担任礼部尚书，接着又让顾秉谦、魏广微入内阁，而此时魏忠贤也提督东厂，很快又选用反东林党人士郭巩、阮大铖担任给事中。这些都是明确的信号，山雨欲来风满楼。东林党这些官僚感受到了吗？很快，受东林党排挤的齐、楚、浙、昆以及从东林党内部分出来的赣党纷纷投靠魏忠贤，从而形成一个整合后的阉党，东林党的命运再次变得扑朔迷离。

汪文言是安徽歙县的一名库吏，因为偷盗仓库被判流放，逃至京城后，结交了王安，充当东林党和王安之间的联络人。天启四年（1624 年）四月，刑科给事中傅魁弹劾御史左光斗、给事中魏大中，说他二人勾结汪文言乱政。汪文言是东林党人的联络人，掌握了东林党人活动的许多秘密。阉党拿这样一个小人物开刀实际上是有考量的。他们想通过汪文言在东林党身上打开一个缺口。

接到奏疏的魏忠贤下令逮捕汪文言，将他关进镇抚司严加审讯，试图让他乱咬人。汪文言究竟来路不正，关键时刻东林党人开始弃卒保帅，纷纷上疏撇清跟汪文言的关系。与此同时，左光斗、魏大中也上疏攻击傅魁，说傅魁公报私仇。紧接着，首辅叶向高竟也上疏替左光斗、魏大中辩护，希望能将此事淡化处理。天启接到叶向高的奏疏，也只是说了一些不痛不痒的话。所有的人似乎都在等着审讯结果。

经验告诉某些人，一味地傻等绝不是最佳方案，内部运作才是最佳选择。东林党人惴惴不安。他们知道一旦汪文言供出来了什么，那就是自己末日的到来。御史黄尊素找到了负责此事的锦衣卫同知刘侨。刘侨跟黄尊素交好，而且跟一些东林党人也有来往。魏忠贤考虑周全，到来头却没想到输在了这个岔路上。在刘侨的干涉下，锦衣卫没有审出任何名堂，汪文言被无罪释放。紧接着，魏忠贤迅速撤了刘侨的职务，换上了自己人。

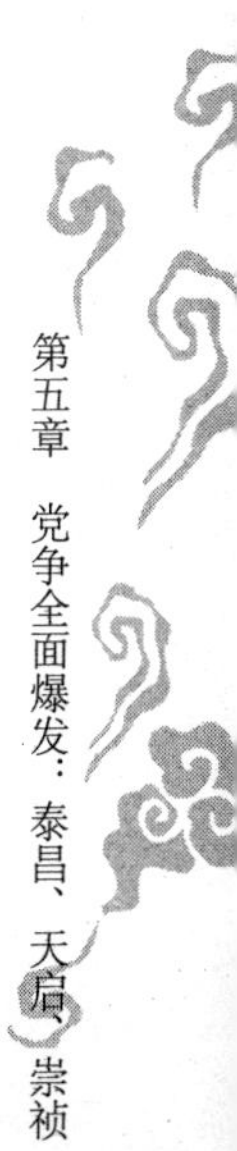

天启四年（1624年）四月份的这场争斗，由于刘侨的作用，东林党人暂时躲过去了。但双方已经是势同水火，东林党人似乎是骑虎难下。在这场政治斗争中没有退缩者，必须勇往直前，扳倒对方，才能赢得最终的胜利。

历史上的权臣大都由皇帝支持。皇帝支持他们是出于政局平衡的需要。有些事情帝王不方便去做，便让他们去做。所以，扳倒权臣并不是依靠反对者的强悍，而是要捕捉到那个点，也就是皇帝对其厌烦的那个点，从而抓住时机一击而中。

对于东林党人来说，这个时机很快来到。五月份，魏忠贤因为在皇帝面前骑马得罪了天启，天启便让他回家住几天。东林党人认为，这是皇帝对魏氏厌烦的信号。他们便推动御史杨涟上疏弹劾魏忠贤。

杨涟于天启元年（1621年）致仕，天启三年（1623年），皇帝又将其召回。杨涟丝毫没有汲取上次事情的教训，这次又当了别人的靶子，只是这次运气没有那么好了。事实上，东林党对这件小事情完全是一种误判。皇帝赶魏忠贤回家，绝不意味着皇帝对他厌烦，实际情况恰恰相反，皇帝对他的圣眷只是刚刚开始。

对于杨涟上疏一事，东林党内部也有不同的看法。他们认为杨涟作为党内翘楚，倘若一击不中，则没有回旋的余地。还不如让小臣试探着攻击，倘若有戏，再让大臣上疏弹劾。但个性急躁的杨涟已经等不及了。六月一日，左副都御史杨涟将写好的奏疏递进宫里。接到奏疏的宦官顿时倒吸了一口凉气。此份弹劾魏忠贤的奏疏措辞之激烈前所未有，完全是匕首见红，不给人留有一点儿余地。杨涟完全是一副要杀人的模样。

杨涟在这份奏疏中列举了魏忠贤的二十四大罪状，从魏忠贤的出身一直谈到魏忠贤平日的所为，并说魏忠贤欺负皇亲国戚，害死了皇帝宠爱的妃子，皇后流产也是他下的黑手。杨涟最后总结道，现在人们只知道有忠贤，而不知道有皇上。所以请皇上立即将魏忠贤明正典刑，并让“奉圣夫人”搬出去住。

门房的宦官看完了此疏，便连忙将此疏转交给了魏忠贤。魏忠贤看完此疏大惊失色。他连忙拿着此疏找到内阁次辅韩爌。内阁首辅叶向高和次辅韩爌虽然也属于东林派系，但由于两个人位高权重，所以两个人也不敢跟底下的小臣走得太近。然而，魏忠贤认为老奸巨猾的叶向高不会替他说话，所以他就找到了韩爌。令他失望的是，韩爌根本就不买账。事情到了这个份儿上，魏忠贤只有去找皇帝解决。

魏忠贤在天启面前大哭。天启看完奏疏后不禁怒从心起，他知道这份奏疏就

是对着他来的。魏忠贤是他用的人，现在杨涟弹劾魏忠贤，实际上就是弹劾皇帝，这一点已经很明显了。朱由校知道必须保住魏忠贤，这是关系到他权力的问题。一旦在魏忠贤这里顶不住，那么，他自己的结局只能是像他的祖父万历皇帝那样。

皇帝降旨对杨涟进行了斥责，说杨涟捕风捉影，造谣中伤。无论杨涟弹劾魏忠贤的理由如何冠冕堂皇，这些都构不成皇帝丢弃魏忠贤的理由。天子处罚宦官的理由，往往只有一个，那就是宦官结交外臣。很显然，魏忠贤在这个问题上并没有触犯天子的忌讳。

东林党人一击不中，便希望叶向高能出头。叶向高作为首辅自然跟他们考虑的角度不同，叶向高反对廷臣们这种激烈的方式。这种方式不仅于事无补，反而使事情更加糟糕。这就是阁臣与廷臣总也谈不拢的原因。

叶向高自有他的处事方式。叶向高说，魏忠贤并非像人们所认为的那般使坏。有一次皇帝要爬梯子抓鸟，魏忠贤没让他爬。还有一次皇帝要赏赐小太监衣物，魏忠贤认为这不符合规制，阻止了这件事情。叶氏的这番言论一旦打出，顿时舆论大哗。东林党人没有想到叶向高竟然说出此番言论，杨涟带头来到叶府上破口大骂。此时，继杨涟弹劾魏忠贤一事已经过去10天了，叶向高必须要表态了。

六月十一日，叶向高上了一个折子，折子中没有对魏忠贤进行过分指责，只是提到目前舆情激愤，希望皇帝将魏忠贤免职了事。实际上此议跟杨涟说的要杀了魏忠贤并无什么区别，都是让皇帝折了一只臂膀。天启既然不满意，就下旨否了叶向高的提议。

叶向高才知道自己这次彻底失算了。他的和稀泥不仅令东林党不满意，也令皇帝不满意。老谋深算的叶向高开始想办法补救。他令人放出流言，说自己的上疏是受东林党人所逼，并非自己所愿。不管皇帝相信不相信叶向高的说辞，这件事情似乎已经过去了。

这件事情根本就没有过去。投靠阉党的诸党分子和魏忠贤，以及司礼监掌印太监王体乾一致同意恢复自嘉靖朝以来中断的本朝旧制——梃杖。此时，如何处理东林党，帝国已经达成了共识。

工部郎中万爆负责朱常洛陵寝的营建工作，但是缺铜。有人告诉万爆说宫中的破铜烂器堆积如山。实际上并无此事，所以魏忠贤接到万爆请求拨给铜器的奏书后便没有理睬。魏忠贤的态度触怒了万爆。本来这个时候正是文官反对魏忠贤的关键

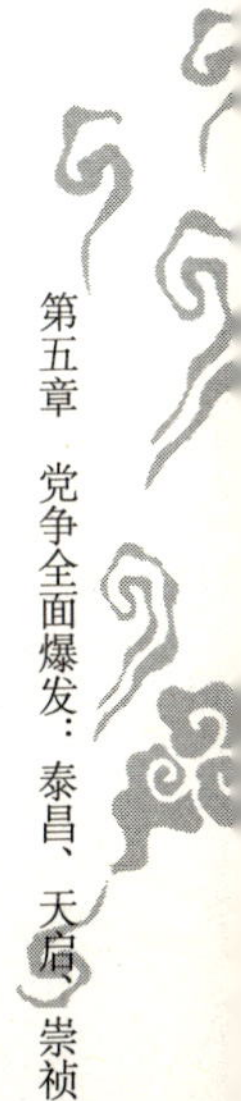

时刻，现在万爆想要一些破铜烂铁也得不到满足。万爆一怒之下上了一道奏疏，大骂魏忠贤。这样一来，内廷精心准备的梃杖之刑首先用到了万爆身上。

天启下令将万爆杖责100，这100杖打得非常重，基本上就是往死里打。打完后，万爆还有一口气，回家4天后死去。

这件事情过去没多久，又发生了林汝翥事件。御史林汝翥是首辅叶向高的外甥，因为杖打了几个犯事的太监，被司礼监掌印王体乾和魏忠贤得知。两个人命宦官去抓捕林汝翥。提前得知消息的林汝翥逃出了京城。宦官们找不到林汝翥，便包围了叶向高府，找叶向高要人，虽然这件事情最终以林汝翥回到京城而告终，但它却对叶向高的刺激很大。叶向高知道了自己这个首辅在皇帝心目中的位置，他更知道自己在东林党人那里也沦为了笑柄。

天启四年（1624年），叶向高已经失去了舆论的同情。七月，叶向高离开朝堂回到家乡，皇帝赐予路费，还派专人护送。虽是如此，叶向高内心依然是波涛起伏。他仍旧在纠结于朝堂之上的是是非非。历史发展到了这里，这种飘忽的体制已经使得首辅的任何调和统统归结于失败。它只能在血淋淋的冲杀中才能获得重生。

叶向高的致仕对于东林人来说就是一个明确的信号。他们终于发现这个年轻的皇帝不是一个和善的主，但他们绝不甘心就此放弃权力归隐山林。在接下来的廷臣会推中，东林党人仍旧是从团体内选拔，这惹怒了天启皇帝。他在给廷臣的旨意中以“朋党”定义东林党，此举基本上给这个团体定了性。大明朝的舆论似乎第一次向君主倾斜。

叶向高离职后，韩爌接任了首辅，但内阁三辅顾秉谦、四辅魏广微都是阉党分子。紧接着，朱由校又发布了一道诏书，以更激烈的言辞来斥责东林党。皇帝指责他们：“内外连结，呼吸答应，盘踞要地，把持通津，念在营私，事图颠倒，朋比为奸，恣行愈甚，将使朕孤立无与而后快。”天启的话有如一通暴风雨一样，“噼里啪啦”将东林人士打懵了。无论杨涟等人如何善辩，此刻似乎再也无话可说。高攀龙、赵南星愤而辞职。这样东林人士控制的部门只剩下吏部和都察院。由于吏部尚书赵南星、都察院左都御史高攀龙已经离职，所以吏部便会推吏部侍郎陈于廷担任吏部尚书，都察院副都御史杨涟担任都察院左都御史，报上来的结果又令天启愤怒。因为这对于他来说仍旧是东林党引用私人。他干脆将陈于廷、杨涟以及参加会推的其他东林党官员一股脑免职了事。此时留在朝堂上的东林党只剩下内阁首辅韩爌一人。事实表明，东林党人的阵地不在庙堂，而在民间。在民间，他们可以通过煽动市民起来抵抗皇权。但如果皇帝煽动了更底层的民众起来，那么，结果又该如何呢？但我们在 17 世纪的中国并没有看到这一现象。

此时的内阁阁臣有首辅韩爌、次辅朱国桢、三辅顾秉谦、四辅魏广微，韩爌是东林党人，朱国桢属于中间派，顾、魏两个人是阉党的骨干。从嘉靖以后，由于权归内阁，所以首辅开始位高权重，票拟权基本上都控制在首辅手中，其他阁臣基本上只有建议权而没有决策权。如今韩爌既为首辅，他的票拟也多数不对朱由校的心思。朱由校便下了一道旨意，要求韩爌在拟票的时候跟其他阁臣共同商议，如此一来就是通过顾、魏二人架空韩爌。韩爌看到自己也得不到皇帝的信任，阉党那种逼人的态势一天比一天强烈。他似乎也明白了叶阁老的处境，便在天启四年（1624 年）秋天离开了朝堂。对于韩爌的离职，天启丝毫没有挽留，反而催促他快点儿离职。这些阁臣跟藩王一样，一旦到了离开的时点，则是半天也不得停留。政治的势力与冷漠，人情的冷暖都在这一刻显露无遗，可是谁又不是置身其中呢？

韩爌走后，按照轮序的原则，次辅朱国桢接替了首辅。他吸取韩爌的教训，对政务不管不问，完全交给顾秉谦、魏广微去折腾，但这也不能使其独善其身。在天启朝的内阁中，任何人想尸位素餐都是不可能的。朱国桢终于明白了，自己跟叶向高、韩爌相比，并不比他们高明多少。在天启四年（1624 年）年底，朱国桢便也致仕了。

天启四年（1624 年）这场轰轰烈烈的斗争以东林党的全面失败而告终，但它远远还没有到结束的时候。

魏忠贤害怕东林余孽卷土重来，所以有必要将所有的东林党徒罗列一遍，以免有漏网之鱼。从天启五年（1625 年）开始，各种版本的东林党名单开始流传，其中最出名的是归安县韩敬编写的《东林点将录》。这篇《东林点将录》按照梁山一百单八将的形式搜集了 108 个东林党成员并且排了一个座次，位列第一位的就是托塔天王李三才，再加上其他 107 个成员，可以说此份名单既形象直观，又能将东林党人一网打尽。创作者可谓是挖空心思。魏忠贤有了这样一份名单在手，在日后的斗争中自然有了针对性。尤其是那些隐藏在东林党内部的人，这次完全暴露在阳光下面。日后每一个臣僚的上疏，魏忠贤都会按照这份名单比对；每一次吏部会推，魏忠贤也会按照这

份名单比对；遇到京察年，魏忠贤更会按照此份名单比对，这样才能做到知己知彼。

魏忠贤的担心是害怕东林党卷土重来，自己能在这个位置上待多久还不知道。或许他也知道皇帝的身体不行，一旦东林党回归，那面临的将是更大的反弹。魏忠贤开始赌上了他的地位，赌上了他的生命，赌上了他的千古名声。不管他于公还是于私，此刻他已经不管不顾了。

经过阉党成员的集体谋划，他们打算沿着天启三年（1623 年）的思路走下去，那就是从汪文言这里打开缺口。按照阉党们的想法，汪文言作为官场中的运作分子，一定干了不少阴私之事。只要拿住他严刑拷打，就一定能获取有利信息。一旦拿到口供，就能凭此抓人。

天启五年（1625 年）正月，阉党授意左都御史乔应甲上疏炮轰东林党，弹劾担任南京户部尚书的李三才收受汪文言贿赂。紧接着，大理寺丞徐大化又上疏重提移宫案。他说："杨涟自恃是光宗留下的顾命大臣，和御史左光斗一起勾结内侍王安，逼迫李选侍移宫，这置先帝于何地？汪文言本是一罪犯，奈何能授中书舍人，昼夜游走于尚书、都宪、侍郎、科道之家？还有杨涟、左光斗之人不追究熊廷弼丧师失地之罪，反而收其贿赂予以营救。"

从后面的发展态势我们可以看出，阉党最终抓住了东林党人收受熊廷弼家人的贿赂一事大做文章，最终将几个东林党首魁判死。关于熊廷弼一事，我们后面还要详细论述。

天启接到徐大化的奏疏后立刻下旨逮捕汪文言进京。其实这个案子审不审意义已经不大，东林党人接受熊廷弼家人请托是尽人皆知的事情。但魏忠贤还是想将案情扩大。

三月份汪文言被押解进京，关进锦衣卫镇抚司。汪文言受刑不过，供出甘肃巡抚李若星花了 5000 两银子托他活动巡抚这一职位。天启听说后，立即将李若星削职为民。这个结果显然不能令皇帝满意，魏忠贤便指使锦衣卫逼供。

这次阉党的目标非常有针对性。他们知道"移宫案"是一个大而空的话题，只要揪住东林党接受熊廷弼贿赂这一事件就可以了。锦衣卫指挥使许显纯暗示汪文言往杨涟、左光斗身上攀扯。此时汪文言已经被打得昏死过去。许显纯开列了一个长达二十人的名单，上面罗列了受贿数字，还包括收受杨镐的贿赂。许显纯让汪文言在这份供状上画押签字，然后就拿着它去找魏忠贤了。

朱由校看到审出了口供，便让人将杨涟、左光斗、魏大中、袁化中、周朝瑞、顾大章六人抓捕进京。为了防止汪文言翻供，魏忠贤指使许显纯将汪文言秘杀。

魏忠贤让许显纯将杨涟等六人关进镇抚司诏狱后开始严刑拷打，让杨涟等人承认指定的数字。杨涟等人受刑不过，只得承认。所以，最终审定的结果是杨涟接受熊廷弼贿赂 2 万两，左光斗收了 2 万两，周朝瑞收了 1 万两，顾大章收了 4 万两，袁化中收了 6000 两，魏大中收了 3000 两。

天启既然坐实了六人的罪名，下一步就是追赃。面对数额如此巨大的款项，六人自然拿不出来。天启命锦衣卫追赃又迫害，结果六人全部惨死狱中。既然以纳贿的罪名判定六人，那么现在六人既死，追赃还得继续。所以皇帝又下旨继续追赃，六人的家产全部没收。这样一来不仅搞得六人家破人亡，还连累了他们的族人。为了凑齐“赃款”，他们家乡的民众也纷纷捐款。

天启五年（1625 年）阉党与东林党的对决，弄得帝国腥风血雨，帝国似乎又重回专制时代。本来天启打算重用东林党人，魏忠贤也希望跟这个团体搞好关系，甚至在皇帝面前说赵南星的好话。但东林党人总是纠住“三案”不放，试图将皇帝操纵在手中，并最终陷皇帝于不义之地。在这种情况下，天启在方从哲和叶向高都不能用的情况下，只得用魏忠贤充当一个缓冲区。东林党人的结局其根源还是在于自身过于跋扈。这场争斗并没有结束，它在天启六年（1626 年）导致了第二次苏州民变。所有的这一切并不重要，重要的是它导致了另一个人蒙受千古奇冤，并导致帝国在错误的辽东战略上越陷越深。

## 《三朝要典》与五人墓碑记

辽东问题一直是帝国一个很棘手的问题。辽东自古以来控制不易，也就是从宋代棉花技术引进后，有了穿棉衣的士兵才使得控制这一地区成为可能。明王朝控制辽东达 200 多年，已实属不易。但这是建立在东北少数民族虚弱的基础上的，一旦有人统一了各个部落，那么对方就会迅速强大起来。这时候要想继续控制辽东已不可能，最实际的办法是退到关内来，以此减少人力、物力的消耗。

事实证明，万历最大的优点是识人能力。他知道熊廷弼是解决辽东问题最适当的人选。如果再给万历 10 年的时间，他是能够解决辽东问题的。熊廷弼也意识到此刻的明军根本不是后金军的对手，那么现实的办法就是固守，实行坚壁清野策略，并派小股部队出边骚扰，以此削弱后金的力量。

所以当熊廷弼来到辽东后，努尔哈赤两次进攻沈阳都被击退，此后再也不敢动了。但熊廷弼脾气暴躁，好骂人，为此得罪了不少同僚。再加上举朝皆想迅速扑灭努尔哈赤，对熊廷弼一意固守的策略不理解。眼看熊廷弼几个月没动静，一些按捺不住的御史开始弹劾熊廷弼“一意坐守，空耗银饷”。而刚上台的天启虽然于军事上有自己的独到见解，但是对于前线并不了解，尤其是对熊廷弼不了解。就这样，朱由校将熊廷弼罢免，换上袁应泰任辽东经略。

袁应泰主政辽东后开始放弃熊廷弼主守的战略，开始主攻。而且袁应泰治军不严，导致纪律涣散。天启元年（1621 年），沈阳、辽阳相继陷落，袁应泰自杀。此刻，帝国在辽东只剩广宁可守。

事实上，在这种局面下，直接将辽东放弃即可。因为山海关的防守效率高，可以节约防守成本，但根本没有人意识到这一点。天启大概也意识到辽东的陷落跟罢免熊廷弼有关，于是重新启用熊廷弼为辽东经略，与此同时，又任命王化贞为辽东巡抚。

熊廷弼抵京后便提出三方布置策略：以广宁作为一路；山海关作为一路；登莱、天津的海路作为一路。天启同意了熊廷弼的三方布置策略，便让熊廷弼挂兵部尚书、左副都御史衔，驻山海关，经略辽东。由于王化贞在朝中有东林党支持，加上此时朝廷政策仍然是主攻，所以虽任命熊廷弼为经略，但实际上熊廷弼已被架空，辽东局势完全由王化贞掌控，兵部尚书张鹤鸣和王化贞之间的奏疏来往完全绕过熊廷弼。

王化贞犯了跟袁应泰一样的毛病，那就是轻敌冒进，将兵力分散化布置。当金军进攻的时候，他不是凭城固守，而是把主力拉到外线去。天启二年（1622 年）正月，广宁失陷，王化贞随着逃亡的军士逃出了广宁城。此刻，整个辽东再也无险可守。逃到后方的王化贞见到熊廷弼，他请求和熊廷弼一起守宁远和前屯。但此时的熊廷弼却显得十分开心，因为经过近一年的争论，事实证明他的主张是正确的。但熊廷弼也明白此时大局已经无法挽回，目前要做的就是将士兵和辽民尽皆迁入关内，将辽西变成一片焦土。

熊廷弼虽然有自己的想法，但朝廷上下还是奉行“保有疆土”的原则。熊廷弼主动放弃辽西，自然和王化贞一起被下狱。本来朱由校对王化贞打算重判，对熊廷弼轻判，但随后发生的一些事情完全改变了这种情况。

东林党是支持王化贞的，但当他们看到广宁失陷完全是王化贞的责任的时候，他们便丢弃了王化贞，转而来保熊廷弼。而熊廷弼也让家人给东林党人汪文言送钱，作为营救他出狱的活动经费。东林党人收了这笔钱，这件事情在京城传得沸沸扬扬，尽人皆知。也就是因为这件事，魏忠贤劝皇帝丢弃熊廷弼作为将来打击东林党的一颗棋子。只有将熊廷弼判死，才能将东林党往接受死囚贿赂上靠。此时的熊廷弼已经完全沦为党争的棋子。辽东局势已经无可挽回，熊廷弼冤屈与否已经不重要。为了获取更大的目的，这些政治家什么都可以舍去。

天启二年（1622 年）四月，熊廷弼和王化贞一起被判死。但一直到天启五年（1625 年），朱由校杀了杨涟等六人后，才将熊廷弼处死。由此我们可以看出，这位年轻的皇帝和他的爪牙们从天启二年（1625 年）就已经开始了布局。

当一场政治斗争结束后，获胜者必定要以某种书面形式对前一阶段的斗争进行总结，以获取舆论上的高度支持。嘉靖七年（1528 年）修《明伦大典》正是基于此。

经过天启五年（1625 年）的政治清洗，东林党的嚣张劲头暂时被打压下去了，一直让天启如鲠在喉的三案问题此刻到了必须定性的时候。天启六年（1626 年）正月，天启便指派内阁首辅顾秉谦、内阁阁臣冯铨担任《三朝要典》的编纂总裁。这部《三朝要典》历时 5 个月完成，全书共分 24 卷，其中主要是介绍梃击、红丸、移宫三案。所谓的晚明三案即由此而来。在这部书中罗列了政治事件、群臣的奏书和皇帝的批示，还有评语。《三朝要典》完全从君主的角度对三案进行了重新定义，得出了跟文官截然相反的观点。

《三朝要典》从万历十四年（1572 年）的国本之争开始，本着正本清源之目的，对东林党人狠扒。其着重指出，以东林党人为首的文官势力集团，几十年来喋喋不休地借助一些琐事损毁君主的名声，以达到他们险恶的政治目的。

《三朝要典》认为，皇祖正值壮年之际，册立东宫稍迟，即遭到群臣的诽谤。这样陷皇祖于尴尬境地，反而使局势难以回旋。等到外廷争论平静下来后，

皇祖自然册立先帝为太子。皇祖之所以这样做，无非是想让事情出自己断。如果皇祖真想谋害先帝，在宫禁严密的情况下，自然可以采取其他办法，有必要让一个疯子持木棍去东宫打人吗？那张差经过审讯早就认定是疯癫之人，可是刑部主事王之寀居心险恶，故意指使张差往别处攀扯，幸亏皇祖在慈宁宫召见群臣才揭露事实真相。

关于红丸案，皇上早就说明先帝身体向来虚弱。皇祖死后，先帝哀伤过度，加上日理万机，导致旧疾发作。而当时竟有人说先帝之疾是由于御女太多导致，这岂是臣子应该说的话吗？事情过去几年了，邪党成员孙慎行突然发难，诬蔑先帝是被红丸鸩杀，而首辅方从哲就是主谋，还试图让皇上处死首辅。幸亏皇上声明"皇考进药亦升天，不进药亦升天"，才杜绝了邪党罗织罪名。

至于移宫一案，先帝在临终之前反复交代两件事，一是让阁臣辅助皇上，二是在皇上登基之前册封李选侍为皇贵妃。由于李选侍侍奉先帝，自然得居乾清宫，先帝驾崩后，李选侍自当移居别宫，但也应等皇上封妃后才是。当时从首辅到其他文臣皆以万岁称呼皇上，为何刘一燝、杨涟、左光斗等人不以万岁称呼皇上，反而要以拥戴之功自居？皇上继位乃天经地义，何须别人拥戴。杨涟、左光斗又勾结内侍王安散播流言，说李选侍欲封皇后，行垂帘听政之举。加上王安从中阻挠，使得选侍封妃一事遇阻，幸亏皇上遵先帝遗命封李选侍为康妃，并治王安之罪。

以上就是《三朝要典》对"三案"的定性。《三朝要典》对"三案"已经提出截然相反的观点，皇帝跟东林党们关于"三案"扯皮的事情，我们没必要去纠结。"三案"的事实真相究竟如何，我们也没必要去澄清。但有一点我们需要明白，那就是斗争的双方围绕着"三案"喋喋不休，实际上就是为了获取舆论权，最终还是权力之争。无论是万历、泰昌，还是天启，他们都要维护皇家的声誉。但正像《三朝要典》说的那样，东林党围绕着"三案"的确显得有些无事生非、上纲上线，而在《三朝要典》的结尾处编纂者也流露出对东林党将来反扑的担忧。

《三朝要典》的编纂人冯铨称赞《三朝要典》是："《春秋》之绝笔，《孝经》之微言，读此使乱臣贼子惧，忠臣孝子感。"天启年间的这场政治斗争似乎跟嘉靖年间的那场政治斗争有相似之处。嘉靖的皇位是依照中国宗法制伦序而继，这一点在帝国已经是公开的秘密。正德的母亲在数年以前就开始运作此事，硬说嘉靖是杨廷和扶上皇位则有些牵强。至于天启更是在万历时期就确立了他的皇储身份，若说杨涟有拥戴之功，则更是天方夜谭。除此之外，杨廷和和杨涟在新皇帝继位后，又不断地提醒皇帝自己的拥戴之功，这自然招致帝王的反感。

天启六年（1626 年）元月份开始修《三朝要典》。阉党的文官们绘声绘色地向天启描述了三案的前前后后。天启越听越明白，越想越明白。以前皇帝不知道的很多事情现在都知道了。以前皇帝想说但说不出口的很多事情现在全都被文官表述出来了。天启越想越恨，遂于二月份派东厂去南方抓捕周宗建、缪昌期、周起元、周顺昌、高攀龙、李应升、黄尊素等七人。上回派锦衣卫去抓杨涟、左光斗的时候就遭到其家乡民众的抗议，只是人们认为杨涟等人会被放回来，才没有酿成民变。如今厂卫又来捕人，一场大的市民运动已经不可避免。

三月十五日，北京来的厂卫抵达苏州，吴县县令前往周顺昌家中传达此事。周顺昌被关押在吴县县衙期间，当地百姓自发地围聚在县衙门前不愿散去。十八日，周顺昌被从县衙押到西察院，一路上百姓夹道执香，哭声震天。巡抚、巡按、知府、县令的轿子被挤得不能通行。好不容易到了西察院，百姓立刻将院子团团围了起来。很多人都站在墙头上、屋脊上，墙上墙外遥相呼应、呐喊。

看此情形，应天巡抚毛一鹭让人将大门打开，放百姓们进来。几位本地秀才领着众人当头走来。秀才质问毛一鹭："今日人情如此，明公难道不为自己的千秋声誉着想吗？何不据实奏闻，请皇上开恩，周顺昌不必解往北京，由抚、按勘治。"

毛一鹭时阴时阳的，不知道他心里在想什么，他只是随声附和。此时围观的百姓群情激昂地喊道："周爷若死，民亦不愿生。"

厂卫们看到毛一鹭被几个秀才缠住说个没完没了，不耐烦道："今日之事，干秀才何干？囚犯何在？"

此刻，群众强压心中的怒火，犹如随时可能爆发的火山，一触即发。苏州市民颜佩韦站了出来，劈手夺过一名厂卫手里的棍子。接着，市民马杰、沈扬、杨念如、周文元也跳了出来。众人开始围殴从京里来的厂卫。两名厂卫被打死，剩下的翻墙逃走。

到了夜晚，苏州城内有人开始大呼小叫。原来前往浙江抓捕黄尊素的官船正停

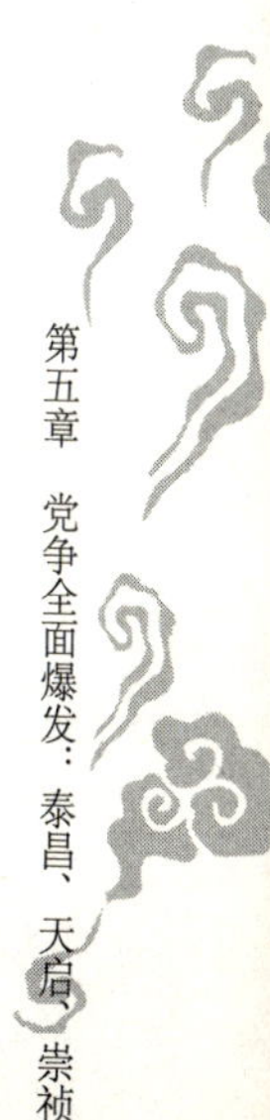

靠在苏州胥关，不知被何人侦知，便有人跑到城内喊人。众人听说有逮人官船停靠在胥关，便纷纷出动。市民们拥到城外痛打厂卫，并将他们扔进水中。众人接着放火焚烧了官船，连带朝廷的驾帖、信牌也被烧毁。

为了缓和局势，毛一鹭将带头闹事的颜佩韦、马杰、沈扬、杨念如、周文元抓捕。颜佩韦是商人，马杰是卖苦力的，沈扬是市场经纪人，杨念如是卖服装的，周文元是轿夫，五个人都是典型的市民。

毛一鹭将五个人判死。行刑那天，五个人意气扬扬，谈笑风生，引颈就戮。事后有人出 50 金买下五个人的头颅，将五个人全尸合葬于苏州城外虎丘山。崇祯元年（1628 年），复社领袖张溥写了纪念五个人的碑文，名叫《五人墓碑记》。

张溥写道："时值阉党惑乱天下，天下缙绅能够保持独立操守的能有几人，而这五个人身份低微，没受过圣人教诲，却能如此激昂大义、蹈死不顾。他们的英勇行为令那些身份高贵之人何其羞愧。他们五人死得其所，正是他们的死使得阉党有所顾忌，最终保护了苏州百姓。"天启六年（1626 年）的第二场苏州市民运动因厂卫开读圣旨而引发，所以也被称作"开读之变"。

天启命令抓捕的那七人除了高攀龙在家自缢外，其他六人分别由厂卫或者地方官押送进京，在狱中折磨致死。天启五年（1625 年）死的那六个人被称为"六子"，天启六年（1626 年）死的东林党这七人被后世人称为"七子"。

从天启四年到天启六年（1624 年到 1626 年），经过天启的血腥清洗，并毁禁天下书院，帝国正式结束了波澜壮阔的东林时代。从此历史进入小东林时代，也就是复社时代，并且在下一个朝代继续影响着政局。

## 崇祯的雷霆手段

天启皇帝大概跟他的父亲泰昌一样患有某种慢性疾病，在一次落水后便一病不起。天启七年（1627 年），22 岁的皇帝突然走到了生命的尽头。熹宗曾有过子嗣，但都夭折，皇位将第四次进入外藩手里，这是我们不得不注意的问题。事实表明，外藩继位由于继位者的自卑和惶恐而导致的一些偏激的行为会在日后显露出来。猜忌、刻薄、求治心切都将在他们这类帝王身上表现出来。稍有不慎，此种行为甚至会将帝国搞得崩溃。但是，我们仍要搞清楚一个问题，即使是以外藩身份继位，他也是按照宗法制的伦序原则继位。在这方面，继位者拥有无人可置疑的合法性。

天启七年（1627 年）八月，朱由校的弟弟朱由检登上皇位，次年改元崇祯，是为崇祯皇帝。朱由检跟朱由校一样，他的母亲也是早死。朱常洛大概害怕万历知道他的妃子刘氏死亡，便让人悄悄地埋在了西山上。此时西山上有个申懿王朱祐楷的坟墓。朱祐楷是宪宗皇帝的第十四子，在还没有就藩的时候就去世，所以埋在了西山。当朱由检思母心切的时候，便偷偷地问宫中宦官："西山上有申懿王的墓吗？"

内侍答："有。"

朱由检又接着问道："申懿王附近有刘娘娘墓吗？"

内侍答："有。"

听到这里，朱由检幼小的心灵便悲切起来。他便让宦官偷偷地去祭奠。待到宦官回宫回复的时候，朱由检不禁泪流满面。朱常洛知道后，便让宠妃李选侍照料朱由检。此时李选侍已经在照料朱由校。由于朱由检是次子，李选侍对待朱由校和朱由检的态度明显不同。这种冷暖朱由检自知，所以，他的童年似乎过得比朱由校还要艰苦。但随着李选侍生下皇八妹，这种情形似乎开始改观。

由于李选侍产下八妹，朱常洛便将照顾朱由检的任务交给庄妃来做。由于庄妃没有子女，所以对朱由检格外照顾，这无疑使朱由检度过了一段快乐的时光。也正是庄妃的过分溺爱，所以使得朱由检养成了任性的性格。

在朱常洛死后，朱由检似乎失去了依靠。文官们的疯狂表演，李选侍的哭闹，还有宫内关于朱常洛死亡的种种流言，这些都使得只有 10 岁的朱由检瞪大眼睛望着这一切。这不需要他思考什么，他也思考不了什么。

好在皇兄朱由校爱护朱由检，将朱由检封为信王，还不用去就藩，仍旧住在宫中。天启四年（1624 年），庄妃逝世，朱由检的周围再次面临真空状态。这个时候，宫内开始传播流言蜚语，说是魏忠贤和客氏害死了庄妃。不仅如此，朱由检对魏忠贤和客氏的跋扈早就看在眼里。在这方面，他跟天启的皇后张氏结成了联盟，似乎成了宫中专门跟魏、客两人作对的一支力量。

也就是在这个时候，这种冷峻的宫廷生活养成了朱由检谁也不相信的性格。按

照常理说，宫廷生活莫不如此，但这些因素无疑在朱由检身上放大了。朱由检这个时候便显示出了双重性格：他时而冷静，时而暴躁；时而显得有主见，时而又显得语无伦次。天启七年（1627 年），朱由检大婚，选的是大兴县生员周奎的女儿。天启还特地将信王府修缮一新，供朱由检居住。

当朱由检登上皇帝宝座后，那种发自内心深处跃跃欲试的冲动开始油然而发。他面临的首要问题就是剪除以魏忠贤为首的阉党。因为魏忠贤一直作为自己的对立面存在，他甚至在天启面前控告自己要谋反。虽然崇祯已经做出了这样一个决定，但他并不明白皇兄为什么要重用魏忠贤。

天启的死和崇祯的上台对于受苦受难的东林党人来说无疑是一种福音。他们期盼着局势能有所改观，但这也不是举手之间的事情。阉党势力已经渗透到各个行业、各个部门，事情仍旧需要步步为营。

崇祯继位后一切仍是照旧，王体乾、魏忠贤这两个宦官依旧大权在握。崇祯还不断地询问他们前朝的政事安排，或者向他们咨询。崇祯继位后，一切都是有条不紊地进行，也显得很安静。可是这种安静却令魏忠贤感到不安。按理说，作为魏忠贤死对头的朱由检上台后，应该清算魏忠贤才对，可是一切照旧。这的确太不正常了。魏忠贤的分析是对的，越是不正常的事情越令人担心，因为你看不见未来的结局。

为了试探崇祯皇帝，魏忠贤开始主动出击。九月，他向皇帝提出辞去东厂提督一职。崇祯皇帝不仅没有答应，反而劝慰一番。崇祯的此番举动令魏忠贤悬着的心更悬了，他决定继续试探。魏忠贤又上疏请求免去宫中治丧香蜡上的 3 万两花费，崇祯这次准了。这样一来，魏忠贤心里又在忐忑不安，皇帝同意减免天启的治丧费用，意味着对前朝旧事并非完全留恋，但是却又对自己一再挽留，魏忠贤摸不透皇帝的心思。

眼见自己试探不出来个所以然，魏忠贤便让掌印王体乾去试探。因为从崇祯对王体乾的态度就可以看出崇祯对自己的态度。在香蜡事件后的第二天，王体乾就上疏请辞，崇祯同样是宽慰一番，没有答应。接着，魏忠贤第三次出马试探，他要求各地停止修建自己的生祠。面对这番请求，崇祯给予批准。崇祯答应了魏忠贤的这番请求，正是以安其心。如果对于停建生祠的请求皇帝不批准，反而显得皇帝在防范他，因为修建生祠的确跟规制不符。

魏忠贤的几番试探都被崇祯化解，但他仍然没有看出个所以然。他又让江西巡

抚和巡按分别上疏请求为他建生祠，以试探皇帝的进一步反应。到了这个时候，皇帝仍然有耐心陪他继续玩下去。面对江西巡抚和巡按的上疏，崇祯以“前番已有旨意”糊弄过去。

为了彻底打消魏忠贤的疑虑，崇祯开始对阉党成员大加封赏，赏钱、赏物、赏名号、赏官职。经过崇祯皇帝不厌其烦的表演，魏忠贤的疑虑虽然没有完全打消，但心里也稍稍安定了下来。

魏忠贤这边歇了下来，但是皇帝并没有歇下来。从天启七年（1627 年）底，崇祯就将原信王府的太监调入宫中担任自己的近侍，又将跟自己关系亲密的徐应元调入司礼监，接着将跟魏忠贤关系密切的宦官纷纷斥退到南京。就这样，皇帝不动声色地将内廷悄悄地控制在手中。皇帝这边在跟魏忠贤过招，天下的臣僚也看在眼里。这里有失势的东林党，但更多的却是阉党文官。他们大多是官场上的投机分子，他们在揣摩这位新皇帝的心思，随时准备跟上皇上的脚步。

事实证明，阉党就是一个松散的联盟。皇帝还没有动手，这个党派就已经开始互相咬了起来。天启七年（1627 年）十月份，都察院云南道御史杨维垣大概嗅到了什么味道，他便上疏弹劾阉党骨干分子兵部尚书崔呈秀。杨维垣属于阉党成员，虽然在对“三案”重新定性中出力不少，但长期得不到重用。现今政治气候陡然生变，杨维垣便产生了改头换面的想法。

杨维垣的上疏并没有使崇祯皇帝表现出过多的兴奋，他对杨的奏疏置之不理。杨维垣接着又第二次上疏，对崔呈秀进行更加激烈的弹劾。这回皇帝受理了杨维垣的上疏，勒令崔呈修回家。崇祯此举无疑是向外廷释放出了一个强烈的信号。天下官僚终于摸准了皇帝的旨意，弹劾阉党的奏疏纷纷飞进乾清宫，而且矛头逐渐指向魏忠贤。

我们看到，皇帝还没有对外廷动手的时候，外廷就已经自乱阵脚。天启七年（1627 年）十一月份，新皇登基 3 个月后，崇祯开始处理魏忠贤。崇祯一一列举魏忠贤的罪状，将魏忠贤贬至凤阳守陵，将客氏打发到浣衣局洗衣服。魏忠贤行至河北阜城县时自尽身亡，客氏在浣衣局也被虐待至死。接着，各部院的阉党文官皆被一一罢免或定罪充军。

崇祯皇帝在崇祯元年（1628 年）到来之前，以雷霆手段将阉党骨干一网打尽，其速度不可谓不快，手段不可谓不猛，帝国正在遭受剧烈的变动。崇祯的行为反映

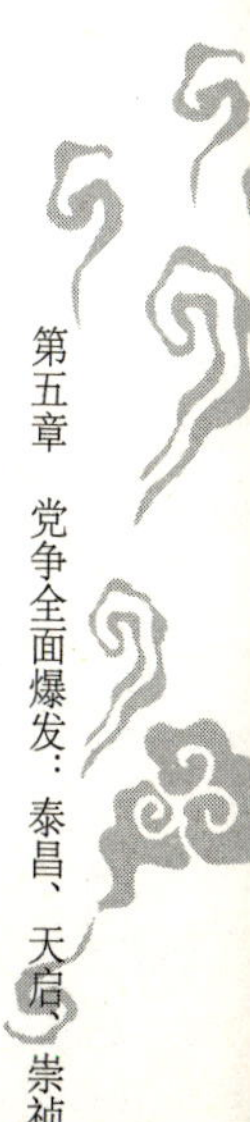

了他对阉党的刻骨仇恨，但这一行为却轻易地击碎了天启好不容易获取的稳定局面。失去制衡的帝国再次变得重心不稳，并在 17 年后轰然倒塌。

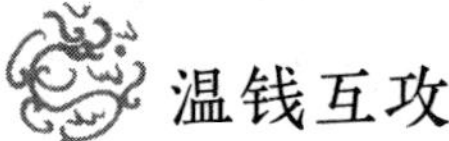

## 温钱互攻

阉党既除，东林党自然迎来了春天，东林党人韩爌再次成为内阁首辅，东林党的其他人李标、钱龙锡纷纷进入内阁。帝国再次迎来东林内阁的时代。我们可以将之冠以后东林时代，因为这个时代的东林人士较前期要圆润得多。他们或许汲取了天启朝的那种血淋淋的教训，在一些问题上开始变得踌躇起来。

与此同时，朝中还有一批无党派人士，这些无党派人士仍旧被东林党冠以阉党。为了区分方便，我们将这些无党派人士称为后阉党。

此时的崇祯皇帝踌躇满志。他似乎想大干一番。但有一个不容忽视的问题，那就是朝堂是空的。不仅如此，从中枢到地方，甚至在军队，过去万历、天启朝的那些精英都到哪里去了？无论对于历史学家来说，还是对于读者来说，崇祯朝出现的大都是一些陌生的名字。我们甚至不知道他们突然从何处冒出来的。原来经过天启和崇祯两朝的政治清洗，一批精于政务的成熟官僚皆被斥退。

崇祯二年（1629 年），崇祯让韩爌内阁开始拟定阉党的名单。韩爌开列了几次都不能令朱由检满意，皇帝明显是想将这次政治清洗扩大化。最终确定的名单高达 300 多人：首逆同谋 6 人，判斩；结交近侍 19 人，判斩；结交近侍次等 11 人，充军；逆孽军犯 35 人，充军；谄附拥戴军犯 15 人，充军；结交接近侍又次等 129 人，削籍为民；结交接近侍减等 44 人，致仕。另外，魏忠贤和客氏的亲属以及宦官又有 50 多人受到处罚。

在这 300 多人中，从内阁首辅到部院大臣，各道御史、各科给事中，还有各省、各府、州县的官员，包括边关统帅诸如蓟辽总督阎鸣泰、王大臣等人。崇祯年间的政治清洗无疑比天启年间的政治清洗规模更大。他不仅使帝国丧失了大批成熟的官僚精英，更使得群臣之间离心离德，在朝之人惴惴不安，在野之人针锋相对。虽然崇祯年间的党争不似万历、天启两朝那么尖锐，但这种温吞吞的内耗往往更伤精力。这种无情的扩大打击面的行为既反映了崇祯皇帝偏激的性格，更反映了这个皇帝本身的稚嫩性。他的这种性格缺陷还将会影响这个帝国的平稳运转。

崇祯即位后就将阉党内阁斥退，所以在崇祯元年（1628 年）组建一套新的内阁班子已经是迫在眉睫。崇祯皇帝曾经想成为一个独立的、不受党争支配的皇帝，但在崇祯元年（1628 年）的这场内阁阁臣会推中，他还是不可避免地卷入廷臣的党争之中。

礼部尚书温体仁、礼部侍郎周延儒无疑是崇祯朝非东林人士中的活跃分子。跟崇祯朝的大多数官僚一样，周延儒也是由南京任上调到北京。他跟温体仁一样属于无党派人士，这类人士在崇祯朝廷注定将会是孤独者。崇祯元年（1628 年）冬，皇帝命吏部会推阁臣。由于温、周二人都不是东林党人，所以此次会推两个人自然不在考虑之列。

在东林党人钱谦益的运作之下，此次会推的入选名单全部是东林党人。这的确不是一种正常现象，因为礼部几个侍郎都入选了，但是温体仁这个礼部尚书和周延儒这个礼部侍郎却没有入选。崇祯元年（1628 年）的政治生态似乎又重回天启元年（1621 年），皇帝似乎对天启为什么要那么严厉地打击东林党人有了初步的认识。因为这个党派跟其他党派不一样，它过于自私，过于党同伐异。

周延儒的落选比温体仁的落选更让人不可思议，因为周延儒一直是深得崇祯信任的人。崇祯元年（1628 年）锦州士兵因为欠饷而哗变。群臣都劝皇帝赶快发饷安抚，但此时财政困难。崇祯对此问题很谨慎。周延儒体会到了崇祯的心思，便上疏说道："现在朝廷需防山海关到宁锦的官兵，前番宁远哗变，朝廷发饷抚之。如今锦州又效仿，长此以往，各地皆效仿之。况且各地驻军粮食充足，单纯的缺饷引不起哗变，所以士兵的哗变一定是军官在煽动。"

周延儒的看法正符合崇祯的心思。他认为这个人跟自己是一条心，从此越发依靠周延儒。在吏部会推阁臣这件事情上，崇祯跟吏部打过招呼。如今周延儒落选，崇祯自然认为这里面有猫腻。看来自己想避免党争是不可能的，真是树欲静而风不止啊。

周延儒和温体仁认为这是打击东林党的好时机。周延儒四处散播钱谦益操纵会推的事实，温体仁更是上了一道《直发盖世神奸疏》，揭发天启二年（1622 年）钱谦益主试浙江时收受童生钱千秋的贿赂，以一句水平不高的诗"一朝平步上青天"作为依据定为乡试第一名。由于此事跟此次会推都涉及人事方面，所以不由得崇祯

对钱谦益更加产生怀疑。

崇祯决定召钱谦益和温体仁当面对质。钱谦益到了文华殿，就看见温体仁和部院、科道大臣立在那里。崇祯劈头盖脸地就问前朝早已结案的科考舞弊案，钱谦益顿时被问蒙了。他没想到皇帝竟然翻出前朝旧案。

接着，崇祯便令钱谦益跟温体仁对质。

钱谦益说道："此案是由金保之、徐时敏做下的，况且此案已结，刑部有案卷在。"

温体仁说道："事发后，钱千秋在逃，来刑部过堂的金保之、徐时敏都供称你是主谋，此事既有人证在，如何能隐得？"

两个人扯皮扯了良久也没能说出个所以然，崇祯便命人将温体仁参钱谦益的参疏和钱谦益的辩书一起拿来观看。由于崇祯对这些人不熟悉，所以此次推选阁臣崇祯采取的是将被推举的名单放在瓶子里，以抓阄的方式来决定阁臣的最终名单。故而此次最终决定人选带有占卜的味道。所以，当崇祯看见温体仁的奏疏中称"神奸结党欺君""枚卜大典一手握定"等字句时便向温体仁问道："奸党是谁？枚卜大典谁人一手握定？"

温体仁答道："谦益之党甚多，臣还不敢尽言。至于此番枚卜，皇上本来希望能公正地推举一些真才实学之人，但实际上一切都是谦益在背后操纵。"

温体仁说完，吏科给事中章允儒说道："钱千秋一案早已了结，体仁因为人品不行，所以此次会推没有入选，故而放炮。如果谦益真涉及千秋一案，为何体仁不在会推之前放炮？"

温体仁立即反驳道："章云儒替钱谦益说话，正可见科道官员都是钱谦益一党。枚卜之前，谦益无足轻重，我参他做甚？如今谦益成了入阁的热门人选，为了替皇上把好用人关，我自然要参他。"

章允儒随即又反驳道："历来小人陷害君子，皆冠之以'党'字，昔日魏广微陷害赵南星、杨涟皆是如此。"

崇祯听见章允儒将温体仁往阉党身上攀扯，不禁大怒，立即让锦衣卫将章允儒架了出去。接着，温体仁又说道："吏部尚书王永光屡次上疏乞休，且谢门不出，钱谦益指使瞿式耜上门去让王永光将此次会推交给吏部侍郎张凤翔主持。"

听体仁这么一说，崇祯便质问王永光。王永光不好得罪东林党人，只好让皇帝去问科道官员耿志炜。听王永光这么说，体仁继续紧跟不放，他连忙说道："你是六卿之长，执掌会推大事，为何要推到司官身上。”

御史房可壮奏道：“臣等会推是公议。”

“会推推的是钱谦益这样的人，难道能说是公议？诸臣奏来。”崇祯反诘道。

阁臣李标接着说道：“浙江科考一案的确跟谦益无关。”

温体仁又连忙说道：“陛下你看到了吧，满朝皆是钱谦益一党，钱谦益若不受贿，钱千秋现在就在京师，而且经常往谦益府上跑，就是希望谦益能够入阁，自己好继续参加会试。”

李标又说道：“前次已经召钱千秋对质了。”

崇祯连忙说道：“钱千秋闪烁其词，不可凭信。”

眼看皇帝完全倒在了温体仁这一边，周延儒连忙上前帮腔：“皇上再三让臣等回奏，为什么诸臣不敢奏呢？一者畏惧天威，二者碍于情面，总之，钱千秋一案有凭有据，陛下不必再问臣等。”

崇祯听周延儒这么说，又连忙说道：“朕让九卿科道会推，竟然推的是这样的人，为何不奏？”

周延儒又说道：“大凡会推，表面上看起来公，实际上就是一二人把持，臣等说也没有用，徒引来灾祸而已。”

周延儒此举等于是将所有责任推到东林党一边。温体仁乘机又补充道：“臣乃孤身之人，满朝俱是谦益一党，臣哪敢说啊。此次上疏也是面对会推如此大事，也是为了陛下，为了江山社稷不得已而为之。此事过后，谦益一党必定要报复。臣恳请陛下批准臣回归故里。”

崇祯说道：“汝既为国劾奸，何必求去。”

到了此刻，温体仁、周延儒已经做足了戏。崇祯元年（1628 年）十一月份这场臣僚之间的对质以温体仁、周延儒的完胜，钱谦益的完败而结束。因为温、周二人都是有备而来，毫无思想准备的钱谦益和他的同僚们面对皇帝咄咄逼人的问话早已显得语无伦次。无论双方如何交锋，崇祯元年（1628 年）的这场温钱互攻在它开始之前就已经定了胜负，因为皇帝的重心已经倾斜。

钱谦益被免职回乡听堪，钱千秋被刑部重新提审，其他的涉案官员章允儒、房可壮、瞿式耜、梁子璠被一一降职。温体仁、周延儒皆以礼部尚书兼东阁大学士的头衔入阁，两个人弹冠相庆。由此崇祯朝依然没有逃脱党争的宿命。

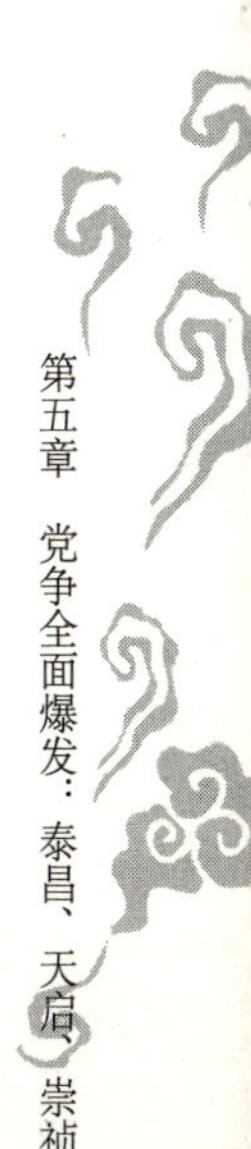

事实表明了东林党在政治上的幼稚。他们丝毫没有从历史中汲取教训，他们并不甘心，很快就有御史毛九华弹劾温体仁在杭州给魏忠贤建生祠，还作诗歌颂他；接着又有御史任赞化弹劾温体仁娶妓女为妻、收受贿赂、欺男霸女、夺人田产、干涉诉讼，又说周延儒跟阉党内阁成员冯铨来往紧密。由此可见，东林党千方百计地将温、周二人往阉党阵营里划。实际上此时温体仁、周延儒已经深得崇祯信任，如今毛九华、任赞化上疏弹劾温体仁、周延儒只能使崇祯对东林党的疑心更重，正所谓“攻者愈力，疑者愈坚”。

崇祯皇帝又令温体仁跟毛九华、任赞化对质。温体仁说：“我若给魏逆写诗，必有原稿，但现在原稿在何处，为何只见一个木刻本，陛下可让人找到刻字的木匠，问他原稿从何处而来？”

听完温体仁的叙述，崇祯便让毛九华答话。毛九华说：“这个木刻是八月份在路上买的。”

崇祯问：“八月份买的，为何到了十二月份才报告？”

九华答：“我十月份要考试。”

体仁连忙说道：“我参谦益是在十一月份，既然九华十月份要考试，为何不在考完试立刻参臣，反而要等到十二月份臣参完谦益再来参臣？臣入仕三十年来从未弹劾过别人，只因参了钱谦益，才导致攻者四起。只要能杀臣逐臣者无所不用其极，毛九华系谦益一党无疑。”

“体仁辩的是。”崇祯说道。

接着，崇祯又召任赞化进宫奏对，崇祯对任赞化说道：“九华参体仁写诗一事况且不实，汝为何又说那些无根之事？”

任赞化支支吾吾地对不上来，温体仁又赶紧说道：“赞化疏全是诬捏，凡去过臣家乡者都知道，臣娶的是陈与郊的女儿，乃正经人家之女。此一查可明，事事无影，虚捏如此。”

任赞化又连忙奏道：“臣之所言乃采访公论，京城的人都是这么说。”

温体仁又连忙将任赞化与钱谦益结党的证据一一罗列出来。就这样，这场东林党人事后发动的反扑运动被温体仁轻松化解，皇帝将毛、任两人降级外放。事实上，温体仁和钱谦益都不是善类。但在这场崇祯元年（1628 年）的政治互攻中，温体仁凭借他那种雄辩的口才和抓住崇祯的心理，以及高超的政治攻击技巧，在东林党人正准备卷土重来之际，凭借一己之力就将这伙人打得集体噤声。在魏忠贤刚刚自尽而去的时候，温体仁就接着向东林党人开炮，无疑显示出了一种超强的胆量。

也许东林党人至死也不明白，为什么总有这么多人前仆后继地跟他们这个团体作对。他们这种锲而不舍的精神同样碰到了那些具备锲而不舍精神的人。崇祯元年（1628 年）的这场内阁会推事件，已经让皇帝对东林党产生了不信任感，而崇祯二年（1629 年）的“己巳之变”却使得东林党的垮台加速到来。

## 己巳之变和东林内阁的垮台

从后金进攻大明那天起，这个新兴的政权没有一天不想跟明廷议和。他们只是想通过战争的方式来获得更好的生存环境，获得更自由的贸易条件。努尔哈赤在打下抚顺后就希望跟明廷议和，但被万历皇帝所拒绝。天启二年（1622 年），广宁之败后，努尔哈赤就提出议和条件：将辽河以西、大凌河以东作为缓冲区，后金为明廷附属汗国，明廷承认后金对辽河以东土地的占领，双方每年互贡，并开放民间贸易市场。

从天启二年（1622 年）一直到天启五年（1625 年），明金之间处于休战状态。努尔哈赤一直等着明朝方面派使来议和，结果不仅没有等来议和，反而是明廷在辽西大修关宁锦防线，乃至天启五年（1625 年）孙承宗偷袭耀州。天启六年（1626 年）正月，努尔哈赤率大军进攻宁远明显带有以战逼和的意味。

在努尔哈赤死后，皇太极执掌权柄。皇太极依然奉行跟明廷议和的对外政策，但此时明廷上下根本没有考虑过此议。自从故宋灭亡后，明政权十分忌讳对外议和。当时间到了晚明，这一僵硬的对外政策仍旧束缚了大明王朝的手脚，从而牵制了帝国过多的资源。

蓟辽总督袁崇焕在处理后金的关系方面实行灵活政策，他一直希望能通过议和来解决辽东问题。在皇太极上位后，他们之间便开始了书信往来。从崇祯二年（1629 年）元月起皇太极就迫不及待地派郑信和任大良携带自己的亲笔信去宁远见

袁崇焕，商讨议和。

七月初十日，皇太极派任大良携带给袁崇焕的回信前往宁远。皇太极的这封议和信比前几次写得更加详细，更加诚恳，以显示自己的议和诚意。皇太极在信中说道：

金国汗致书于大明国袁大人，我看了我派去的使臣带回来的信，你在信中说辽人祖先的坟墓都在辽东，让我归还辽东土地，我认为此议不妥。辽东之地乃是我们夺取的，并不是你们赐予的。昔日我们两国并没有间隙，和睦相处，你们占据九州万方之地，也太不满足了，还要掠夺我们的土地，私自划界三十里，不让我们越过，至此导致战端开启。老天爷辨别是非，将辽东之地赐我，所以辽东乃上天赐予我们的，怎么能归还呢？

自古以来，兴衰不取决于你们大国，夫天下者，非一人之天下，乃众人之天下也，天赐于谁，则谁得之。昔日大辽为天子，金太祖是大辽的属国，后来大辽皇帝不仁道，而金太祖乃正直之人，所以上天将大辽的辽东土地赐予金太祖，金汗予跟大辽和好，而大辽妄自尊大。后来大辽征讨金国，上天又将大辽之地赐予大金，天赐之地，大金岂能复归还大辽。后来金帝不道，上天将大金西边的土地赐予大元，元太祖派遣使臣议和，金国将使臣羁押，后来上天又将大金土地赐予大元。天赐之地，大金岂能复得乎？后来大元悖逆不道，大元被明太祖取而代之，如果蒙古人向大明索要土地，岂能还之？

至于你在来信中质问我们为何要征朝鲜，这就更荒谬了，历史上一直是朝鲜在征我们，将我们的先人从鸭绿江以南赶杀到鸭绿江以北，朝鲜征了我们那么多次，我征一次有何不可？再说了，我征朝鲜干你们明国什么事？

辽东虽然有小民遗骸，但难道没有大汗和诸贝勒的坟墓，我向以忠心相处，而万历帝不容，无故欲伐我，迫不得已，告天征之。若不被迫，我等小国岂敢征讨大国耶，天不问国之大小，但论事之是非，故以辽东、广宁地方赐我，若非天赐，辽东、广宁诸坚固之城，及数万之兵守之，即以我少数之兵士，何能克之？自古以来，各国相善则敬之，相恶则报之，此皆自然之理，大人之所知也。我愿罢兵，共享太平。

尔国官员文士都可以向尔帝进言，然而你们都视尔帝如在天上，你们又将自己看作是神，总是拿议和不能跟你们的皇帝说来搪塞，又拿议和不合你们大臣的心意来推脱，不让我们的信使直达京城面见皇帝，总是就地遣返之，这比当年大辽欺负大金尤甚。今诚心遣使，切盼大人复言。另外，上回虽然没有议和成功，但仍旧优待我使臣并遣返，今特此致谢。

皇太极的这封书信可以说写得声情并茂，有血有肉，声泪俱下，读之让人感慨不已。由此可见皇太极有极高的汉学修养。他首先驳斥了袁崇焕让他归还辽东一说，接着重点指责袁崇焕从中作梗，不让他的信使直接抵达京城面见崇祯皇帝，从而导致明金之间一战再战。

正月十六，袁崇焕让赵登科携带回信给了皇太极。袁在信中说道：

奉帝命巡辽调兵之兵部尚书袁复书于汗陛下：今观汗复来之信，才知道大汗顺天造福的善心，天之心即汗之心，亦即我之心也。汗若诚心，我岂可弄虚；汗若实心，我岂可作假。两国兴衰均在于天，虚假何用？只是十载军旅，一旦罢之，虽奋力为之，也不是三四人所能胜任，三言两语所能了结。白喇嘛我见过两次，请再思之。

到了七月十八日，皇太极的回信就来了。皇太极在这封信中措辞强硬。

金国汗致书于大明国诸臣：我欲息兵以享太平，曾屈尊遣使议和。据闻尔兵部不愿和好，仍愿再战。尔等出能御敌，入能治民，但我每次发兵兴讨，尔等军士被杀，人民被掠，尔等出而不战，袖手坐观；我欲修好，尔等毁坏和议，不念将士军民之死伤，更出大言，导致战争不息。尔等若想和好而我不从，导致起兵端，我民被杀，则非尔等杀之，乃是我自杀之；但是我欲和好，而尔不从，致起兵端，尔民被诛则并非我诛之，乃尔自诛之也。

通过七月十八日这封信可以看出皇太极已经对袁崇焕打的太极拳厌烦了。在前面来往的书信中，袁崇焕一直说议和的事情必须让边臣来谈，让阁臣参与进来不妥当。而皇太极不想让袁当中间人，他想让袁将书信直接呈递崇祯皇帝。但袁

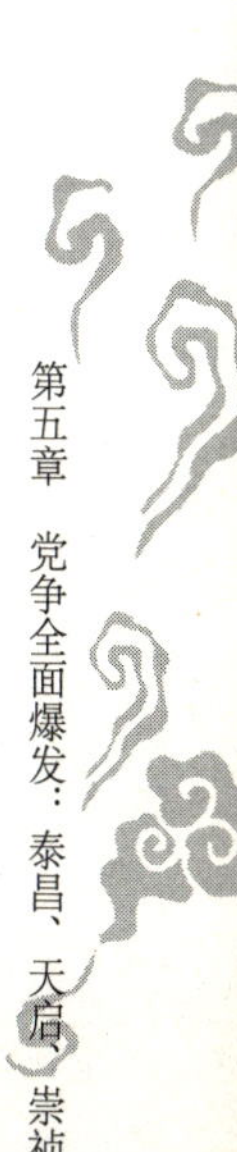

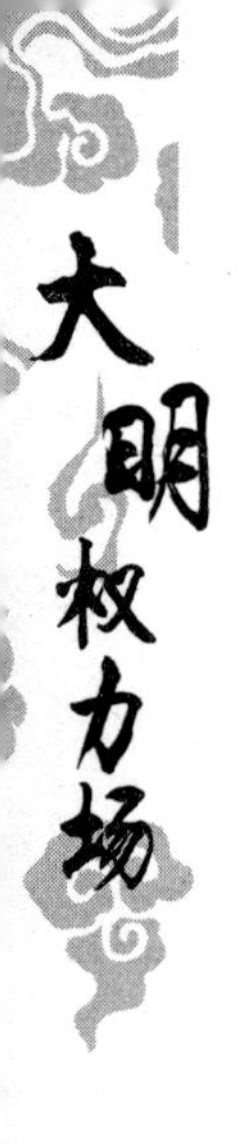

崇焕实行的议和政策乃是私下议和，况且当时的大明根本没有议和的政治氛围，谁谈议和就是死路一条。皇太极根本不知道这点，反而被袁崇焕不断地忽悠。

崇祯元年（1628 年），袁崇焕入京的时候曾经跟内阁阁臣钱龙锡、兵部尚书王洽商讨过此事。钱龙锡、王洽皆不同意议和，关键是议和跟明王朝的对外政策不符。若非最高统治者做出此决定，其他大臣皆不敢提及此事。

但袁崇焕显然对此很热衷。他清楚地看到以明王朝当时的实力根本不可能战胜后金，唯一的出路就是议和。所以在努尔哈赤逝世的时候，他便派喇嘛去吊唁，跟皇太极商讨议和的事情。但他自己又做不了主，所以一直在跟皇太极打太极。他希望在崇祯不知道的情况下，他能够以边帅的身份跟皇太极达成私下里的议和。崇祯二年（1629 年）六月，袁崇焕去双岛杀了皮岛总兵毛文龙，也正是给私下里议和扫清了障碍。因为毛文龙手下的东江军时常骚扰后金。但皇太极需要的是堂堂正正的议和，他的根本目的还是为了通过贸易获取所需要的物资。

崇祯二年（1629 年），皇太极对袁崇焕议和的诚意产生了怀疑。他想带兵绕过袁崇焕来到北京城下，将议和的意思直接告诉崇祯皇帝。

这个时候后金境内的饥荒已经由不得皇太极继续拖延下去了，他急需议和成功，这样好用后金境内的人参、貂皮、东珠来换取粮食、布匹。

崇祯二年（1629 年）十月份，皇太极率领 7 万大军越过喜峰口向遵化杀来。十一月十七日，皇太极的大军抵达北京城郊牧马场。此时朝廷乱成一锅粥，从内阁到兵部拿不出任何有效的应对措施。朱由检在那里不停地骂。当皇太极的大军抵达京城牧马场的时候，朝廷还以为他的大军在遵化。大同总兵满桂在没有接到兵部调兵函的情况下，自行带兵进京勤王。

很快各路勤王之师向京城奔来。十一月二十日，大同总兵满桂、宣府总兵侯世禄在德胜门击退后金军的进攻。王承胤部不战而退。袁崇焕、祖大寿带领关宁军稍战且退，将他们后面沙窝门前充当预备队的京营暴露给了后金军队。京营士兵在游击刘应国、罗景荣和千总窦浚三位将军的率领下正面迎击后金军，一直追击到运河，杀敌千余，自己损失数百人。

至此，京城保卫战结束。二十二日，皇太极让被俘虏的王姓太监送议和书进城给崇祯，眼见递进去的议和书了无音信。十二月初一，皇太极率大军开拔，在京畿附近又劫掠了一些物资。

京城保卫战后，崇祯知道是由于袁崇焕在底下瞎议和导致皇太极入关。袁崇焕既然想议和，所以不可能跟后金死战。所以无论是有意识，还是无意识，袁崇焕在蓟镇放跑了皇太极。基于这些因素，朱由检便将袁崇焕下狱。由于袁崇焕在议和的事情上跟内阁钱龙锡和兵部尚书王洽商量过，所以，此事最终还牵扯到在朝的东林党人。而对于皇太极来说，他还是过于理想化。他简单地认为带书信给崇祯皇帝就能促成和议，他也简单地认为带兵入关能够逼和；但是，他不知道即使打入北京城绑了崇祯皇帝，大明朝廷在南京另立一个皇帝也不一定会议和。这一点是在洪武宪法里就已经明确了的，包括皇帝在内，没人敢提出议和，即便他们想议和。

崇祯二年（1629年）的这场皇太极入关事件被称作“己巳之变”。这可以看作崇祯元年党争的延续，因为这一突发事件最终摧垮了东林党内阁。

“己巳之变”对于非东林党人来说，或者对于“后阉党”成员来说无疑是一个机会。锦衣卫在狱中拿到了袁崇焕的供词。袁崇焕说，关于杀毛文龙和议和等事情曾经跟内阁阁臣钱龙锡、兵部尚书王洽商量过。袁崇焕以为抬出这两个人可以解救自己，但殊不知，不仅没能解救自己，反而害了自己。接着，御史高捷、史范相继以袁崇焕的事情弹劾钱龙锡、王洽，结果钱龙锡被迫致仕，王洽被下狱。

后阉党分子除掉了钱龙锡与王洽，但内阁还有首辅韩爌、次辅李标。接着，阉党分子又继续发动对韩爌的攻击，将袁崇焕杀毛文龙的事情往韩爌身上攀扯。韩爌自从再次入阁以来，毫无建树，不能设一策，不能拨一人，坐视成败。他已经感到时事不可为，便主动辞去职务。韩爌既走，李标接任首辅。阉党分子接着又弹劾李标。李标走后，周延儒成为首辅。这样，从崇祯元年（1628年）冬天的这场党争一直到崇祯三年（1630年）才基本平息下来。这场党争的主要原因是东林党在会推中应对失策，但深层原因还是朱由检在执政中发现了这个党派的一些问题，那就是东林党出身的官员不合用，只会空谈，在面对“己巳之变”这样的突发事件时毫无对策。这个时候，朱由检跟朱由校一样产生了将东林党人全部罢斥的想法，而“己巳之变”无疑加速了这种想法的实施。

崇祯三年（1630年）八月份，皇帝将袁崇焕凌迟处死，钱龙锡被下狱。皇帝固然痛恨袁崇焕私自议和招来了皇太极，但深层原因还是为了给打击东林党确立一种合法性。在这方面袁崇焕似乎跟熊廷弼之死有些类似，但崇祯残酷地对待袁崇焕也显示出了这个皇帝偏激的性格。

崇祯二年（1629 年）的“己巳之变”，跟正统十四年（1449 年）也先携明英宗进北京，还有嘉靖二十九年（1550 年）俺答进犯北京，皆有异曲同工之处，都是部落民族在议和不成的情况下，直接率兵来到明王朝的首都，一来直接带信给皇帝，二来带有逼和的味道。

当年也先也是通过英宗宦官喜宁来跟北京议和，后来每次议和书信都被于谦阻挡。在这种情况下，也先便携明英宗前往京城议和。嘉靖年间，蒙古俺答部也是在长期议和无望的情况下，在严重的生存危机威胁下，才于嘉靖三十九年（1560 年）进入大明境内劫掠。

现在看来，当天启皇帝正准备收拾东林党的时候，如果熊廷弼不让家人贿赂汪文言，也许他就不会死。同样，当崇祯皇帝正在一步步地斥退东林党的时候，如果袁崇焕不在私下里跟钱龙锡、王洽密谈，或者在锦衣卫审问的时候不交代此事，他大概也不会这么快惨死。毕竟像杨镐、王化贞这样比袁崇焕更失职的文官也是在被关押多年后才死去。如果形势有好转，他们不会死也不是没有可能。

当崇祯想罢黜东林内阁的时候，苦于找不到理由，所以便将袁崇焕定成死案。东林人既然跟死案分子有接触，那么自然就可以凭借此事打人。关于这一点，黄宗羲有清晰的看法。他在写给钱龙锡的墓志铭中写道：“逆党之恨公者，以为不杀崇焕，无以杀公。”

无论如何，洪武成例有许多准则是人们要遵守的，尤其是阁臣切勿接近边臣。

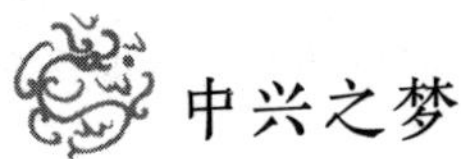

## 中兴之梦

崇祯以外藩继位，他跟永乐皇帝一样希望成为一代伟大的君主，挽救明王朝衰弱的局面。但此时的明王朝经过 200 多年的运转已经积重难返。无论崇祯皇帝如何殚精竭虑，中兴之梦始终成为一场泡影。

崇祯继位之初也将经筵作为一个重点来进行，他甚至将日讲也保留了下来。但崇祯跟其他皇帝明显不同，他不满足于讲课先生的照本宣科，他希望让讲课先生联系实际，他甚至提出一些问题让讲课先生回答。但是，讲课先生受制于水平有限，通常不能给予令朱由检满意的回答，这个时候免不了使得这位新皇帝对这些儒生失望。

一次他问内阁阁臣周道登："'宰相当用读书人'何解？"周道登支支吾吾地答不上来，便说道回去查查书再来。接着，崇祯又问道："近来大臣奏疏中多提到'情面'二字，何为'情面'？"周道登支支吾吾又无法应对。

一次在礼部右侍郎徐光启讲完《中庸》后，崇祯向徐光启问道："'知天地之化育'和'其孰能知之'这两者是一回事吗？"徐光启答道："一个强调内知，一个强调外知。"崇祯笑道："'知'难道有内外之分吗？"虽然崇祯对儒家经典的理解有些肤浅，但这也反映了他敢于怀疑经典的精神。

崇祯的风格无疑跟前代皇帝不同。每次经筵或者日讲，对讲官来说不再是他们展示自身才华的时刻，而是提心吊胆、惴惴不安的时刻。崇祯十一年（1638年）的一次春讲后，皇帝问礼部左侍郎顾锡畴等人，保举与考选二法哪种选人方法最可靠，结果顾锡畴等人又答不上来。由此可见，明代的一些官员，尤其是翰林院出身的官员，尽管对孔孟之道熟知于心，尽管辞章华丽，尽管满腹经纶，但一旦逆向行之，则显得捉襟见肘。

崇祯对于这些内阁阁臣的真实水平心里自然有一杆秤，所以崇祯一朝开始改变内阁阁臣选自翰林院的方式，开始注重选择一些有实际政务经验的人。崇祯认为这些由科举而选入翰林院的人，虽有才学，但不谙政务，脱离实际，坐而论道可以，但实际操作不行，尤其是应对突发事件不行。为了改变这种格局，朱由检一方面将地方上的知州、知县选入翰林院，另一方面让地方官经过吏部会推直接进入内阁。这种办法无疑使得内阁焕发出了一种活力。

崇祯七年（1634年）的三月，又是一个大比之年。当崇祯看到那些鱼贯而入的考生时，他完全没有李世民那种"天下英雄入吾彀中矣"的感想。对于他来说，这些考生都是废才。此次殿试是由朱由检亲自出题。朱由检改变过去殿试那种空而大的试题风格，出的全是针对时弊的题目。

在这次殿试中，崇祯一连提了八个问题：

**一、跟朕共治天下的是士大夫，但如今士大夫品行不端，朕想让士大夫们恢复古道，有何办法？**

二、女真人的地盘地窄人寡，一旦去攻打朝鲜，三韩不守，这是为什么？

三、如今三协和天津、登莱之处朝廷都有重兵把守，导致朝廷军费激增，有何办法消灭后金，恢复疆土？

四、现今流寇蔓延，朝廷缺钱缺饷，一些人不奉公体国，一味让朝廷减免钱粮，朝廷难道不知道抚恤百姓的道理吗？有什么办法既能抚恤百姓，又能充实军费？

五、屯田是解决军费的办法，为何总是不见实际效果？漕粮和马匹都是军队所紧缺物资，为何总是被拖欠？有什么办法杜绝此类问题？

六、如今有没有办法收复河套？对于归降的蒙古人如何安排？蒙古插汉部和河套部联合起来了，有什么办法将他们分开？

七、流寇势大，海盗也时常骚扰，加上水灾、旱灾频发，有什么方法应对之？

八、唐、宋之时文武分的不是那么细致，本朝太祖对人才的任用也颇为灵活，有什么办法提升武将的地位？

这八个问题涉及当前军政、外交、用人等亟须解决的问题。朱由检以“策问”的形式作为殿试试题提了出来，一是想获得一种解决现实问题的办法，二是也想发现一些人才。很可惜，这些参加殿试的贡士都回答不出个所以然来。在此种情况下，朱由检只能对科举考试日益失望。

无论是前面谈到的崇祯在经筵和日讲中对讲官的询问，还是在殿试中转换命题风格，都反映出了大明王朝的这些官吏只擅长就理学、心学发表清谈，难以将他们的知识转换成现实的生产力，其结果就是导致皇帝在用人上的变化。

除了重视有实际政务操作经验的官僚，皇帝还注重恢复洪武时期举荐官员的方法，而且在武举中也更重视考生的武功。他甚至还废除洪武成例，允许朱姓宗室子弟参加科举考试。

崇祯七年（1634年）同样是武选的大比之年。能舞动百斤大刀的只有徐彦琦、王来聘两个人，但发榜时却没有两个人的名字。崇祯一问，原来是因为两个人文场成绩不佳。崇祯不禁大怒。国家罹难至此，还如此重文轻武。崇祯亲自将王来聘点为武状元。后来王来聘在镇压孔有德叛乱时，身先士卒，不幸战死。

崇祯在用人上的确不拘一格。他厌恶科举制，厌恶进士出身制，厌恶四书五经制。他力图实行文武并重、科举保举并重、朝官外官并重的选人用人制度。与此同时，他还试图恢复洪武时代那种肃贪的局面。崇祯继位后，针对官僚贪污纳贿的情况，除了加强御史监察制度外，他还实行厂卫监察、办案的制度。在他的鼓励下，崇祯六年（1633 年）、崇祯七年（1634 年），厂卫狠办了几件案子。针对边疆军队统帅欺瞒皇帝的情况，崇祯重新恢复了自嘉靖以来被废除的太监监军制度。从崇祯四年（1631 年）起，皇帝就陆续派出宦官前往各地监军。很快边关各地就布满了监军的太监，其程度甚至超过了前朝。

崇祯的这些新政措施无疑带有变法的味道，而且可以从刘瑾、汪直、张璁、张居正那里找到影子，所以，自然遭到了既得利益者的抵制。

崇祯九年（1636 年），江苏山阳县的一位名叫陈启新的武举跑到宫门外向皇帝进言。他在那里跪了三天。皇帝听说后，便命人将他的奏疏呈进来。陈启新在奏疏上说："天下有三病。士子写文高谈孝悌仁义，而做官后就恣意妄为，这是'科目之病'；国初典史授都御史，贡士授布政使，秀才授尚书，嘉靖时还是进士、举贡、杂流三途并用，现在却只用进士一途，举人、贡生不能升至高官，以至于一中进士就行为放诞，这是'资格之病'；旧制教官也可以作给事、御史，后来稍严，举人为推官、知县者仍可选任，如今只从进士中选用，这是'行取考选之病'。"

陈启新的"三病论"完全说到崇祯心坎上去了。大概这个陈启新号准了皇帝的脉，崇祯有意将他任命为吏科给事中。虽然这只是一个正七品的官位，但是它掌管着帝国人事的纠察大权。崇祯违背了用人规律，陈启新既不是进士出身，也不是通过考选得此官职，自然刺激了全体官僚。从此，所有人都不跟陈启新来往，而且不断地收集、整理他的黑材料。虽然弹劾一波接一波，但都被崇祯顶了回去。

崇祯对陈启新的任用刺激了其他同样心怀此志的人。武举生员李琎向崇祯进言道："缙绅豪富之家，大者家产千百万两，中者百十万两，以万计者不可胜数，应令他们以私产输官助饷，可以满足国家急需。"

李琎的言论可以说是捅破了大明王朝的最后一层窗户纸。李琎是想让崇祯学汉武帝那样实行盐铁酒专卖，通过打击富户来获取国家的营建资金，也就是通常说的削中间来补两端。李琎的提议也的确令崇祯心动。但是，此时早已不是汉武帝那个

时代，“君权神授”早已遭到了否定，而是“天下非君王一人之天下”的时代。它不仅不是武帝那个时代，就是离洪武、永乐时代也早已遥远。虽然“天下非君王一人之天下”，但“国家却是众人之国家”，如果有富户肯捐资助饷，哪怕拿出家产的一小部分，国家也不会危难至此。当人们全凭个人信条行动，而国家又缺乏可以统一调动的行动资源时，那么帝国的灭亡也就在所难免。

李琏的言论自然引起士大夫们的恐慌。内阁大学士钱士升上疏要求将李琏拿法司问罪，崇祯还是以广开言路的名义将此事推脱了。

崇祯登基以后，的确看出了很多弊病的所在。这些弊病有些是长期的积习，有些是中国2000多年来的传承。虽然他正在试图纠正，但治国本就没有十全十美的方案。崇祯求治心切，旧的系统他试图打碎，新的系统又无法建立。他轻易用人，轻易罢人，这只能使整个国家变得更加动荡不安。

崇祯朝的经济问题比历朝都要突出。在气候冰河期的打击下，各地持续大面积的旱灾导致农业歉收。这种灾情不仅发生在北方，而且发生在南方，其结果就是导致各种税收的拖欠。不仅正税如此，附加税也是如此。崇祯整天拿着账本跟各地督抚算账。就是这种羸弱的财政还要应对巨额的军费和平叛开支，以及四处的赈济。缺饷的士兵和缺粮的饥民时刻会成为威胁帝国的不安定因素，一切似乎又回到了元末。

而此时外部经济也出了问题。随着德川幕府在日本的逐渐掌权，德川幕府开始实行闭关锁国的政策，从日本流入明朝的白银顿时中止。与此同时，整个北半球的气候冰河期使得从欧洲大陆到亚洲大陆的所有国家都陷入了干旱，农业减产。日本爆发了严重的饥荒和叛乱，许多人被饿死。欧洲形势也不容乐观，农民暴动和资产阶级革命此起彼伏。与此同时，海外探险以来所带来的世界贸易也急剧萎缩。这些都打击了中国的出口，导致了沿海手工业的破产。

从16世纪晚期开始，西班牙和荷兰在东方跟葡萄牙人的争夺中相继败北，因为葡萄牙人抢先跟中国的广东省建立了一种良好的合作关系。为了防止葡萄牙和中国的商人赚钱，马德里制定了一项新政策，那就是减少在秘鲁的白银开采。恰巧此时由于秘鲁白银开采量过大，导致白银的开采已经无利可图。所有的这一切交织在一起，使得从17世纪开始流入中国的白银开始剧减。而这对于货币白银化和赋税白银化的中国无疑是灾难性的。

当整个社会都缺银子的时候，农民需要拿更多的粮食才能够换取缴纳赋税的白银。而且白银的稀缺导致整个社会开始窖藏白银，这都会导致更严重的通货紧缩。一旦通缩发生，整个社会经济一片萧条，商户和手工业户开始倒闭，城市开始衰落。帝国从南到北，从城市到乡村都动荡起来，佃户反对地主，奴仆反对雇主，农户也开始抗税。白银的缺乏更是导致私铸铜钱激增，银钱比例扩大，通货紧缩和通货膨胀并存。经济作物的扩大种植和灾荒的持续延绵都导致粮价飞涨，这又进一步导致了人们对于大米的囤积。饥饿的人们开始在乡村和城市到处流浪觅食，很多房屋人去屋空，很多田地也是人去田荒。在江南以及其他地方，即便有钱买宅买地，也买不来大米。这个时候，人们所疑问的是帝国为什么还没有倒掉？

大规模的农民暴动从陕西这个地方开始。在持续干旱的打击下，陕北高原已经是颗粒无收。由于朝廷的财政危机，崇祯对于各地的赋税催促又十分急迫，破产的农村和官吏的催逼将帝国的农民带到了悬崖边上。

崇祯二年（1629 年），行人司行人马懋才向崇祯描述道："臣家乡陕西延安府，去年一年无雨，草木枯焦，八九月间，乡民争采山间蓬草而食。到十月以后，蓬草吃尽，则剥树皮而食。到年终，树皮又尽，则又掘山中石块而食。乡民中有不甘食石而死者，始相聚为盗。在这种情况下，官府仍严加催科，幸存的百姓只有一逃了之。此处逃往彼处，彼处又逃往此处，转相逃则转相为盗，这是盗之所以遍于秦中的缘由。"

天启七年（1627 年），陕西澄县农民王二首先举起造反大旗。因为澄县知县张斗耀催缴税款，一个叫王二的人带领几百人冲进县城杀了知县。此事陕西巡抚不敢上报，只是私自处理了事。

农民似乎还不是起义的主力军。还有长期领不到军饷的士兵加入义军的队伍，这无疑对叛乱起到了推波助澜的作用。无论什么朝代，从来没有哪个朝代的财政像崇祯朝这般紧张。仿佛所有的问题都在此刻统统爆发。作为一名官军似乎还没有义军过得好。

崇祯元年（1628 年）七月，陕西定边营士兵王嘉胤从边关逃了回来。他聚集饥民在府谷起义。不久，白水县的王子顺带领饥民来投，起义顿呈燎原之势。当陕西巡抚还想掩盖的时候，陕西巡按迅速地将这一情况报告给了朝廷。至此，明末的农民起义正式爆发。

无论崇祯皇帝如何殚精竭虑，如何力图中兴，在 17 世纪席卷全球的气候灾难冲击下，这所有的一切都只是徒劳而已，所谓的中兴之梦最终成为一场泡影。

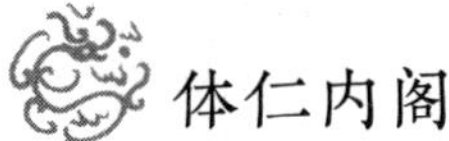

## 体仁内阁

让我们还是把视点转到党争上来。

崇祯元年（1628 年）的温钱互攻和崇祯二年（1629 年）的“袁崇焕案件”基本上将朝中的东林人士斥退一空。经过短暂的恢复，东林党再次面临尴尬之局。事实表明，“后阉党”派成员也不是铁板一块。继东林人被斥退一空后，周延儒跟温体仁又互相咬了起来。

继周延儒、温体仁相继入阁后，温体仁认为在扳倒东林党的过程中自己出力最大，正是靠着自己弹劾东林党，才使得崇祯将东林党人全部罢斥。但是，如今周延儒却位居首辅，而且独断专行。所以两个人渐生龃龉。

崇祯四年（1631 年），温体仁的机会来了。在这一年的会试中，周延儒的连襟陈于泰被选拔为会试第一名，周延儒老友吴禹玉的儿子复社领袖吴伟业也高中会元，而主持考试的就是周延儒。接下来，周延儒频繁出错。他任用的大同巡抚张廷拱、登莱巡抚孙元化都因犯事牵连到了周延儒。他的兄长周素儒冒锦衣卫籍，领取千户之职，他的家人周文郁被擢升副总兵。甚至京城出现谣言说周延儒收受江湖大盗的贿赂。

这些都令温体仁感到兴奋，他发动言官对周延儒进行弹劾。但周延儒深得崇祯的信任，此时还不是温体仁能够动摇他的时候。很快，周延儒授意言官弹劾温体仁引用私人闵洪学为吏部尚书。闵洪学和温体仁是同乡，这是众所周知的事情。崇祯皇帝接到言官的上疏便将闵洪学免职。

崇祯四年（1631 年）的较量以温体仁暂时失利而告终，但双方都在暗中等待新的机会。

崇祯六年（1633 年），周延儒指使他的连襟陈于泰打着陈时政四事疏的幌子攻击温体仁。而温体仁则指使宣府镇守太监王坤弹劾陈于泰盗取科名，而操作者就是周延儒。温体仁此招的确高明，他让太监出面弹劾。这样一来，反对者还不好说什么，因为崇祯此刻已经不大相信文官，只相信宦官。

周延儒不知道这里面的利害关系。他策动给事中傅朝佑上疏，傅朝佑指责王坤宦官干政。而且王坤的奏疏文辞练达，重点突出，背后必定有阴险小人在操纵。实际上这个时候崇祯由于不信任底下的大臣，已经将太监派到各个要害之地。此举自然遭到文官们的反对。所以“宦官干政”已经成了一个敏感话题。本来傅朝佑谈及此事已经有些不合时宜，紧接着都察院的三把手左副都御史王志道也上疏将矛头直指崇祯的用人制度。他说，近来内臣的举动几乎手握朝纲，辅臣终不敢问一句，以至于辅臣被弹劾，犹忍辱不言，如此有损皇帝圣名。

王志道的上疏终是触及了朱由检的敏感神经。本来大面积的任用宦官不符合官僚制度，朱由检对此也没有底气。他担心别人议论。如今此事由御史堂而皇之地提出来，朱由检自然认为这一切都是周延儒在背后授意。因为这件事，他对周延儒的好感顿时荡然无存。这个时候，皇帝感觉到只有温体仁才符合他的心意，因为温体仁也信任宦官。

温体仁的确有着很深厚的政治功底。他牢牢地把握住了朱由检的心思，从钱谦益开始，再到钱龙锡、周延儒，温体仁每次都能一击而中。对于钱谦益，他往党争上面靠；对于钱龙锡，他往袁崇焕身上靠；对于周延儒，他往“宦官干政”上靠。

虽然周延儒没有温体仁那般机敏，但此刻他也看出王志道犯了崇祯的忌讳。他连忙上疏申救，但为时已晚，崇祯将王志道削职为民。后来崇祯还就周延儒的辩疏对周延儒说了一句话：“卿之辩疏，日后录入史书，甚是好看。”

温体仁从这句话捕捉到了周延儒倒台的信息。他立即让刑科给事中对周延儒发动最后一击。崇祯六年（1633 年）六月，周延儒终于离开内阁，温体仁如愿以偿成为内阁首辅。

崇祯皇帝斥退东林党，任用宦官，乃至将温体仁提拔为首辅，都可以看作加强中央集权的表现。的确，没有人比温体仁更听话，更对崇祯的心思。

从崇祯六年（1633 年）六月起，一直到崇祯十年（1637 年）六月止，帝国进入了温体仁内阁时代。那么，温体仁内阁基本上结束了前期纷纷扰扰的党争局面，一些政治上的事务开始趋于稳定。温体仁做事情颇为干练，兵马钱粮，官吏调配，

一切都是有条不紊地进行。对于崇祯来说，似乎再也没有比温体仁更合适的人选。

但对于帝国的其他官僚来说，温体仁无疑是大明王朝有史以来最坏的人。虽然宦官也时常跟文官作对，但他们毕竟是宦官；虽然张居正也跟官僚们作对，但他毕竟是张居正；虽然王锡爵也不听从他们的安排，但王锡爵始终是他们詈骂的对象；虽然严嵩也不符合他们的理念，但严嵩没有让他们下不来台。唯独温体仁这个小人物，凭借着高超的政治手段，轻而易举地将他们击溃，而且给他们安上“结党”的罪名，令他们抬不起头来。他们不恨张居正，不恨严嵩，不恨王锡爵，他们只恨温体仁。所以对于明代的官僚来说，尤其是明末的官僚来说，温体仁无疑是第一“奸臣”。他们对于温体仁的恨甚至延续到清朝建立。明末的党争甚至延续到清朝建立后的 100 多年里。在清政权建立后，这些东林系的文人在修《明史》中仍旧延续党争的路线，对这些非东林系官僚进行大加诋毁。既然无法在现实中战胜他们，那就在史册中战胜他们，通过如铁的史笔将他们永远钉在历史的耻辱柱上。

温体仁终究不是万能的。在野的东林党渐渐地明白，若想扳倒温体仁必须“以其人之道还治其人之身”，那就是将温体仁也安上“结党”的罪名。如此一来，所谓皇帝对温体仁的信任也就自然荡然无存。而这一切将由跟温体仁棋逢对手的钱谦益来完成。

温体仁既担任了内阁首辅，他似乎仍然沿着那种惯性往前走，失败者的教训并没有引起这位首辅的警觉。当他失去了他那“孤介”形象的时候，一切已经是不可挽回。

崇祯一朝的确缺乏官吏，定“阉党案”斥退了 300 人，现在又将东林系官员一扫而空，温体仁上台后也面临着官吏的选用问题。因为这个事情，他开始走出了第一步错棋，因为他想从斥退的阉党分子中挑选适用的人才。

崇祯七年（1634 年）八月，崇祯在平台召见朝臣，让群臣会推吏部尚书。崇祯年的会推和万历年的京察一样，都是朝臣、党派颉扎的时候，各种势力针锋相对，竞相角逐。而此次主持会推的吏部左侍郎张捷推举的竟然是已被定成阉党“逆案”的前兵部侍郎吕纯如。张捷将会推名单呈上去的时候，无论是现场参加会推的勋贵外戚，还是全体官僚顿觉愕然。因为这明显带有给钦定逆案翻案的味道，这在本朝是不多见的。本朝钦定的案子大多是在定案皇帝死后才由继任皇帝翻案，像这种定案皇帝还在世就进行翻案的，的确不多见。

张捷推举吕纯如不是一件孤立的事件。它一方面可以看作后阉党企图借此次会推事件卷土重来，另一方面它也可以看作温体仁的又一次政治运作。但无疑这次温体仁踩空了。张捷的提议不仅遭到全体官僚的反对，也遭到了崇祯的反对。即便朱由检想启用旧案成员，但他还不至于自抽耳光。

温体仁担任首辅期间，他能做到不动声色地将不符合他心意的人从内阁中去除，而这一切都不被崇祯发觉。虽然也有不少人弹劾他，但都被崇祯拒绝。因为崇祯知道这些人弹劾温体仁实际上是表达对自己的不满。例如工部侍郎刘宗周弹劾温体仁说："这么多年来，皇上讨厌结党，结果众臣皆互相告奸；皇上喜欢清廉，结果群臣皆曲意逢迎；皇上想励精图治，结果群臣在下面皆碌碌无为；皇上崇尚考核，结果群臣皆在下面吹毛求疵。而这一切都是首辅温体仁造成的。"

刘宗周明说温体仁，阴诋崇祯，自然引起崇祯的不快。崇祯便下旨将刘宗周革职为民。崇祯九年（1636 年），帝国发生了两件骇人听闻的事件，而且这两件事都跟温体仁有关。一个受到处分的知县的母亲连日来等候在长安街上，只要见到温体仁的轿子就在那里破口大骂，而且还用石块投掷。街上围观的群众齐声喝彩。这成为京师一景。崇祯皇帝也没有办法，只得给温体仁增派人手加以保护。紧接着，南京新安卫的一名千户杨光先拉着一口棺材来到京师。杨光先上疏猛烈弹劾温体仁，将国家出现的一切问题都归结于温体仁当政，要求温体仁引罪自去。崇祯说杨光先哗众取宠，便将他杖责后充军。

崇祯的信任和袒护似乎使得温体仁肆无忌惮。但任何事情都有一个限度。当温体仁想再次搞钱谦益的时候，这一切对温体仁来说已经不再那么美妙。

温体仁最恨的还是这个钱谦益，这个跟他一样性格阴险的家伙。此时钱谦益无疑成了江南的士绅名流。他在南方不断地阴诋温体仁。还有崇祯元年（1628 年）跟钱谦益一起被打倒的瞿式耜，现在两个人勾结在一起，他们能做出什么事情可想而知。加之钱谦益本就品行不端，很快便有事犯在了温体仁手里。

当帝国步入晚年，在商品经济发达的江南，地方的事务已经由两种势力来管理，一是地方官府，二是缙绅名流。越到晚明，士绅阶层结社越厉害。他们通过结社的方式控制舆论、抨击朝政、受人请托、包揽诉讼。到了此时，帝国早已

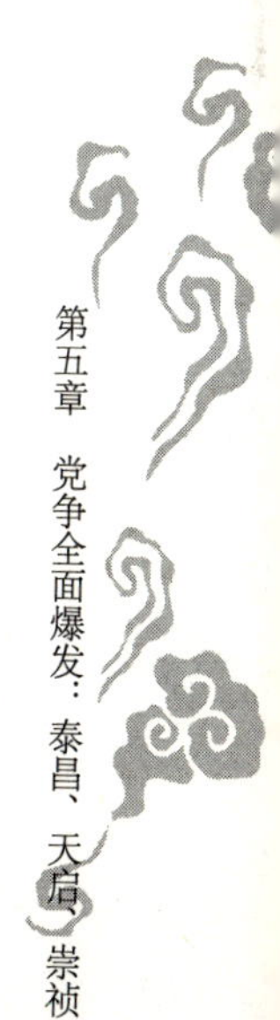

经不是洪武、永乐时代的帝国。而钱谦益、瞿式耜居乡干起此类事情无疑是手到擒来。

崇祯十年（1637 年），常熟县民陈履谦因为田产被人霸占与人打官司。本来陈履谦有理，但对方比他富有。钱谦益、瞿式耜收受对方钱财帮助对方打赢了官司。陈履谦大恨，便找到了常熟县的书办张汉儒，让张汉儒帮忙搞掉钱、瞿二人。张汉儒平日里也憎恨士绅们为非作歹，把持乡里，一怒之下上疏弹劾钱谦益、瞿式耜五十八大罪状。

张汉儒的奏疏为《直陈江南之大害，预鸣天下之隐忧，一方涂炭已极，万姓水火不堪，为民请命，拼死报国，哀控圣明，迅除元憝，以救灾黎，以安重地事疏》。

张汉儒在奏疏中详细地列举了钱谦益、瞿式耜等缙绅名流通过操纵科考、隐漏钱粮、贩卖私盐、私设税目、包揽诉讼、冒顶骗饷、接受投献、奸人妻女、殴杀平民、敲诈本家等诸多的不法事件。张汉儒在奏疏的开篇中说道：

“窃惟江南财赋甲天下，为诚国家根本之重地，军糈血脉之要区，皇上御极以来，俯念民瘼，不啻三令五申，以安民为首务，以戢暴为宝训。其如元凶大憝，有常熟县原任礼部侍郎今问杖回籍之钱谦益、原任户科给事中今削籍为民之瞿式耜，两人皆不畏明论，不惧清议，吸人膏血，啖国正供，把持朝政，浊乱官评，生杀之权不操之朝廷而操之两奸，赋税之柄不操之朝廷而操之两奸，致令蹙额穷困之民欲控之府县，而府县之贤否，两奸且操之，何也？抚按皆其门生故旧也。欲控之司道，而司道之黜陟，两奸且操之，何也？满朝皆其私党羽翼也。以至被害者无门控诉，衔冤者无地伸冤。”

尤其是张汉儒所说的“士习之害”更是点出了问题的症结。他说道：

“朝廷崇儒养士，岂欲俯首从人。今士习之坏于吴下也甚矣。今有一等轻狂恶少，名借复社，势倚东林，借口士可杀不可辱，一夫填膺，群呼争赴；一事启衅，众怒强梁。或供私事泄忿，托名公呈，拥挤县堂，号为义举；或借同胞为名，指称义愤，嚷闹登门，咤为快事，即官府亦莫可谁何。”

尽管张汉儒强调“如一字涉虚，罪甘寸磔”，但这些罪状也多有夸大其词。不过这也从一个侧面揭露了缙绅名流对于国家社稷的危害。张汉儒在结尾处提到了这一点：

“夫二奸者，数其秽行罪状，不啻于余端，计其骗帑诈赃，不下三四百万。当此国家三空四尽之时，两奸剥民脂膏，恣饱贪壑，泣恳皇上，立震乾威，密拿廷鞫，按款究问，追赃助饷，除天下之大奸，弭江南之阴祸，亦足补军需之万一。”

温体仁看到这份奏疏，自然高兴得手舞足蹈。这份奏疏所呈内容也十分符合朱由检的治国理念。朱由检阅后立即让锦衣卫去江南将钱、瞿二人抓捕进京。

钱谦益入狱后，想到只有一个人大概能救他，那就是司礼监太监曹化淳。曹化淳是朱由检在藩邸的旧人，而且还是前司礼监掌印王安的门徒，曾受过魏忠贤的迫害。由于王安与东林党人关系密切，所以曹化淳自然同情东林党人。钱谦益想到这层关系，便让人拿钱托曹化淳营救。曹化淳一口应承下来。

温体仁了解到事情出现波折后，便指使此案的引起人陈履谦散布钱谦益“款曹击温”的言论。所谓“款曹击温”就是指钱谦益勾结曹化淳，让曹化淳打击温体仁。

温体仁此举的确踩偏了，他没考虑到曹化淳是崇祯信任的人。温体仁百密一疏，终于没有堵住曹化淳这个漏洞。崇祯看到案子牵扯到曹化淳，便有些动摇了。加上曹化淳要求彻查此事，崇祯便答应了。

得到崇祯允许的曹化淳连夜派东厂前往江南抓捕陈履谦。陈履谦进京后被关进东厂监狱。曹化淳突击审讯，陈履谦受刑不过，只得按照曹化淳的意思供出这一切都是温体仁在幕后指挥。

曹化淳拿到供词后便去见崇祯。至此，温体仁“孤臣”的形象彻底崩塌。崇祯发觉温体仁也是有党的。得到消息后的温体仁便以退为进，上疏乞归。崇祯便朱笔一批，从此，温体仁结束了8年的阁臣生涯，回到了家乡浙江湖州。

## 应社与复社

现在看来“东林党”的确是一个泛泛的概念。出身士绅阶层，提倡减税，具备广泛的结社特点，好以清议来约束君主的权力，具备这些行为的人都可以归结为东林党。天启、崇祯两朝都不是东林人的黄金时代，或许他们的舞台只在民间。经过天启一朝的严厉打击，东林党的精英损失殆尽。到了崇祯朝，这些人以一种隐蔽的方式存在，那就是结社。

复社最初的形式是应社，它于天启四年（1624年）杨涟弹劾魏忠贤二十四大罪状后成立。它是以文学社的形式存在，但私下里干的仍是政治勾当。

杨彝是江苏常熟县唐市镇人，为当地知名的士绅代表，常常召集文人在家中举办类似文学社的活动。另外，当时江南的文化名流顾梦麟客居在杨彝家中。还有江苏太仓人张溥、张采也是杨家的常客。天启五年（1625年），杨彝、顾梦麟、张溥、张采在杨彝家中的应亭召开应社大会。江南名士数百人到会，盛集一时。在文化崩裂的晚明王朝，应社的参与者们重举“尊经复古”的大旗，力图重塑儒家文明。

天启五年（1625年）东林六君子被杀。天启六年（1626年）东林七君子被杀。在苏州那场反抗税监的市民暴动中，应社无疑是重要的参与者与领导者。历史走到了这个时候，带有强烈的政治诉求的政党政治终于在帝国出现。当历史学家将视角聚焦在此点时，我们却又不知道它将走向何方。

天启六年（1626年）苏州市民和生员反对阉党的那场斗争被称为“开读之变”。正是“开读之变”将那些有着相同政治抱负的文人联结在一起，并推动应社这种文学社组织从文学结社向政治结社转变。在这种转变过程中，最终将应社与东林党联结在一起，推动了波澜壮阔的崇祯结社年代，并在清末民国时期达到了一种历史的高峰，最终影响了中国政治的走向。

应社的复古之说主要是反对程朱理学盛行以来的八股文之说。他们主张恢复儒家的本来面目。相对于并无明确政治纲领的东林党，应社有着明确的政治纲领，而且要求入社会员必须遵从这些纲领。

应社主张在家要遵从孝道，在官则要守官节，而且特别注重横向的朋友关系，力图以一种牢固的朋友关系作为建社的基础。应社最初创建者是 11 人，但很快在江南江北的其他省份开始建立起分社机构，成员数量也在不断增加。

天启七年（1627 年），随着朱由校的逝世和朱由检的继位，形势发生了急剧的变化，东林人士纷纷回归内阁，民间的党社运动自然迎来了一个春天。随着潮流的涌动以及应社社员纷纷通过科举进入政界，民间的士子开始纷纷结社，几社、闻社、南社、则社、席社、章社、阳社、簪社、朋社、匡社、书社、大社、端社、邑社、超社、庄社、质社、隐社、金社等如雨后春笋一般拔地而起。这些社团的一些观点不尽相同。它们甚至不停地相互攻击，而且还攻击得十分激烈。

譬如经营章社的临川艾南英和应社的张溥等人就“尊经复古”的方法问题产生了分歧。艾南英认为应该沿着宋代文人，譬如欧阳修、韩愈的思路来进行，通过宋代的文章来改造今天的文章。而张溥等人则主张直接从秦汉时代汲取营养。对于这一点，艾南英攻击应社的人，说应社研究秦汉只是研究秦汉的民俗、器物、官职、山川、地理这些形骸的东西，而不是秦汉的精髓。艾南英进一步指出张溥等人尊经只是像朱熹一样对经典进行随意解释，就像剽窃古人文章的盗贼一般。

艾南英的话似乎揭示了应社的一些表象化的东西。这自然引来了张溥等人的不满。他甚至写信给已经成为江西临川知县的张采，要求对艾南英采取措施。无论应社的人如何威逼，艾南英始终不愿意放弃自己的观点。这最终导致章社跟应社的决裂，并使得张溥将章社从社团名单上除名。

崇祯元年（1628 年）的秋天，艾南英听说应社的头头脑脑们齐聚已故王世贞在苏州的弇园，他便也赶到弇园跟这些文人展开了辩论。双方围绕着是否要复古、如何对待八股文进行了激烈的辩论。艾南英以一种人师的态度对提倡复古的前七子李梦阳等人进行谩骂。几社的领导人陈子龙上前去将艾南英刮了一巴掌。接着，应社的夏允彝与张溥等人也纷纷上前群起攻之。弇园的辩论并没有结束。其后双方以书信往来的方式进行辩论。夏允彝曾写信给艾南英，劝他暂时熄火，但艾南英毫不买

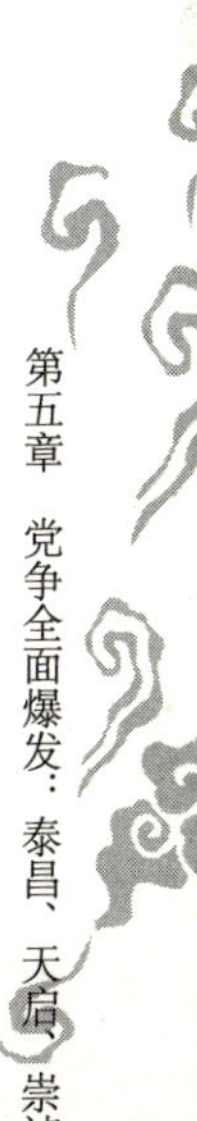

账。艾南英接着攻击陈子龙所膜拜的《昭明文选》是“疽之含粪，以为香美耳”，进而又说陈子龙不知“古文”二字为何意，陈子龙读古人书潦草，为文浮荡，意卑语涩，没有法度，应该闭户十年再来跟自己辩论。

为了避免各社之间的分裂与攻击，增强社团的凝聚力，将所有社团合并的任务已经提上日程。崇祯二年（1629 年）无疑是明末党社运动极具里程碑意义的年份。在这一年，吴江知县熊开元邀请张溥来吴江讲学。各地文人 700 多人闻风而来。张溥遂在吴江召开尹山大会。在这次大会上，张溥将所有的会社合并为复社。这的确是一个盛大的日子，各地赶来赴会的士子们乘坐的船只出现在吴江城外的河面上。这些船连成一片，长达六七里。全城的百姓，包括老人、妇女、孩童都出来围观。人们欢呼、吆喝，这的确是令所有人激动的时刻。

继崇祯二年（1629 年）的尹山大会后，崇祯三年（1630 年）对复社人来说又是一个欢喜之年。在这一年，复社的一些重要人物都在当年的乡试中大获全胜，譬如杨廷枢、张溥、吴伟业、陈子龙、吴昌时。这些参加科考的生员既有着考完后的轻松，又有着中榜后的喜悦。他们在秦淮河上荡舟。笙箫乐曲，佳人欢笑，才子吟诗，人们全都徜徉其中。这的确是一个充满温情的年代。

崇祯三年（1630 年）的金陵大会使得复社开始崭露头角。因为参加科考的人越来越多，此种社团不可避免地跟政治挂钩，而且在政治上发挥着越来越大的影响力。崇祯三年（1630 年）科考的胜利无疑增强了复社社员的信心。他们将这种喜信带回了各自的家乡，进一步增强了复社的影响力。

继崇祯三年（1630 年）乡试中的崭露头角，在崇祯四年（1631 年）的京城会试中，复社再一次一举夺魁，张溥、吴伟业进入翰林院。两次科举大盛使得士子们纷纷加入复社，各地的社员急剧膨胀。在这种情况下，复社领袖张溥已经酝酿有必要重新举行一次大的集会，以对新入会的社员重新登记注册，并刊刻社稿。崇祯六年（1633 年）苏州的虎丘大会是复社成立以来最大的一次集会，云者数千人。大雄宝殿不能容纳，生公台、千人石都是鳞次栉比，往来如织，游人聚观，无不惊叹。家家户户都挂着“复社”的灯笼，连河中盗贼也挂着“复社”的灯笼从而逃避官府的追查。虎丘大会被誉为大明开国 300 年来从未有过之盛况。

复社浩大的声势，科举中的胜出，社稿的畅销，都预示着这个社团强大的生命力和无与伦比的号召力。无论中枢如何静默，到了此时已经不能对它等闲视之。

中枢对于这样一个政治团体自然不会有好感。以温体仁为代表的新生派官僚开始对复社采取打压政策。而复社此时也在不知不觉中参与到周延儒与温体仁的争斗中来。

复社在崇祯四年（1631 年）的会试中夺魁不是偶然的，它是因为身为会试主考的内阁首辅周延儒为了拉拢士绅名流所做的倾斜。而温体仁纠住这一点发动御史弹劾。崇祯四年（1631 年）的周温斗法既是周温较量的开始，也是复社介入政局的开端。

从崇祯四年（1631 年）到崇祯六年（1633 年），温体仁先后迫使复社的张溥、吴伟业离开庙堂。当温体仁担任内阁首辅后开始正式向复社开炮。温体仁向复社开炮不是没有原因的，复社的社员科举录取率高也不是偶然的，大量的士子竞相投奔复社更不是毫无缘由。这一切都是因为复社操纵了科举。只有加入复社才有获取科举成功的可能，不入复社则很难实现这个目标。

当张溥离开庙堂之后，很快成为另外一个顾宪成。他不可避免地干涉朝廷的用人和科举。这是一种惯性，一旦启动就无法停止下来。

复社举荐人才分为三种，一种是公荐，一种是转荐，一种是独荐。公荐就是由张溥写信给朝中要员公开举荐；转荐就是让别的官僚出面推荐；独荐就是张溥给主管科考的大臣私下里写信，通过科场舞弊的方式将被推荐人列入上榜名单。

在这种情况下，帝国的考试权已经纳入张溥手中。很多主管各级科考的官员都是复社成员，在考试还没有举行的情况下，往往考生的名次就已经排出来了。而在这种过程中，入榜考生花钱也是不可避免的。若想获取生员资格 120 两白银必不可少，而在乡试、会试中考生所花的钱则更多。

关于这一点，当时的文人周同谷在《霜猿集》中说道：

娄东月旦品时贤，社谱门生有七千。天子徒劳分座主，两闱名姓已成编。

崇祯七年（1634 年）的会试张溥仍旧加紧活动。张溥找到担任会考官的文震孟、项煜，要求给陈际泰、杨廷庶排个座次。会考结束后，温体仁立刻拿着复社刊印的《国表》来跟中榜名单进行对照，《国表》上有全部复社成员的名单。据井上

进测算，崇祯七年（1634 年）的会试，复社占中榜名单的比例高达 35%。不久，礼部侍郎文震孟被温体仁从内阁中斥退出来。

崇祯七年（1634 年）的确是复社发展史上的一个转折点。在这一年的甲戌科考中复社的政治野心暴露无遗，从这一年起温体仁对复社的打击也是接连不断。先是温体仁的弟弟温育仁指使宜兴吴炳作戏曲《绿牡丹传奇》来讥讽复社，并让梨园四处宣演，戏曲中尽显复社丑态。复社人也竞相还击，他们命令地方官销毁《绿牡丹传奇》的刻本，并将温育仁的家人逮捕下狱。

接着，又发生苏州推官周之夔借张采的《军储说》攻击复社张溥、张采事件。周之夔是崇祯四年（1631 年）进士，本来也是复社成员，与二张交好。但其人比较清高，加上看不惯张溥、张采的专横霸道，于是与复社产生分裂。由于江南的商品化经济，很多地方种植了棉花，这导致大米的价格飞涨。为了减轻太仓本地百姓的负担，张采写了《军储说》，建议将太仓要运往北方的漕粮改为直接支付给本地的驻军。加上张溥也为《军储说》写了跋语，所以，周之夔以此弹劾复社“悖违祖制，紊乱漕规”。接着，张溥便指使应天巡抚将周之夔免职。周之夔去职之前刊印《复社或问》怒骂复社。

周之夔事件还没结束时，又发生陆文声弹劾复社事件。陆文声也是太仓人，任临西县知县。因为曾被张采鞭笞，陆文声便上疏弹劾复社道：“风俗之弊，皆原于士子。溥、采为主盟，倡复社，乱天下。”接到奏疏后的崇祯命江南学政倪元珙调查此事。眼看风声鹤唳，复社方面马上让陆文声的儿子陆茂贞对其父施加压力。陆茂贞说道：“复社之党占天下之半，迎其锋刃，恐对子孙不利。”与此同时，复社也对调查此事的倪元珙施加压力，最终倪元珙只得将此事草率了结。

若说这三件事弹劾复社还不是很激烈的，那么，崇祯九年（1636 年）托名徐怀丹的佚名檄文更是对着复社猛烈开火。这篇文章列举了复社的十大罪状。

一曰张溥僭拟天王。张溥有何权力敢自称天王？

二曰妄称圣人之名。张溥、张采自称西南两圣人，仿孔子学派，以弟子赵自新等为四配，以吕云孚、吴伟业等称十哲，所到之处，拥弟子三千，虽口诵诗书，实多行无赖。

三曰煽聚朋党。他们在各地劝诱朋党，要求盟约。一开大会，人们不远千里来集，舟船号近万艘。推荐官僚名册满箱，用邮传递的推荐信，比军事信件还快。僧、道、优、倡只要入社，身价骤高。即使清流人望的君子，如果组党，也会给国家造成莫大的危害。如此之辈的朋党，只能使国家陷于丧乱。

四曰妨碍贤者的登用。赏罚之权，当由君主执掌。然后，还没有考试，合格的顺位就已经决定。如非张溥一党，就不会合格。考试官被无视，采否由党人决定。黜陟出于私门，恩威不出主上。

五曰召集非人。集于他们之下的有“名豪权贵之家”或“财虏雄势之子”，廉耻扫地，怀金挟刺。

六曰败坏风俗。他们群中，或士子而插盟当道，或缙绅而奴隶衣冠。成富贵则父逐其子，得名势则弟倾其兄。五伦之中，长幼、朋友、兄弟已失，只有父子和夫妇。其父子也是父不爱子，子不知父。夫妇也重离合。

七曰诽谤中伤官僚。他们党横议政治得失。政治得失，只有有言责者和职守者当议论。而党人不被采用，则以为是君主之恶。左迁党人，则是宰相之恶。总之，只有复社的社友才是好的，非党者都被排除。

八曰使士人品性堕落。复社的社友聚在一起，游博马吊之戏，谈话则专说女人和商人。

九曰窃取官位，丧失功业。由于复社专以党派的利益为优先，堂堂天朝，几无持廉颇、李牧之策者，至于持管仲、乐毅之略者，就更不用说。使得天子只能叹息。由于科举中得不到人才，天子只得把政治委托给宦官。由于文臣中得不到人才，天子不得不把军事委托给武弁。

十曰招来灾害。现在党社占据政界，覆盖朝野，主司都是社友，府县皆为朋徒。杯酒的庸才、贿赂的极恶都被登用，真正的人才在野感叹无聊。

如此十大罪状可以说将复社批判得体无完肤，但此时复社也正值当年。加上针对复社的主要打手温体仁正在打击钱谦益，对于复社则是力有不逮。而随后温体仁在钱谦益一案中败北，这标志着从崇祯七年（1634 年）开始到崇祯十年（1637 年）为止，反对派对复社的打压告一段落。

## 周延儒的二次组阁

当温体仁离开庙堂，代替他在内阁主事的是张至发、薛国观。无论是张至发，还是薛国观都是温体仁一手带出来的。所以，在温体仁离去后，帝国奉行的仍旧是温体仁的施政纲领。那就是全面贯彻崇祯的用人方针和钱粮赋税政策。既然如此，张至发和薛国观都避免不了跟温体仁一样尴尬的局面。

翰林院编修复社的吴伟业首先跳了出来。他说："体仁不学无术，习性阴险，包庇小人，结党营私。然而首辅张至发对他百般赞美，说他'孤执'，又说他'不欺'。体仁执政期间，有唐世济、闵洪学、蔡奕琛、吴振缨之徒参赞密谋；又有徐履谦、张汉儒、陆文声之徒排斥异己，哪里谈得上'孤执'？体仁家中窝藏盗贼，财产遍布湖州，幕僚中不乏亡命之徒，又哪里谈得上'不欺'？由此可见张至发与温体仁是一丘之貉。"

紧接着，翰林院检讨杨士聪上疏弹劾吏部尚书田惟嘉贪赃枉法，卖官鬻爵。张至发看到这份奏疏后，立即誊写一份送给田惟嘉，让他预先做好申辩的准备。不料田惟嘉弄巧成拙，还没有等皇帝把杨士聪的奏疏批转内阁公开化，他就迫不及待地为自己辩解。朱由检感觉到这一定是有人将杨士聪奏疏的内容泄露给了田惟嘉。他便令田惟嘉交代此事，田惟嘉只得将事情的原委兜了出来。崇祯因此对张至发泄密极其不满。

接着，又有人举报张至发的秘书黄应恩受贿，崇祯将黄应恩下狱。这个时候，张至发感觉到崇祯已经不信任他了，便以辞去首辅了事。

张至发辞去首辅后，薛国观担任内阁首辅。薛国观在崇祯初年被定为阉党的漏网分子，他极受温体仁的赏识。事实表明，温体仁还是受皇帝眷念的。虽然温体仁离开内阁，但跟此事有关的司礼监太监曹化淳也受到了斥责。而且东林党人钱谦益始终也没有再被崇祯启用。所以，崇祯对薛国观寄予厚望，一直希望他能替代温体仁的角色，为国尽忠。但薛国观毕竟不是温体仁，他无法具备温体仁的那种治国才干，也无法做到温体仁的那种廉洁自律。渐渐地有一些关于薛国观违纪的劣迹传到朱由检的耳朵里。

由于财政空虚，薛国观让朱由检找宗室、外戚、勋贵捐资助饷。哪知这些勋贵外戚一毛不拔，崇祯一怒之下逼死了武清侯李国瑞。朱由检最终将此事迁怒于薛国观。在崇祯十二年（1639 年）的考选中，行人司的复社官员吴昌时贿赂薛国观。薛国观答应授以吴昌时吏科给事中的官职，但到放榜之日，吴昌时却被授以礼部主事一职。吴昌时一怒之下检举薛国观收受贿赂。到了此时，薛国观的倒台已经是势所必然。

从崇祯十年（1637 年）起，东林党和复社联起手来陆续干掉了温体仁、张至发、薛国观。这时，推举谁为首辅已经摆上了议事日程。崇祯和复社双方都有一个共同的人选，那就是曾经的首辅周延儒。对于崇祯来说，周延儒是自己信任的对象。时至今日，这种信任仍然没有衰减。对于复社来说，崇祯四年（1631 年）的会试，正是首辅周延儒的袒护，才使得复社领袖张溥、吴伟业等人高中，所以周延儒也是复社人能够接受的对象。

倒掉薛国观的吴昌时也给张溥写信，让他帮忙运作周延儒复出。此时张溥也清楚地认识到，从东林或复社体系内部推举人选担任内阁首辅已经是不可能的，所以，只能退而求其次将力量集中在周延儒身上。于是乎，张溥、吴昌时四处为周延儒复出活动。涿州冯铨、河南侯恂、桐城阮大铖等六人各出资白银 1 万两入股，一共筹集白银 6 万两作为周延儒复出的活动资金。

复社对周延儒复出不遗余力地支持不是没有条件的。张溥跟周延儒达成的条件主要有三项：一是减免东南税粮；二是任用东林党和复社的人员；三是减少宦官对政治的参与力度。周延儒以这几项条件作为复出的条款向崇祯提出，而且崇祯都接纳了。就这样，因为周延儒的复出，暂时缓和了皇帝跟东林、复社清流之间的矛盾。东林和复社人又暂时迎来了一个短暂的春天。

在大明王朝已经进入生命垂危的时刻，周延儒的复出对于崇祯皇帝来说根本无法挽救这个王朝，对于复社来说也无法将开放的言路长时期延续下去。崇祯十四年（1641 年），在周延儒复出后不久，复社的领袖人物张溥病逝。崇祯十五年（1642 年），明廷对农民军的招抚政策失败，李自成和张献忠大举转向进攻。而周延儒内阁和被启用的东林党人刘宗周却拿不出任何有效的应对策略。在这种情况下，“阉党”路线卷土重来。无论是内部还是外部，崇祯十五年（1642 年）都是崇祯一朝的转折点。

事实上，在国家濒临崩溃之际，复社的主张并不具备现实的可操作性，减免钱粮使得本就破产的财政雪上加霜；广开言路也终究会丧失政权的凝聚力。到了这个关头，已经是如何扑灭内忧的时刻，党派的征伐、赋税的免征、言路的开放与否，根本不是这个破败的帝国所应该考虑的议题。

赋税的减免必须建立在国家财政充裕的基础之上，官员的任用也必须建立在被任用官员能够为国家大计出谋划策的基础之上，但是，这些条件都不具备，帝国已经是积重难返了。它绝不会因为某项人事任命会突然变好或者突然变坏。

此时的状况对于崇祯来说似乎又重新回到了崇祯元年（1628 年），因为东林党和复社人的复出，一群碌碌无为、惶惶不可终日的官僚占据了朝堂。朱由检放眼望去，竟没一人可用，没一策可出。

崇祯十六年（1643 年），清军破关，深入到京畿附近劫掠。朱由检让周延儒出城指挥战斗。当周延儒赶到通州的时候，清军正准备撤走。周延儒既不敢追击，也不布置沿途拦截，只是待在通州闭门不出，而且不断地写战报给崇祯，里面都是报喜不报忧的话语。帝国衰落至此，任何人都仿佛开始作秀，在静等着它倒下的那一天。

朱由检知道周延儒的这些事情后，彻底失望，于是便勒令周延儒致仕。但是，事情远没有结束，周延儒的门生范志完被以纵兵抢掠罪判死。接着，周延儒的干儿子复社领袖吴昌时又被人交代出招权纳贿、泄露机密等诸多罪状。朱由检将吴昌时处死，又勒令周延儒自裁。这已经是崇祯十六年（1643 年）十二月间的事，此时距顺军破城只有四个月的时间。周延儒是帝国第二位被皇帝处死的首辅，第一位是夏言。

两年时间的周延儒二次内阁就这样尴尬收场，周延儒最终逃脱不了自戕的结局。复社的梦想、周延儒的抱负、崇祯的尝试，都在这一刻灰飞烟灭。

## 杨鹤的主抚和洪承畴的主剿

自天启七年 (1627 年 ) 王二在黄土高原上举起首义大旗以来，到崇祯二年（1629 年）有王嘉胤、罗汝才、张献忠、高迎祥相继反叛。恁凭此时，崇祯也不得不对西北重视起来了。在原陕西巡抚无法应对叛乱的情况下，吏部会推左副都御史杨鹤担任三边总制，以刘广生为陕西巡抚，张梦鲸为延绥巡抚，协助杨鹤平叛。

事实上，崇祯仍然没有认识到问题的严重性。因为这个时候朝廷对陕西的政策仍然是以安抚为主，他认为这都是失去生路的饥民所为。而且这个时期，皇帝将重点也放在辽东问题和朝廷官员的任用上。

这时，陕西的王嘉胤部崭露头角，高迎祥、李自成、张献忠都成了他的部下，除此之外，还有颇为剽悍的王左挂、神一元。由于崇祯二年（1629 年）的己巳之变，延绥、宁夏、固原、甘肃、临洮五镇兵马被调往拱卫京畿，所以对于杨鹤来说，平叛显得捉襟见肘。他便启用前宁夏总兵杜文焕从延绥、固原调兵 3000 人进剿。

杜文焕在对待民变问题上跟杨鹤截然相反。杜文焕在镇宁夏的时候就以凶狠著称，如今杨鹤主抚，而杜文焕主剿。督抚不合无疑是平叛的大忌。前面已经有魏学曾、叶梦熊和熊廷弼、王化贞的教训，杨鹤一方面对于王嘉胤猛攻延安、庆阳隐瞒不报，另一方面开始积极招抚王左挂部。在杨鹤加紧对叛军招抚之际，杜文焕则带领山西、陕西、临洮、宁夏四镇兵马对王嘉胤部进行猛攻，官军大败。接着，神一元所率义军攻陷宁塞，杀明参将陈三槐，还有杜文焕的家人十几口。

杨鹤任三边总制后两年时间内对于陕西的势态并无太大改观。在这种情况下，崇祯四年（1631 年）关于对待民变的政策朝廷又开始了争论。陕西巡抚练国事说道："边关缺饷，军心不稳，乞求发饷数十万两济之。"职方郎中李继贞说道："朝廷以 30 万担米的价格在陕西附近购买粮食赈济灾民，这样造反的农民就会重新为民，而打算造反者则会打消这个念头。这样造反大军将会不攻自破，甚至还会有人主动献出贼寇首级。"

从这里我们可以看出，官僚们认为饥民为贼乃是饥饿所致，兵为贼者乃是缺饷所致。崇祯对此说也颇为赞同。他说道："寇亦我赤子，宜抚之。"在这种情况下，主抚似乎成了帝国不容置疑的决策，而这一切都是缺饷所至。话说回来，没有钱不能够发兵进剿，但没有钱也同样无法安抚。

崇祯四年（1631 年）义军最厉害的首领神一元在保安之战中阵亡，其弟神一

魁担任义军将领。神一魁率领数万大军进攻宁夏，败明军指挥使王英，攻合州、庆阳，势不可当。在这种情况下，杨鹤开始将招降的重点放在神一魁身上。杨鹤对神一魁的招降获得了成功，神一魁被授予守备职衔，和其部众4000人一起被安置在宁塞，其他六七千人解甲归田。

对神一魁的招降成功无疑给崇祯的招抚政策树立了榜样，崇祯心中也甚慰。虽然如此，但延绥巡抚洪承畴显然并不认同朝廷的主抚方略。他率领曹文诏、艾万年对王嘉胤部发动猛攻，败王嘉胤于阳城，王嘉胤战死。西北最大的义军头子王嘉胤的战死对各路义军来说是一个沉重的打击，众义军领袖纷纷投降。

形势虽然看起来那么喜人，但问题并没有解决。对于反叛的士兵要将他们归还到军中，那么就要发饷。对于造反的农民要将他们遣返回乡，那么就要发给种子、农具，还有安置费用。这些对于朝廷来说都是不可能的。所以所谓的叛军归降实际上对于帝国的稳定没有任何实际的作用和意义。

很多已经归降的叛军聚拢在一起不肯散去。一些回乡的反叛者也还是依靠着过去的惯性不停地在家乡骚扰、劫掠。看似安静的陕北高原犹如一个随时会被再次点燃的火药桶。

不久，神一魁手下的头目茹成名由于对获得的封赏不满意，殴打杨鹤手下参将，结果杨鹤将茹成名擒杀。此举无疑动摇了本就蠢蠢欲动的降军的心。神一魁手下另两个头目张孟金、黄友才挟持神一魁再次发动反叛，攻占陕西北部重镇宁塞。

神一魁的再次反叛无疑标志着朝廷主抚政策的破产。这些反叛者在崇祯眼里再也不是什么皇帝的“赤子”，而是没有信誉的“恶贼”。皇帝为了保全自己的面子，立即让锦衣卫赶赴陕西将杨鹤缉拿来京。

朝廷安抚政策的失败绝不是杨鹤的责任，关键问题就在于朝廷剿抚不定。杨鹤虽然主抚，但洪承畴却主剿，甚至将投降的义军残忍杀害。这些都减少了义军对于投降的信心。对于他们来说，朝廷已经没有信誉可言。

杨鹤被免职后，崇祯任命洪承畴为三边总制，负责平叛事务。洪承畴上任后，完全抛却前期的主抚，对义军展开大规模的进剿。崇祯五年（1632年）春天，洪承畴率甘肃总兵杨嘉谟、固原总兵杨鹿其、临洮总兵曹文诏、延绥总兵王承恩、宁夏总兵贺虎臣五路大军围剿陕西义军。双方在庆阳西壕展开主力会战，农民军大败。

此战将陕西境内的农民军势力基本上镇压下去了。

陕西境内的战火虽然熄灭了，但是义军首领王自用率领三十六营士兵避开陕甘的官军主力进入山西境内，开辟了晋东南战场。义军既进入山西，接着便以山西为跳板开始进入河北南部和河南北部，此举直接威胁到了帝国的心脏京师。到了此时，这场叛乱已经不是在陕西高原上那样只闻其声不见其人，而是一个俯冲就可以冲到京师来的实实在在的威胁。

为此皇帝调昌平副总兵左良玉进入河北跟农民军作战，接着调延绥总兵曹文诏入山西平叛，调四川副总兵邓玘率川军和土司兵入河南进剿，然后又派宦官陈大全、阎思印、谢文举、孙茂霖担任曹文诏、张应昌、左良玉、邓玘四支军队的监军。四路官军在河北的战况并不理想。朱由检又急调京营入河北作战，而高迎祥率张献忠、罗汝才乘着黄河冰封向南渡过黄河进入淮河流域。这已经是崇祯六年（1633 年）十一月间的事情。

义军的主力终于转移到了南方，尤其是昔日聚集流民的荆襄之地。到了这个时候，无论是杨鹤的主抚，还是洪承畴的主剿，都被宣布破产。帝国需要制定新的应对策略。

针对农民军四处流窜，各地镇抚推诿观望的现象，有人提出来必须设立平叛总督负责一切平叛事宜。在这种情况下，崇祯将延绥巡抚陈奇瑜升为兵部右侍郎，总督陕西、山西、河南、湖广、四川五省军务。陈奇瑜上任后即马上着手此事。他令陕西巡抚练国事驻陕西商洛，从西北方向围剿义军；郧阳巡抚卢象升驻湖北房县，从西南面围堵；河南巡抚玄默驻河南卢氏县，从东北面围剿；湖广巡抚唐晖驻湖北南漳，从东南面围堵。

在四路大军围堵的情况下，陈奇瑜亲率大军进攻荆襄之地。崇祯七年（1634 年）六月，陈奇瑜大军将高迎祥、张献忠、李自成的 7 万大军围困于陕西安康县的车厢峡达两个月之久。期间阴雨连绵，山洪暴发，农民军减员过半。在不得已的情况下，李自成诈降而出。此举无疑将陈奇瑜四路围剿的计划毁灭。崇祯免去陈奇瑜五省总督之职，重新以洪承畴代之。

崇祯八年（1635 年），义军攻克中都凤阳，朱元璋的老家顿成一片火海。消息传来，举国哀悼。攻克凤阳后，义军分成两股，一股由高迎祥、李自成率领折回河南，另一股由张献忠率领转向南方。无论崇祯如何痛恨农民起义军，此时还真是得

静下心来好好应对。在任命洪承畴为五省总督的同时，崇祯又任命卢象升为五省总理。洪承畴在陕西，卢象升在河南，两人互为犄角。

崇祯九年（1636 年），继义军的头领王嘉胤战死后，义军的又一主要头领高迎祥被俘杀，但中原的流寇仍呈剿不灭的大势。崇祯十年（1637 年）三月，崇祯在平台召见杨鹤之子杨嗣昌。杨嗣昌向崇祯提出自己的“四正六隅，十面张网”策略。具体说就是以陕西、河南、湖广、江北四个地区为四正，作为围剿农民军的主战场；以延绥、山西、山东、江南、江西、四川为六隅，作为辅助战场，由这六个地方的巡抚协助围剿；“四正”加“六隅”构成“十面之网”，由总督、总理二臣重点进剿。“四正六隅，十面之网”策略对崇祯非常有吸引力。他似乎看到了农民军被绞杀的希望。他任命杨嗣昌为五省总督，杨嗣昌又举荐熊文灿为五省平叛总理。杨嗣昌议兵 12 万。由于户部无饷可拨，杨嗣昌又建议加征剿饷 280 万两。

杨嗣昌信誓旦旦地提出："下三个月苦死功夫，了十年不结之局。”所谓的“三个月苦功夫”就是以崇祯十年（1637 年）十二月到崇祯十一年（1638 年）二月之间的三个月为期。杨嗣昌提出的“十面张网”颇为大手笔，但它遭到了陕西巡抚孙传庭的反对。孙传庭认为，各地边军已经抽调一空，再议兵 12 万已是空谈。连年增派加饷已至穷尽，再若加饷必无法征齐，而且还会导致更大规模的民变。孙传庭认为，应该集中兵力进攻陕西的李自成部，打歼灭战。到了此时，谁是谁非已经不是那么重要。无论是围还是剿，事实表明都难以奏效。也许根本没有人知道，下一步将会走向何方。

## 杨嗣昌的“十面张网”

被杨嗣昌寄予厚望的熊文灿上来就跟杨嗣昌对着干。在洪承畴、孙传庭、左良玉对农民军的进剿过程中，他却打起了招抚大旗。也许他仍是那么认为，天下的农民军是剿不尽的。在庐山的时候，熊文灿拜会了一位名僧，请求指点迷津。名僧说道："吾料公必抚，然流寇非倭寇比，公宜慎之。”

崇祯十年（1637 年）十月，李自成进逼成都，洪承畴亲率大军入川进剿。崇祯十一年（1638 年），洪承畴在潼关包围李自成部，李自成仅率 18 人突围出去。与此同时，左良玉在南阳会战中击败张献忠，张献忠败退谷城。崇祯十一年（1638 年）四月，张献忠在谷城投降。十一月，罗汝才在均州投降。这意味着从崇祯四年（1631 年）神一魁二次反叛以来朝廷历经 7 年对农民军的围剿终于取得阶段性成功。天天吃不好饭、睡不好觉的朱由检似乎可以松口气了。

虽然杨嗣昌最初也不同意熊文灿的主抚策略，但自己既然已经夸下“三月平贼”的海口，如今三月之期早就过了，杨嗣昌为了兑现当初的诺言，也就不管是剿还是抚了。对于崇祯来说，他也乐于见到这个局面。只要天下安定，他是不管采取何种措施的。但招抚之路，崇祯四年（1631 年）已经走过，这已经证明不是一条解决问题的道路。因为朝廷无法给叛军提供令他们满意的生活待遇，这些饥民一旦走上反叛、劫掠的道路，就再也无法停止下来。

正当局势看起来稍稍安定之际，由于以黄道周为代表的儒臣强烈反对跟清廷议和，崇祯十一年（1638 年）九月，清军再次破关南下，攻入京畿之地。朝廷又急调参与平叛的陕西总督洪承畴、陕西巡抚孙传庭往辽东、保定，洪承畴随即发动锦州会战。

在此期间，杨嗣昌又提出以九边为主练兵 73 万的计划，为此再加派练饷 730 万两。到了如今，人们已经觉得杨嗣昌的脑子是不是进水了？这 730 万两的加派能收得上来吗？而令人匪夷所思的是崇祯皇帝居然答应了。

崇祯十二年（1639 年）五月，张献忠重举反叛大旗。再次反叛的张献忠将进军目标锁定在官军统治力量薄弱的四川，在房县大败左良玉大军。八月，崇祯再次任命杨嗣昌为平叛总督，挂尚方宝剑南下平叛。

崇祯十三年（1640 年）二月，左良玉、贺人龙于四川万源的玛瑙山大破张献忠，接着杨嗣昌移师重庆。由于农民军作战的流动性，官军常常找不到农民军的踪迹。加上四川境内多山谷，所以常常搞得官军疲惫不堪。由于官军已经进川，张献忠便开始率部出川。

崇祯十四年（1641 年）正月，开县一战，农民军大败追击而来的左良玉，接着打下襄阳城，杀襄阳王朱翊铭。而在明军主力入川作战后，李自成也没有闲着。他从陕西进入河南，攻下洛阳，杀福王朱常洵，并打出“均田免粮”的口号。而张献

忠部在南方也打出免征三年钱粮的口号。自此农民军已经具备了革命纲领，应者云集也就是这个时候的事情。

崇祯十四年（1641 年）是那场农民起义的转折点。从此义军完全占据了中原战略据点，开始转向了反攻。二月三十日，杨嗣昌在湖北沙市徐园病死。随着杨嗣昌的合眼，“十面张网”计划，中原围剿，四川追击，都已经成了梦中之梦。

崇祯十一年（1638 年）无疑是这场平叛战争的转折点。在这一年，帝国第一次陷入两线作战的窘地。虽然“攘外必先安内”是至理名言，但“攘内必先安外”同样是至理名言。但是，明王朝从上到下都没能放下高姿态跟外藩议和。当陈新甲跟清议和泄密后，换来了举国的骂声。在这种情况下，连皇帝都被这种舆情所绑架。所有的决策一开始都是建立在不利的环境以及偏激与冲动的情绪下。

杨嗣昌的“十面张网”政策无疑超越了明廷的物力、人力、财力。他在自知难以奏效的情况下，竟然重新举起招抚大旗。无论是主抚，还是主剿，在这种财政匮乏的状况下都是收效不大的。也许唯一的办法就是将河南、陕西让出来，实行割据，然后再凭借重要的据点固守，待朝廷恢复元气。

## 崇祯景山自缢

崇祯十四年（1641 年），洛阳、襄阳的失守基本上定义了明廷 14 年来平叛战争的失败。经历了 14 年的战争，农民运动早就已经成型。在这场旷日持久的围堵中，帝国已经耗尽了最后一点儿资源。从此，不再是官剿民，而是民剿官。帝国已经是无兵可派，无饷可发，只是依靠开封严防死守。

崇祯十四年（1641 年）二月，李自成第一次包围了开封。在开封就藩的周王朱恭枵拿出 50 万两银子助饷。由于其他地方的援军渐至，李自成遂撤了开封之围。李自成攻不下开封，又调转马头于十一月份攻下南阳，杀唐王朱聿镆、总兵猛如虎。打下南阳后，李自成于崇祯十四年（1641 年）十二月份第二次包围了开封。

眼见开封城第二次被围，周王朱恭枵又发钱自救。由于开封作为宋金曾经的首都，故而其坚固程度比北京城尤甚。李自成二攻开封仍没有得手，便包围了偃师的左良玉。

农民军经过浴血奋战，逐渐扫清了开封的外围，于崇祯十五年（1642 年）四月第三次包围了开封。从李自成在河南两年来的表现我们可以看出，官兵根本不敢迎其锋芒，完全是官军跟在农民军后面疲于奔命。双方力量对比已经出现了转折。崇祯先后派出的傅宗龙、汪乔年皆败于李自成之手。所以当朱由检任用侯恂为平叛总督的时候，侯恂就建议道："如今中原已成糜破之区，失地十之七八，如今之计不如放弃河南，以保定巡抚杨进、山东巡抚王永吉防守黄河以北；凤阳巡抚马士英、淮徐巡抚史可法防守江淮；陕西总督孙传庭防守潼关；臣和左良玉防守荆襄，困死李自成。"

应该说侯恂是个明白人，他所说的也许是唯一能抵制农民军的方法。但朱由检不听这些。他所想的就是如何尽快将农民军剿灭，他就像一个偏执而任性的孩子，全然不顾双方的实力对比。

接着，各路平叛官军跟李自成在朱仙镇展开崇祯十四年（1641 年）以来最大规模的一次主力会战，官军再次大败。左良玉只带了几个人逃了出来，其他各路平叛总兵也都纷纷溃逃。朱仙镇会战的失败，说明开封已经无力再救。此时开封已经被围三个月，城内粮食殆尽，居民开始吃树皮、草根，或者捞河中小虫、小鱼，甚至开始食人。此时城内官军和黄河以北的守军共同制定了一个决策，那就是掘开黄河大堤，水淹城外农民军。六月底开封城北的黄河口被挖开，但是水量不大，只是沿着黄河泛滥的故道将护城河填满了，反而阻挡了义军对开封城的攻打。

开封作为老首都，这里的居民世代都有皇都气质。此次李自成围攻，此地居民和守军誓不投降。在这一点上跟洛阳形成了鲜明对比，故而李自成三围开封而不破。到了九月中旬，黄河发生秋汛，滚滚黄水直向开封奔来，首先从西北门冲入，接着从东南门冲出，连带下游的江苏和安徽也被水淹。城内一片汪洋，只剩钟、鼓两楼，相国寺、延庆观及周王府的屋脊在水中可见。盘踞在城西北的农民军当场被冲死 1 万多人，城内 30 万居民只余 2 万多人。由于开封被大水淹没，此时攻打开封已经没有意义。李自成遂向大本营南阳撤退，在郏县大败出潼关前来围剿的孙传庭部。

孙传庭遵朱由检旨意刚出潼关就遭到大败，只好又退回关内。此时，河南境内只剩保定总督杨文岳镇守的汝宁。李自成打下汝宁后，接着南下进攻退守襄阳的左良玉部，然后又陆续打下荆州、钟祥县。而左良玉带兵顺江南下守南京去了。

在如此形势下，崇祯为了边疆安全考虑，依然不愿意抽调边军，只是依靠着各省七拼八凑的军队来平叛。此时中原几省能打的将领只剩下陕西的孙传庭了。崇祯十六年（1643 年），皇帝任命孙传庭为七省平叛总督，出潼关向河南进发，另外命左良玉从九江往河南夹击。

崇祯十六年（1643 年）九月，孙传庭出潼关的大军在唐县战败，随后又返回潼关。此时，李自成已经不想再在河南、湖北跟官军纠缠了。因为这个地方毕竟处在官军的四处包围之中，不利于建立稳固的根据地。李自成想打回陕西去，再从陕西经山西直接进攻北京。十月份，李自成手下大将刘宗敏进攻潼关，孙传庭战死。

潼关一失，全陕再也无险可守。崇祯十七年（1644 年）正月，李自成改西安为长安，建立大顺政权，建元永昌，自称大顺王。与此同时，张献忠在四川成都建立大西政权。二月份，李自成率十几万大顺军开始向北京挺进。一路由李自成率领，经大同、宣化、居庸关进攻北京；另一路由偏师刘芳亮率领，经真定、保定进攻北京。此时崇祯还是死爱面子，既不南迁，也不让宁远总兵吴三桂放弃宁远带兵入关。

从二月份到三月份，沿途总镇总兵、监军太监纷纷投降。北京城内一片光怪陆离，上至高官，下至百姓，都已经做好了开城请降的准备。十七日，大顺军兵临城下，李自成让投降太监传话，让朱由检让位。十八日，大顺军开始攻城，太监曹化淳打开彰义门。十九日清晨，兵部尚书张缙彦打开正阳门，自此农民军蜂拥而入。

在这一天，崇祯逼迫皇后、嫔妃上吊。他杀死了自己的女儿，接着对天启张皇后说道：“你也死去。”

随后崇祯跟宦官王承恩赶到故宫北面的景山自缢身亡。临行前皇帝写下了这样一段话：“朕凉德藐躬，上干天咎，然皆诸臣误联。朕死无面目见祖宗，自去冠冕，以发覆面，任贼分裂，无伤百姓一人。”

虽然京城内的官僚、百姓都打开城门，喜洋洋地迎闯王，但事情往往不是人们所想的那样。此时，李自成的队伍面临跟官军一样的问题，那就是军饷。在皇宫里并没有搜到预想的军饷，李自成便把目标对准京城的官僚、缙绅。接连不断的拷问和斩杀让人们对这个新政权失去信心。这个时候，帝国的精英集团已经跟这个新政权决裂。一个既没有决然的手腕，又不懂得如何跟士绅合作的政权是没有生命力的。

二十日，吴三桂带领他的4万关宁军抵达京城附近，但此时京城已经陷落。早在元月份，崇祯就命吴三桂弃守宁远，带领他的关宁军进京勤王。但内阁辅臣不愿意承担弃地责任，他们不愿意拟票；崇祯又不愿意绕过内阁乾坤独断，导致机会一再错失。等到吴三桂三月十六日抵达山海关的时候，离京城陷落仅剩三天了。

李自成自率7万大军出城迎战吴三桂。吴三桂见占不着便宜，便回到山海关搬来了清廷救兵。四月二十二日，双方于山海关外爆发石河大战。农民军失利，李自成被迫撤出北京城，退往陕西。自此清廷开始了进鼎中原的历程。

当这些明朝官僚投降了清廷后，他们发现投降这个政权是对的。此时的清政权已经在关外成熟运作了30年，他们懂得如何与上层官僚阶层合作，以换取士绅们的支持。而农民军还没有从战争的惯性中脱离出来，这正是吴三桂没有选择投降大顺政权的原因。因为他知道自己一旦投降，面临的将会是跟他的同僚们一样的下场。

令人无奈的崇祯王朝终于成为过去，但留给人们的思索却总也不会停止。僵硬的政策，对峙的君臣，连绵的灾害，自私的人群，都会将这个王朝推向不归路。

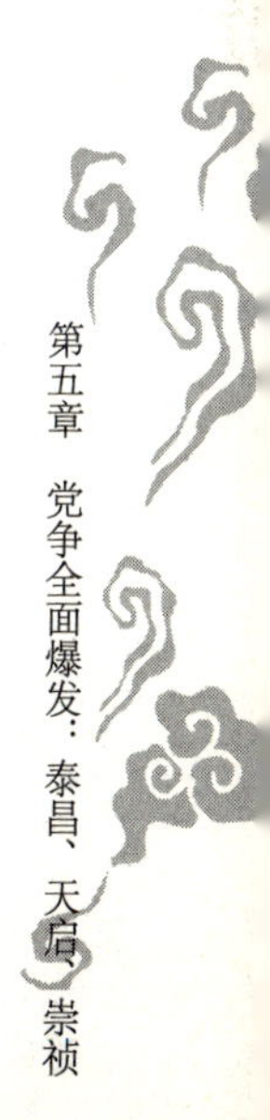

# 后记　明朝灭亡的原因

当读者看到这个题目的时候，一定会觉得这是一个很大的题目。这的确是一个很大的题目，但又不能不说。因为这大概就是本书的重点，或者点睛的地方。我们讲述明朝，从某种意义上说，不就是想探讨这个王朝的得失吗？

从唯心的角度来说，世上没有不灭亡的东西。王朝也是这样，兴周 800 年，旺汉 400 年，盛唐、两宋 300 年。无论多么强大的王朝，300 年似乎都成了它们的大限。但任何事物的消亡自然有它的规律，我们不能一股脑地都推到唯心上。探讨王朝的兴衰得失，对于指导我们的人生，减少不必要的偏差，是不是有作用呢？我认为答案是肯定的。

明王朝跟历史上的所有王朝一样，它亡于财政破产。财政破产的原因好理解，无非是收得太少，开支过大。

实际上明朝的灭亡原因在朱元璋时代就已经种下了。那种僵硬的低税率刚好够洪武时代的那种开支。因为那个时期运河还没有疏通，军屯又发展得很扎实，徭役是无偿的。当全国的田赋达到 2700 万担的时候，洪武皇帝就将它作为定额固定下来。从此，帝国的税赋就按这个数额收取，无论是新开垦的土地，还是增加的粮食产量，都不作为新的田赋起科。但随着时间的推移，这个数额的税收已经无法再满足帝国的开支。

从正统年间起军屯制就开始慢慢地遭到破坏，中央财政不得不每年贴补各地的军需，而且这种补贴的金额到了后期越来越大。从永乐年间起，随着帝国的首都北移，大量的人员也移到了北方。这就需要每年都要将大批的粮食沿京杭运河运到北方，而这些每年都是巨大的花费。不断增多的太监、宫女、官僚、宗室亲王同样需要巨大的开支。当一条鞭法的改革实施之后，对于力役的征用也要用白银支付。到了帝国的晚期，在极端气候以及僵硬的民族政策下，帝国

的维稳费用数额之大也开始令人咋舌。

朱元璋既然定下2700万担的定额税赋再想增加则十分困难。因为我们的帝国奉行的是儒家体制和洪武宪法，任何增税都会遭到文官们的强烈反对。在这种文官政治下，离开了官僚们则什么事情也干不成，这是其一。其二是那种强大的惯性横亘其中，阻碍了变革。无论是一个人，还是一个国家，当你习惯于一种生活方式或者习惯于一种体制的时候，任何的变革都会让你产生不适应的感觉，你就会奋起阻碍甚至破坏变革。话说回来，你选择什么样的生活方式，或者帝国选择什么样的体制，都是经过正反两个方面长期的对比的，一切自然有它的道理。如果轻易地做出改变，一则于事无补，只会使事情更糟糕。

在增税的困难性方面除了这两个原因，还有第三个原因。事实上，从明代中期开始，帝国的经济结构和从业人口结构都发生了变化。那就是商业占国民经济的比重日益上升，商业吸纳的就业人口日益上升。在明朝稍晚些的时候甚至出现了出卖劳动力的产业工人。这些都说明，财富正从农业向商业转移，政府的征税目标也应该转向商业领域。但正像杜车别所描述的那样，士绅阶层出身的官员跟商业有着千丝万缕的联系。这个领域成了不允许他人染指的禁脔。对农业增税还有商量的余地，对商业增税则没有任何商量的余地。这一点在万历朝那种惊心动魄的矿税斗争中已经有了清晰的表现。

后世的历史学家提到明朝，除了那种激情澎湃的儒家文化外，还有那种成熟的文官政治。帝国的一切事物不再是依靠君主决断，而是依靠文牍。官僚们无须见面，只需要通过文字就可以解决帝国的一切问题。这种强大的文官政治依靠的不再是君主或者权臣，而是程序，一种任何人都必须遵守的制度。当君主的权力被这种程序削弱的时候，帝国的决策不再是从全局考虑，而是从局部考虑。任何的决策都要符合儒家的最大利益，符合少数人的利益。

当一个泱泱大国镇压农民暴动还需要向勋贵借钱的时候，那么，天下的财富都到哪里去了？自然都到少数人手里去了。国家没钱，底层民众没钱。国家既没有资源平叛，也没有资源应付外敌入侵和赈济。民众生活不下去的时候，自然就要揭竿而起。如果我们形象地比喻一下，晚明的经济格局实际上就是两

头小，中间大。高层和底层干瘪，中层膨胀。实际上每个王朝初建的时候都是通过暴力革命将膨胀的中层革除掉，这个时候高层和底层是健康的。但是，随着时间的推移，一些积习或者一些惯性导致财富日益向少数人手中集中。这种日益膨胀的中层既推倒了高层，也压垮了底层。人民群众又将揭竿而起，然后开始新一轮的洗牌。周而复始，如此而已。我们似乎已经没有办法破解这个难题。的确，在技术条件达不到的情况下，一切都只有在循规蹈矩中度过。

文官政治、儒家体制、洪武成宪这些都阻碍了晚明增税的可能性。除此之外，我们还需要注意一个问题，那就是粮食的减产也在敲打着这个儒教帝国。

虽然气候作为粮食减产的一个因素，我们不得不承认，但商品经济的过度发展也是一个本质原因。

当商业所获得的利润远大于农业的时候，就会导致大量的农业人口向商业转移，而一条鞭法的实施却使得商业化进程大大加速了。当所有的税收都要通过银两交税的时候，人们就不会再种植稻米，而是种植经济作物。所以到了晚明江南人的口粮需要湖广供给，大面积的田地种植的是棉、麻、桑树和茶叶。为了控制下游的生产成本，士绅也会加大对土地的兼并力度。当大面积灾荒来临的时候，人们有钱买宅、买田，却买不来粮食。

而对于普通农户来说，既然税收可以银两来缴纳，那么在一定程度上来说就无须再跟土地发生关系，自己可以将土地卖掉或者租给他人耕种，然后自己进入城市靠打工获取银两。农村人口在减少，城市人口在增加，这些都冲击了我们这个农业国家的根本。

明人林希元在《林次崖先生文集》中写道：“今天下之民从事于商贾技艺游食者，十而五六。”

明人何良俊在《四友斋丛说》中写道：“昔日逐末之人尚少，今去农而改业为工商者，三倍于前矣。昔日原无游手之人，今去农而游手趁食者，又十之二三矣。大抵以十分百姓言之，已六七分去农。今一甲所存无四五户，则空一里之人，奔走络绎于道路。谁复有种田之人哉。吾恐田卒污莱，民不土著，而地方将有土崩瓦解之势矣。可不为之寒心哉。”

另外，明代的《苏州府志》也记载：“聚居城郭者十之四五，聚居市镇者十

之三四，散处乡村者十之一二。”

除此之外，因为一条鞭法的实施，农民受到的剥削比以前更重了。过去实物税的时候，农户将打好的粮食交到指定地点就可以了，现在还要拿到市场上卖掉再交税。而卖粮的时点都一样，粮商乘机压价，这样农户受到的盘剥更加严重。如果所缴纳的银两成色不好，官府还要让他们拿回去重新熔铸，而这又要交一笔费用。东南这些经济外向型的地方还好，而西北这些白银惠及不到的地方情况则更差。这也是民变为什么从西北爆发的原因之一。

所以当一切都商品化后，当白银成为唯一流通的货币之后，一个庞大的商业集团正在逐步吸干底层的农业资源。人们对于这种物化的产品产生了一种宗教式的狂热。经营实体的人赚不到钱，经营货币的人大发其财，整个社会进入一种资本狂欢的年代。

李宪堂认为：“正是白银，使统治者加大了对下层民众剥夺的强度，助长了聚敛和腐败的水平，以前所未有的速度消耗着社会成长的机能。白银推动着经济的轮子飞转，像抽水机一样把底层的财富抽向高处。阶级与地区之间的贫富分化空前加剧。基层民众尤其是白银所灌溉不到的边缘地区的民众陷入了一贫如洗的境地。遂使发生‘资本主义萌芽’的核心区因为得不到支持而迅速枯萎。最终导致整个民族在经济上沦为西方的附庸。”

对于货币白银化的问题，万明也认为：“白银给各阶层创造了改变生活方式和社会地位的条件。由此，阶级结构发生了变化，社会结构发生了变化。晚明社会几乎各个阶层都投入到了市场交换之中，无论是情愿的，还是不情愿的，都不可避免。整个社会呈现出白银时代的显著特性，即对货币财富的倾力追求。

“白银成为货币的基本形态，带来了新的因素和新的问题。社会由主要是农耕经济、比较单一的形态向多元形态发展变化。这反映在人与人的社会关系上，是向经济关系的转变。确切地说，是由对人的依附关系向对物的依赖关系的转变。这正是从传统向近代的社会转型过程。在这一历史性的转折中，统治者不得不在经济结构变迁中做出制度调整。而当人们普遍进入货币为主导的社会关系时，人伦关系失去了往日的温馨，增添了新的色彩。乡村失去了旧日平静的秩序，滋生出多样的行为类型。城市由于工商业的兴盛，而喧嚣了起来。白银货币化推动了整个社会关系

乃至社会结构的变化。一个与传统农耕社会迥然不同的新的社会图景开始凸显了出来。”

从李宪堂和万明的叙述中我们发现，到了晚明，当白银成为主要流通的货币之后，社会的财富也逐渐变为以白银来衡量，所有人开始追求白银。在这个过程中，富人能更轻松地获取这种财物，而穷人却要花费比过去更多的心血来获取它，贫富差距进一步扩大。越到产业链的上游赚钱越快，越到产业链的下游赚钱越难，整个社会经济畸形发展。到了明代晚期，由于粮食缺乏，导致粮价猛涨。作为基础商品的粮食一旦上涨，带来的是整个社会的通货膨胀，加上私铸钱的混乱，所有这一切都是过度的商品化所带来的。

当帝国实行文官政治后，它使得一切试图加强中央集权的可能性变为乌有。当农耕帝国的农业基础依然脆弱，或者技术条件达不到的情况下，实行过度的商业化，只能是带来资源配置的扭曲。一个以农业为基础的国家，却由于商业经济的过度发展，最终耗尽了帝国的资源，搞垮了这个帝国。

# 参考文献


[1]〔美〕牟复礼，〔英〕崔瑞德. 剑桥中国明代史［M］. 张书生等译 . 北京：中国社会科学出版社，2006.

[2] 白寿彝 . 中国通史［M］. 上海：上海人民出版社，2004.

[3] 黄仁宇 . 万历十五年［M］. 北京：中华书局，2014.

[4]〔日〕小野和子 . 明季党社考［M］. 李庆，张荣湄译 . 上海：上海古籍出版社，2006.

[5] 方志远 . 成化皇帝大传［M］. 沈阳：辽宁教育出版社，1994.

[6] 李洵 . 正德皇帝大传［M］. 北京：中国社会出版社，2008.

[7] 林延清 . 嘉靖皇帝大传［M］. 沈阳：辽宁教育出版社，1993.

[8] 樊树志 . 万历传［M］. 北京：人民出版社，1998.

[9] 林金树，高寿仙 . 天启皇帝大传［M.］. 沈阳：辽宁教育出版社，1994.

[10] 苗棣 . 崇祯皇帝大传［M］. 北京：中国社会出版社，2008.

[11] 阮景东 . 万历朝鲜战争［M］. 重庆：重庆出版社，2011.

[12] 谢国桢 . 明代社会经济史料选编［M］. 福州：福建人民出版社，2004.

[13] 曾德昭 . 大中国志［M］. 北京：商务印书馆，2012.

[14]〔意〕利玛窦，〔比〕金尼阁 . 利玛窦中国札记［M］. 何高济，王遵仲，李申译 . 北京：中华书局，2010.

[15] 黄仁宇 . 中国大历史［M］. 北京：三联书店，2014.

[16] 马可・波罗 . 马可波罗游记［M］. 梁生智译 . 北京：中国文史出版社，1998.

[17] 邓乾德 . 诸子百家［M］. 成都：巴蜀书社，2000.

[18] 夜行独侠 . 锦衣卫秘事［M］. 北京：九州出版社，2007.

[19] 林仁川 . 明末清初私人海上贸易［M］. 上海：华东师范大学出版社，1987.

[20] 中国第一历史档案馆 . 满文老档［M］. 北京：中华书局，1990.

[21] 刘若愚 . 酌中志［M］. 北京：北京古籍出版社，1994.

[22] 谈迁 . 国榷［M］. 北京：中华书局，2013.

[23] 计六奇 . 明季北略［M］. 北京：中华书局，2015.

[24] 黄宗羲 . 明儒学案［M］. 上海：商务印书馆，1933.

[25] 文秉 . 烈皇小识［M］. 北京：北京人民出版社，2002.

[26] 陆容 . 菽园杂记［M］. 北京：中华书局，1985.

[27] 中研院历史语言研究所校印，黄彰健校勘 . 明实录［M］. 北京：中华书局，2016.

[28] 李宪堂 . 白银在明清社会经济中发生的双重效应［J］. 石家庄：河北学刊，2005.25 (2)：154−160.

[29] 万明 . 明代白银货币化的初步考察［J］. 北京：中国经济史研究，2003.（2）：39−51.

[30] 田口宏二朗 . 畿辅矿税初探—帝室财政、户部财政、州县财政［J］. 厦门：中国社会经济史研究，2002.（1）：20−31.

[31] 李贤 . 天顺日录［Z］.

[32] 洪武 . 大诰［Z］.

[33] 戴德 . 礼记［Z］.

[34] 朱国祯 . 皇明大政记［Z］.

[35] 王在晋 . 三朝辽事实录［Z］.

[36] 顾秉谦，冯铨 . 三朝要典［Z］.

[37] 周同谷 . 霜猿集［Z］.